LA LUPA ROJA

LA LUPA ROJA

Ensayos sobre hermenéutica
y marxismo

Blanca Fernández García
Antonio Gómez L-Quiñones
(editores)

Fernández García, Blanca
La lupa roja: ensayos sobre hermenéutica y marxismo / Blanca Fernández García; Antonio Gómez L-Quiñones. – 1a ed. – Ciudad Autónoma de Buenos Aires: Teseo, 2019. 384 p.; 20 x 13 cm.
ISBN 978-987-723-183-0
1.Filosofía. 2. Marxismo. 3. Hermenéutica. I. Gómez L-Quiñones, Antonio II. Título.
CDD 190

Imagen de tapa: Simone Hutsch en Unsplash

© Editorial Teseo, 2019
Buenos Aires, Argentina
Editorial Teseo
Hecho el depósito que previene la ley 11.723
Para sugerencias o comentarios acerca del contenido de esta obra, escríbanos a: **info@editorialteseo.com**
www.editorialteseo.com
ISBN: 9789877231830

Las opiniones y los contenidos incluidos en esta publicación son responsabilidad exclusiva del/los autor/es.

Buenos Aires

TeseoPress Design (www.teseopress.com)

Índice

Agradecimientos 9

Introducción 11
   Blanca Fernández García (Universidad de Granada)
   y Antonio Gómez L-Quiñones (Dartmouth College)

Tradiciones marxistas ante la hermenéutica 53

Interpretar en filosofía. Sobre la pertinencia contemporánea de las Tesis sobre Feuerbach de Marx 55
   Mateu Cabot (Universitat de les Illes Balears)

¿Interpretación sin transformación?. Karl Korsch y el momento no-dialéctico de la dialéctica 75
   Antonio Gómez L-Quiñones (Dartmouth College)

Cine y experiencia. Walter Benjamin y la interpretación dialéctica y materialista de los medios de masas 125
   José Manuel Romero Cuevas (Universidad de Alcalá)

Actualidad de Althusser. De Badiou a Negri, o lo que queda de la hermenéutica marxista en el post-marxismo 147
   Víctor Pueyo (Temple University)

Michael Löwy, exégeta de Walter Benjamin 181
   Blanca Fernández García (Universidad de Granada)

Problemáticas (post)marxistas y la hermenéutica 211

Capitalismo, cultura y promesas de felicidad. La industria cultural como clave de la socialización capitalista 213
    Jordi Maiso (Universidad Complutense de Madrid)

¿La muerte de qué autor? La cuestión de la "autoría" desde la teoría del valor marxiana 243
    Rafael Carrión Arias (Universidad de Granada)

Lo libidinal versus el inconsciente ideológico: encuentros cercanos de tipo hermenéutico 269
    Malcolm Read (Stony Brook University)

La cuestión del mal en la hermenéutica y el marxismo: algunas reflexiones sobre el arte de vivir 311
    Martín Koval (CONICET)

Cultura popular, lógica populista y horizonte comunitario popular: notas sobre una estrategia teórica en construcción 339
    Luis Martín-Cabrera (University of California en San Diego)

Agradecimientos

Este libro ha sido realizado en el marco del proyecto de investigación "Actualidad de la hermenéutica. Nuevas tendencias y autores" (FFI2013-41662-P), financiado por el Ministerio de Ciencia y Tecnología y los Fondos Estructurales de la Unión Europea (FEDER) para el periodo 2014-2018.

A los editores les gustaría agradecer la ayuda prestada por el Decanato de Humanidades de Dartmouth College para la publicación de este volumen.

Introducción

BLANCA FERNÁNDEZ GARCÍA (UNIVERSIDAD DE GRANADA)
Y ANTONIO GÓMEZ L-QUIÑONES (DARTMOUTH COLLEGE)

Tradiciones y escalas temporales

El subtítulo de este volumen podría dar la impresión, falsa sin lugar a dudas, de que estos ensayos sobre hermenéutica y marxismo reconcilian los dos grandes ejes de su temática. De hecho, los textos que aquí presentamos ponen de manifiesto que, si bien la interacción entre hermenéutica y marxismo es estimulante, dicho diálogo se caracteriza por tensiones difícilmente soslayables y por diversos tipos de inconmensurabilidad. Una de las conclusiones que se podrían extraer de este libro radica en la imposibilidad de cuadrar el círculo, esto es, de articular una hermenéutica marxista o un marxismo hermenéutico. En esta breve introducción, vamos a mencionar algunos de los desajustes que hacen de esta imbricación un problema histórico, teórico y metodológico. Antes de pasar a la mención de estos desfases y tensiones, nos gustaría aclarar el siguiente punto. Que las placas tectónicas del marxismo y la hermenéutica colisionen y no encajen de manera estable no significa que la reflexión simultánea sobre ambas tradiciones no resulte fértil. Podríamos aseverar que desde la luz discordante que el marxismo arroja sobre la hermenéutica (y viceversa) se comprenden mucho mejor sus respectivas fuerzas y límites. Es este contraste el que anima a seguir pensando cómo rearticular un debate sin salidas fáciles.

El marxismo no es una hermenéutica (no solo ni principalmente), y la hermenéutica no es ni nunca tuvo una orientación marxista. Como sucede con todas las comparaciones relevantes, solo en la auténtica disimilitud descubrimos una verdadera fuente de interés intelectual. Cuando los extremos de la comparación se parecen demasiado, cuando sus morfologías responden a parámetros comunes más o menos evidentes (isomorfismo), el ejercicio de cotejo se agota en sí mismo, quedando fosilizado en un catálogo de coincidencias y divergencias. Aunque esta aclaración pueda resultar un tanto básica, nos parece importante explicitarla para enmarcar la serie de comentarios que a continuación proponemos. No incidimos en la dislocación de hermenéutica y marxismo por un simple gusto negativo o deconstructivo, que se regodearía en el señalamiento de la *siempre-ya-dada* inviabilidad de toda propuesta lógica. Tampoco lo hacemos para deducir que este proyecto lleva a un callejón sin salida y que, por ende, solo quedaría subrayar la intransferible especificidad de, por un lado, la hermenéutica y, por otro, el marxismo. Si cualquier equiparación de paradigmas tiene algo de traducción, de rearticulación de los propios apriorismos en otro lenguaje y con otro aparato conceptual, esta introducción tan solo aspira a mostrar que dicha traducción tiene que asumir las brechas que separan y (quizá) comunican los dos polos equiparados. Estas brechas representan, sin duda, dificultades y retos (quizá definitivos), pero también son las condiciones de posibilidad para cualquier punto de fuga. En el caso que nos ocupa, nos tememos que estas "soluciones" tendrán un carácter tentativo, ensayos en el sentido estricto del término, que abrirán además puertas de exploración muy creativas. El conjunto de textos que conforman *La lupa roja* es un claro ejemplo de esto.

La primera variable que complica el binomio hermenéutica-marxismo es la propia historia de ambas tradiciones, su temporalidad interna y su implantación en el presente. Por una parte, la hermenéutica hunde sus raíces en la antigüedad griega y su recepción de la épica homérica, que se desarrolla en las bibliotecas helenísticas de Alejandría y Pérgamo con el objetivo de canonizar los textos de Homero (Backman 23). La manera en que se concebía el sentido de un documento, su relación con la contemporaneidad del instante de la lectura, su capacidad reveladora u oracular, el rol del autor o incluso de los dioses son temas vastísimos y no es este el lugar apropiado para tocarlos. Junto a esta hermenéutica, Backman nos recuerda que pensadores decisivos del XIX y XX (como Heidegger) encuentran, en una "versión invertida" de la "filosofía práctica" de Aristóteles, un motivo central de inspiración para el análisis del "sentido humanamente accesible" y contextualizado (29). No menos longevo es el desarrollo de la hermenéutica bíblica judía y cristiana. David Jaspers aborda, por ejemplo, el modelo interpretativo que se aplica a la Torá en el judaísmo primitivo, los diferentes estilos de significación que se desarrollan en Antioquía (más literal) y Alejandría (más alegórico), el establecimiento de una *regula veritatis* para estabilizar la Biblia cristiana y la gran aportación de San Agustín con su seminal semiótica (43-44). De este caldo de cultivo, surge la decisiva intervención de Santo Tomás, esto es, "una justificación empíricamente accesible de la reflexión racional realizada para el conocimiento [...] que eliminaba los vestigios platónicos de la descripción metafórica agustiniana en términos de una visión de la verdad eterna" (Lawrence 163).

La hermenéutica medieval da paso a nuevas formas de interpretación con la gradual diseminación del humanismo, en el que Erasmo de Rotterdam juega un papel tan prominente: "Erasmo cree en una conexión esencial de algún tipo entre *res* y *verbum*, pero también cree al modo platónico que esta conexión es siempre necesariamente inadecuada [ya que] no se puede llegar al sentido completo a través del lenguaje humano" (Barnett 542). Un efecto igualmente sísmico tuvo, como es bien sabido, la reforma protestante que impulsan Lutero y Calvino. Esta altera el propio estatus del texto interpretado, la lengua en la que se realiza la exégesis, el peso de la tradición y el constreñimiento ejercido por la autoridad (eclesial). Estos desarrollos históricos hacen cristalizar los principios de *sola scriptura* y *claritas scripturae* (Rogers 47). Después del sacudimiento renacentista, comienza la historia (o al menos la prehistoria) de la hermenéutica moderna o protomoderna. En esta, encontraremos varias corrientes sucesivas y simultáneas como el racionalismo, el romanticismo, el empirismo, la fenomenología, la ontología, etcétera. No podemos aquí exponer este multifacético devenir. Lo importante de este repaso *a vuela pluma* es que nos permite recordar la profundidad temporal de la hermenéutica y su relación con textos sagrados, profanos y literarios (tal y como se configura la institución literaria en la modernidad), así como el desarrollo de una hermenéutica que trasciende el ámbito de lo textual. Por esto, Richard Palmer concluye que en esta cronología de más de veinte siglos conviven y/o se suceden seis definiciones de hermenéutica:

> 1) teoría de exégesis bíblica; 2) método general filológico; 3) la ciencia de todo entendimiento lingüístico; 4) la función metodológica del *Geisteswissenschaften*; 5) la fenomenología de la existencia y de la comprensión existencial; y 6) el sistema de interpretación [...] para encontrar un significado en mitos y símbolos (33).

Dependiendo del momento histórico al que nos acerquemos, encontramos una definición o una combinación de varias definiciones operando al mismo tiempo.

Al comparar la temporalidad de la hermenéutica y la del marxismo, salta a la vista una obvia divergencia. La figura fundacional del marxismo es un pensador del siglo XIX y, antes de la obra del propio Marx, no tiene mucho sentido de hablar de materialismo histórico. Esta asimetría no es en absoluto desdeñable porque nos plantea un problema de escalas temporales. Hermenéutica y marxismo albergan una duración interna muy heterogénea. En concreto, el marxismo se trata de un producto moderno o, en unos términos más específicos, de un producto que emana no solo del capitalismo sino de una fase (industrial y comercial) ya relativamente evolucionada de este. Al decir esto, no queremos cercenar el alcance de lo que el marxismo ha afirmado o puede afirmar sobre momentos previos al nacimiento y evolución del mismo capitalismo. En 2004, Bruce Holsinger y Ethan Knapp dedicaron un número especial de *Journal of Medieval and Early Modern Studies* a lo que ellos llaman "the marxist premodern" ("lo marxista premoderno"). En la introducción a dicho número, sus coordinadores afirman que "la historia del reclutamiento marxista de lo premoderno es tan antigua como el marxismo mismo" (463). El *Manifiesto Comunista* (1848) comienza con una mención de la antigua Roma y la Edad Media (*Manifesto* 35). En el *Capital*, hallamos un estudio pormenorizado sobre el cambio de estatus de la mercancía cuando pasamos de una economía premoderna a un capitalismo consolidado (*Capital* 873-926). Citando un pasaje del primer volumen del *Capital*, Holsinger y Knapp identifican la ambigua posición que Marx mantiene en relación a la Edad Media. Marx ve en este periodo "la estabilidad intemporal de la mutabilidad feudal", pero también "el alumbramiento siniestro de la expropiación capitalista" (465).

En esta sencilla reflexión se refleja la diferencia de escalas que antes mencionábamos. La Edad Media y cualquier otro periodo no son ajenos a los intereses del marxismo. El marxismo necesita por definición un punto de referencia externo al propio capitalismo para delinear lo que de salto cualitativo anida en este último. Hay, por consiguiente, una tradición de pensamiento marxista *sobre* la economía, las relaciones sociales, la política y la estética medievales. Estas nos ayudan a entender las intensas alteraciones que el capitalismo provoca en todos estos ámbitos. Lo que no hay ni puede haber es un marxismo medieval o grecorromano, *no* en el mismo sentido que reconocemos la existencia de una hermenéutica medieval o grecorromana. Este desfase tiene, como veremos de inmediato, notorias consecuencias porque demarca una serie de énfasis y límites en el marxismo que no son faltas o vacíos, sino simplemente apriorismos en los que se apoya. Hay una simbiosis privilegiada entre marxismo y modernidad capitalista porque el primero emana de la segunda y se vuelve sobre ella para desplegar una crítica radical. Constituiría un acto *naif* ponderar algo equivalente sobre la hermenéutica. Es más, una vez que se incorpora este desequilibrio, entendemos que las miradas retrospectivas que la hermenéutica y el marxismo lanzan sobre las tradiciones intelectuales que han erigido poseen una longitud de alcance muy diferente. Si mediante esta mirada retrospectiva se configuran continuidades y discontinuidades en el seno de dichas tradiciones (actos de filiación y ruptura), hermenéutica y marxismo cuentan con un abanico muy distinto de opciones para esas operaciones de refundación y quiebre. Se podría rebatir lo siguiente: Marx y el marxismo se apoyan en Hegel, Spinoza o Aristóteles para llevar a cabo estos reposicionamientos. Es cierto, pero se tropezaría en el anacronismo si pretendiésemos enrolar a Hegel, Spinoza a Aristóteles como interlocutores *marxistas*, por ejemplo, de Althusser, Adorno o Mariátegui. Heidegger, en tanto que hermeneuta, puede retornar a una tradición premoderna y *también* hermenéutica para impulsar su propio proyecto. Esto mismo es algo que no podemos afirmar de Marx, Lukács o Raymond Williams. En el caso de estos últimos, hay que dejar atrás la tradición marxista (y sacarla de sus casillas) para entablar un diálogo con autores para los que el capitalismo no fue un marco histórico y para los que no ocupó ningún espacio explícito en sus reflexiones.

Vida mental y práctica social

En sus *Consideraciones sobre el marxismo occidental*, una de las tesis más exitosas de Perry Anderson contiene que el marxismo, en países como Inglaterra, Alemania, Francia o Italia, sufre tras la II Guerra Mundial una mutación de calado y no precisamente para mejor (32-45). Lo doblemente objetable de esta metamorfosis sería, por una parte, la academización del marxismo y, por otra, su viraje filosófico. El marxismo pierde bastante fuste como arsenal teórico-práctico para movimientos que intervienen fácticamente sobre la realidad dentro y fuera de los márgenes de las democracias liberal-parlamentarias. Simultáneamente, el marxismo se acomoda en el predio académico como una subdisciplina universitaria que, como bien explica Ben Agger, entra en disputa con otras escuelas de pensamiento en el campo de la sociología, la filosofía y la cultura (44). La intensidad de las querellas entre profesores marxistas (y entre estos y otros docentes no-marxistas) es casi inversamente proporcional a la efectividad práctica del marxismo en el activismo contestatario de amplios movimientos organizados. El marxismo se discute con un alto grado de sofisticación en París, Berlín o Manchester, pero pierde su capacidad de marcar la agenda política de sujetos colectivos mayoritarios. De hecho, abjurar del marxismo se vuelve, según quien lo argumente, un acto imperdonable de apostasía entreguista o bien un ejercicio de sinceridad y autoesclarecimiento. Donde los primeros ven una rendición traidora, los segundos perciben tan solo la necesaria poda de ciertas florituras teóricas, desenraizadas de cualquier acompañamiento en la praxis. Volveremos sobre este problema más adelante.

La academización del marxismo, que algunos autores han descrito como su dócil acoplamiento a un *humus* burgués descontento consigo mismo (Mattick 41), tiene otra faceta preocupante. Ni los textos de Marx ni la mejor reflexión marxista del primer tercio del siglo XX se encuadraron nunca en una genealogía de investigación económica clásica, de economicismo, de tratamiento pseudocientífico de la economía como esfera autónoma y circunscrita. Para despejar precisamente este error, Engels sentencia lo siguiente en su famosa carta a Joseph Bloch:

> De acuerdo a la concepción materialista de la historia el factor último determinante es la producción y reproducción de la vida real. Ni Marx ni yo hemos jamás afirmado otra

cosa [...] Hay una interacción de todos esos elementos entre los que [...] el movimiento económico se hace valer como necesidad (citado en Petroviç 244).

Para los objetivos de esta introducción no importa que Marx y Engels *sí* hubiesen lanzado afirmaciones que propician buena parte del desconcierto. Sí importa que, cuando procuran recalibrar su postura, la economía, las relaciones y los medios económicos de producción no dejan de ocupar un lugar central en el análisis marxista. El marxismo no es una ciencia ni una disciplina económica *stricto sensu*, pero sin reflexión económica (integrada sin duda en un horizonte más amplio) el marxismo queda fatalmente incompleto. Y esto es lo que acontece justamente cuando el marxismo se academiza: el conocimiento empírico de las realidades económicas del capitalismo se diluye y cede su preeminencia a un marxismo en tanto que discurso filosófico o cultural.[1]

La incomodidad que Perry Anderson deja entrever en su ensayo de 1976 quizá no hace justicia a autores como Lukács, Korsch, Adorno y Gramsci. Ahora bien, Anderson pone la lente de aumento sobre un problema innegable: el marxismo se refugia en las facultades y cátedras de educación superior, se desvanece como substancia efectiva de movimientos obreros y populares, y adopta además el registro filosófico como medio lingüístico y conceptual de expresión. Esto distorsiona fundamentos esenciales de la misma historia del marxismo. Uno de los documentos más relevantes al respecto es las *Tesis sobre Feuerbach*, que se publica originalmente en 1888 y que Marx había esbozado en 1845 como material preparatorio para *La ideología*

---

[1] En el siglo XX, antes y durante las sucesivas crisis de la Izquierda, se articulan modalidades epistemológicas y morales del marxismo, como lo son sus respectivas versiones analíticas o kantianas. Estas alquimias filosóficas, que compaginan eclécticamente el marxismo y otras escuelas de pensamiento, tienden a pasivizar y formalizar el marxismo en una metodología lógico-conceptual que olvida su necesaria proyección práctica, voluntaria y transformativa.

alemana. Todas las tesis funcionan mejor como conjunto, pero la última es la que ha cosechado una mayor atención: "Los filósofos no han hecho más que interpretar el mundo de diversos modos, pero de lo que se trata ahora es de transformarlo" (173). Una manera bastante prudente de entender este archiconocido aforismo pasa, no por adjudicar a Marx una obsesión unidimensional por la acción *pura y dura*, sino por reconocer que el marxismo *no es una hermenéutica* a la que, con el fin de completarla, añadimos una capa de sociología, otra de datos económicos y una última de indignación moral ante los desmanes del capital. El marxismo aspira a superar revolucionariamente el capitalismo. Obviamente, dicha subversión revolucionaria se ha prestado y se presta a muchísimos debates. Ahora bien, lo que ya no puede ser cuestionado sin dañar un nervio vertebral del marxismo es que este surge y tiene su razón de ser en la negación teórica y fáctica del capitalismo.

En la frase anterior, habría que recalcar *teórica y fáctica* porque ahí está el meollo del problema y una de las bifurcaciones más notables de marxismo y hermenéutica. En el primero, hay dos posibles errores que lo desvirtúan en alguna medida: 1) una práctica sin teoría hace del marxismo una fuerza antiintelectual sin capacidad de identificar fines y medios coherentes; 2) una teoría sin práctica lo torna en una elucubración más (no importa cuán acertada) sobre las diversas caras del flujo capitalista. Existe en el marxismo una simbiosis dialéctica de teoría y práctica que pasa por momentos de crisis o distensión, pero que no puede quedar interrumpida definitivamente. Un marxismo al que se drena de esta dialéctica, descarrila en posiciones burguesas, como el utilitarismo, el utopismo o la reificación "científica". El marxismo postula una relación insalvable, no electiva ni coyuntural, entre vida mental y práctica social. Incluso en aquellos casos de vida intelectual que se perciben, al modo idealista, como una ocupación autocontenida, sostenida por las leyes inmanentes de la conciencia, el marxismo evidencia que esa impresión de autonomía no es otra cosa que el efecto de unas condiciones de producción material que se invisibilizan u olvidan. No hay para el marxismo ningún objeto humano (un ensayo, un cuadro o un vaso) que no sea erigido sobre unas condiciones materiales y unas relaciones de producción específicas. No hay teoría (incluso si se trata de un ultrateoricismo recalcitrante) que no tenga detrás de sí unas prácticas sociales que la posibilitan. Tampoco hay práctica que no responda a apriorismos teóricos que dejen de existir tan solo porque los desconozcamos. El marxismo exaspera las posibilidades de esta dialéctica para orientarla además hacia un ataque consciente e integral, físico y simbólico, contra el capitalismo.

Desde esta óptica, la luxación de marxismo y hermenéutica es obvia. En primer lugar, no hay en la hermenéutica (incluso en su versión existencial u ontológica) una propuesta dialéctica sobre la mutua conformación de praxis histórico-social y vida mental. En segundo lugar, tampoco hay un criterio normativo que apunte a la lucha revolucionaria contra un sistema de dominación, alienación y explotación. El principio normativo en la hermenéutica se ha volcado en pautas de interpretación textual y no textual, la "obligación de tener que aportar razones y justificaciones que tienen que ser evaluadas y juzgadas" (Mendieta 11). En otros casos, la norma hermenéutica se ha dirigido contra ciertos dispositivos modernos que, en jerga heideggeriana, frenan el desvelamiento óntico-poyético de nuevas posibilidades ontológicas del Ser. Nada de esto permite que marxismo y hermenéutica se dejen conjugar en una unidad. Estos se mueven en registros y a niveles inconmensurables, por lo que su diálogo siempre corre el riesgo de desfigurar estos registros y niveles heterogéneos. En resumen, la hermenéutica se encarga de la interpretación. Esto delimita sus intereses, herramientas y fines últimos. La praxis organizativa e incluso violenta (en un sentido amplio del término) del marxismo para encauzar la historia en una dirección postcapitalista le resulta a la hermenéutica exógena y distante.

En esta sima que se abre entre hermenéutica y marxismo, el término diálogo tendría mucho más recorrido si lo entendemos como señalamiento recíproco de carencias o presencias ominosas. Por ejemplo, para el marxismo, la institucionalización de una especialidad laboral y una profesión asalariada consistente en la interpretación nos pone en la pista de una particular división del trabajo. En la obra de Marx se explora este fenómeno en muchos lugares. Por su amplitud de miras, Gramsci aporta probablemente un material incluso de mayor densidad. Este autor explora, tanto en *Los cuadernos de la cárcel* (1929-1935) como en *La cuestión meridional* (1930), cómo a los intelectuales, en tanto que corporación social, se les adjudica unas labores organizativas, administrativas, explicativas y exegéticas absolutamente consubstanciales al funcionamiento capitalista.[2] La creación de intelectuales y trabajos intelectuales, con sus jerarquías, reglamentos y remuneraciones, solo acontece en una economía que atomiza y centrifuga el trabajo manual y físico, convirtiendo sus propios productos en un misterio fetichizado. Toda división tajante del trabajo físico e intelectual está condenada al fracaso. Ahora bien, tratada con ductilidad dialéctica, resulta imprescindible para que algunos realicen labores fundamentalmente mentales sobre la base de un mundo material que se da por sentado. Este privilegio alienta la engañosa impresión de la libertad

---

2 Gramsci usa el término "casta" en varias ocasiones para referirse a los intelectuales, "una hidra misteriosa con incontables cabezas" (*Prison. Volume II* 81). Los intelectuales tienen un espíritu corporativo, estímulos y recompensas, instituciones propias y una serie de objetivos bastante definidos, que están imbricados en proyectos de clase incluso cuando su apariencia es de neutralidad: "por intelectuales, uno debe entender no solo ese rango usualmente asociado a este término, sino en general toda esa masa social que realiza una función organizativa en un sentido amplio, ya sea en el ámbito de la producción, cultura o administración política" (*Prison. Volume I* 133). Uno de los constantes reproches de Gramsci a la intelectualidad italiana es justamente su carácter no-italiano, no nacional, cosmopolita, desconectado de la vida popular del país. En *La cuestión meridional*, Gramsci lleva a cabo una especie de taxonomía de los intelectuales sureños y de su labor para el Estado italiano, sus autoridades nacionales, regionales y locales (*Southern* 35-41).

incoercible de la imaginación, las ideas o los anhelos mentales, que flotarían sin cortapisas. Esta libertad es, en gran medida, el efecto ilusorio de una división del trabajo que mientras condena lo físico a la necesidad, *parece ofrendar* a lo intelectual una soberanía emancipada. El marxismo insiste en que esta necesidad y esta autonomía son interdependientes, dos caras de la misma moneda, y que una y otra se necesitan para que el capitalismo y su estructuración del trabajo humano funcionen.

El sujeto protagonista de la hermenéutica y el marxismo

No puede extrañarnos, atendiendo al apartado anterior, que el marxismo haya mirado con suspicacia el marco hermenéutico. En relación a la lectura y glosa de textos (y también de coyunturas existenciales), el marxismo se pregunta lo siguiente: ¿Quién es el sujeto de dicha tarea de interpretación? ¿Qué circunstancias físicas, económicas, institucionales, educativas y mentales permiten que dicha tarea sea completada y resulte además legible en tanto que actividad social? ¿Quién no puede o de quién no se esperan ciertos géneros de interpretación? ¿En qué contextos materiales, culturales e incluso corporales no se dan unos requisitos mínimos para llevar a cabo la faena exegética? El marxismo no tiene respuestas definitivas a estas preguntas porque, entre otras razones, se acerca al capitalismo como un discurrir histórico mutable. Ahora bien, sí podemos poner sobre el tapete algunos gestos prototípicos de la reacción marxista ante el optimismo interpretativo de la hermenéutica. Para el marxismo, ese sujeto universal que reformula e impulsa una particular exégesis diacrónica bajo una novedosa fusión de horizontes se parece a ese individuo burgués autónomo que se autoactualiza en el tiempo de acuerdo con unos principios ilustrados de progreso racional (Savage 21). Ese sujeto es usualmente tratado como un ente abstracto, sin marcas raciales, de clase o género que lo particularicen, una modalidad del *cogito* cartesiano que en una situación un tanto imprecisa finaliza una serie de operaciones cerebrales. Hwa Yol Jung admite que, en la modernidad occidental, "el régimen del *cogito* cartesiano, que representa el *habitus* de la mente moderna, valoriza la institución canónica de la mente del Yo (la mirada) que es a la vez incorpórea, monológica, y ocularcentrista" (95).

Tanto Savage como Jung ejemplifican el descontento con sectores de una hermenéutica que descorporeizan un quehacer mental. Esto abre de inmediato varios flancos de ataque para una perspectiva histórico-materialista. El marxismo cuestiona la existencia misma de esa *res cogitans*, ese proscenio ideal donde acaecerían el intercambio y la apertura hermenéuticos. El marxismo modifica los parámetros de esta aproximación: esas mentes, que se autoperciben como mentes y se relacionan como mentes por las que fluye y de las que emana un contenido interpretativo, conforman una suerte de "casta" social. Esta casta goza de unos privilegios, pero también padece unas exigencias que reglamentan su tarea. El marxismo aclara que la descripción del sujeto de la interpretación (textual) no puede llegar a buen puerto al margen de una comprensión sociológica y crítica de cómo el capitalismo sanciona y reproduce "conocimiento" en una cadena de relaciones laborales. Solo en este entramado, arguyen nombres como Michael A. Peters o Cinara Rosenfield, podemos captar cómo el *"knowledge capitalism"* ("conocimiento capitalista" o "conocimiento del capitalismo") "reifica la economía en un momento histórico cuando el enfoque en [...] el 'signo' o en [...] los bienes simbólicos en general borra la distinción entre economía y cultura" (Peters 59). En una economía capitalista, se da una acumulación de capital cognitivo, que incluye no solo datos o información, sino también habilidades de procesamiento y una concentración jerárquica del saber sobre el propio saber (Rosenfield 154). No hace falta exagerar estos argumentos para percibir de inmediato su utilidad para la crítica marxista de la hermenéutica. En esta última hay algo, por una parte, de enclaustramiento artificial del ámbito de las maniobras interpretativas y del mundo semiótico de los signos, y por otra, de ultraespecialización de destrezas intelectuales que desencadena un mercado competitivo para su adquisición y acopio (Rosenfield 154).

Afirmar, en consecuencia, que todos interpretamos es, en algunos casos, incierto y, en otros, una banal obviedad. Lo revelador es quién está en condiciones de interpretar qué, cuándo, cómo, dónde y con qué fines. Esto debería servir de advertencia para aquellos que observan en el neoliberalismo avanzando del siglo XXI (no sin ciertas dosis de inocente alborozo) una supuesta "sociedad del conocimiento" que subvierte las dinámicas capitalistas mediante la construcción de redes o *networks* proteicos, horizontales y solidarios de cooperación gratuita al margen del Mercado y del Estado (Rueda Ortiz, Herlau y Rasmussen 278). Esto implicaría asimismo una pluralización y desjerarquización de la hermenéutica, su democratización mediante un abanico de canales y actores participantes. En nuestra opinión, estos fenómenos tienen un cariz más ambiguo y, en tanto que manifestaciones de un turbo-capitalismo en crisis (a partir de 2008), se integran en tendencias represivas, controladoras y acumulativas muy severas. Por formularlo en una sola frase: los reajustes disciplinadores del sistema capitalista global de la última década no abandonan a su libérrima suerte el trabajo intelectual, la circulación de conocimiento, y los *loci* de recepción y enunciación del cometido hermenéutico. Se engaña, nos parece, quien no advierta los soterrados pero contundentes dispositivos sistémicos de cooptación y reapropiación especulativa en el terreno del conocimiento (incluida la hermenéutica).[3]

---

[3] Existen varias macro-internacionales (como Google, Microsoft, Twitter, Facebook, Gmail, YouTube) cuya rentabilidad se basa en la inversión (gratuita en la mayoría de casos) de tiempo, fotos, comentarios, ideas, anuncios y

El sujeto de la hermenéutica es (y lo ha sido por mucho tiempo) un sujeto capitalista, un individuo conformado desde la base por hábitos e instituciones del capitalismo. Decir lo contrario supondría postular un ente humano que milagrosamente ha escapado a lo que Daniel Krier y Mark Worrell llaman "la ontología social del capitalismo" (1). Aun siendo histórica dicha ontología, estructura el subsuelo de nuestra vida intersubjetiva y de nuestra percepción fenomenológica de esta: esas "profundas construcciones sociales e intencionalidades colectivas, limitadoras y con frecuencia reprimidas" (Krier y Worrell 4). Enarbolar la bandera romántica de una actividad y subjetividad hermenéuticas que habrían quedado a salvo de dicha ontología, se nos antoja un movimiento ingenuo. La interpretación sucede en, desde y para un sistema capitalista, al que hay que reconocer sus variantes geográficas y temporales, pero del que uno no puede substraerse *motu proprio*. A esto se debe que el marxismo, más que interpretar tal o cual hecho cultural o existencial, y describir cómo este se actualiza para un hermeneuta presente y su marco temporal, escarba en sus mecanismos históricos de producción. A diferencia de lo que ocurre con amplios sectores de la hermenéutica, el marxismo no naturaliza ni minimiza esa dimensión, llegando incluso a cuestionar la idea burguesa de sujeto, de historia intelectual y de continuidad o comunidad inter o metatextual. El marxismo tampoco es una versión sociológica de la hermenéutica, un interrogante sobre el evento

---

videos por parte de millones de usuarios. De hecho, no estaría de más preguntarse quién "usa" a quién en este contexto: si nosotros nos servimos, por ejemplo, de Facebook o si es Facebook el que, en el fondo, se sirve de nosotros, capitalizando un enorme caudal de "trabajo" intelectual (productivo, pero no remunerado). En un breve pero iluminador volumen, Jonathan Crary identifica muchas de estas dinámicas acumulativas y concluye que en "el lapso de quince años ha habido una masiva relocalización de grandes grupos demográficos en estados de relativa inmovilidad bastante duraderos. Cientos de millones de individuos comienzan empecinadamente a pasar muchas horas del día y de la noche, de manera más o menos inerte, en cercana proximidad a aparatos que emiten algún tipo de luz parpadeante" (80).

interpretativo con un apéndice contextual. El marxismo trata el capitalismo como una única totalidad multidimensional que debemos abordar dialécticamente, superando clásicos cismas burgueses entre cuerpo y mente, materia y espíritu, economía y cultura, fatalidad y libertad, sociedad e individualidad, etcétera.

Para culminar esta sección, nos gustaría añadir dos sucintas ideas sobre ese protagonista de lo que podríamos denominar la escena primordial hermenéutica. En Dilthey, Heidegger y Gadamer se abunda en un sujeto que "logra un reconocimiento especulativo de sí mismo en aquello a lo que ha logrado dar vida" (Davey 132) y que "en su asertividad se constituye como un sujeto filosófico en tanto que sujeto auto-responsable y [...] necesariamente auto-postulado" (Jervolino 89). Esta clase de argumentos abunda en la bibliografía sobre el tema y muestra abiertamente a un sujeto al que, incluso en su dimensión existencial, pareciera faltarle textura y concreción sociohistórica. Algo muy similar podría decirse de esa escena fundacional en la que se completa el ciclo hermenéutico de develación externa y autoconstitución interna. Para el marxismo, el problema de estos postulados no es tangencial sino de base, y lo es porque rechaza taxativamente esta manera de describir (o especular sobre) realidades terrenales y humanas. Esto se entiende bastante mejor si nos fijamos por un momento en el sujeto clave del marxismo, el proletariado. Somos conscientes de que el tema es escurridizo y que (como recordase Jacques Rancière) la misma Izquierda ha procedido a su "liquidación suave" (8) con el objetivo de poner fin al "dogmatismo proletario" (9) de cierto pensamiento revolucionario. Retomamos el tema por ende *cum grano salis*.

En las descripciones que Marx y marxistas realizan del proletariado, hay una detallada especificación de los efectos corporales, psicosomáticos y psicomotrices del trabajo sobre el obrero. El proletario está llamado, por una parte, a ser el sujeto colectivo tumultuario que lidere la superación negadora del capitalismo. Al mismo tiempo, y junto a momentos de heroificación, el proletariado es descrito como un cuerpo doliente y roto por jornadas de explotación insufrible, sometido a labores repetitivas, mantenido en un estado de semisubsistencia, psicológicamente extenuado, al borde del colapso o de la inercia automatizada. Bajo la disciplina implacable de un capitalismo productivista, expansivo, en incesante competencia y abocado a crisis circulares, teorizar un sujeto hermenéutico tiene un punto de desiderátum imposible o, al menos, de generalización fantasmagórica. Esta última flota sobre la realidad de un modo de producción determinado. En un reciente ensayo, William Robert concluye que

> esta explotación sin fin del cuerpo humano y de sus poderes/capacidades ya está contenida, en su germen, en la existencia del mercado de trabajo. Cuanto más extensivo este mercado, más amplio será el campo de poderes/capacidades susceptibles de su empleo rentable por el capital (128).

Por su parte, Joel Wendland recapitula algunos de los conceptos que Marx emplea para referirse a esos cuerpos "atrapados" en la cadena de producción capitalista y que son quasiasimilados a la máquina, transformados en "autómatas" y "monstruos" (14). El imaginario cultural e incluso literario detrás de este vocabulario es demasiado vasto como para adentrarnos en él. Lo destacable aquí es algo distinto: bajo condiciones capitalistas de existencia, hay grupos de sujetos cuya materialidad corpórea, comportamientos, resortes volitivos y desarrollos mentales están severamente pinzados y constreñidos por estrictas disciplinas laborales. Así lo explica Gramsci: "El trabajador está continuamente expuesto a los riesgos más mortales: su propia supervivencia, su cultura, la vida y el futuro de su familia están expuestos a las sorpresivas consecuencias de las fluctuaciones en el mercado de trabajo" (*Pre-Prison* 108).

En estas coyunturas tan comunes en la historia y geografía del capitalismo, nos preguntamos qué podrían querer decir las reflexiones, antes citadas, de Davey y Jervolino. Hay, al menos, dos posibilidades compatibles. La primera respuesta pasaría por reconocer (quizá con un grado de simplificación) que el aparato conceptual y retórico de la hermenéutica *no significa nada*. Insertar en esa historia obrera de amputaciones, deformaciones y depauperaciones esa elevación exegética, especulativa, ultrarreflexiva, pareciera una digresión idealista con poco o ningún agarre histórico. Ese sujeto hermenéutico tiene un diseño tan abstracto y descontextualizado que su optimismo analítico-compresivo se diluye como un azucarillo en el café de una brutalidad física elemental: la del sujeto inscrito en el marchamo de producción manual del capitalismo. En definitiva, hay una brecha muy profunda entre los respectivos puntos de partida, esos posicionamientos irreductibles desde los que hermenéutica y marxismo conceptualizan sus respectivos sujetos. Desde la óptica hermenéutica, el sujeto de la teoría y práctica marxistas detenta una sobrecarga de particularismo y "contextualismo" que impediría asir estructuras existenciales más elementales, (proto)ontológicas. Desde el ángulo marxista, el sujeto de la teoría y práctica hermenéuticas padece un excedente metafísico que, al intentar explicar demasiado (lo más básico), termina por no explicar lo suficiente (las condiciones en las que ese sujeto sería factible en unas circunstancias históricas dadas).

La segunda respuesta, probablemente más fecunda que la primera, radicaría en repensar al proletariado como ese sujeto histórico que, como plantea Lukács en "Reificación y la conciencia del proletariado", se haya ubicado estructuralmente en una posición que le permite percibir los efectos distorsionadores del capitalismo, interpretarlos y (esto es lo más importante) insertarse dialécticamente en la totalidad de su evolución histórica. Esta ubicación estructural no debe ser confundida con una prerrogativa epistemológica o un *locus* cognoscitivo que el proletariado esgrimiría al modo gnóstico para romper el velo reificado de la cosa-en-sí kantiana o de las leyes de hierro del positivismo burgués. Lukács estipula que "incluso el proletariado solo puede superar la reificación si se orienta hacia la práctica. Y esto significa que no puede haber un solo acto que elimine la reificación de un solo golpe en todas sus formas" (206). ¿Permiten estas afirmaciones concluir que el marxismo es *mutatis mutandis* una hermenéutica *especial*? Pensamos que no por dos razones. Por una parte, el proceso interpretativo del sujeto marxista lleva aparejadas unas enormes dosis de negatividad y ruptura que contrastan con el énfasis en la continuidad positiva de una (siempre creciente) tradición exegética. Interpretar el capitalismo exige reconocer y negar al mismo tiempo sus apariencias fenomenológicas. Interpretar el capitalismo demanda la refutación también de esas interpretaciones que, al socaire del propio capitalismo, han dado por válidas o han naturalizado muchos de sus presupuestos. El marxismo no es por ende un capítulo más de la milenaria novela hermenéutica. El marxismo se posiciona en gran medida contra esta última.

Por otra parte, Lukács se desmarca de la hermenéutica al indicar que el sujeto marxista no tiene como destino una epifanía sapiencial, sino una práctica continuada, programática y colectiva (la revolución). Es más, solo esta práctica consciente y esta conciencia práctica abren paso al desenmascaramiento hermenéutico o antihermenéutico del capitalismo. No nos parece tan importante, como se ha repetido mil veces, que Marx pertenezca (junto a Freud y Nietzsche) a esa trinidad del pensamiento de la sospecha como el modo en que se concretiza dicha sospecha. En el marxismo, el método de la desconfianza no se plasma en el encuentro sicoanalítico (Freud) o en el ademán lúdico postmoral (Nietzsche), sino en una práctica grupal, coordinada y materialmente transformativa que ataca los modos y las relaciones capitalistas de producción y reproducción de vida. Solo en esta práctica sostenida y procesual podemos *mutatis mutandis* hablar de una hermenéutica marxista. Solo en la praxis subversiva y a veces violenta (que a su vez niega la violencia capitalista), el sujeto marxista propicia un tipo de comprensión de una realidad hipermercantilizada. Por supuesto, dicha comprensión mantiene una tensión dialéctica indisoluble con la acción de la que es causa y efecto a la vez. Abogar por cualquier otro tipo de sujeto pasivizado (en alguna medida o de cualquier otra manera) deja al actante marxista sin sostén, en caída libre. No importa si se intercede por una "subjetividad residual" de una estructura, por un *otro* con preeminencia ontológica sobre el yo, por unas categorías trascendentales de aprehensión o incluso por un no-sujeto heideggeriano-deconstruccionista. En estos y otros muchos casos, el sujeto individual y colectivo del marxismo se queda sin espacio para, como defiende Timothy Hall, una praxis que en su propio desenvolvimiento se hace posible a sí misma (sin aval alguno de antemano) (162). Esta es una praxis intencional de la discontinuidad que, a pesar de apoyarse en programas, implica un riesgo: no puede nunca garantizar todos sus efectos y avanza a tientas (a veces gradualmente, a veces mediante saltos cualitativos) *en* y *contra* el capitalismo. Ni este modo de proceder ni este sujeto tienen fácil acomodo en la tradición hermenéutica.

Los puentes de cristal

En este penúltimo apartado queremos explorar una conexión más propositiva entre hermenéutica y marxismo. Lo dicho hasta ahora incide sobre todo en los *impasses* de un contacto inverosímil: marxismo y hermenéutica transitan por carriles que no se cruzan. Este retrato no es del todo falso, pero no es completo. Sería incoherente defender en este punto una reconciliación positiva, pero no lo es tanto un tipo de mediación negativa. La primera dibuja zonas de intersección consolidadas. La segunda demostraría que, al parangonar hermenéutica y marxismo, lo que en verdad discernimos no son sus intersecciones sino sus respectivos puntos muertos. El reflector de uno alumbra el ángulo muerto del otro, y viceversa. En esta presión mutua, que deja entrever carencias y posibles excesos en los dos polos, también emerge una matriz relacional entre ambos. Utilizamos la expresión "puentes de cristal" para connotar la fragilidad y precariedad de esa relación, así como su posible carácter traslúcido e ilusorio, indetectable. En realidad, deberíamos hablar (más que de puentes) de campos de fuerza, espacios de tensión intelectual que, al cruzarse, no crean "comonalidades" sino reacciones muy reveladoras. En la negatividad que se desprende de este choque no solo se inscribe la crítica hermenéutica del marxismo y la crítica marxista de la hermenéutica, sino también una autocrítica inmanente, un movimiento inherente que redinamiza la hermenéutica (y el marxismo) desde su interior.

Veamos un par de ejemplos de esta metodología. Algunos autores han acusado a la hermenéutica de textualismo, que puede ser definido del siguiente modo:

> al basar su modo de interpretación en una noción amplia de texto, la hermenéutica reduce todas las formas de interpretación a una sola. Desde esta perspectiva interpretativa, tanto si se trata de un estudio científico del mundo natural o del intento de comprender a otra persona mediante la conversación, estamos siempre ante una forma de lectura […] En la hermenéutica textual, considerada como teoría, la interpretación textual no es un paradigma sino el tema mismo en cuestión […] Si el textualismo hermenéutico no afirma que "todo es un texto" o que "solo hay textos", sí afirma al menos que "todo es análogo a un texto" o que toda interpretación es análoga a la interpretación textual (Gallagher 8).

Esta cita tiene un doble filo que compromete tanto a la hermenéutica como al marxismo. Shaun Gallagher recrimina veladamente a la primera no solo su textualismo, sino también (y ante todo) que dicho textualismo conlleve un acercamiento al mundo en tanto que panlectura ("lecturismo"). Todo, desde una ciudad a una vestimenta pasando por una rutina, se vuelve susceptible de ser "leído", de ser pasado por el filtro hermenéutico. Este filtro hace significar todo pues funciona, en el fondo, como un engranaje "todoterreno" de revelación de sentidos. No es anómalo hallar ensayos académicos que, implícita o explícitamente, leen el cuerpo como un texto o descifran un espectáculo musical *pop* también como tal.[4] Este procedimiento ha conferido un protagonismo sin precedentes a los departamentos de literatura y teoría de la literatura, al menos, en el ámbito anglosajón. Nada se vuelve ajeno e imposible para un "lector" que, con su caja de herramientas hermenéuticas al hombro, interpela cualquier realidad circundante y reflexiona sobre esa interpelación. Leer y pensar cómo se lee se convierten en una manera primaria de estar en el mundo y relacionarnos con él. Sin negar la amplitud inventiva de este tamiz hermenéutico que resignifica con su mirada hechos y eventos de toda índole (y la mirada es el sentido sobresaliente de la hermenéutica), el marxismo no puede sino indicar sus insuficiencias. Ni una indumentaria, ni una urbe ni un megacontecimiento deportivo son (perdón por la obviedad) un texto. Los procesos materiales y sociales que los construyen, el sistema físico de producción que los pone en pie, nos conminan a trascender el telar hermenéutico (la lectura como correa de transmisión entre sujeto y objeto). Antes de poder encontrarnos ante la presencia de un "texto" (de algo que podemos interrogar como texto), hay que dar cuenta de un *homo faciens* que opera de acuerdo a unas pautas socioproductivas. Referirnos a dichas prácticas materiales como un texto solo reproduce el mismo problema a otro nivel: tendríamos que seguir

---

[4] Por citar un solo caso, invitamos a los lectores a consultar cualquier base de datos académica y a que cotejen la enorme cantidad de monográficos, volúmenes colectivos y artículos sobre Madonna. Muchos de estos ensayos "leen" el fenómeno visual, mediático y musical de Madonna como un "texto cultural" al que se aplica una hermenéutica (en muchas ocasiones) bastante tradicional.

confrontando los procesos históricos que convierten una práctica productiva real en un "objeto de estudio" textualizable. Siempre habrá un "más allá" *real* del texto del que este último surge y es dependiente, a no ser que deseemos caer en el idealismo de una escritura autogenerativa, génesis absoluto de sí misma.

Si el marxismo apremia a la hermenéutica a dislocar algunos de sus pilares conceptuales (lectura, interpretación, texto), la hermenéutica también pone en evidencia algunos tics e incongruencias del marxismo. Dado que la hermenéutica parte de una meticulosa relación con un material textual, puede llamar la atención sobre una pulsión típicamente marxista. En su empeño por evitar idealismos literarios y culturalismos aislacionistas, esto es, en su deseo por sortear la fragmentación y esencialización de áreas de la vida social, pensadores marxistas (no todos, obviamente) han tendido a reducir la propia densidad del texto o de aquello que se interroga como tal. No podemos discutir aquí las polémicas *démodé* sobre la estructura y la supraestructura, las teorías del reflejo, la causalidad mecanicista y la (sobre)determinación. Sí podemos comentar brevemente ese tratamiento instrumental que se otorga a artefactos culturales de alta complejidad. Con el término "instrumental" aludimos a la consideración (por ejemplo) de manifestaciones artísticas como un coto de caza ideológico donde rastrear por doquier instancias de falsa o doble conciencia, intereses de clase disfrazados de placer estético, o retóricas (simple envoltorio ornamental) de un núcleo duro político. Estas manifestaciones artísticas son solo un medio en el que certificar su camuflada función ideológica. A menudo esta aproximación viene acompañada de un cierto "contenidismo" y de un grado de sordera para con otras dimensiones de la experiencia lectora. A estas se ha referido (por citar un caso célebre) Hans Ulrich Gumbrecht mediante el término *Stimmung*: el tono o atmósfera que irradia la presencia tangible de un objeto y sus cualidades sensoriales (4). Hay una longeva historia de crítica marxista un tanto impaciente con todo lo que desborda el significado referencial y un tanto predispuesta a categorizar políticamente un texto.

Otra cara del instrumentalismo marxista, tradicionalmente conectada con los requerimientos de los grandes partidos comunistas, es la concepción bélica y binaria del campo cultural. Para pensadores que no se extravían en el economicismo supraexplicativo (la estructura productiva en tanto gran hacedor, un *primum movens* del que todo, en última instancia, arranca), una segunda tentación ha sido la fijación y difusión de una cultura, de un universo simbólico e incluso de una vida subjetiva que contrarrestase el avance del capitalismo. En este afán de confrontación ideológica se reconoce la importancia de las capas afectivas, sensitivas y sicológicas de la convivencia social, pero se simplifican dichas capas al transformarlas en piezas de un tablero ajedrecístico donde rige una lógica de suma cero (todo lo que uno gana equivale a una pérdida para el adversario, y viceversa). Como explica Jonathan Joseph, existe una "forma simplista" de la hegemonía gramsciana que, a golpe de voluntad e iniciativa, dictamina un nuevo marco léxico, estético y comprensivo para el resto de clases y grupos sociales (1-2). La literatura, el cine, la pintura, la arquitectura o los pasatiempos quedan cooptados por decretos potestativos que aspiran a invertir las dinámicas intersubjetivas, sentimentales y semióticas de una colectividad. No pecan de injustas todas esas voces que protestan ante lo precipitado, aleatorio y utilitarista que torna sofisticados procesos culturales en armas *directas* e *inmediatas* de combate político.

En la frase anterior, destacamos los adjetivos "directo" e "inmediato" porque el error de marxismo no reside en 1) su rastreo de sentidos ideológicos en una obra de arte (o en todo el edificio moderno de la institución estética) ni en 2) su incorporación al antagonismo entre diversos intereses de clase. El error está, como argumenta Raymond Williams, en una pereza epistemológica que no reconstruye con el suficiente cuidado las múltiples y ambivalentes *mediaciones* (palabra decisiva para el marxismo) que confieren su unidad a los procesos históricos (95-100). No todo es lo mismo en dichos procesos; no todo es economía, política o volición mental. Estos "espacios" tampoco existen por separado: un análisis no-cosificador debiera evitar la hipóstasis de fragmentos, y debiera describir esas mediaciones que restablecen la diversidad de lo social, su movimiento y su totalidad unitaria. ¿Qué implícito comentario negativo podemos deducir de la tradición hermenéutica al confrontar estas aporías marxistas? Han existido actitudes marxistas que, al examinar textos de muy diversos géneros y circulación, minimizan el espesor de la mediación y recepción lingüística, sus claves y procedimientos internos, la profusión de sus niveles y vertientes. Si la hermenéutica se queda en el texto, lo habita para escudriñar lo que en él ocurre sin desdeñar ningún detalle por pequeño que sea, algunos marxistas abrevian su estancia en los intríngulis del texto para propiciar deducciones ideológico-políticas. Estas adolecen, por su carácter inmediato (no suficientemente mediado), de un déficit de lectura, de una veloz ansiedad conclusiva. Confrontar el marxismo negativamente desde los hábitos hermenéuticos nos permite evocar un materialismo histórico que, de entender un texto como instrumento, asume esa naturaleza instrumental como un dúctil y no sistematizable proceso vivo. Solo tras reaccionar ante el enorme potencial inherente a un texto concreto, solo tras desanudar este nivel de mediación verbal, se pueden reconstruir otros muchos niveles y su operatividad sobre el texto mismo.[5]

---

5   En un artículo (bastante elogioso, por otra parte) de Cornell West sobre Fredric Jameson, el primero indica que el segundo "es, de varias maneras, un pensador hermenéutico tradicional, es decir, su estrategia básica tradicional es la de recuperación y restauración" (184). Es más, West señala que Jameson "admite que la Historia está siempre y desde el comienzo mediada por el lenguaje, los textos y la interpretación, aunque insiste en que la Historia está aún, en un sentido fundamental, 'ahí fuera'" (185). Aunque no es asunto central del ensayo, West muestra algunos aspectos de la enorme tensión existente entre la faceta hermenéutica y marxista en la obra Jameson.

Para concluir esta introducción vamos a comentar un aspecto del estado actual del marxismo que, desde la órbita hermenéutica, se percibe con más nitidez. Tal y como se ha explicado con anterioridad, el marxismo se precia de no ser otra escuela filosófica: "El pensamiento teórico de Marx se presenta a sí mismo [...] no como una filosofía sino como una alternativa a la filosofía o incluso una antifilosofía. Y es quizás la más importante antifilosofía de la edad moderna" (Balibar 2). También hemos indicado que esta veta antifilosófica se posiciona contra la escisión burguesa de teoría y práctica, mente y cuerpo. El marxismo deja de serlo si se transmuta en *otra* interpretación del mundo, si se enroca en un círculo vicioso intelectualista sin enraizamiento en el movimiento y transformación históricos. Esta posición no es equiparable a un aventurismo de la acción irreflexiva. Ahora bien, sin alguna modalidad de intervención u organización marxistas, estamos obligados a preguntarnos de qué marxismo hablamos. La pregunta no es retórica. Nuestra hipótesis de trabajo (imperfecta como todas las conjeturas) es que los desarrollos históricos de los últimos cuarenta años han dejado al marxismo en una posición tan incómoda que pone a prueba principios elementales de su propia constitución. Si el marxismo no es el impulso teórico-práctico para partidos políticos de peso, movimientos sociales contestatarios, sindicatos anticapitalistas y organizaciones civiles, así como para universidades, revistas influyentes, clubs de estudio y debate, escuelas alternativas y productoras culturales dominantes, nos vemos abocados a dos posibles conclusiones compatibles e igualmente inquietantes.

La primera conclusión comporta el reconocimiento de que el marxismo se asoma en algunos entornos sociales aquí y allá, aunque estos son periféricos, secundarios, derivativos. Que sus practicantes hagan de la necesidad virtud y conviertan esta posición limítrofe y menor en una erótica de la alteridad liminal no cambia los términos del problema: a un marxismo en sordina, testimonial, escorado en los márgenes del devenir histórico, que sobreactúa para compensar su falta de influjo real, no le queda otro remedio que reconocer la extenuación de su músculo práctico, el colapso de su motor transformativo. La segunda conclusión es un poco más tajante porque ni siquiera se fija en este anecdotario de marxismos declarativos, de segunda fila, inofensivos. Si se admite que el marxismo se desempeña hoy como una simple postura intelectual, el paradójico resultado es que la hermenéutica emerge como la *verdad* efectiva del marxismo contemporáneo. Planteado en unos términos un poco más dramáticos: el marxismo es (en nuestro presente) una hermenéutica, a lo mejor una hermenéutica *sui generis* y con pretensiones de ser otra cosa… pero una hermenéutica al fin y al cabo. Podríamos, de hecho, reimaginar el marxismo como una provincia del ancho continente hermenéutico, una subregión que plantea sus énfasis metodológicos, un desarrollo (sociologista, historicista, materialista) de la perdurable tradición metainterpretativa. Con esta propuesta no deseamos restar mérito al trabajo de intelectuales a quienes leemos y admiramos (de Fredric Jameson a Terry Egleton, pasando por David Harvey, Alex Callinicos, Juan Carlos Rodríguez o Slavoj Žižek). Lo que cuestionamos no es la contrastada (y, a veces, deslumbrante) calidad de lo producido por estos autores, sino su emplazamiento sistémico *vis-à-vis* la exigencia marxista de estar en la realidad *también* como una práctica revulsiva.

Lo que percibimos es, en resumen, un agudo giro hermenéutico en el marxismo. Este giro lo aleja de una verdadera interacción revolucionaria con el capitalismo, mientras que lo acerca a una disciplina académica plenamente integrada en el mercado y Estado liberales. Por una parte, está lo que este marxismo *afirma*, y por otra lo que *hace*, la *función* que cumple en un organigrama social e institucional. A un nivel expositivo y argumental, el marxismo puede proseguir su camino en la crítica de un modelo de producción. Ahora bien, a un nivel estructural, el marxismo se desempeña como otro discurso más, otro "juego de lenguaje" en la nomenclatura de Wittgenstein. Este desempeño proyecta una sombra organizativa o pragmática sobre la realidad social tan nimia e inocua como, por ejemplo, la de la hermenéutica analógica. En definitiva, el marxismo *enuncia* una retórica antihermenéutica pero *se comporta* como (y tiene las dimensiones, alcance y límites) de una inflexión hermenéutica al uso. Las consecuencias de este viraje no son menores y, de nuevo, observamos dos tipos de efectos: maximalistas y relativos. La reacción maximalista da por amortizados los alardes práctico-revolucionarios del marxismo y lo incorpora sin más a la conversación hermenéutica. El gran problema de esta mutilación es que mucho nos tememos que (como afirma el refrán) con el agua sucia nos estamos deshaciendo también del infante. ¿Qué nos queda del marxismo si nos contentamos con una versión del mismo en tanto que interpretación mental y verbal del capitalismo? Incluso si estas elucubraciones son radicalmente incisivas, ¿cómo y en qué muta el marxismo si lo entendemos como una amonestación intelectivo-expresiva que, en un ágora de controversia pública, confronta argumentativamente las grietas del capitalismo?

Si el marxismo se limita a glosar e impugnar interpretativamente una realidad determinada, nos retrotraemos a esa esgrima ilustrada que Marx percibió como insuficiente. En concreto, Marx ataca la crítica de la religión por parte de la llamada izquierda hegeliana porque la alienación religiosa es solo el corolario de una abstracción más elemental: la del trabajo humano (real y concreto) en el fetichismo de la mercancía y sus equivalencias formales. La crítica de la religión no solo se queda corta, sino que además imagina que la enajenación de la actividad humana se deja interceptar mediante una acusación demostrativa. Esta nos curaría de la ignorancia y del error. Uno denuncia la superstición, rasga el manto del oscurantismo e *ipso facto* el sujeto ilustrado impone la luz de una razón libre y autónoma. Esta heroificación del discernimiento, esta magnificación de los poderes políticos de la hermenéutica, olvida que "la producción de ideas, de concepciones, de conciencia, está desde el comienzo entretejida con la actividad material de la interacción material del hombre" (Marx, "Materialist" 180). Esta actividad e interacción materiales provocan, en el capitalismo, lo que Alberto Toscano llama "abstracciones reales" (273). Estas no pueden desvanecerse mediante un esfuerzo de comprensión mental, sino que requieren una agitación física que altere el modo de producción capitalista.[6]

El fetichismo de la mercancía, en tanto que abstracción *real*, no se esfuma porque hablemos de él. Su estatus es otro: el de una forma social fehaciente de la que no podemos desinhibirnos con un simple conato de clarividencia. Solo revolucionando un modo de producción social, sus abstracciones reales correspondientes (formas objetivas de existencia colectiva) también se tambalean. ¿Qué relevancia tiene todo esto para la relación de marxismo y hermenéutica? El lector ya habrá adivinado la respuesta: un marxismo estrictamente teórico tiene algo de pólvora mojada, de *contradictio in terminis*. Ni siquiera podríamos salvaguardar un marxismo menor o parcial, como quien elimina un ingrediente optativo de una receta. Si el marxismo queda subsumido en un poso hermenéutico, si el primero se aclimata a una atmósfera meramente interpretativo-refutativa, sería más apropiado desestimar el significante "marxismo" y su contenido semántico, y admitir que estamos ante un quehacer hermenéutico *tout court*. Llegados a este punto, y dado que la hermenéutica coopta al marxismo y lo metaboliza, cualquier prurito de crítica marxista de la hermenéutica estaría fuera de lugar. El marxismo no solo no

---

6   Alberto Toscano propone varias formas de concebir las "abstracciones reales" siguiendo las aportaciones teóricas de Althusser, Cillario, Finelli, Sohn-Rethel y Virno, entre otros. Para desarrollar una explicación de estas "abstracciones reales", Toscano cita a Sohn-Rethel y a Žižek, y concluye aforísticamente que "bajo las condiciones del capitalismo, el pensamiento [...] es externo al pensamiento mismo" (284), es decir, hay formas de pensamiento y conocimiento que, lejos de ser ilusorias, subjetivas y/o "falsas", son el efecto objetivo de relaciones reales de producción e interacción capitalistas. Esto permite concluir que *"la abstracción precede al pensamiento"* (281).

desactiva la hermenéutica, sino que esta última engulle al primero, dejando al descubierto su naturaleza postpráctica, su condición postmaterialista, su "nueva" (o no tan nueva) idiosincrasia hermenéutica. Expresado en un aforismo: el marxismo sin praxis de hoy en día es *ya* postmarxista; el marxismo hermenéutico que se practica (o practicamos) merece el adjetivo de hermenéutico, pero no el sustantivo de marxismo. Quizá hay que acuñar una locución: una "hermenéutica postmarxista" en la que el anclaje substantivo es la exégesis y el marxismo queda relegado a un eco residual, algo que fue y ya no es, una huella de lo que estuvo y ha dejado de estar.

Si este fuese el final de esta historia, el presente volumen perdería gran parte de su interés. Más que una poderosa tensión entre los dos ejes de una comparación, este libro solo mostraría un diálogo intrahermenéutico. Como todas las conversaciones de familia, en las que sus participantes comparten bastante más que lo que los diferencia, la discusión suele derivar en un totemismo de la diferencia menor. Para no admitir el enorme denominador común que los aúna, los participantes agigantan sus divergencias (minúsculas e incidentales), izándolas como líneas rojas incuestionables. Al no estar en juego nada sustancial, se sobredimensionan teatralmente desavenencias accesorias. ¿Cómo recuperar entonces una fricción de mayor calado entre marxismo y hermenéutica, una discrepancia fuerte que otorgue verdadero interés a esta confrontación? No pretendemos tener una respuesta taxativa a esta pregunta, pero sí una sugerencia. El marxismo que ha devenido en simple visaje hermenéutico conserva su horizonte práctico e insurrecto como promesa (frágil) y no como renuncia (final). Para esta propuesta nos apoyamos vagamente en el Derrida de *Espectros de Marx* (1993) y en el Benjamin de *Tesis sobre la filosofía de la historia* (1942). No aspiramos a teologizar el marxismo, insuflándole una tenacidad religiosa, aspiracional, casi iluminada y mesiánica. Tan solo argumentamos que el marxismo puede tematizar sus propias carencias, incluirlas explícitamente en su autojustificación, y evidenciar la radical historicidad y contingencia de estas. No se ha producido un cese ontológico de la praxis marxista, el adiós definitivo a sus condiciones de posibilidad. Lo que se ha producido es su obstrucción histórica que, en el interior mismo de dicha historia, puede (o no) ser solventada. Justamente porque el marxismo retiene en su interior el empeño práctico-sensual en tanto que pérdida consciente y vocación inquebrantable, su parangón con la hermenéutica continúa brindando varios cortes. Por eso su interés no remite y su comparación alumbra en ambos vacíos, insuficiencias y excedentes. En estos se enfocan los ensayos que a continuación sintetizamos.

Variaciones sobre un tema

Uno de los campos, o tal vez habría que decir el campo, de fuerza en el que tradicionalmente se ha planteado el diálogo entre marxismo y hermenéutica es sin duda el generado por la ya mencionada undécima de las *Tesis sobre Feuerbach* de Karl Marx: "Los filósofos solo han interpretado de diversos modos el mundo, de lo que se trata es de cambiarlo". En el contexto de la publicación de las *Tesis* en los años treinta del siglo pasado, y en aras de una praxis revolucionaria propiamente marxista, gozó de gran aceptación la liquidación de la interpretación en la que las filosofías idealistas parecían haberse estancado. Esto sentenció a su vez el acercamiento del marxismo a la interpretación, considerada como un momento previo pero ancilar, supeditada en cualquier caso a la voluntad de cambiar activamente el mundo. El ensayo de Mateu Cabot con el que abrimos este volumen, "Interpretar en filosofía. Sobre la pertinencia contemporánea de las *Tesis sobre Feuerbach*", plantea sin embargo el carácter coyuntural de esta interpretación y de la definición de interpretación que da por supuesta. Lejos de cualquier oposición binaria, el autor se pregunta si es posible mantener el dualismo entre interpretación y transformación en el materialismo histórico, y qué sentido tiene la separación entre sujeto y objeto de conocimiento si se quiere ser coherente con el pensamiento de Marx. Se deslindan así las tesis de su interpretación canónica ligada al contexto de publicación, y se ponen en relación con su propio contexto de escritura, aproximándose a la *intentio auctoris* que caracterizaría un acercamiento de corte filológico. La idea de interpretación a la que nos conduce esta operación revela la impronta dialéctica con que Marx la concibió en relación con la transformación.

Ante este sesgo dialéctico del concepto de interpretación en las *Tesis sobre Feuerbach*, el marxismo mismo será objeto de su propio método materialista y dialéctico. Antonio Gómez L-Quiñones en el artículo titulado "¿Interpretación sin transformación? Karl Korsch y el momento no-dialéctico de la dialéctica" se pregunta, siguiendo el periplo político y filosófico de Korsch, por los efectos de aplicar al marxismo su propio método de análisis (el histórico materialista). El marxismo de Korsch, radicado en la práctica revolucionaria, pone en cuestión la existencia misma del marxismo en un contexto, el del occidente de posguerra, en el que no queda para este más cobijo que el de la especulación teórica, alejado como estaba de la posibilidad de articular una práctica. ¿Sigue siendo marxista un marxismo sin praxis? ¿Se puede dar por muerto el marxismo en el momento en que su existencia se desvincula del imperativo transformador? Estas son las cuestiones que conducirán a Korsch a un veredicto pesimista. Como otra vuelta de tuerca, en este ensayo se realiza una interpretación dialéctica y materialista del diagnóstico de Korsch, señalando su historicidad y reconociendo la existencia de momentos de desequilibrio entre teoría y práctica como el que vivió Korsch o como el que viene caracterizando el devenir histórico de los últimos cuarenta años. La aplicación al materialismo histórico de su propia medicina dialéctica, si bien puede inducir a situar al marxismo en una posición difícil, sugiere cierta cautela a la hora de dar por cerrado su propio ciclo.

En el ensayo de José Manuel Romero "Cine y experiencia. Walter Benjamin y la interpretación dialéctica y materialista de los medios de masas", este mismo marxismo dialéctico se propone un encuentro entre hermenéutica, entendida como interpretación *lato sensu*, y materialismo dialéctico en el ámbito de la interpretación y superación de la cultura capitalista. Esta hermenéutica dialéctica se apoya en la interpretación benjaminiana del medio cinematográfico que toma como modelo la articulación de Marx de la dialéctica hegeliana para analizar las relaciones sociales dentro del capitalismo: si Marx trató de desentrañar las fuerzas progresivas, que en el seno de las contradicciones capitalistas impulsaran una superación de este sistema social y económico, igualmente Benjamin ve en el cine un medio que podría trascender aquel en el que fue creado. La potencialidad del cine estaría no solo en la exposición de contenidos explícitos de explotación, sino principalmente en el modelo perceptivo que desarrolla en consonancia con la vida moderna y sus peligros. Esta hermenéutica dialéctica de los medios y objetos culturales que trata de desvelar su componente progresivo fue puesta en práctica por Benjamin, pero no llegó a teorizarla. Cuenta, sin embargo, con ilustres epígonos como Susan Buck-Morss o Fredric Jameson.

¿Qué sucede cuando constatamos que la garra del marxismo como desvelador de la falsa conciencia se ha desvanecido en la cultura del capitalismo neoliberal? ¿Es viable rescatar en el contexto de crisis actual los conceptos de determinación y sobredeterminación económica como herramientas interpretativas de la realidad? A través de algunos ejemplos pertenecientes a distintas manifestaciones políticas, sociales y culturales contemporáneas, Víctor Pueyo, autor de "Actualidad de Althusser (de Badiou a Negri, o lo que queda de la hermenéutica marxista en el postmarxismo)", nos sitúa ante aspectos ideológicos del presente que le permitirán dirimir la vigencia del pensamiento althusseriano. Estas cuestiones se discuten *a partir de* y *frente a* las elaboraciones de Badiou (la Idea comunista) y de Hardt-Negri (la poshegemonía), que se presentan como los principales teóricos de los movimientos sociales del presente, pero también como discípulos e intérpretes muy heterodoxos de Althusser. La relación de ambos con Althusser consiste en relecturas, reelaboraciones y negaciones, en las que el fundamento del maestro francés, como viene a explicar finalmente Pueyo, no se puede considerar en absoluto obsoleto.

"Michael Löwy exégeta de Walter Benjamin", de Blanca Fernández, es un análisis de la interpretación que se hace en *Aviso de incendio* de las "Tesis de filosofía de la historia" de Benjamin. El artículo señala la doble labor acometida por Löwy: por un lado, la explicación e interpretación de las tesis, y por otro, la actualización de estas en la historia. Esta doble faz, de interpretación textual e histórica a partir de la compleja propuesta epistemológica y política de Benjamin (la unión en una constelación revolucionaria de marxismo y teología), haría de la interpretación de Löwy un intento de hermenéutica dialéctica del texto y de la historia. A este método de interpretación se le busca un lejano interlocutor hermenéutico: la interpretación figural con cuya filosofía de la historia *avant la lettre* podría entrar en diálogo la interpretación constructiva de relaciones entre presente y pasado planteada por Benjamin y de la cual Löwy toma el relevo. Se analiza a través de este acercamiento entre marxismo y hermenéutica antigua un modelo creativo e imaginativo con que señalar fisuras orientadas a una combinación inestable de interpretación y práctica en relación con la historia.

Si hasta ahora los trabajos presentados trataban, desde distintas perspectivas, la relación entre marxismo y hermenéutica de manera teórica, los textos siguientes ensayarán aplicaciones a problemas que caracterizan la actual "sociedad del conocimiento". "Capitalismo, cultura y promesas de felicidad. La industria cultural como clave de la socialización capitalista" de Jordi Maiso, propone una muy sugerente interpretación de la industria cultural. A partir del concepto acuñado por Adorno y Horkheimer, el autor observa la continuidad, en las formas presentes de cultura, de su vigencia como categoría hermenéutica. El concepto de industria cultural comprendía el modo en que el capitalismo en su fase fordista era capaz de crear una red funcional de socialización a través de la organización, creación, planificación y distribución de la cultura. La sustitución de la televisión, cuya difusión vivieron Adorno y Horkheimer, por el gran conglomerado mediático que suponen Internet y las tecnologías ligadas a la comunicación, ha supuesto a su vez la sustitución de un modelo de funcionalización de los individuos por otro. La apariencia de gratuidad y el acceso ilimitado a los contenidos culturales esconden una devaluación de los mismos y del estatus de los agentes que los producen. Lejos de celebrar el potencial subversivo de las redes, el autor advierte sobre el modo en que la industria cultural ofrece al capitalismo avanzado sujetos disponibles para las nuevas formas de mercado. Este trabajo muestra cuánto sea productivo el análisis de las complejas relaciones entre la producción cultural y la economía en la conformación de distintos modelos de sociedades, también para superarlos.

Rafael Carrión en "¿La muerte de qué autor? La cuestión de la autoría desde la teoría del valor marxiana" plantea, en el marco de una hermenéutica marxista crítica, la cuestión del autor, tradicionalmente resuelta a través de la teoría del reflejo. El autor se sitúa, en cambio, dentro del marco de la teoría del valor, igualando obra de arte literaria a mercancía inmaterial, lo que le permite extender la fetichización de las mercancías a las obras de arte literarias, e inducir a una concepción ideológica de la autoría y de las creaciones artísticas. Es decir, a una concepción del autor como productor individual que es la que facilita la conversión en mercancía del trabajo intelectual al incluirlo en una red social.

Una hermenéutica marxista crítica debería, sugiere Carrión, tener en cuenta la fetichización del autor como ente individual que se manifiesta en creencias como, por ejemplo, la genialidad. En este sentido, este trabajo propone una "corrección" a la hermenéutica textual que desvincula el trabajo del escritor de la red social en la que se inscribe y que lo hace posible. Más allá del interesante replanteamiento y reubicación de la cuestión del autor en el marxismo, la aportación de Carrión consiste en aplicar la redefinición que propone de la autoría a los debates recientes sobre los derechos y la autoría surgidos en el contexto de la "sociedad del conocimiento o de la información".

Martín Koval en "La cuestión del mal en Paul Ricoeur y Terry Eagleton: algunas reflexiones sobre el arte de vivir" presenta el reto hermenéutico que supone la interpretación del mal en las sociedades contemporáneas que, tras los conflictos del siglo pasado, se caracterizan por la falta de sentido tanto de la vida individual como de la historia. El autor contrapone dos maneras de abordar un mismo problema, la del hermeneuta Ricoeur y la del marxista Eagleton, señalando las diferencias y confluencias y exponiendo los aspectos éticos que se derivan de las distintas maneras de interpretación del mal en el terreno de la teodicea. Ante la imposibilidad de conciliación a nivel social e histórico en la que coinciden ambos autores, Koval traslada la cuestión de la reconciliación al ámbito privado que facilita el género novelesco de la *Bildunsgroman* o novela de aprendizaje, donde la reconciliación es fundamental como paso a la madurez.

En "Lo libidinal versus el inconsciente ideológico: encuentros en la tercera fase de tipo hermenéutico", Malcolm Read contrapone dos alternativas dentro de la corriente del marxismo althusseriano al supuesto silencio de Marx con respecto a una posible teoría del sujeto. Por una parte, el giro lacaniano representado por autores como Coward y Ellis, Kristeva, Žižek, Tomšič y sus diferentes elaboraciones del inconsciente libidinal. Y por otra, frente al énfasis en el inconsciente libidinal, la formulación y desarrollo de Juan Carlos Rodríguez del inconsciente ideológico, concepto de raigambre propiamente althusseriana que indaga en la dimensión inconsciente de la ideología que hace posible determinadas relaciones de producción.

Cierra el volumen una crítica al alcance hermenéutico de los marxismos. Luis Martín-Cabrera, en su ensayo "Cultura popular, lógica populista y horizonte comunitario popular: notas sobre una estrategia teórica en construcción", cuestiona la vigencia de los conceptos marxistas de "clase" y "lucha de clases" a partir de las teorías de la interseccionalidad y del populismo de donde toma la noción de "pueblo", entendido como sujeto "relacional e históricamente situado de los antagonismos (en plural)" y con mayor posibilidad de incardinación en la práctica efectiva de la política. A pesar de la apuesta por la mayor cabida hermenéutica del concepto de pueblo, se realiza también una crítica a algunos de los teóricos del populismo, en concreto respecto al papel que estos destinan a la cultura en la creación de hegemonía. Por su eficacia a la hora de interpretar los fenómenos culturales y desentrañar las fronteras entre cultura popular, cultura de masas e industria cultural, los estudios culturales se proponen como herramienta hermenéutica que complete las teorías del populismo. Esto revertiría en una teoría del populismo dotada de "densidad cultural e histórica", que ya sí se podría hacer cargo de la cultura popular y de sus contradicciones.

Como habrá observado el lector, a pesar de la variedad de cuestiones abordadas, el conjunto de ensayos muestra cierta descompensación hacia el lado del marxismo. En muchos de ellos, se recuperan críticamente debates y conceptos de la tradición marxista para devolverle su vigor hermenéutico ante el reto que supone el nuevo modelo del capitalismo tras la Gran Recesión. En algunos casos, el marxismo es considerado una hermenéutica *sui generis*, en otros, se apoya en los refinados instrumentos de la hermenéutica para reconsiderar antiguos debates. Se trata de un diálogo oblicuo e instrumental donde el marxismo reconsidera la aportación de la hermenéutica. Queda, por tanto, la cuestión abierta: ¿qué tendría que decir al respecto una tradición estrictamente hermenéutica?, ¿qué podría extraer y perder de una confrontación con el marxismo?

Obras citadas

Agger, Ben. *The Discourse of Domination. From the Frankfurt School to Postmodernism*. Evanston, Illinois: Northwestern University Press, 1992.

Anderson, Perry. *Considerations on Western Marxism*. London: Verso, 1976.

Backman, Jussi. "Hermeneutics and the Ancient Philosophical Legacy". *The Blackwell Companion to Hermeneutics*. Malden, Massachusetts: Blackwell, 2016. 22-33.

Balibar, Étienne. *The Philosophy of Marx*. Trad. Chris Turner. London: Verso, 1995.

Barnett, Mary Jane. "Erasmus and the Hermeneutics of Linguistic Praxis". *Renaissance Quarterly* 49.3 (1996): 542-572.

Crary, Jonathan. *24/7: Late Capitalism and the Ends of Sleep*. New York: Verso, 2013.

Davey, Nicholas. *Unquiet Understanding: Gadamer's Philosophical Understanding*. Buffalo, Nueva York: State University of New York Press, 2006.

Gallagher, Shaun. *Hermeneutics and Education*. Albany: State University of New York Press, 1992.

Gramsci, Antonio. *Prison Notebooks. Volume I*. Trad. Joseph Buttigieg. New York: Columbia University Press, 2011.

_____. *Prison Notebooks. Volume II*. Trad. Joseph Buttigieg. New York: Columbia University Press, 2011.

_____. *The Southern Question*. Trad. Pasquale Verdicchio. Boca Raton, Florida: Bordighera, 1995.

_____. *Pre-Prison Writings*. Trad. Virginia Cox. Cambridge: Cambridge University Press, 1994.

Gumbrecht, Hans Ulrich. *Atmosphere, Mood, Stimmung. On a Hidden Potential of Literature*. Trad. Erik Butler. Stanford: Stanford University Press, 2012.

Hall, Timothy. "Georg Lukács". *Palgraves Advances in Continental Political Thought*. Eds. Terrell Carver y James Martin. New York: Palgrave McMillan, 2006. 152-166.

Holsinger, Bruce y Ethan Knapp. "The Marxist Premodern". *Journal of Medieval and Early Modern Studies* 34.3 (2004): 463-471.

Jameson, Fredric. "Fredric Jameson's Marxist Hermeneutics". *Boundary 2* 11.1/2 (1983): 177-200.

Jaspers, David. *A Short Introduction to Hermeneutics*. Louisville, Kentucky: Westminster John Knox Press, 2004.

Jervolino, Domenico. *The Cogito and Hermeneutics. The Question of the Subject in Ricoeur*. Trad. Gordon Poole. Boston: Klumer, 1990.

Joseph, Jonathan. *Hegemony. A Realist Analysis*. London: Routledge, 2002.

Jung, Hwa Yol. "Bakhtin's Dialogical Body Politics". *Bakhtin and the Human Sciences: No Last Words*. Eds. Michael Mayerfeld Bell y Michael Gardiner. London: SAGE, 1998. 95-111.

Krier, Daniel y Mark Worrell. "The Social Ontology of Capitalism: An Introduction". *The Social Ontology of Capitalism*. Eds. Dan Krier y Mark P. Worrell. New York, Palgrave, 2013. 1-12.

Lawrence, Frederick. "Lonergan's Hermeneutics". *The Routledge Companion to Hermeneutics*. Eds. Jeff Malpas y Hans-Helmuth Gander. New York: Routledge, 2015. 160-178.

Lukács, Georg. *History and Class Consciousness*. Trad. Rodney Livingstone. Cambridge, Massachusetts: The MIT Press, 1968.

Mattick, Paul. *Marxism. Last Refuge of the Bourgeoisie?* London: Merlin, 1983.

Marx, Karl. "Thesis on Feuerbach". *Selected Writings*. Ed. David McLellan. Oxford: Oxford University Press, 2000. 171-174.

_____. "The Premises of the Materialist Method". *Selected Writings*. Ed. David McLellan. Oxford: Oxford University Press, 2000. 176-184.

_____. *Communist Manifesto*. London: Verso, 1998.

_____. *Capital. Volume I*. New York: Penguin, 1990.

Mendieta, Eduardo. "The End of Metaphysics, the Uses and Abuses of Philosophy, and Understanding Just a Little Better: On Gianni Vattimo and Santiago Zabala's *Hermeneutics Communism*". *Making Communism Hermeneutical. Reading Vattimo and Zabala*. Eds. Silvia Mazzini y Owen Glyn-Williams. Cham, Suiza: Springer, 2017. 3-14.

Palmer, Richard E. *Hermeneutics. Interpretation Theory in Schleiermacher, Dilthey, Heidegger, and Gadamer*. Evanston, Illinois: Northwestern University Press, 1969.

Peters, Michael. *Building Knowledge Cultures. Education and Development in the Age of Knowledge Capitalism*. Boulder: Rowman & Littlefield, 2006.

Petroviç, Gajo. "Philosophy and Revolution: Twenty Sheaves of Questions". *Marxism and the Interpretation of Culture*. Eds. Cary Nelson y Lawrence Grossberg. Urbana, Illinois: University of Illinois Press, 1988. 235-248.

Rancière, Jacques. *Staging the People. The Proletarian and his Double*. Trad. David Fernbach. Londres: Verso, 2011.

Robert, William Clare. *Marx's Inferno: The Political Theory of Capital*. Princeton: Princeton University Press, 2017.

Rogers, Andrew P. *Congregational Hermeneutics. How Do We Read?* London: Routledge, 2016.

Rosenfield, Cinara. "Information Worker Autonomy. Freedom or Control?". *Labour and Employment in a Globalising World. Autonomy, Collectivities and Political Dilemmas*. Ed. Christian Azaïs. Bruselas: Peter Lang, 2010. 151-164.

Rueda Ortiz, Rocío, Henrik Herlau y Leif Bloch Rasmussen. "ICT from the Bottom of the Pyramid: Design and/or De-Construction?". *The Information Society: Emerging Landscape*. Eds. Chris Zielinski, Penny Duquenoy y Kai Kimppa. New York: Springer, 2006. 253-280.

Savage, Roger W.H. *Hermeneutics and Music Criticism*. Nueva York: Routledge, 2010.

Toscano, Alberto. "The Open Secret of Real Abstraction". *Rethinking Marxism. A Journal of Economics, Culture & Society* 20.2 (2008): 273-287.

Wendland, Joel. *The Collectivity of Life. Spaces of Social Mobility and the Individualism Myth*. Lanham, Maryland: Lexington, 2016.

Williams, Raymond. *Marxism and Literature*. Oxford: Oxford University Press, 1977.

Tradiciones marxistas ante la hermenéutica

Interpretar en filosofía

Sobre la pertinencia contemporánea de las Tesis sobre Feuerbach de Marx

MATEU CABOT (UNIVERSITAT DE LES ILLES BALEARS)

Las teorías de inspiración marxista han mantenido una relación problemática con la "interpretación", mucho más si se plantea con el término "hermenéutica". La causa siempre señalada de esta problematicidad es la archirrepetida undécima Tesis sobre Feuerbach: "Los filósofos solo han interpretado de diversos modos el mundo, de lo que se trata es de cambiarlo" (Marx, "Thesen" 6). Desde su publicación en 1932, la tesis fue interpretada mayoritariamente en clave de activismo político como una llamada a la acción (política) después de una fase preliminar de análisis e interpretación (teórica, filosófica). Dicha interpretación de la tesis se muestra en la historia del pensamiento marxista y, por extensión, del movimiento socialista internacional, en la discusión teórica sobre "teoría y praxis", correlato, a su vez, de disputas sobre táctica y estrategia desde el último tercio del siglo XIX (Vranicki 235; McLellan 415 ss). La dependencia de la cuestión teórica respecto de las necesidades políticas estratégicas se evidencia con la relación entre la crisis de la II Internacional y los acontecimientos políticos en torno a la Revolución soviética de 1917, con el rebrotar de la cuestión de la mediación entre "teoría" y "praxis".

Jürgen Habermas tituló la introducción a la nueva edición de 1971 de su libro *Teoría y praxis. Estudios de filosofía social* (primera edición de 1963) de forma muy llamativa: "Algunas dificultades en el intento de mediar teoría y praxis". En los diferentes ensayos contenidos en el libro, Habermas aborda de forma exhaustiva y sistemática la cuestión, puesto que se trata de una mediación nuclear en Marx. Todo ello, dirá posteriormente, para permitir una "reconstrucción" del materialismo histórico como medio para su actualización. Entiende por "reconstrucción" el procedimiento por el cual "se procede a desmontar una teoría y luego a recomponerla en forma nueva con el único objeto de alcanzar mejor la meta que ella misma se ha impuesto: tal es el modo normal de habérselas con una teoría que en algunos puntos necesita una revisión, pero cuya capacidad estimulante dista mucho de estar agotada" (Habermas, *Rekonstruktion* 9).

"El modo normal de habérselas con una teoría", que incluiría el rigor filológico con los textos, no ha sido respetado en multitud de ocasiones en los textos de Marx. Es más, ha existido un debate sobre la especificidad epistémica de los textos marxianos, basada principalmente en que es una teoría que, en tanto que tal, pone a la teoría (filosófica) como causal respecto de la práctica (política), sin que esta última pueda contradecir la primera. Se ha señalado que la supuesta "especificidad" de la teoría marxiana justificaba "la ausencia de rigor filológico en el tratamiento de la obra de Marx" (Martínez Marzoa 14), como escribió intempestivamente Felipe Martínez Marzoa en 1983. Añadiendo: "Se trata de recursos con los que se pretende justificar el hecho de no estudiar a Marx con el mismo tipo de rigor histórico que se aplica al trabajo sobre otros pensadores" (5). Con este recuerdo de la necesidad de mantener el rigor científico, pretendemos examinar en este trabajo si la interpretación mencionada, de la que se deriva una descalificación del trabajo de interpretación, se fundamenta y funciona según las reglas interpretativas tendentes a restituir el significado dado a los textos por sus propios autores. Significado que, aunque no podamos conocerlo directa y unívocamente, debe, al menos, ser coherente con el contexto del autor en el momento histórico de su redacción.

Las Tesis sobre Feuerbach

En el caso de las *Tesis sobre Feuerbach* (igual que *La ideología alemana*, de la cual son un apéndice), el contexto de redacción de las tesis es substancialmente diferente del contexto en que se configuró la interpretación canónica que hemos comentado y que ha dado lugar al debate sobre teoría y praxis. Además de diferentes, defenderemos que la diferencia es substancial en cuanto que afecta al objeto de análisis: el significado de "interpretar" para Marx. Para ello, queremos rescatar la primera, y no la última, de las tesis como expresión de la idea más propia y productiva de Marx: el hombre como ser social. La radicalidad de Marx en la comprensión de esta idea es uno de los resultados de su trabajo teórico hasta 1844. La *Crítica de la Filosofía del Derecho de Hegel*, un trabajo que quedó incompleto al ser superados sus objetivos iniciales, es el resultado de analizar e interpretar los acontecimientos políticos y sociales de la época a la luz de la filosofía del estado de Hegel, esto es, utilizando la dialéctica hegeliana, dialécticamente. El explosivo ambiente intelectual berlinés que había dejado Hegel a su muerte en 1831, en el que, como diría Marx, "la crítica de la religión" ya se había realizado, pero no aún la crítica política y, sobre todo, la revolución política, dividió la escuela hegeliana entre multitud de teorías: se "vieron nacer el materialismo histórico, el existencialismo de Kierkegaard, el humanismo de Feuerbach, el individualismo anárquico de Stirner" (Rossi 15).

Las conocidas como *Tesis sobre Feuerbach* son once tesis que resumen el trabajo previo para la obra proyectada conjuntamente con Friedrich Engels, *La Ideología alemana*, que quedó inacabada, como dirá más tarde Marx en el prólogo a su *Crítica de la economía política*, y dejada a la crítica de los roedores una vez alcanzado su objetivo ("Kritik" 10). Con *La ideología alemana* Marx y Engels, en una de sus primeras obras conjuntas, rompen con la izquierda hegeliana una vez alcanzado el objetivo de autoaclaración que se habían propuesto. Martínez Marzoa describió así el paso adelante que representa la obra de 1845:

> Hay un momento juvenil, cuyo final se refleja en el abandono del manuscrito de *Die deutsche Ideologie*, un momento a partir del cual Marx se aparta cada vez más de una temática filosófica digamos "general" o "convencional", para ocuparse de lo que él llama "la crítica de la economía política" o el descubrimiento de la "ley económica que rige el movimiento de la sociedad moderna" (Martínez Marzoa 20).

Es en este sentido que se produce la llamada inversión materialista de Hegel, entendida erróneamente como un simple poner a Hegel sobre sus pies, esto es: invertir la preeminencia del Espíritu sobre la Materia, tal como sostiene Hegel, por su contrario. En el contexto de la discusión significaría, sin embargo, radicalizar cada uno de los dos momentos contrapuestos, no concibiéndolos como productos acabados, sino como resultado provisorio de un movimiento dialéctico que afecta a todos los polos simultáneamente.

La primera de las once tesis establece claramente el contexto y el objetivo. Se trata de evidenciar lo que distingue a los autores (Marx y Engels) de los demás teóricos de la llamada izquierda hegeliana en su conjunto, como consta en el subtítulo de la obra: "Crítica de la filosofía alemana más reciente en sus representantes Feuerbach, B. Bauer y Stirner, y del socialismo alemán en sus diferentes profetas" ("Deutsche" 9). El representante más prominente de este grupo, Ludwig Feuerbach, había realizado en *La esencia del Cristianismo* (1841) una lectura naturalista de la *Fenomenología del espíritu* de Hegel. De dicha naturalización habría surgido la reivindicación del "Hombre", supuesta materialización del Espíritu que, según el análisis de Marx, lejos de ser una concreción real se mantenía en el mismo nivel de abstracción que el Espíritu. La crítica de Marx será diferente. El error fundamental de Hegel es no distinguir entre momentos que el propio Hegel sí había distinguido en otro plano. Para Marx lo decisivo no es que lo Real sea el Hombre, la Materia o el Espíritu, sino que lo Real se conciba dinámicamente, como actividad humana que transforma las propias condiciones que hacen posible la actividad práctico-crítica. El hombre es un ser que se hace a sí mismo transformando las condiciones de su propia existencia. Los objetos sensibles no se oponen abstractamente a la actividad sensible del ser humano, sino que ellos mismos ya han sido producidos por esa actividad del humano mediante la actividad social llamada "trabajo".

Alfred Schmidt publicó en 1962, con prólogo de Horkheimer y Adorno, *El concepto de naturaleza en Marx*, en el que (a) expone y defiende el carácter no ontológico del materialismo marxista y (b) explica el surgimiento de la concepción marxiana a partir de la crítica de Feuerbach al concepto de naturaleza en Hegel. La tesis marxiana, crítica con la crítica que Feuerbach realiza a Hegel, se encuentra explicitada en los *Manuscritos económico-filosóficos de 1844* cuando afirma: "La naturaleza, tomada en forma abstracta, por sí, fijada en la separación del hombre, no es nada para el hombre" ("Ökonomisch" 587). La naturaleza del hombre no es una materialidad abstracta, sino una naturaleza humana activa creando y transformando sus propias condiciones materiales de existencia. La naturaleza en el hombre es siempre naturaleza socializada. Esta tesis está contenida en la idea de "historia natural" que Walter Benjamin tematizó en *Sobre el concepto de historia* (1940) y sobre la cual Adorno habría escrito en 1932 en "La idea de historia natural" y que recogió en *Dialéctica negativa* (Adorno, *Negative* 347). La mediación social de la relación de intercambio orgánico del hombre con la naturaleza tiene otra consecuencia, referente al modo de investigación de aquella actividad práctica de transformación que llamamos "trabajo". Como dirá Schmidt:

En un objeto como la historia social hecha por los hombres, el modo de investigación y el modo de exposición, pese a todas las diferencias formales, están sin embargo íntimamente vinculados entre sí, mientras la interpretación de la naturaleza, desligada de toda praxis humana, debe seguir siendo en última instancia indiferente a ella (Schmidt 51).

No se trata, pues, de una supuesta "especificidad", sino la consecuencia, para el significado de "teoría", del hecho de que el Hombre, como ser genérico, modifica sus propias representaciones, su pensamiento en definitiva. Por ello, la teoría y la crítica teórica no son para Marx lo opuesto abstractamente a la acción, sino la acción de transformar las propias representaciones.

En el prólogo a la segunda edición de *El capital* (1867, 1873), Marx responde a las críticas dirigidas a su método con las siguientes palabras:

> Hace casi treinta años que critiqué el lado mistificador de la dialéctica hegeliana, en una época en la que aún era la moda del día. [...] La mistificación que sufre la dialéctica en manos de Hegel no impide en modo alguno que él sea el primero en exponer de un modo completo y consciente sus formas generales de movimiento. [...] La dialéctica fue moda alemana en su forma mistificada porque parecía transfigurar lo existente. En su figura racional es un escándalo y un horror para la burguesía, porque abarca en la comprensión positiva de lo existente también y al mismo tiempo la comprensión de su negación, de su caso contrario, concibe toda forma devenida en el flujo del movimiento, o sea, también por su lado perecedero, no se deja impresionar por nada y es por su esencia crítica y revolucionaria (27-28).

En el manuscrito de la undécima tesis, Marx subrayó las palabras "interpretar" y "transformar". Con ello pretendía diferenciarse de la crítica que ejercían los "críticos críticos", como denominará a sus antiguos correligionarios en *La Sagrada Familia* (1845). A la vez, con ella queda agotada la crítica de la religión y demostrada que la alienación religiosa deriva de una alienación más fundamental, su causa última: la alienación económica. La crítica y la interpretación como parte de ella son la primera y fundamental parte del método de investigación dialéctico, pero la crítica no es y no ha de ser una mera negación de lo criticado, sino "comprensión de lo existente y de su negación", como la contradicción inherente al estado de cosas existente.

Diferentes contextos de interpretación

Si bien la génesis de las ideas de Marx se encuentra en el ambiente de la denominada "izquierda hegeliana" en torno a 1830, esto es: "la utilización de la filosofía hegeliana como un instrumento de crítica de las condiciones existentes" (Rossi 9), atrás queda la disputa entre los discípulos de Hegel por la correcta interpretación de su filosofía del Estado, disputa en la que se ponía en cuestión la tesis hegeliana de la supremacía racional del Estado como forma de síntesis de las voluntades individuales. La eticidad como estadio de la conciencia consciente de sí misma sería, así, el resultado de la remoción de todos los hechos empíricos que impidiesen un despliegue de las formas racionales de gobierno. Los artículos de Marx en la *Rheinisches Zeitung* en torno a 1842 centran la crítica presuponiendo ya que la dimensión política no es la fundamental, ya que es causalmente dependiente de la dimensión económica. En la primera frase de *Crítica de la filosofía del derecho de Hegel* de 1843 ya se da por cumplida la crítica ilustrada de la religión y otros poderes que oscurecen la razón. Así se dice taxativamente: "En Alemania, la crítica de la religión está acabada, y la crítica de la religión es el presupuesto de toda crítica" ("Kritik" 378). Presupuesto de toda crítica, pues es la que ya se ha cumplido en aquellos momentos en la disputa del ateísmo en los momentos iniciales del hegelianismo, y la que muestra su dependencia lógica de una dimensión más fundamental, la económica. Por eso afirma Marx:

> La miseria religiosa es, al mismo tiempo, la expresión de la miseria real y la protesta contra ella. La religión es el sollozo de la criatura oprimida, es el significado real del mundo sin corazón, así como es el espíritu de una época privada de espíritu. Es el opio del pueblo ("Kritik" 378).

La economía política o economía nacional es el nombre de la disciplina cuyo objeto de estudio se sitúa, en un primer momento, en comprender la riqueza de las naciones.

Este contexto ha desaparecido en el momento de su publicación en 1932 junto a otros textos inéditos del joven Marx, que resultarán decisivos para comprender la génesis del materialismo histórico y, en general, de todo su pensamiento. El momento histórico en que se pudieron leer estos textos clave era muy diferente del contexto de redacción de los mismos. No es muy difícil describir el de 1932, con el mundo inmerso aún en la crisis económica que estalló en 1929, con la crisis social que era el caldo de cultivo que llevaría a Hitler a la cancillería alemana en 1933; con la presencia, además, de un nuevo y poderoso actor en escena, el estado proletario industrializándose a marchas forzadas en el este europeo. El tema principal de debate teórico entre los que se autodefinían como marxistas era sobre la organización de la acción política y las formas de toma del poder político. La discusión entre reforma o revolución tenía su inmediata traducción de estrategia política: la consolidación de los dos bloques, socialdemócratas reformistas por una parte y comunistas revolucionarios por otra. La cuestión del significado de las *Tesis sobre Feuerbach* quedó prácticamente restringida a la interpretación correcta de la undécima y última tesis antes que a la comprensión del marco en que tenían lugar esas tesis. El hecho de que Marx abandonase el manuscrito al considerar superada su vigencia no significa, a nuestro entender, la negación de lo escrito en *La ideología alemana*, se debe a que era una crítica insuficiente al quedarse en una crítica de filosofía política, sin apenas trascendencia fuera de los participantes en el debate. En todo caso, las obras más tempranas de Marx descubiertas daban argumentos para la crítica del determinismo económico (mantenido por los teóricos de la socialdemocracia), que posteriormente fue el objetivo crítico de Benjamin: "Nada ha podido corromper tanto a los obreros alemanes como la opinión según la cual iban a nadar con la corriente" (Benjamin 311).

La necesidad de ruptura con una determinada tradición de interpretación que resalta Benjamin tiene que ver con el hecho de que las conclusiones que se extraían de Marx armonizaban bien con el clima neokantiano que dominaba en aquellos momentos la academia alemana. En este ambiente, refractario aunque colindante con el debate marxista, el significado del concepto de "interpretar" queda fijado en el diccionario de conceptos filosóficos de Rudolf Eisler, con una primera edición en 1899 y una segunda totalmente revisada de 1904, en el que "interpretación" [*Interpretation*] es recogido con el significado de "explicación, significado de los hechos" [*Auslegung, Deutung von Tatsachen*] (529), mientras que "Hermenéutica o Exegética" [Hermeneutik oder Exegetik], es "arte de la explicación, arte de la interpretación científica" [*Auslegekunst, Kunst der wissenschaftlichen Interpretation*] (Eisler 436). Este significado dista mucho del que tiene para Marx "interpretación" en el momento de la redacción de las tesis.

En ese contexto, el primer fruto del recorrido que Marx había realizado será *Zur Kritik der politischen Ökonomie* (1859). El título describe el tema y lugar que le corresponde al libro: una primera exposición general de lo que debía ser una *Crítica de la economía política*. Este era el nombre de una investigación que se remontaba a 1842 y que aún tardaría ocho años más en dar su primer resultado definitivo, apenas un libro de la primera parte del conjunto. En 1859, publica el plan general y una introducción a la obra, mostrando su estructura como una crítica de la economía nacional o economía política. Se presentan ya los resultados globales de los análisis críticos que, desde el de la filosofía del derecho de Hegel, irán profundizando hasta llegar a la determinación que Marx considerará fundamental, la económica. En los *Manuscritos de 1844*, había llegado a la conclusión de que las relaciones alienadas en la sociedad tienen que ver con las relaciones alienadas en la economía, que son el fundamento y la causa de dicha alienación. "La necesaria reproducción de la vida material" ("Ökonomische" 512) es la inevitable certeza que fundamenta dicho giro materialista, una de las tesis nucleares que se explicita al inicio de la obra:

> El modo de producción de la vida material condiciona el proceso de vida social, política e intelectual en general. No es la conciencia de los hombres la que determina la realidad; por el contrario, la realidad social es la que determina su conciencia ("Kritik" 8).

Por tanto, toda interpretación de la realidad, si entendemos "interpretación" como un acto de la conciencia, estará condicionada por la realidad que pretende interpretar.

En el libro se propone "examinar el sistema de la economía burguesa" ("Kritik" 7) hasta dilucidar su dinámica. En este proceso se han tomado categorías teóricas centrales de la teoría económica burguesa (que solo pretende "conocer" para hacer más eficiente el sistema), y se han analizado hasta poder mostrar aquello que permanecía velado. El resultado es el desvelamiento de lo que permanecía no dicho en las categorías de mercancía, trabajo, dinero. Todas estas categorías ya no significarán lo mismo tras Marx. La abundancia de pasajes en los que se refiere a esa labor analítica en términos de desocultación o resolución de enigmas apoyan el carácter ilustrador de la práctica de la explicación o interpretación.

En los *Manuscritos de 1844*, no publicados hasta 1932, las relaciones alienadas en la sociedad remiten a las relaciones alienadas en la economía que son su fundamento y, a la vez, la causa de dicha alienación. Más tarde, en un texto de 1849 titulado "Trabajo asalariado y capital", recogerá el reproche efectuado en el sentido de no ser totalmente acertada su crítica, "De diversas partes se nos ha reprochado el que no hayamos expuesto las relaciones económicas que forman la base material de la lucha de clases y de las luchas nacionales de nuestros días" ("Lohnarbeit" 397). A esto responde con los análisis contenidos en aquella serie de cinco artículos en los que Marx sigue profundizando en la correlación de la estructura de los modos de producción con las relaciones sociales de producción que, a su vez, condicionan las representaciones que de la misma realidad material se hacen los individuos que viven en dicha sociedad. En el prólogo de 1859, el camino analítico ya está realizado: la estructura fundamental de una sociedad es la que se da en la dimensión económica, la de las relaciones sociales y materiales para reproducir la vida de la especie. Sin embargo, queda profundizar en el mecanismo de determinación de la conciencia por parte de las condiciones económicas y sociales de la sociedad en la que viven los individuos, cuya conciencia se encuentra afectada por dicha determinación.

Concepción materialista

La historia del marxismo y del movimiento socialista y obrero internacional recoge las dificultades surgidas en la interpretación de la tesis marxiana. Frente a la interpretación hegemónica a finales del siglo XIX, asumida por el reformismo historicista de la II Internacional, la publicación de los textos inéditos de Marx permitió profundizar en la interpretación de dicha determinación. La interpretación mayoritaria dada anteriormente, incluso en vida de

Marx, entendía de forma harto mecánica la relación entre la conciencia individual y el modo de reproducción de la vida material. En estos casos, la determinación se entendió de forma causal, del mismo modo que en el ámbito de las ciencias naturales se entendía el nexo causal, como una relación necesaria y, por tanto, determinista. De esta manera, se concebía la vida social como efecto inmediato de las relaciones sociales de producción. Las discusiones entre determinismo y voluntarismo condicionaron (o justificaron) las diferentes formas de organización política del proletariado (desde el reformismo dentro de las instituciones burguesas hasta la ruptura revolucionaria con dichas instituciones), y dieron lugar a diferentes versiones de la concepción materialista de la historia que, en su conjunto, obviaron el problema, pues la discusión sobre la prioridad de las causas económicas o de la voluntad política olvidaba que ninguna de ellas se presenta de forma inmediata. El debate entre naturaleza o sociedad reproducía así los debates ilustrados del siglo XVIII, en los que ambas posiciones se consideraban primigenias, y no como un resultado de la historia anterior. La idea, reafirmada en múltiples ocasiones y contextos, como cuando en los *Grundrisse* se afirma que "La historia mundial no ha existido siempre; la historia como historia mundial es un resultado" ("Grundrisse" 34), es una idea que está presente en Marx desde la primera de las Tesis sobre Feuerbach.

La conclusión de Marx a partir de su interpretación materialista de la dialéctica hegeliana es el carácter no inmediato, sino mediado, de cualquier realidad que pueda ser llamada "natural". En la especie humana, el funcionamiento natural —tanto de la naturaleza externa como de la interna— está mediado socialmente. La naturaleza nunca es tal, sino que siempre aparece como fruto de la interacción con los hombres. El concepto de naturaleza en Marx, tal como constató Schmidt, es dialéctico e histórico porque solo de esta manera puede explicarse su carácter devenido. El individuo concreto, individual, no tiene una "esencia natural" en sentido estricto, sino que su naturaleza viviente está mediada social e históricamente. Primero, porque es producto de una sociedad determinada históricamente, con una relación metabólica con un estado de la naturaleza mediatizado por las transformaciones sociales que han regulado ese intercambio. Segundo, porque es miembro de una especie, la humana, que se presenta como un ser genérico, esto es, con la necesidad de un entorno natural-social para poder formarse y poder subsistir como tal individualidad. El desarrollo del individuo de la especie es una socialización: un proceso de formación conducido socialmente en el que el individuo se constituirá en relación dialéctica con su entorno. La naturaleza no es inmediatez. Las "eternas necesidades vitales" ("Yo" 218), como decía Freud, siempre se presentan como necesidades sociales o mediadas socialmente.

Esas "eternas necesidades vitales" tal vez son lo que Horkheimer tenía en mente cuando, a partir de 1931, delineó el programa y las tareas del *Institut für Sozialforschung* (IfS), aquel instituto que tenía por metodología una "teoría crítica", que en 1937 el autor desarrollaría en "Teoría tradicional y teoría crítica", un texto donde quedan confrontadas la idea de teoría en el sentido de la tradición y la idea de teoría que se encuentra ya en las Tesis sobre Feuerbach. Para Horkheimer lo que faltaba en la teoría marxista, tal como se había elaborado hasta aquel momento, era concretar la tesis marxiana sobre el condicionamiento social de la conciencia, localizando y explicando los mecanismos por los cuales el individuo interiorizaba los condicionamientos sociales. Lo que sobraba, por el contrario, eran todos los restos de historicismo y mecanicismo que desvirtuaban el sentido marxiano primero y que se habían adherido espuriamente por necesidades prácticas más que por coherencia teórica.

El camino teórico para analizar la determinación social de la conciencia individual debía, en opinión de Horkheimer, llenarse con una psicología social orientada psicoanalíticamente. Este programa, que se desarrollaría en los textos de la década de 1940, pretendía conectar con un supuesto materialismo de Freud que no era ni mucho menos evidente. Para Horkheimer y Adorno, ciertos principios generales comunes a Marx y Freud permitían recurrir a la teoría freudiana para fundamentar aquella ampliación de Marx. El primer principio general compartido es el reconocimiento de la prioridad de satisfacción de las necesidades indispensables para la reproducción de la vida; el segundo consiste en el reconocimiento de la necesaria socialización de dichas necesidades, tanto en los procesos para su satisfacción como en el proceso por el que se manifiestan estas necesidades, siempre insertas en un determinado y concreto contexto vital. Como ha sido remarcado (Kirchhoff 56-60), las "necesidades vitales" se presentan, desde fuera, como negación o delimitación de hasta dónde podemos llegar por naturaleza y, desde dentro, como "grandes necesidades corporales" que ponen en marcha las conductas, socialmente reguladas, para su satisfacción. En este segundo sentido, el carácter social de las necesidades naturales es mucho más evidente.

El recurso a Freud para conseguir explicar en qué pueda consistir aquella "determinación social de la conciencia" supuesta por Marx se debe, directamente, al planteamiento que realiza Freud de su propia teoría. Freud fue consciente de la radicalidad de algunos de los supuestos con los que avanzaba en el esclarecimiento del aparato psíquico. El primero de ellos, el concepto de "inconsciente". Se trataba de la premisa básica del psicoanálisis: "La diferenciación de lo psíquico en consciente e inconsciente es la premisa básica del psicoanálisis, y la única que le da la posibilidad de comprender, de subordinar a la ciencia, los tan frecuentes como importantes procesos patológicos de la vida anímica" (Freud "Yo" 15). Como hemos señalado en otro lugar (Cabot, "Adorno"), el giro que imprime Freud con esta hipótesis debe vencer el aparente contrasentido que supone negar la evidencia de la equivalencia entre psíquico, por una parte, y consciente (la inmediatez de lo psíquico, por tanto), por otra, que se presuponía en toda filosofía de la conciencia (todas las que derivan del "yo pienso" de Descartes).

> Así como Kant nos alertó para que no juzgásemos a la percepción como idéntica a lo percibido incognoscible, descuidando el condicionamiento subjetivo de ella, así el psicoanálisis nos advierte que no hemos de sustituir el proceso psíquico inconsciente, que es el objeto de la conciencia, por la percepción que esta hace de él. Como lo físico, tampoco lo psíquico es necesariamente en la realidad según se nos aparece (Freud, "Inconsciente" 167).

Pero igual que modifica los parámetros sobre los cuales descansaba el significado de la oposición entre inconsciente y consciente, igual lo hace con la de naturaleza y cultura (o sociedad). Como ha escrito Kirchhoff, en Freud la Naturaleza aparece en la teoría de constitución de lo psíquico en el sujeto. El sujeto, en el proceso de su paulatina constitución, se encuentra con lo Otro a sí mismo que le plantea, en muchas ocasiones, exigencias irrecusables, tanto de naturaleza externa como de interna. Como en Marx, tampoco Freud considera una supuesta naturaleza en cuanto tal, como substrato natural sobre el que se construye la cultura y la sociedad que, a su vez, modifican ese substrato previo. "Al contrario: la naturaleza, concebida por Freud como 'necesidad vital', acucia como lo Otro desde fuera y desde dentro del sujeto que se constituye" (Kirchhoff 51); desde dentro como necesidades del cuerpo y desde fuera como denegación. La teoría de constitución de lo psíquico presupuesta en Freud es elaborada por Horkheimer y Adorno en *Dialéctica de la Ilustración* (1944), precisamente en los pasajes en los que se tematiza la prehistoria del sujeto o el proceso de su constitución. Entre las penalidades que acecharan al sujeto constituyéndose, no solo hay que contar las necesidades de la naturaleza del propio sujeto, sino también las necesidades derivadas de las prohibiciones, las regulaciones y la disciplina con que se presentan las exigencias. El resultado es que lo que los sujetos comparten realmente, tal vez el único vínculo real a la totalidad, son las exigencias que mantienen al sujeto en peligro constante de perdición:

> La humanidad ha debido someterse a cosas terribles hasta constituirse el sí mismo, el carácter idéntico, instrumental y viril del hombre, y algo de ello se repite en cada infancia. El esfuerzo para dar consistencia al yo queda marcado en él en todos sus estadios, y la tentación de perderlo ha estado siempre acompañada por la ciega decisión de conservarlo (Horkheimer y Adorno, *Dialéctica* 86).

De hecho, cuando en 1931, Horkheimer asumió la dirección del *Institut für Sozialforschung*, ya había establecido como una línea prioritaria de trabajo "uno de los más viejos e importantes problemas de la filosofía, a saber, la pregunta por la relación entre la vida económica de la sociedad, el desarrollo psíquico de los individuos y las transformaciones en el campo de la cultura" (Horkheimer, *Gegenwärtige* 44). De acuerdo con este proyecto, en la situación política de la república de Weimar, no era satisfactoria para Horkheimer la interpretación mayoritaria de que entre el desarrollo de las fuerzas productivas y la conciencia de los individuos existía algo parecido a una relación de causa y efecto, al modo de los fenómenos del mundo físico. Para Horkheimer, la investigación del desarrollo psíquico de los individuos, con el objetivo de relacionarla con la vida económica de la sociedad y con sus producciones culturales, era la tarea de una psicología social orientada por la metapsicología freudiana. En ello confluyen diversas fuentes pero con elementos comunes: no parten en la investigación de aquello aceptado universalmente, sino de los particulares existentes, para proceder a un análisis radical, dialéctico y negativo.

"Ser social", consecuencias

Hemos analizado en otro lugar (Cabot "Carácter") la producción adorniana en los años del exilio americano, especialmente las investigaciones sociológicas realizadas de los medios de comunicación de masas que, en Estados Unidos y desde principios de siglo, se habían convertido en el medio de determinación social de la conciencia individual. El poder analítico de una teoría crítica, según el pensar de Adorno, se muestra en los análisis de la televisión para la *Hacker Foundation*. En los textos-informe de Adorno, se procede revirtiendo aquello que la industria cultural ha realizado sigilosamente. Se trata de analizar psicoanalíticamente la industria cultural, esto es: ilustrar aquello que, de lo contrario, se presenta como algo mítico, no producido, como un destino impuesto e inexorable. El análisis llegará a detectar buen número de procedimientos técnicos de esos medios que, en unas determinadas condiciones, pueden producir determinados estados anímicos e, incluso, cambios en la conducta de los individuos.

Dichos estudios empíricos, realizados en una institución regentada según las directrices freudianas de unir la terapia, la investigación y la docencia, estaban interesados por el efecto potencial del nuevo artilugio del hogar, la televisión, sobre los espectadores (Adorno "Television"). La expresión utilizada por Leo Löwenthal para aludir a la industria cultural como un "psicoanálisis al revés" muestra ya el posible camino de acceso a una industria que tiene por sí el carácter de monopolio. Si la llamada "industria cultural" es la organización que, con el fin de aumentar el beneficio económico, crea un mundo de imágenes, de representaciones con un tan alto poder de seducción que es capaz de retrotraer al individuo a etapas previas del desarrollo psíquico, entonces se comporta en su conjunto como aquel tipo de complejo que la terapia psicoanalítica trabajará por exteriorizar y someter a revisión. Siguiendo esta idea, Adorno llegará a identificar los procedimientos técnicos y los métodos persuasivos que operan tras la pantalla, de igual manera que Marx había desvelado los mecanismos económicos y Freud los psíquicos inconscientes que operan tras la opresión. En todos los casos, se supone el "ser genérico" del Marx de la primera tesis.

Las tesis de 1845, y concluimos con ello, nos muestran su capacidad interpretativa y emancipadora que, contenida en Marx, necesitaba y necesita siempre investigarse más para ser realmente transformadora. Coincide con otro materialista, Freud, en el carácter devenido de cada individuo particular. Devenido en el sentido de hecho en cada caso en unas particulares condiciones sociales que solo la interpretación sacará a luz. La interpretación no solo es crítica de la ideología, esto es, de la falsa conciencia socialmente necesaria. En esta tarea, la filosofía muestra el carácter producido interesadamente del pensamiento. Sino que también es preformación de un espacio de posibilidades, un espacio de emancipación, en cuanto que interpretar la contradictoriedad de lo existente social (desvelar sus contradictorios mecanismos de funcionamiento) es transformarlo. Si bien, como recordaba Marx, no es transformarlo en la realidad económica, sí lo es en la comprensión de la contradictoriedad de esa realidad económica y, por tanto, en la previsualización de sus posibles transformaciones.

Obras citadas

Adorno, Theodor W. "Television and the Patterns of Mass Culture". *Mass Culture. The Popular Arts in America*. Eds. Bernard Rosenberg y David Manning White. Nueva York: The Free Press, 1957. 474-488.

———. *Negative Dialektik*. Fráncfort del Meno: Suhrkamp, 1970.

Benjamin, Walter. "Sobre el concepto de historia". *Obras, I, 2*. Trad. Alfredo Brotons. Madrid: Abada, 2006. 305-318.

Cabot, Mateu. "Adorno apropiándose de Freud: la crítica del inconsciente en la tesis de 1927". *Daimon. Revista Internacional de Filosofía* 73 (2018): 55-66.

_____. "El carácter semiformativo de los medios audiovisuales. Los estudios empíricos sobre la televisión de Th. W. Adorno". *Pensamiento. Revista de Investigación e Información Filosófica* 72 (2016): 1157-1174.

Eisler, Rudolf. *Wörterbuch der philosophischen Begriffe*. Berlín: Erste Ausgabe, 1899. Web: https://bit.ly/2wM9aXv (consultado: 8-9-2016).

Freud, Sigmund. "Lo inconsciente". *Obras Completas. Vol. 14*. Trad. José L. Etcheverry. Buenos Aires: Amorrortu, 1992. 153-201.

_____. "El yo y el ello", *Obras Completas. Vol. 19*. Trad. José L. Etcheverry. Buenos Aires: Amorrortu, 1992. 13-59.

Habermas, Jürgen (1971). *Theorie und Praxis. Sozialphilosophische Studien*. Darmstadt und Neuwied: Luchterhand, 1963.

_____. *Zur Rekonstruktion des historischen Materialismus*. Fráncfort del Meno: Suhrkamp, 1976.

Horkheimer, Max. *Die gegenwärtige Lage der Sozialphilosophie und die Aufgaben eines Instituts für Sozialforschung*. Fráncfort del Meno: Englert & Schlosser, 1931.

Horkheimer, Max y Adorno, Theodor W. *Dialéctica de la Ilustración. Fragmentos filosóficos*. Trad. Juan José Sánchez. Madrid: Trotta, 1994.

Kirchhoff, Christine. "Anpassung und Unvernunft. Die Bedeutung der Lebensnot bei Freud und Adorno". *Freud und Adorno. Zur Urgeschichte der Moderne*. Ed. Christine Kirchhoff y Falko Schneider. Berlín: Kadmos, 2014. 51-62.

Löwenthal, Leo. "Adorno und seine Kritiker". *Gesammelte Schriften. Vol 4*. Fráncfort del Meno: Suhrkamp, 1984.

Martínez Marzoa, Felipe. *La filosofía de* El capital. Madrid: Taurus, 1983.

Marx, Karl. "Zur Kritik der Hegelschen Rechtsphilosophie". *Marx-Engels-Werke. Vol. 1.* Berlín: Dietz Verlag, 1981. 201-336.

_____. "Ökonomisch-philosophische Manuskripte aus dem Jahre 1844". *Marx-Engels-Werke. Vol. 40.* Berlín: Dietz Verlag, 1968. 462-588.

_____. "Die heilige Familie oder Kritik der kritischen Kritik. Gegen Bruno Bauer und Konsorten". *Marx-Engels-Werke. Vol. 2.* Berlín: Dietz Verlag, 1962. 1-223.

_____. "Thesen über Feuerbach". *Marx-Engels-Werke. Vol. 3.* Berlín: Dietz Verlag, 1978. 5-7.

_____. "Die deutsche Ideologie". *Marx-Engels-Werke. Vol. 3.* Berlín: Dietz Verlag, 1978. 9-530.

_____. "Lohnarbeit und Kapital". *Marx-Engels-Werke. Vol. 6.* Berlín: Dietz Verlag, 1961. 397-429.

_____. "Grundrisse der Kritik der politischen Ökonomie". *Marx-Engels-Werke. Vol. 42.* Berlín: Dietz Verlag, 1983.

_____. "Zur Kritik der politischen Ökonomie". *Marx-Engels-Werke. Vol. 13.* Berlín: Dietz Verlag, 1961. 3-160.

_____. "Das Kapital. Kritik der politischen Oekonomie". *Marx-Engels-Werke. Vol. 23.* Berlín: Dietz Verlag, 1962.

McLellan, David. *Karl Marx: su vida y sus ideas.* Trad. José Luis García. Barcelona: Grijalbo, 1977.

Rossi, Mario. *La génesis del materialismo histórico. La izquierda hegeliana.* Trad. Juan Antonio Méndez. Madrid: Alberto Corazón, 1971.

Schmidt, Alfred. *El concepto de naturaleza en Marx.* Trad. Julia M. T. Ferrai y Eduardo Prieto. Madrid: Siglo XXI, 1977.

Vranicki, Predrag. *Historia del marxismo.* Trad. Loly Morán, Alejandro Sierra y Juan Antonio Millán. Salamanca: Sígueme, 1977.

¿Interpretación sin transformación?[1]

Karl Korsch
y el momento no-dialéctico de la dialéctica

ANTONIO GÓMEZ L-QUIÑONES (DARTMOUTH COLLEGE)

El marxismo que se mira en el espejo

El mismo año que Georg Lukács publica *Historia y conciencia de clase* (1922), aparece otro ensayo que plantea un reto igualmente original a la degeneración determinista de la Segunda Internacional, *Marxismo y filosofía*, de Karl Korsch. Al igual que Lukács, Korsch sufre los duros ataques de camaradas que lo acusan de incurrir en un idealismo subjetivista, una deriva heterodoxa en clara contradicción con el economicismo de las fuerzas productivas que defienden Plekhanov y Kautsky (Rigby 60-68; Walker y Grey 85). Este ensayo marca también un antes y un después en la trayectoria de Korsch. Su posición en el KPD se vuelve progresivamente precaria hasta su salida al exilio en febrero de 1933. Si Lukács reacciona con precaución ante las ofensivas, preparando una respuesta que no llega a publicar, *Seguidismo y dialéctica* (*Chvostismus und Dialektik*),[2] y entonando

---

[1] Este artículo ha sido realizado en el marco del proyecto de investigación "Actualidad de la hermenéutica. Nuevas tendencias y autores" (FFI2013-41662-P) financiado por el Ministerio de Ciencia y Tecnología y los Fondos Estructurales de la Unión Europea (FEDER) para el periodo 2014-2018.
[2] Lukács redacta *Seguidismo y dialéctica* para hacer frente a Lazlo Rudas y Abram Deborin. Lukács les acusa de habituarse al inútil "seguidismo" de una supuesta inexorabilidad histórica para la que la conciencia humana no tiene suficiente entidad ni dignidad científicas (*Tailism* 56-79). Lukács también

más tarde un *mea culpa* parcial tras sobrevivir a las purgas de 1956 (Suleiman 277-278), Korsch (por su parte) adopta un camino muy distinto, casi contrario ("Introduction" 34). Como explica David Bathrick, Korsch rompe abiertamente con la Unión Soviética y el intrusismo del Komintern. Esto lo fuerza a organizar grupos internos de oposición izquierdista en el KPD ("Izquierda Decisiva", *die Entschiedene Linke*) en torno a publicaciones como *Kommunistische Politik*. Este desigual enfrentamiento, una persecución estalinista en toda regla, termina con su expulsión del partido y de la Internacional comunista en junio de 1926, dos meses después de que, en un congreso organizado en Berlín, Korsch acusase de oportunistas a los mandatarios rusos (Kellner, "Korsch" 48-59). A diferencia de Lukács, Korsch no vuelve a ocupar un puesto de responsabilidad en ningún movimiento obrero e inicia un duro itinerario de reflexión sobre el destino de la revolución y del marxismo.

¿Cuál es el pecado de origen que pone a Korsch en el disparadero del ostracismo público en Centroeuropa? ¿Qué se propone en *Marxismo y filosofía* que desencadena la tajante censura de Zinoviev, Agram Deborin y Nicolai Bukharin? Aunque las fuentes de reprobación son varias, la más reveladora es la aplicación de la metodología del materialismo dialéctico al mismo materialismo dialéctico. Korsch lleva a cabo una aproximación marxista al marxismo, desarrollando un bucle hermenéutico en el que el "método" funciona a la vez como medio y objeto de la operación interpretativa. En un momento muy esclarecedor de su ensayo, Korsch concluye lo siguiente:

---

aclara que *Historia y conciencia de clase* no respalda ningún voluntarismo envalentonado, sino la mediación mutuamente conformadora de sujeto y objeto (*Tailism* 95-96), es decir, la influencia de uno sobre el otro: la capacidad de la conciencia para proyectarse sobre la realidad y transformarla, al mismo tiempo que esta última transforma también al sujeto.

> Hasta ahora, hemos utilizado el método dialéctico [...] para analizar la filosofía del idealismo alemán y la teoría marxista que emergió de este último. Sin embargo, el único y realmente "método materialista y por lo tanto científico" (Marx) de continuar este análisis pasa por aplicarlo a los desarrollos posteriores del marxismo hasta hoy mismo. Esto significa que debemos entender cada cambio y revisión de la teoría marxista [...] como un producto necesario de su época (Hegel). Más específicamente, tenemos que entender su determinación por la totalidad del proceso socio-histórico, del cual [dichos cambios y desarrollos] son una expresión general ("Marxism" 56-57).

En la conocida respuesta a sus detractores, "El presente estado del problema de *Marxismo y filosofía*. Una anticrítica" (1930), Korsch afirma que la intención de su propuesta no era otra que "promover una visión del marxismo que fuese no-dogmática y antidogmática, histórica y crítica, y que fuese además materialista en el sentido estricto de la palabra" ("Present" 102). Y añade otra reflexión que enerva a todos los que discuten, en aquellos años, la restauración de una ortodoxia doctrinal contra desviaciones de diversa índole:

> el anillo original se ha perdido. En otras palabras, tienen que ser desechados los cálculos dogmáticos sobre el nivel de correspondencia entre diversas versiones de la teoría marxista y un canon abstracto de teoría "pura y sin falsificaciones". Todas las ideologías marxistas, tempranas y posteriores, necesitan ser vistas desde una perspectiva materialista y dialéctica en tanto que productos de una evolución histórica ("Present" 104).

El gesto argumentativo básico detrás de estas citas consiste en re-historizar al sujeto que re-historiza los objetos a su alrededor, esto es, en incorporar al devenir histórico esos procedimientos con los que nos aproximamos a dicho devenir. No solo se transforma el mundo, sino también aquellos que lo interpretan y sus correspondientes herramientas.

Este gesto es el que *mutatis mutandis* Heidegger repetiría contra Nietzsche y sus postulados sobre la "voluntad de poder" para imputarles la consumación de la metafísica moderna del sujeto (*Question* 83-88).³ De manera mucho más decisiva, este es el gesto con el que Hegel rompe con el esquematismo trascendental y el imperativo categórico del sujeto kantiano. Como explica Adorno en uno de sus *Tres estudios sobre Hegel*, el objeto de la filosofía no tiene nada que ver con la *res extensa* cartesiana porque esta se encuentra "inherente[mente] en movimiento" y porque "el sujeto tampoco es estático como una cámara en el trípode; más bien, el sujeto también se mueve en virtud de su relación con [ese] objeto" dinámico (*Hegel* 99).

Traemos a colación a Heidegger y Adorno, figuras centrales de la hermenéutica y de la Teoría Crítica marxista respectivamente, porque al acercarnos a la letra pequeña de las tesis de Korsch, saltarán a la vista las incompatibilidades entre ambas escuelas de pensamiento. Tras analizar esta letra pequeña, en la segunda parte de este ensayo vamos a señalar algunos puntos de fricción entre marxismo y hermenéutica. Primero, desglosemos su interpretación marxista del marxismo, que se asienta en cuatro apriorismos básicos.

1) El acercamiento burgués al pensamiento filosófico es idealista, pues lo reduce al "proceso puro de la 'historia de las ideas'" ("Marxism" 38). Estas ideas parecen generarse y contradecirse en una sucesión autónoma de debates intelectuales cuya relación con el resto del acontecer histórico es, en el mejor de los casos, tangencial. Junto a este error, se da otro paralelo y complementario, el de un materialismo

---

³ Aunque no es el tema del ensayo, nos gustaría dejar constancia de que, como ha pormenorizado Robert Pippin, Heidegger construye una imagen de Nietzsche que encaja convenientemente en la historia de la filosofía que el primero pergeña. Dicha imagen distorsiona lo que podría haber sido una interpretación de Nietzsche más atenta a lo que este pensador *realmente* afirma en muchos de sus textos y no solo en sus piezas póstumas, en las que se centra Heidegger (Pippin 120-121).

burdo y predialéctico que relega las cuestiones teóricas e ideológicas por considerarlas subsidiarias, dependientes de la lucha proletaria o de la transformación económica. En consecuencia, se postula que "[e]l marxismo en sí mismo carece de contenido filosófico" ("Marxismo" 33). Korsch rechaza esta doble univocidad idealista y materialista con la que, desde campos aparentemente opuestos, se simplifica el pensamiento marxista y su función histórica.

2) En la misma estela hegeliana de Lukács, Korsch reivindica el concepto de totalidad social. Esta es la totalidad dinámica y contradictoria de la que surge y a la que se refieren todos los acontecimientos humanos, la producción y reproducción de la vida humana en cada una de sus facetas físicas y simbólicas: "el mismo Karl Marx había siempre subrayado la totalidad del mundo y fueron sus seguidores los que dividieron en porciones su teoría" (Renton). Recordemos que ya Hegel, en un famoso pasaje del "Prefacio" a la *Fenomenología del Espíritu*, asevera que "La Verdad es el Todo (*Das Wahre ist das Ganze*). Pero el Todo solo es la esencia culminándose a sí misma a través de su desarrollo" (11). Lukács se inserta en esta tradición concluyendo que "es precisamente el *todo* del proceso histórico lo que constituye la auténtica realidad histórica [...] también [...] la estructura objetiva, el contenido actual de *todo fenómeno individual*" (*History* 152; énfasis en el original). No podemos adentrarnos aquí en el intrincado concepto de totalidad, al que Martin Jay dedicase un extenso monográfico,[4] pero sí

---

[4] Jay establece que "el tema de la totalidad ha estado en el centro del debate marxista, o al menos del debate del marxismo occidental, como no lo estuvo en el pensamiento burgués" (14). Mencionar la "'totalidad de la sociedad burguesa' [...] no significa que esta sociedad haya logrado el orden armonioso de una integridad verdadera. Por el contrario, [los marxistas] sugieren que los diversos componentes de la sociedad burguesa, dispares y desconectados como aparecen, son elementos inextricables de un todo mayor y complejo" (24). En la tradición hegeliana, procesual, abierta, autogenerativa y contradictoria, esta totalidad no se deja aprehender en una foto fija. Esta

notar que Korsch alerta contra la reificación del marxismo, contra su petrificación en una *doxa* intemporal o bien en un aleatorio suplemento de la praxis pura y dura.

3) Aunque Korsch enfatiza la unidad dialéctica de sujeto y objeto, de teoría y práctica ("Present" 133-34), evitando el rígido binomio de estructura (económica) y supraestructuras, así como la correspondencia pasiva de las segundas respecto a la primera, también desea eludir una visión idealista de la historia. En concreto, Korsch arguye que el marxismo (como cualquier otra producción intelectual) surge *de* y *en* amplios procesos sociales en los que sin duda interviene, pero de los que no puede ser en ningún caso su causante. Este es un (si no *el*) punto medular de la obra de Korsch y merece la pena detenernos en sus implicaciones. Si la filosofía burguesa solo resulta concebible en el contexto de la propia revolución burguesa y la construcción de su sociedad, el marxismo solo puede ser entendido en el seno supraabarcador de una revolución marxista (o, al menos, de su intento) y de la superación del capitalismo en alguna medida ("Marxism" 45). Si uno desconecta el marxismo de la macrocoyuntura que lo hace posible, se tropieza en un idealismo de la teoría autosuficiente y autoreglada. Para comprender cómo muta el marxismo, hay que retrotraerse pues a las situaciones que van motivando y en las que se producen dichas mutaciones. No hay un metamarxismo que persista como faro y punto de referencia fijo sobre el Todo de la mutación terrenal. Si lo hay o si se pretende que lo haya, no queda otro remedio que concluir (y esta es la sacudida de Korsch a las discusiones sostenidas entre la Segunda y Tercera Internacional), que este *über*-marxismo "emerge como un tipo de defensa teórica o consuelo metafísico" ("Marxism" 112). De hecho, no se trataría de una "*teoría* verdadera", "expresión general de un movimiento

---

totalidad no es distinta de (ni totalmente equiparable a) sus partes, pues el marxismo privilegia el carácter relacional y tendencial de las realidades sociales del capitalismo.

histórico real", sino de una *"ideología* que se adopta 'desde fuera' en una forma preestablecida" ("Marxism" 114; énfasis en el original).

Una vez que tiramos de este hilo, el resto de consecuencias cae por su propio peso. Si el marxismo no puede ni debe ser una horma especulativa que se sobreimpone sobre un trance histórico, no tiene sentido alguno afirmar que dicha teoría prefigura y se adelanta a un futuro que la acción obrera vendría a realizar tarde o temprano. Tampoco lo tendría sugerir que "el subsiguiente progreso práctico del proletariado se ha retrasado o va a la zaga de su propia teoría o que gradualmente ocupará el armazón asignado por esta" ("Marxism" 113). El marxismo no va por delante ni por detrás de la realidad histórica, ni la rebasa ni se rezaga, no ejerce de oráculo visionario ni de rémora ralentizada. Los términos de la ecuación tienen que ser invertidos: partiendo de la especificidad de cada estadio histórico, se puede discernir el modelo de marxismo que este produce o facilita (y no a la inversa). Veamos un ejemplo concreto. Korsch define la "ortodoxia" de Kautsky y el "revisionismo" de Bernstein como "simétricos y anversos" ("Present" 112). Ambos emanan "de un contexto práctico modificado de la lucha de clases en una nueva época histórica" ("Present" 112). En concreto, ambos ejemplifican dos caras de una misma moneda: "*el carácter reformista* que adquieren las luchas económicas de los sindicatos y las luchas políticas de los partidos de las clases trabajadoras *bajo el influjo de unas condiciones históricas distintas*" ("Marxism" 65; énfasis añadido). La versión ortodoxa (Kautsky) "se manifiesta como el intento teoricista [...] de mantener *en el ámbito de la teoría pura* la revolución social que se había conformado durante una versión anterior del marxismo", cayendo por ende en abstracciones sin consecuencias prácticas ("Marxism" 65; énfasis añadido). Por su parte, la vertiente revisionista (Bernstein) expresa la verdad del momento con más coherencia, articulando al menos una mayor proximidad entre la reflexión teórica y el estado de (in)acción obrera ("Marxism" 65). En definitiva, la primera versión peca de un radicalismo expositivo-verbal sin agarre en una labor revolucionaria. La segunda se sincroniza con la falta de dicha actividad transformadora. Cualquiera de los dos casos apunta a lo que Renton llama "Hegel amnesia" ("el olvido de la dialéctica") y, sobre todo, a la crisis del marxismo, a la posibilidad misma de la *imposibilidad* del marxismo según en qué circunstancias históricas.

4) La conclusión del punto anterior no es un juego de palabras. De hecho, cifra la amenaza que Korsch lanza contra las diatribas marxistas del segundo cuarto del siglo XX. Se abre la puerta, desde dentro del marxismo, a la posibilidad de que este no sea posible, a que su viabilidad tenga una fecha de caducidad que marcan los acontecimientos históricos y no un simple *desiderátum* político-voluntarista o filosófico-programático. Falta un eslabón, bastante obvio, en esta argumentación: la impronta que las *Tesis sobre Feuerbach*, especialmente la número once, tuvo en esta generación de pensadores y activistas de corte hegeliano. Para percibir adecuadamente esta impronta, merece la pena esbozar las posturas hegemónicas en la *intelligentsia* comunista a las que vino a oponerse. En primer lugar, Korsch (como Lukács, Luxemburgo, Trotsky y Lenin) refuta el neolamarckismo evolucionista y neodarwinista de Karl Kautsky, pensador de cabecera del SPD. Como resume Alex Callinicos, "Kautsky tendía a considerar las fuerzas históricas como 'irresistibles'. Veía el desarrollo de la sociedad de clases como un proceso orgánico que culminaba en el recambio del capitalismo por el socialismo" (*Social* 113). En el marco de las democracias liberales parlamentarias, mediante un reformismo gradualista y sin necesidad de ruptura, pues el SPD "es un partido revolucionario, pero no un partido que haga revoluciones" (Kautsky 34), el proyecto socialista substituiría *indefectiblemente* al capitalismo. Contra este optimismo fatídico, se manifiestan Korsch y otros marxistas hegelianos, resarciendo lo que Rusconi denomina la "*prassi teorico-pratica totale*" ("Origini" 310).

Un repudio parecido, suscitan los escritos de Eduard Bernstein, en concreto, *Las premisas del Socialismo y las tareas de la Socialdemocracia* (1899). Este último, además de rechazar la teoría del valor de Marx y el método dialéctico (contradicciones, rupturas, saltos) en aras de una colaboración interclasista y de un comunitarismo democratizador a pequeña escala (Hoffman y Graham 225-226), propone una modulación kantiana del marxismo. En concreto, Bernstein reinterpreta algunos textos de Marx y Engels en una clave no social, política o económica, sino ética. Las auténticas raíces del proyecto socialista no se nutren de realidades tan pedestres como las contradicciones materiales del capitalismo, sino de valores morales. Estos son además principios transhistóricos que, al modo del imperativo categórico de Kant, impelen al conjunto de la humanidad (y no a una clase específica) a articular una sociedad justa (Martin 23-24). Como veremos, este marxismo kantiano inspira en Korsch una animadversión frontal. En tercer y último lugar, tanto Lukács como Korsch atacan el positivismo pseudocientificista que se impone en la Unión Soviética bajo el impulso de un primer Lenin, el de *Materialismo y Empiriocriticismo* (1908-1909), anterior a su intensa lectura de la *Lógica* de Hegel, las "Tesis de abril" y su icónico discurso en la Estación Finlandia de San Petersburgo (1917). Esta corriente oficialista, a la que Stalin da el espaldarazo definitivo, ya está ampliamente predefinida en los textos divulgativos y preceptivos de Nikolai Bukharin, *El ABC del comunismo* (1919) y *Teoría del materialismo histórico: Manual popular de sociología* (1922). De estos mandamientos oficialistas, cabe destacar su uso de procedimientos extraídos de las ciencias naturales para explicar fenómenos históricos, su posición gnoseológica descriptivo-objetivista y, por supuesto, el anatema de todo lo que se percibe (y desacredita) como abstracto, especulativo o aventurista.

Solo contra este fondo de controversias que protagonizan Kautsky, Bernstein y Bukharin, entre otros, puede entenderse la intervención de Korsch. Esta puede resumirse del siguiente modo: el marxismo no es una gran teoría de la Historia, del pasado y del futuro. El marxismo no puede proclamar la inevitabilidad del fin del capitalismo ni del comienzo del comunismo. La historia está siempre abierta en alguna medida a la intervención humana o, como afirma Marx en su célebre fórmula del *18 Brumario de Luis Bonaparte*, "los hombres hacen su propia historia, pero no la hacen a su libre albedrío sino bajo aquellas circunstancias con que se encuentran directamente, que existen y les han sido dadas por el pasado" (*Brumaire* 15). Es más, el marxismo no puede preordenar el trascurso histórico como si se hallase fuera de este, desde una privilegiada perspectiva exterior. El marxismo es una filosofía *en* la historia, tan condicionada por esta como cualquier otro hecho social. El marxismo no es tampoco una moral kantiana desde la que anunciar su desprecio por la explotación del trabajo o la alienación del hombre. En un ensayo de 1935 titulado "La posición sobre Rusia y el partido comunista", Korsch plasma una idea que, llevada hasta sus últimas consecuencias, tendrá una enorme repercusión en su propio itinerario: *"uno no puede protestar contra una realidad simplemente en nombre de un principio abstracto"* ("Position" 165; énfasis en el original). Finalmente, el marxismo no es (no solo ni principalmente) una sociología del capitalismo, una teoría negativa que explique sus fallos. El marxismo no existe como la mala conciencia, la conciencia crítica o la conciencia científica del capitalismo, una suerte de espejo a lo largo del camino que le va mostrando sus aspectos menos felices. En un artículo de 1924, Korsch explica que

> [e]l "materialismo dialéctico" de la clase proletaria no puede ser enseñado como una 'ciencia' práctica con su 'material' abstracto y sus supuestos ejemplos. Solo puede ser aplicado *concretamente* en la práctica de la revolución proletaria y *en una teoría que es un componente real inmanente de esta práctica revolucionaria* ("Materialist" 144; énfasis añadido).

En, contra y más allá del marxismo

Es en este punto cuando estamos en condiciones de reconstruir la hermenéutica marxista que Korsch le dispensa al marxismo, fundamentada en las *Tesis sobre Feuerbach*. A estas les dedica las páginas finales de *Marxismo y filosofía*, específicamente a la tesis XI: "Los filósofos no han hecho más que interpretar el mundo de diversos modos, pero de lo que se trata es de transformarlo" (Marx, "Theses" 173). Apoyándose también en las tesis V, VI, VIII, IX y X, Korsch confronta una aseveración que se ha prestado a enormes malentendidos. La historia de estos equívocos escapa a las posibilidades del presente ensayo. Solo podemos decir que Korsch no siente la menor simpatía por lo que Eric Ramsey llama el antiintelectualismo del "todo-lo-que-realmente-necesitamos-es-praxis" (343), o Staughton Lynd un "activismo descerebrado" (2). De hecho, Korsch se aleja de dos extremos que debilitan la tensión inherente al materialismo dialéctico. Por un lado, reconoce (como su contemporáneo Gramsci) la especificidad de todas esas dimensiones que, en los manuales pedagógicos de la URSS sobre el *Diamat*, quedan encasilladas bajo la rúbrica de las supraestructuras (Craven 46).[5] En su "Introducción a la *Crítica del programa de Gotha*" (1922), Korsch reitera que la labor revolucionaria en los ámbitos jurídicos y culturales no puede ser colapsada

---

[5] En la versión soviético-estalinista del materialismo dialéctico ("diamat") se privilegia, como argumenta Bochenski, la exactitud de unas leyes "fijas" que funcionan en el campo social (85-87). Una muestra de este "diamat" es el ensayo de Stalin, *Materialismo histórico y dialéctico* (1938), en el que aparecen desarrolladas en toda su crudeza la visión mecanicista del materialismo y una teoría de la conciencia en tanto que reflejo. Encontramos una respuesta a este estalinismo pseudofilosófico en *El materialismo dialéctico* (1940) de Henri Lefebvre, en quien Lukács y Korsch ejercen una clara influencia. En respuesta a la despótica razón de estado del bloque soviético, Lefebvre recupera el legado dialéctico de Hegel, un humanismo cualificado y la centralidad de la praxis. Lefebvre respalda el proyecto de un "hombre total" que "contiene los valores más altos del pasado, especialmente el arte, en tanto que forma productiva de un trabajo libre de las características de la alienación" (153).

en una única pelea por los medios de producción, que solventaría *ipso facto* el resto de esferas de la vida burguesa ("Introduction" 169-70). Esto constituye un materialismo sin dialéctica. Por otro lado, y para soslayar el error equivalente de una dialéctica sin materialismo, el marxismo no puede reducirse al vituperio implacable de textos, formas de (falsa) conciencia, discursos jurídicos y entramados culturales. El marxismo no se acopla al capitalismo como una suerte de teoría superior o Teoría de teorías con un enfoque más o menos crítico, con una intención subversiva más o menos declarada. En resumen, el marxismo no aspira solo, según Korsch, a afianzarse como una perspectiva intelectual con un espíritu proscrito.

Justamente, para salvar las antinomias de la configuración mental burguesa y sus cismas entre objeto y sujeto, objetividad y subjetividad, práctica y teoría, materia e idea, la transformación *efectiva* y *física* de dicha sociedad es una condición *sine qua non*. Para el marxismo es insoslayable una revolución que ataque y eventualmente trascienda el modo en el que el capitalismo reproduce la existencia humana en su conjunto. Solo en este escenario la lucha contra la reificación, la alienación y la explotación adquiere tracción histórica. Como muestra Andrew Feenberg, autores como Marx, Lukács, Adorno o Marcuse pensaron de diversa manera el "principio ontológicamente efectivo de la praxis" (208), usualmente de acuerdo a los logros y fracasos de las organizaciones obreras del momento. En las posiciones de Korsch, ni la experiencia estética ni la experimentación cultural tuvieron (hasta su muerte en 1961) la envergadura que adquirieron en sus contemporáneos del Instituto de Investigación Social pues "[l]a teoría para ser científica debe pasar por el filo de la praxis que [...] es su criterio de verdad [el de Korsch] en última instancia" (Quiñónez). En una carta a Paul Mattick en 1938, acusa a todo el Instituto de estar fundamentado "en una *doble contabilidad* (*doppelten Buchführung*) en política y teoría revolucionaria"

("Paul" 284; énfasis en el original).⁶ ¿Qué tiene en mente Korsch cuando acusa a sus compañeros de exilio en los EE. UU. de acomodarse en un doble estándar, filosóficamente "revolucionario y preparado para la lucha (¡aunque en secreto!)", pero políticamente "cobarde, egoísta y limitado"? ("Paul" 284). En muchos de sus ensayos encontramos repetido, una y otra vez, este criterio evaluativo. Veamos un par de ejemplos y algunos de sus detalles más reveladores.

En un largo texto publicado en 1937, "Principios rectores del marxismo. Una reafirmación", Korsch indica que el marxismo "trata de [...] encontrar las principales tendencias de un desarrollo que conduce, primero, a una fase transicional inaugurada por la revolución proletaria y, después, a una etapa más avanzada que Marx llama *sociedad comunista completamente desarrollada*" ("Leading" 36; énfasis en el original). El marxismo ejerce un severo placaje del capitalismo para participar en su cancelación desde el interior mismo de sus contradicciones. Un marxismo anti, post o arrevolucionario implica, para Korsch, una *contradictio in terminis*, un devastador oxímoron que arrastra a posiciones contemplativas, quizá de alto voltaje verbal, pero de muy baja (o nula) intensidad pragmática. Tal y como concluye en una de sus piezas más polémicas, "La crisis del marxismo", esta última no radica en "la perversión o simplificación de las teorías revolucionarias de Marx o Engels a manos de sus sucesores", sino en "la crisis de las teorías" de estas dos figuras (171). No en balde, esta discriminación entre "pura teoría" y "desarrollo histórico real" es "una expresión de la crisis presente" del marxismo ("Crisis" 171). Un marxismo desarraigado de toda corriente obrera proactiva, un marxismo

---

6 El contacto entre Korsch y el núcleo duro de la llamada Escuela de Frankfurt exigiría otro ensayo. Aunque sus teorías y las de Lukács fueron decisorias para Adorno y Horkheimer, aunque Korsch se asocia tangencialmente al Instituto en Nueva York, y aunque *Marxismo y filosofía* aparece en una de sus publicaciones, *Grünbergs Archiv* (Craven 46), lo cierto es que estas relaciones fueron intempestivas.

free-floating, estrictamente teórico y analítico, convertido en conversación más o menos académica y academicista, deriva en un "fantasma" o en un "mito" ("Marxism" 192).

En este último texto citado, que se publica en 1938 con el título de "El marxismo y la tarea presente de la lucha de clases proletaria", Korsch niega que se pueda o que haya que introducir "desde fuera" una conciencia marxista en la pugna proletaria y anima a partir siempre del contenido dado de dichas pugnas, sin esquemas normativos previos a los que supuestamente estas debieran amoldarse ("Task" 189). La práctica revolucionaria anticapitalista, no importa dónde y cómo se dé, tiene prioridad ontológica y epistemológica. La reflexión revolucionaria no puede hacer el papel de un maestro de escuela que, con su libro de texto en una mano y la vara en otro, reprende a la facticidad de la acción insurreccional por no adecuarse a la letra o al espíritu de una patrística teórica. Korsch concuerda con Gavin Kitching en que "el marxismo no es *fundamentalmente* un conjunto de ideas", "un compromiso cognitivo", "la obligación voluntaria de *creer* en algo", sino más bien la dedicación a "*hacer* algo, a implementar o ayudar a implementar una cierta visión de la liberación humana" (229). Invirtiendo la idea de Kitching, llegamos a la encrucijada con la que se topa Korsch: el marxismo solo *es* si es revolucionario y, si deja de serlo o si la revolución abandona su carácter marxista, la crisis desborda lo estrictamente teórico y se vuelve integral.

¿Qué sucede en aquellos lugares y momentos en los que se sigue enarbolando la bandera del marxismo a pesar de que cualquier revuelta o sublevación brilla por su ausencia? ¿Cómo interpretar el marxismo cuando no se dan sus condiciones de posibilidad? ¿Qué rol puede tener la reivindicación del marxismo cuando su consustancial práctica transformadora ha cesado por completo? Estas preguntas tienen una estructura trágica, y la tienen porque llevan a un doloroso límite en el que Korsch pensó y actuó durante varias décadas. Una vez que se llega a este límite, no queda más remedio que admitir que ha sido sobrepasado: la propia consistencia marxista saca a Korsch de la órbita del marxismo, lo fuerza a historizarlo, a juzgarlo con sus mismas herramientas y llegar a la conclusión de que responde a un momento histórico que ya pasó.[7] No es que un marxismo sin revolución esté en crisis (como si aguardase pacientemente unas circunstancias venideras que se acompasasen con su casuística), es que *ya no es*. Como indica Michael Löwy, el marxismo no consiste, a diferencia de lo que el althusserianismo estipularía años después, en una o en *la* ciencia social. Esta es una definición demasiado amplia y demasiado estrecha. Es demasiado amplia porque hay otras ciencias sociales (muchas dedicadas a los avatares del capitalismo), y es demasiado angosta porque el marxismo "se funda en una opción preferente *práctica* [pues] su objetivo no es solo conocer el mundo sino *cambiarlo*" (Löwy, *Changing* 31; énfasis en el original). Por este mismo motivo, Korsch, en "Un acercamiento no-dogmático al marxismo" (1946), deduce que "no tiene sentido ni utilidad discutir aspectos controvertidos de una teoría social (ni siquiera esa que comúnmente se conoce como religión) si esta discusión no es parte de una lucha social existente" (274). Y añade: "Tienen que darse diversas posibilidades de acción para el partido, grupo o clase a los que esa teoría social en cuestión hace referencia" ("Non-Dogmatic" 274). Llevado por esta

---

[7] En una entrevista con la mujer de Karl Korsch, Hedda, esta recuerda que su marido "era pesimista sobre el destino del movimiento de revolución mundial y lo era completamente sobre la Unión Soviética" (45). Hedda aclara que Korsch "pensaba que conforme la sociedad capitalista evoluciona desde los tiempos de Marx, el marxismo también tiene que evolucionar para entenderla" (45). En esta entrevista, no se toca el abandono del marxismo a causa de la derrota del ciclo revolucionario que atraviesa buena parte del siglo XIX y del XX. Capi Vidal piensa que Korsch no "rompe con el marxismo del todo, mostrando cierta ambigüedad" y que su consideración del "marxismo como una ideología más, producto de una experiencia histórica" no se lleva "hasta sus últimas consecuencias".

misma lógica, Korsch conjetura varias hipótesis que terminan por convertirlo en un disidente ninguneado a ambos lados del telón de acero.

En primer lugar, este autor fragua una postura crítica sobre Rusia a comienzos de los años treinta. En "La ideología marxista en Rusia" (1932) y "Posición sobre Rusia y el Partido Comunista" (1935), explica que en el país del alzamiento bolchevique se da una escisión entre una pantalla ideológica y un "movimiento histórico fáctico [...] encubierto bajo ese disfraz" (158). El *quid* de la cuestión no estriba en que se haya reprimido el magma revolucionario en Rusia y que el marxismo haga (en consecuencia) las veces de cáscara vacía. Por el contrario, este cumple una función bastante más sustantiva y perversa: "El marxismo en Rusia no fue otra cosa desde el principio que la forma ideológica asumida por una lucha material para imponer el desarrollo capitalista en un país pre-capitalista" (159). Para la penetración del capitalismo en el Este, el marxismo hace funciones de "uniforme ideológico" y de "partera" ("Ideology" 159). Y de esto no solo se responsabiliza al "epígono leninista Stalin sino al marxista ortodoxo Lenin", que ejecuta la férrea construcción de una economía no-socialista dejando al marxismo fuera de juego: "mito" o "suplemento ideológico indispensable" ("Ideology" 163). La fe en la existencia-por-venir de una sociedad socialista en la Unión Soviética, sacrificada para poder hacerla realidad en un futuro permanentemente pospuesto, cercena de cuajo el "aquí y ahora revolucionario" ("Position" 165). El marxismo le dispensa cobertura ideológica a este cierre contrarrevolucionario y antiobrero. "A diferencia de Trotsky", recuerda Cyril Levitt, "quien vio en la Unión Soviética un estado de los trabajadores (deformado), la crítica que Korsch hace de Stalin es más potente y profunda; en Rusia (como en otros lugares) los obreros estaban siendo esclavizados" (181). En estos artículos, Korsch adelanta lúcidamente la tesis con la que Susan Buck-Morss (entre otros) desestabiliza el relato piadoso de una Guerra Fría entre democracia (capitalista) y totalitarismo (comunista): a ambos subyace el proyecto de una "modernización industrial" (ix) que persigue sueños utópicos "inquietantemente similares" (xiii) y termina produciendo "efectos catastróficos" parecidos (guerras, explotación, devastación ecológica, productivismo ciego). Buck-Morss asevera algo que Korsch habría seguramente corroborado: "el socialismo fracasa en este siglo [siglo XX] porque imita demasiado fielmente al capitalismo" (xv).

En segundo lugar, ante el reformismo social-demócrata y estrictamente parlamentario (en el que el marxismo actúa de ideario compensatorio) y ante el industrialismo estatalizado de los planes quinquenales en el Este (donde el marxismo se convierte en una camisa de fuerza para el control obrero), Korsch impugna el modelo revolucionario de Marx y Engels. En "La comuna revolucionaria" (1929) y posteriormente en "Estado y contrarrevolución" (1939), se sugiere que la Rusia soviética queda restringida a simple "correa de transmisión" de un capitalismo global porque, en el fondo, el marxismo adolecía de una tara conceptual de base. Su teoría de la revolución y la dictadura del proletariado responde a un imaginario burgués decimonónico, jacobino y blanquista (Louis Auguste Blanqui), que se prolonga sin embargo para concebir y provocar una quiebra proletaria en el siglo XX ("State" 241-242). Korsch también subraya el desmesurado interés de Marx por la "forma" de la comuna libre, cuyo origen está en las estructuras organizativas tardomedievales de una burguesía incipiente ("Revolutionary" 203). Frente a esta fascinación por episodios insurreccionales de otros momentos, de otras clases y con otros fines, Korsch se inclina por un "sindicalismo y anarquismo revolucionario" (Dugger 787) y recuerda que el ensimismamiento en las *formas* políticas, desconectadas de su *contenido* social, desbarranca en un anacronismo nostálgico: "El 'verdadero secreto' de la comuna revolucionaria, del sistema de consejos/comités, o de cualquier otra manifestación histórica del gobierno de la clase trabajadora se halla en su contenido social y no en ninguna forma política artificialmente vislumbrada" (211). Y ese contenido social pasa por "esa asociación en la que el libre desarrollo de cada persona sea la condición para el libre desarrollo de todos (*Manifiesto comunista*)" ("Revolutionary" 211).

En tercer lugar, Korsch da un paso más en su refutación del asalto al poder que el marxismo ha tendido a teorizar y practicar. El pivote de esta refutación será un término al que Korsch retorna en varios momentos: socialización. Esta no pasa por un programa reeducativo mediante el que se fuerza a una población a interactuar con nuevas instituciones o de acuerdo a valores novedosos. La socialización revolucionaria no emana de una ingeniería social que aspire, desde lo gubernamental o estatal, a imprimir en la convivencia diaria unas normas y estilos existenciales. Korsch se adelanta en varias décadas a Foucault en su oposición a este dominio biopolítico que el autor alemán detecta en las sociedades occidentales de mercado en toda su capacidad de penetración despótica (con EE. UU. al frente). Sus cartas a Bertolt Brecht de 1947 y a Erich Gerlach de 1957 no dejan duda al respecto.[8] La socialización sobre la que

---

[8] Tras reiterarle a Bertolt Brecht que "el viejo marxismo hegeliano ha encallado hoy en problemas" ("Bertolt" 287), le dedica comentarios muy duros al "imperialismo yankee" o norteamericano, que en opinión de Korsch no era preferible al soviético ("Bertolt" 287-88). En su misiva a Erich Gerlach, habla de "mi desierto estadounidense" ("Gerlach" 295). En "La contrarrevolución fascista", Korsch sentencia que "no hay diferencia esencial entre la manera en la que el *New York Times* y la prensa nazi publican diariamente 'todas las noticias apropiadas para ser impresas' [...] No hay diferencia de principios entre las ochentaitantas voces de las enormes corporaciones capitalistas [...] y la voz suave de Mr. Goebbels" ("Fascist" 251). En los EE. UU., Korsch nunca encontró (a pesar de sus intentos) un trabajo universitario, sufrió las consecuencias puritanas de un escándalo bastante desagradable, no logró conectar con ningún movimiento social y, como muchos de sus compañeros alemanes de exilio, vio en la sociedad anglosajona del nuevo continente tendencias imperialistas, violentas y explotadoras tan preocupantes como las que se desarrollaron en los fascismos europeos. Eric Hobsbawm recuerda que Karl Korsch vive, a partir de los años treinta, como "un disidente [que] pocos excepto un puñado de exiliados sabían quién era" (290). Estas circunstancias adversas angustian a Korsch pero también le permiten observar problemas que otros marxistas, en las democracias populares del Este o desde los partidos comunistas del Oeste, maquillan.

Korsch reflexiona está íntimamente ligada, por el contrario, al proceso revolucionario en sí, que es a la vez medio y fin (Rusconi, "Introduction" 56-67). Es medio porque debe conducir a un tipo de sociedad distinta. Es fin porque esta sociedad debe darse ya, en alguna proporción, en los cambios palpables que la revolución instaura. Los sujetos que la llevan a cabo se desempeñan como actantes y objetos, protagonistas y destinatarios, emancipadores y emancipados. Como contiende en "Fundamentos de la socialización", la revolución socialista se actualiza en una actividad "práctica humano-sensual" libre de explotación ("Fundamentals" 125). Esto no equivale a un inmanentismo instantáneo e iluso. Korsch tan solo insiste en que no hay un metasujeto (partido o vanguardia) que pueda romper las cadenas de los trabajadores al margen de estos, instrumentalizándolos o clarificándoles en qué consiste (y en qué no) su propio sino. Tampoco se puede profetizar un socialismo venidero que, por lo pronto, exija un presente antisocialista, antidemocrático y productivista. Para Korsch, solo tiene validez el socialismo que socializa (en todos sus momentos y siempre desde el interior mismo de la cotidianeidad colectiva) las nuevas relaciones de autogestión y reproducción simbólico-material.[9] Como afirma Capi Vidal, "Korsch fundamenta su concepción del socialismo en el pleno control del objeto y proceso del trabajo por los propios trabajadores". La revolución no es un sistema crediticio en el que se paga hoy para cobrar mañana, en el que se reafirma el dolor ahora para solo más tarde remediarlo. Por el contrario, se trata de una acción mayoritaria que (como afirma en "Tesis

---

[9] Para una exhaustiva revisión del concepto de "socialización" en Korsch, recomendamos el ensayo de Rusconi. De forma bastante ponderada, este autor señala algunas de las limitaciones de su propuesta, por ejemplo, su "concepto reduccionista" de la acción política (56) y su tratamiento inconsistente de los "factores sicológicos" (Rusconi, "Introduction" 58). Por su parte, Dave Renton se fija en las reiteradas abstracciones en la argumentación de Korsch, el riesgo de un relativismo historicista y una falta de precisión en su acercamiento a la problemática organizativa.

sobre Hegel y la revolución") comienza "siempre-ya" (*immer schon*) con la negación de lo dado, y esa negación toma un impulso permanente, imposible de culminar en un momento definitivo y salvífico ("Theses" 277-278).

Inspirado por esta socialización que hace descarrilar al capitalismo en sus microniveles (y no solo en tanto que megafórmula político-estatal), Korsch se interesa en la Guerra Civil española y, al final de su vida, en los movimientos de descolonización en el Tercer Mundo. En "La revolución española" y "Economía y política en la España revolucionaria", Korsch demuestra un conocimiento muy exhaustivo del bando republicano. A esta investigación le impelen (y aquí reside el meollo de su agenda ideológica) los experimentos que, sin el tutelaje de un partido comunista y contraviniendo axiomas del materialismo dialéctico, innovan modalidades de organización y vida anticapitalista.[10] Korsch respalda "el intento de los militantes de la CNT de imponer la gestión obrera en oposición a la línea política de los socialistas conservadores, los estalinistas y los republicanos burgueses" (Giles-Peters). Estas innovaciones, al igual que las que desarrollarán otras insurgencias en los años cincuenta y sesenta, son el suelo histórico revolucionario desde el que teorizar (nunca a la inversa), incluso si

---

[10] Hay un eslabón del diálogo entre Korsch y la Península Ibérica que merece ser mencionado. En 1973, cuando Korsch era una figura prácticamente olvidada, Eduardo Subirats edita una compilación de textos del autor alemán con una introducción propia. Este libro es reseñado en la importante revista *New German Critique* por el profesor italoamericano Paul Piccone. Este intenta leer esta colección desde la perspectiva de la inminente transición política española: "la lección korschiana, por lo tanto, es primordialmente negativa y, presumiblemente, su función en el presente contexto español consiste en prevenir una repetición de los errores del pasado" (161). Piccone le da la razón a Korsch en la apreciación de que "las cambiantes condiciones del capitalismo avanzado necesitan una reconstitución radical de la teoría marxista" (162). Por estos motivos, Piccone contiende que la utilidad de Korsch para la España de los años setenta pasa por nuevas soluciones "que tendrán que ser creadas al margen de proyecciones pasadas" (163). Es obvio que esas soluciones no llegaron y que el final de la década de los setenta y el inicio de los años ochenta en España arrinconan el marxismo en lo teórico y práctico.

esto exige aparcar el marxismo en mayor o menor grado. En definitiva, manda el principio de especificidad histórica de la lucha existente contra el capitalismo (con la que hay que interactuar intelectivamente para fortalecerla) y no un cuerpo teórico marxista (al que el curso histórico debiera plegarse o, en su defecto, como replicaría el idealismo más obtuso: *tanto peor para los hechos*).

Korsch y el marxismo en la Gran Recesión neoliberal

Antes de reevaluar este largo periplo intelectual, que lo es también biográfico (del epicentro de la disputa política en Alemania al destierro en un pequeño pueblo de Massachusetts), conviene recapitular telegráficamente sus hitos principales: 1) Korsch reexamina el devenir del pensamiento moderno a la luz de la totalidad social, en la que se urde y de la que depende cualquier producción intelectual. 2) El marxismo no escapa a esta lógica, por lo que Korsch, en vez de fetichizar el *metro de platino iridiado* del materialismo dialéctico (contra el que medir las desviaciones del "mal" marxismo), reubica en su contexto cada fase de esta teoría crítica. 3) No solo se propone una temporalidad para las distintas familias marxistas, sino que se historiza también el marxismo en su conjunto. Teniendo en cuenta que esta es además una teoría de (entrelazada con, imbricada en) la praxis revolucionaria, se pondera su posible anacronismo. Sin praxis marxista, aferrarse a la filosofía marxista desencadena ironías calamitosas. 4) A partir de los años veinte, el marxismo ofrece, por un lado, un andamiaje ideológico dignificante para un capitalismo de Estado que tiraniza a la clase obrera en el bloque soviético y, por otro lado, otorga una compensación especulativa a grupos integrados en sociedades de mercado. En ninguno de estos entornos, el marxismo actúa como motor revolucionario. 5) Korsch procede al examen de la concepción marxista de la práctica revolucionaria y concluye que esta no ha cortado el cordón umbilical con su precursora burguesa (jacobina, estatalista, decimonónica). 6) Finalmente, Korsch pormenoriza el concepto de "socialización", eje central de cualquier lucha anticapitalista de auténtico calado. Desde el anarquismo español hasta las guerras de liberación nacional, no dejará de interesarse en cualquier instancia popular de resistencia contra el fascismo y el imperialismo.

¿Cómo juzgar esta interpretación dialéctico-materialista del materialismo histórico? No pensamos que el dictamen pueda ser unívoco porque este contiene varias capas tectónicas que no encajan del todo entre sí. A continuación, vamos a describir algunas de estas contradicciones. En primer lugar, precisamente porque este autor acentúa la integración dialéctica de teoría y práctica,[11] nota y reacciona contra lo que Perry Anderson llama "el divorcio estructural" de ambos (29). Este divorcio se troca en un rasgo "virtualmente consubstancial de la tradición" del marxismo occidental (Anderson 29). Korsch había experimentado varias décadas del "periodo clásico" (Anderson 1-23) y registra, como ningún otro camarada de armas, el hundimiento de la fase revolucionaria, su esclerosis soviética y su subsidiariedad decorativa en el Oeste. Nadie se toma más en serio el naufragio del impulso transformador, nadie lo mira más de frente sin abdicar en un conservadurismo renegado y sin insuflar vida artificial a un tejido teórico objetivamente inocuo. Este empeño en rastrear las consecuencias de un marxismo que flota sin fuerza de gravedad revolucionaria nos ayuda a tener una perspectiva más clara sobre

---

[11] Kellner piensa que el duradero compromiso de Korsch con el activismo político proviene, en parte, de sus experiencias de juventud en la organización *Freie Studente* de la Universidad de Jena y en la *Fabian Society* durante una larga estancia en Inglaterra ("Road" 8-9). Ambas culminan a comienzos de los años veinte en una meta práctica: "el 'asalariado-esclavo' del viejo sistema será transformado de golpe en 'ciudadanos-trabajadores' co-participantes (*mitbestimmenden*) de un estado socialista (*sozialen Rechtsstaat*)" ("Road" 10).

las relaciones entre hermenéutica y materialismo dialéctico. Desde el panorama que Korsch alumbra, resulta evidente que el marxismo no es una hermenéutica por al menos dos motivos o, para ser más exactos, dos déficits.

Por una parte, la hermenéutica sufre un déficit de especificidad histórica. Autores como Dilthey, Husserl, Heidegger y Gadamer no escatiman reflexiones sobre el problema de la temporalidad y los atributos fundacionales del *tempus* / χρόνος para la existencia humana. Por ejemplo, Dilthey, desde la cátedra que había ocupado Hegel en Berlín, invoca el "espíritu objetivo" de una época para describir "ese medio en el que el entendimiento de otras personas y sus manifestaciones vitales tiene lugar" (229). Ese medio abarca "la multiplicidad de formas en las que una comunalidad existente entre individuos se ha objetivizado en el mundo de los sentidos" (Dilthey 229). Dilthey combina el espíritu objetivo y absoluto hegelianos, y los enriquece con una fuerte dimensión cotidiana. Este espíritu holístico, encarnado en la plenitud de un momento histórico, es lo que (en última instancia) aprehendemos en el acto hermenéutico y también desde el que se realiza dicho acto. Heidegger, por su parte, edifica una monumental ontología del tiempo en toda la segunda parte de *Ser y tiempo*. Comenzando por el "ser-hacia-la-muerte" (274-304), concluyendo con la historicidad del *Dasein* (424-449), y pasando por la interconexión de tiempo y cuidado, tiempo y potencialidad, tiempo e interpretación, tiempo y espacio, Heidegger estipula (en su estilo oracular) que "la base ontológica primordial para la existencialidad del *Dasein* es la temporeidad. En los términos de la temporeidad, se vuelve por primera vez existencialmente inteligible la totalidad estructural articulada del Ser del *Dasein* en tanto que cuidado" (*Being* 277). Gadamer, por citar un último caso, imprime también un profundo sello temporal a su teoría de la "fusión de horizontes" en *Verdad y método* (306-307; 374-375). En esta fusión, proyectamos el presente sobre un *otro* pasado que nos impulsa a trascender nuestro propio horizonte (307). Este es un proceso interactivo de constante reapropiación en el que los horizontes pasados y presentes se informan, densifican y modifican mutuamente. Estas escuetas glosas no buscan dar cuenta de la riqueza de la reflexión hermenéutica sobre el tiempo, pero sí sugerir lo siguiente: en esta tradición descubrimos más tiempo que historia, más meta-análisis de la historia en tanto que armazón temporal que explicación explícita *de lo que sucede* en la historia. Aun a riesgo de cierta simplificación, quizá se podría cifrar este déficit en la *historicidad ahistórica* de la hermenéutica, en una historia sin *historia* (concreta, material), esto es, en el abordaje de la historia como si fuese una categoría kantiana, una condición de posibilidad (formal) del conocimiento y no tanto (no en la misma medida) el contenido mismo de dicho conocimiento.

Al comparar el *tiempo* de la hermenéutica con la *historia* del marxismo (y esta es solo una distinción pedagógica), la segunda resalta por una textura social, conflictiva, económica y política más densa. Se aparcan los excursos sobre el tiempo del Ser y el ser del Tiempo para emprender una investigación sobre las contradicciones que rigen, no tanto la Historia, como el ciclo capitalista. Todo lo existente queda supeditado a la variación concreta de la configuración social. No hay más ontología que la historia y esta última siempre acontece históricamente, es decir, muta y se configura de acuerdo a disposiciones irrepetibles de la convivencia social. En este sentido, desde la obra de Korsch solo cabe acercarse a la hermenéutica del siglo XX como una subespecie de la filosofía burguesa que afirma desentrañar los misterios de la interpretación, una variante de la metafísica enfocada en la exégesis textual, cultural y existencial. Si Korsch pide que se considere cada reflexión teórica como un elemento de una totalidad social cambiante para la que no hay sostén más esencial de ningún tipo, se infiere que la hermenéutica pertenece a un humus idealista, armonizador y trascendentalista (Eagleton 53-64). Lo importante es que Korsch aplica esta misma vara de medir al propio marxismo, llevando sus presupuestos hasta el límite: cómo interpretamos y la propia idea de interpretación (incluso si lo hacemos en clave marxista) tiene que asumir su dependencia de entramados sociales que le dan y quitan vigencia a cualquier operación mental.

Además de este déficit de historicidad, que se manifiesta en generalizaciones fundantes sobre el tiempo, el lenguaje o la comunicación dialógica (Malpas y Zabala xi-xviii), hay en la hermenéutica un segundo déficit práctico-crítico. Distorsionaríamos dicha carencia si esta se expresa como el lapso inconmensurable que separa el mentalismo cartesiano hermenéutico de la antropología corpórea y activa del marxismo.[12] En la hermenéutica de Heidegger y Gadamer se despliega una marcada orientación existencial: el ser humano en su integridad material e inmaterial, y no solo ciertas facultades intelectivas, se involucra en la experiencia interpretativa y dialogal (Kögler 266-276). Por esto, la hermenéutica no es una potestad intuitivo-cerebral o deductivo-lógica, sino una condición ontológica mucho más básica. Con frecuencia, esta imagen reductiva ha sido el efecto colateral de la alianza entre la hermenéutica y la fenomenología. Ahora bien, ya contamos con una extensa exploración hermenéutica que relativiza la mediación de la conciencia para potenciar, por ejemplo, la superficie

---

12 Tras el intento infructuoso de Herbert Marcuse de conciliar marxismo y ontología heideggeriana a finales de los años veinte y comienzo de los treinta (Abromeit 96-100), Lukács emprende, en la década de los sesenta, un gran proyecto de "ontología social" que tiene en el trabajo su categoría fundamental. Para justificar el estatus protagónico conferido al "trabajo", Lukács argumenta que "todas las otras categorías de esta forma de ser ya son por naturaleza puramente sociales; sus propiedades y eficacia se desarrollan solo en un ser social ya constituido [...] Solo mediante el trabajo [...]" se da "una relación de intercambio entre hombre (sociedad) y naturaleza" (iv). Lukács concluye que la "lucha en pos del propio control, desde la determinación natural del instinto hasta el auto-dominio consciente, es el único camino hacia la verdadera libertad humana" (135). En este proceso de emancipación, el trabajo colectivo y social es decisivo: "el trabajo puede realmente ser tomado como un modelo para toda libertad" (136) y "el trabajo, como simple productor de valores de uso, es ciertamente el inicio genético de la humanización del hombre" (136).

corporal mediante la que los seres humanos nos hallamos *ab ovo* expuestos al mundo, a una intemperie circundante con la que interactuamos y nos entendemos a un nivel preanalítico. Este es el proyecto de una "hermenéutica carnal" que, en palabras de Richard Kearney y Brian Treanor, cede protagonismo a la "carne" y la "piel" (*flesh*), ese "límite" o "borde" (*edge*) donde "el humano se encuentra con el mundo que lo excede y sugestiona —animal y medioambiental" (11). A esta agenda contribuyen los innovadores enfoques sobre la sexualidad (Nancy), el tacto (Henry), el cuerpo impedido (Kristeva) o el dolor (Marion). Esta expansión multidimensional de la hermenéutica ha allanado también el camino a un enriquecimiento de lo que entendemos por "interpretación". En esta línea, Rudolf Makkreel diversifica este concepto para incorporar sus vertientes evaluativas y orientativas (9). En conclusión, al marxismo y a la hermenéutica no los distingue el presunto quietismo mental del segundo o la fisicidad productiva del primero. Ya en Heidegger, el estar-en-el-mundo, el estar-arrojados-al-mundo hermenéuticamente acarrea el uso de objetos, su transformación en instrumentos y, a través de estos, la develación (*Enthüllen / Unverborgenheit*) óntico-ontológica de la realidad.

Si bien todo lo anterior es cierto, no lo es menos que, desde una orientación marxista, la hermenéutica carece de suficiente filo crítico. Tan bienintencionado como inofensivo resulta el giro ético de la hermenéutica, que en la órbita de un determinado Lévinas se regocija en la abertura *hacia* un otro que nos constituye y disloca simultáneamente, impidiendo la clausura del juego imparable de reinterpretaciones (Vilhauer 129-149). Para el marxismo, esta inflexión ética, tan típica de la segunda mitad del siglo XX, tiene mucho (o todo) que ver con la sublimación de una cierta culpa e impotencia políticas (Bosteels 234). Desde el campo de visión que Korsch ilumina en sus escritos, este diagnóstico se recrudece. Para el marxismo, afirmar que los individuos habitan el mundo implicándose ontológicamente en su develamiento o que estos proyectan sobre el ámbito objetual una cierta direccionalidad creativa tiene un punto banal.[13] El marxismo se pregunta sobre los dispositivos sociales concretos que jerarquizan la reproducción de todas las condiciones materiales de existencia, identifica relaciones de explotación y acumulación, y (sobre todo) demanda que esta interpretación del capitalismo coincida con su negación teórico-práctica. Korsch aclara que el sujeto marxista nunca describe a un individuo aislado, con un tipo de mirada privilegiada, que protesta contra ciertos males y pide subsanarlos. Solo cabe hablar de marxismo cuando este participa, como un ingrediente más, de un enfrentamiento revolucionario que aprovecha las antítesis del capitalismo para trascenderlo. Allá donde el marxismo se desgaja de una fuerza transformadora de clase, involuciona y se devalúa. Su retórica es susceptible de persistir en la radicalidad interpretativa y exhortativa, pero su cometido real se deforma al modo burgués. Esa misma radicalidad actúa como indignación moral, como contrapeso subjetivo de la preeminencia abrumadora de las leyes capitalistas, como investigación científica de dichas leyes, sociología de las pautas de acumulación o incluso como su hermenéutica suprema.

En todas y cada una de estas funciones, la radicalidad analítico-verbal tiene algo de energía estática, de reducto filosófico que el capitalismo no solo está en condiciones de tolerar sino incluso de rentabilizar. Expresado crudamente, en tanto que régimen discursivo, el marxismo se

---

[13] Las tensas relaciones que mantuvieron marxismo y ontología, la teoría crítica del materialismo dialéctico y la hermenéutica que se origina en Heidegger, encuentran su cristalización más perfilada en el breve libro que Adorno publica en 1964, *La jerga de la autenticidad*. Además del "tono solemne" y del "aura de profundidad" nigromántica, Adorno acusa a esta jerga del Ser hermenéutico de "guíar al *petit bourgeois* hacia una actitud positiva hacia la vida. Fastidiosamente prolonga innumerables eventos que aspiran a hacer atractiva una vida para los hombres por la que, de otra manera, quedarían asqueados y que terminarían por considerar insoportable" (*Jargon* 22). Adorno rechaza la búsqueda de una filosofía más esencial, un lenguaje primigenio que acaba exaltando lo único, auténtico, preconceptual y telúrico.

incorpora en los engranajes de comercialización y consumo, quedando cooptado como un producto cultural con un aura transgresora altamente productiva. Uno puede cavilar *puntualmente* en términos marxistas, pero su desenvolvimiento externo así como su interioridad sicológica quedan comprometidos por un capitalismo totalizante, con un enorme poder de penetración. Evidentemente, a la luz del recrudecimiento neoliberal y la Gran Recesión de 2008, la intervención de Korsch en el debate marxista gana relevancia. Mencionemos un par de apuntes al respecto. En primer lugar, no exageran autores como James LoRusso (114) o Sam Binkley (175) cuando hablan de un "*habitus* neoliberal". El útil término de Pierre Bordieu, *habitus*, desbloquea el viejo debate entre estructuralismo y *agencia* (voluntad), potenciando una teoría no-fatalista de nuestras capacidades volitivas, aunque también dibujando sus condicionantes. El *habitus* advierte de la existencia (no visible) de una "estructura generativa" de actos, prácticas y tendencias afectivas cuyas manifestaciones empíricas sí son observables (Maton 48-64). Aludir al neoliberalismo como un *habitus* no implica una huida mistificadora y antimaterialista del funcionamiento tangible (económico, laboral) del capitalismo. Todo lo contrario, el hallazgo de Bourdieu alumbra su profundidad quasiontológica. A niveles cada vez más imperceptibles, más entreverados en nuestra composición psicosomática, más subsumidos en los engranajes de estratificación social, el neoliberalismo se afianza sin que nos demos cuenta, al margen de nuestra atención, independientemente de nuestras intenciones morales. En este registro preconsensual y predeliberativo, el neoliberalismo genera "comportamientos habituales y homogéneos sobre esferas de vida que previamente habían estado sujetas a formas menos directas de control" (Crary 79).

Este *habitus* neoliberal antecede a cualquier aquiescencia y acuerdo justamente porque es la macroestructura generativa de acuerdos y aquiescencias. Su inercia conforma *libremente* no solo nuestras aspiraciones y rutinas diarias a escala microscópica, sino también nuestro sentido de la libertad, de cómo ejercerla, y de cuándo y dónde ni siquiera añorarla. Como es lógico, en sociedades altamente complejas y diferenciadas como las occidentales (Luhmann 29-31), la dominación social requiere de consensos y aceptaciones, con frecuencia tan sutiles como eficaces. Una de estas formas de anuencia neoliberal se disemina como un hiperindividualismo autoempresarial de acuerdo con el cual uno subvierte sus propios límites en círculos viciosos de consumo, experimentación estética, flexibilidad biográfica y sobreexcitación sensorial (vistos como plasmación máxima de una libertad personal e intransferible). A esto lo ha bautizado Lynne Layton como "narcisismo neoliberal" (161), o Slavoj Žižek como un libertinaje transgresor y permisivo paradójicamente despótico-libidinal (la obligación del placer) ("You" 6). Otras maneras de conformidad neoliberal son, sin embargo, compatibles con amplios márgenes de lucidez con esas "capacidades estructurales" que el capitalismo activa y manipula (Callinicos, *Making* 276). Ahora bien, ante la ausencia de una coordinación política que reoriente algunas de esas capacidades en una dirección revolucionaria (Callinicos, *Making* 277), el riesgo de un cinismo *de facto* se vuelve inevitable. "Cinismo" no significa aquí una actitud moral que un individuo adopte ladinamente. Nos referimos, por el contrario, a una situación objetiva rota o escindida a la que el sujeto se ve abocado: este "sujeto cínico" *sabe* lo que hace, pero no puede evitar hacerlo. En este sujeto se centra el estudio seminal de Peter Sloterdijk, *Crítica de la razón cínica*, para describirlo como una "falsa conciencia ilustrada" que permite "a sus portadores funcionar a pesar de todo lo que sucede y, muy especialmente, a pesar de todo lo que pueda suceder" (5). Los subterfugios y estratagemas con los que este sujeto cínico habita esta dislocación son muy sofisticados, y todos confluyen en una resignación práctica y objetiva, que subjetivamente puede ser experimentada de muchas maneras.

¿Qué relación guarda todo esto con los postulados de Korsch? La relación es muy elocuente porque, debido a que Korsch acentúa el ingrediente revolucionario del marxismo, resulta más fácil percibir su estatus subrogado e incluso fútil en un estadio neoliberal, avanzado o tardío, del capitalismo, llamado por Edward Luttwark "turbo-capitalismo". Vamos a continuar con los dos ejemplos ya citados de asentimiento neoliberal para percibir, en toda su dimensión, la parálisis de la praxis marxista. En primer lugar, y seguimos aquí algunos argumentos de Luc Boltanski y Eve Chiapello (*El nuevo espíritu del capitalismo*) y Nancy Fraser (*Fortunas del feminismo*), el capitalismo ha demostrado una voracidad omnímoda para metabolizar buena parte del legado inconformista e impugnador de esa izquierda (por así decirlo) a la izquierda de la socialdemocracia de los años sesenta. No hace falta insistir en que esta reapropiación de un sentido común antiburocrático, lúdico, tolerante, colaborativo y desobediente ha estado al servicio de nueva cultura corporativa que exige mayores dosis de rentabilidad. El problema es que, mientras el neoliberalismo se disfraza de agente innovador y revulsivo (aunque esta revulsión acarree una contrarrevolución en toda regla), el marxismo se queda sin espacio de intervención o bien se ve forzado a presentarse como una práctica reactiva, de contención. Conforme el neoliberalismo se reviste de una energía experimental inaudita, de permanente atropello del orden establecido (no importa que sea para blindar la *pax capitalista*), el marxismo no acierta a reconectar con la semántica de la transformación o la revolución. Parafraseando los términos de Walter Benjamin, donde el capitalismo sanciona el "estado de excepción" como norma y regla, el marxismo se topa con serias dificultades para orquestar un "verdadero estado de emergencia" (257), una luxación emancipadora de ese "tiempo vacío y homogéneo" ("Theses" 261) de la pseudo-revolución neoliberal.

Este marxismo fuera de juego, expulsado de la cancha de la participación política real, es también el punto de llegada si dirigimos nuestra atención al "sujeto cínico", consciente de su falsa conciencia. Que Korsch no quite el dedo del renglón de la praxis nos devuelve una imagen muy diáfana de un marxismo (estructuralmente) cínico en plena Gran Recesión. Apuntemos dos datos al respecto. En un periodo que el marxismo identifica como una oportunidad (en realidad, *la* oportunidad cíclica) para la intervención y el factor volitivos contra el capitalismo (la crisis), existe un amplio consenso sobre el relativo éxito de la salida neoliberal a su propia recesión (Kiersey 172; Maniatis y Passas 126; Coulter 4-7; Mirowski 325-336). Este éxito no debe ser medido en términos de justicia social o equidad económica, sino en los del proyecto de clase que David Harvey describe como "acumulación por desposesión" (110). La gestión neoliberal de su propia crisis se está saldando con el fortalecimiento de una lógica netamente reacumulativa que desmantela amplios sectores del estado del bienestar (Garland 98-114). No puede extrañarnos que Stuart Shields dilucide el fiasco de 2008 como una oportunidad para el impulso privatizador, la desregulación selectiva, la mercantilización de nuevos bienes, el ajuste salarial, y el estrechamiento de la protección social y los servicios públicos (177). Sin lugar a dudas, en el tumulto de la crisis han brotado nuevos actores y fenómenos de oposición, algunos relativamente amenazantes para el principal órgano rector del neoliberalismo, el Fondo Monetario Internacional.[14] Ahora bien, pese a los

---

14 Aunque a menudo se habla de la Troika como el gran rector de la economía transnacional, es el Fondo Monetario Internacional el que verdaderamente realiza esta función. Tanto la Comisión Europea como el Banco Central Europeo siguen, en gran medida, las líneas maestras del FMI. José Serulle Raima y Jaqueline Boin muestran, en un esclarecedor ensayo, cómo el FMI es el principal instrumento para imponer economías neoliberales ahí donde no las había, abrir mercados para su acomodo al comercio internacional, exigir recortes y ajustes fiscales, amenazar con la intervención económica y, por supuesto, armar una compleja arquitectura de préstamos y deudas que cercena la soberanía económica de los países.

esfuerzos mediáticos por tachar a estos movimientos y partidos de extremistas o incluso neocomunistas, lo cierto es que su longitud de onda ideológica no pasa de "una nueva, pequeña y débil socialdemocracia" (Watkins 28). Sería un error despreciar lo que estas nuevas plataformas electorales y estas redes de solidaridad *grassroot* han hecho por "salvar dificultades y servir de imprescindible amortiguador" en años de intensas penurias (Gómez 141). Igualmente erróneo sería soslayar la precariedad de estas respuestas, lo que de incipiente y precipitado hay en ellas. Desde la óptica de Korsch, dos conclusiones son factibles: o bien, este activismo padece una insuficiencia práctico-revolucionaria; o bien, es el marxismo el que sufre de un superávit conceptual, un excedente filosófico inútil que incluso puede pesar como una losa normativa (Levitt 181).

La solución a esta dicotomía puede hallarse, con más frecuencia de la que nos gustaría admitir, en un marxismo cínico. Por una parte, *algunos* profesores, periodistas, escritores, líderes políticos, sindicalistas, juristas, figuras religiosas, funcionarios, gestores económicos y artistas (en resumen, "intelectuales" en el sentido gramsciano) se apoyan en elementos puntuales y, en los casos más audaces, en herramientas analíticas integrales del marxismo. Tras treinta años durante los que (en plena euforia postmoderno-neoliberal) "al marxismo se le privó del derecho de haber sido el nombre para un proceso de pensamiento" (Pendakis y Szeman 2), este vuelve a escena. Ahora bien, cabría preguntarse en qué lugar de Latinoamérica, Asia o África (en Europa, Australia, Estados Unidos, Canadá y Japón, la respuesta es aún más evidente) germina una operación política que tenga el derrocamiento del capitalismo, de manera creíble, en su hoja de ruta. Aquí anida el origen de la estructuración cínica del marxismo que venimos comentando, y que los ensayos de Korsch (como si fuesen una lente de aumento) nos dejan ver con claridad meridiana. La imposibilidad de una praxis marxista, los aprietos para poder fantasear en qué podría consistir esta hoy y el vértigo que produce esta gimnasia intelectual señalan qué lejos estamos, por ejemplo, de la reacción kantiana ante la Revolución Francesa. Para este pensador, como para otros liberales ilustrados, la sangrienta hecatombe en París y otras urbes era, por su misma índole inaprehensible, el detonador del entusiasmo sublime (índice del progreso histórico que anidaba tras el intimidatorio exceso empírico) (Huet 51). Hoy, para nosotros, la fuente perturbadora de lo sublime, lo que se resiste a nuestras formas sensibles y categorización conceptual, no es la agitación insubordinada sino su total ausencia. Nuestro problema no es cómo hablar de una revolución, sino cómo comenzar a conjeturar, en la expresión de Callinicos, sobre una "trascendencia social" postcapitalista cuya simple mención incita al desánimo absoluto o a la burla descreída (*Resources* 1). En esta atmósfera de época, todos los marxistas son (somos) cínicos. Sabemos lo que hacemos, pero no podemos dejar de hacerlo. Hablamos y pensamos "en" el lenguaje marxista, pero nos comportamos como sujetos *del*, *en* y *para* el capitalismo. Nuestras premisas teóricas dicen una cosa, pero nuestros actos expresan la opuesta. Es más, como bien se malicia Žižek (siguiendo a Pascal), es nuestra actividad externa y sensorial la que expone la verdad profunda de nuestras creencias ("Introducción" 12-13). Creemos en el capitalismo incluso a pesar de nuestra pretendida y proclamada descreencia. Detrás de la crítica teórica, por muy despiadada y clarividente que esta sea, detrás del razonamiento marxista, el subsuelo capitalista de la existencia exterioriza una y otra vez nuestra implicación de raíz. Seremos marxistas, pero lo somos cínicamente. Desde este emplazamiento histórico, el marxismo antimarxista de Korsch se antoja como un momento de Verdad (en su acepción hegeliana, *Moment der Wahrheit*) que no puede ser desechado sin más. Un momento de la Verdad del marxismo es su falsedad contemporánea, su arrinconamiento en lo especulativo, su alta temperatura teórico-crítica sin consecuencias sociales palpables, su interpretación (negativa) del capitalismo sin transformación (positiva) de este.

El momento no-dialéctico de la dialéctica

Una vez que damos por sentado que, en la relación agónica de Korsch con el marxismo, podemos aprender mucho de cómo se entrelazan nuestras alianzas presentes con los textos de Marx, Engels, Lenin, Trotsky y otros, es necesario darle una última vuelva de tuerca a estos argumentos. Para ser fieles al estilo dialéctico de Korsch, tenemos que remarcar (con todo el énfasis posible) su momento de Verdad y, de inmediato, aceptar que este momento no es ni puede ser *toda* la Verdad histórica, que esta última (por fuerza) se mueve y que lo hace además discontinua y contradictoriamente. En Korsch hay un instante veraz que simultáneamente debemos contradecir. Una estrategia para sacar a relucir esta contradicción consistiría en recorrer (aunque a la inversa) el camino que hemos trazado hasta ahora. Si Korsch se presta, como ningún otro coetáneo suyo, a la crítica marxista de la hermenéutica, ahora vamos a preguntarnos sobre la crítica hermenéutica del marxismo. Ambas no son críticas simétricas, pero el experimento argumentativo merece la pena pues permite reubicar a Korsch en un lugar menos debilitador para el futuro del marxismo. Si este último avisa de las deficiencias de la hermenéutica, la hermenéutica previene contra los peligros de un activismo que no concede su autonomía (relativa e interina, pero insustituible) al trance interpretativo (Rusconi, "Origini" 303). No en balde, para una dialéctica hegeliana, transformación e interpretación no pueden independizarse la una de la otra, pero su acoplamiento difícilmente se urde en términos de plena transitividad y simultaneidad. Cabe esperar fuertes y prolongados desfases durante los que es más importante que nunca mantener algún tipo de interacción dialéctica entre ambos polos. A esto se debe que el gran especialista en la obra de Korsch en el mundo anglosajón, Douglas Kellner,[15] alabe su "empecinado sentido de lo real y su esfuerzo fanático por edificar su teoría en prácticas existentes" y, a la par, repruebe su ceguera ante el potencial anticipatorio de "una teoría enraizada en una concepción global de la historia, la sociedad y la liberación humana" ("Crisis" 74).

Kellner está contrastando el realismo casi pragmático de Korsch con la "conciencia anticipatoria" (43), lo "todavía-no-consciente" y el "inicio que se adelanta" (114) de Ernst Bloch. Sin duda, esta comparación es provechosa porque, en *El principio de la esperanza*, se dibuja una vida intelectiva e imaginativa muy rica y dúctil. Justamente por la variedad y profundidad de sus niveles, es siempre posible ponerla en diálogo con formas sustantivas de existencia inconformista e insubordinada. Nos gustaría añadir a la idea de Kellner otra complementaria. Esta es nuestra tesis: Korsch administra al marxismo (en términos coloquiales) su propia medicina, ejerciendo una fuerte presión sobre su faceta dialéctica, materialista e histórica. Uno puede repetir este procedimiento y hacer algo parecido con los ensayos de Korsch. Si este canaliza contra el marxismo sus propias exigencias, nosotros estamos legitimados para canalizar "contra" Korsch todo el rigor del método dialéctico. Y este rigor (seguimos aquí a Adorno) requiere estar muy atentos al ingrediente no-dialéctico de la dialéctica. Tanto en *Dialéctica negativa* como en *Introducción a la dialéctica*, Adorno invierte el patrón hegeliano ("la identidad de la identidad y la no-identidad") para preservar "la no-identidad" de esos dos extremos: el coincidente y el irreconciliable, el de la concomitancia sujeto-objeto y el de su disyunción (*Negative* 144-161; *Introduction* 82-91). Bien, aduciendo algo parecido se podría cuestionar el derrotismo de Korsch del siguiente modo: una dialéctica materialista debiera hacerse cargo

---

[15] La amplia introducción que Kellner publica en 1977 para su antología de textos de Korsch sigue las líneas fundamentales establecidas por Michael Buckmiller en las obras completas en alemán (Levitt 175).

tanto de la dialéctica teoría-praxis (sujeto-objeto) como de su imposibilidad, tanto del acoplamiento transitorio entre ambos como de sus desajustes. La dialéctica no es coherente consigo misma si no admite su contradicción, su insuficiencia, su *otro* (un *otro* que no puede subsumir en un avance siempre reconciliatorio). Pensar dialécticamente equivale a pensar (mediante, en, a partir de) las contradicciones y discontinuidades, también la contradicción y discontinuidad *de la propia dialéctica*. A esto se le podría denominar una dialéctica irreconciliable (negativa) de la dialéctica y la no-dialéctica.

¿Qué se desprende de la advertencia anterior una vez confrontada con las tesis de Korsch? Se desprende que ese vínculo entre teoría y práctica, filosofía y revolución, que Korsch instaura como *non plus ultra* del marxismo deviene en algo unidimensional y mortecino. Dicho vínculo reviste para el marxismo una relevancia crucial. Ahora bien, este no puede concebirse de manera auténticamente dialéctica sin paréntesis, alejamientos, incompatibilidades, velocidades opuestas y recorridos cruzados. Esta dialéctica no tiene fecha de caducidad, un plazo tras el cual hay que firmar el acta de defunción del marxismo. El materialismo dialéctico tampoco se acopla a los plazos de una biografía, por lo que cualquier individuo puede convivir durante décadas con un desajuste de práctica y teoría marxistas. Este no es el lugar más cómodo para el marxismo, pero es un lugar que no violenta su núcleo duro. Abandonar el marxismo porque no se materializa en una batalla real contra el capitalismo se traduce (querámoslo o no) en un paradigma utilitarista: sirve o no sirve, funciona o no funciona, ofrece un saldo positivo o no lo ofrece.[16] La dialéctica no es

---

[16] Encontramos un ejemplo de este realismo político, en el que a veces parece precipitarse Korsch, en un ilustrativo ensayo del prestigioso pensador Raymond Geuss, *Philosophy and Real Politics*. Geuss argumenta que la política tiene que ver "en primera instancia con la acción o con contextos de acción" (11), que la política está "históricamente ubicada" (13) y que funciona más "como el ejercicio de un arte u oficio que como […] lo que sucede cuando se

una contabilidad ni un manual de acción revolucionaria, un maquiavelismo de izquierdas. Parte de su potencial incluye todo lo que de laborioso, perturbador, incongruente e inconexo hay en cualquier relación histórica entre subjetividad y objetividad, entre negación revolucionaria y enconamiento capitalista, entre conciencia de la explotación y nuestros límites para frenarla. Lo importante es que no hay un sino teleológico para el materialismo-dialéctico: ni la sincronización de teoría y práctica cuenta con ninguna garantía de perpetuidad, *ni tampoco* su descoordinación. Ninguno de estos escenarios se manifiesta nunca además de manera modélica, en estado puro, sino en coyunturas particulares ambiguas e híbridas, con sus posibilidades y frenos. Ninguna situación se ofrece como una clausura histórica absoluta (un error en el que cae Korsch), ni tampoco como un ensanchado umbral revolucionario que solo debemos cruzar cómodamente. El marxismo insiste en esta tensión, sin impacientarse absurdamente, pero procurando siempre acompasar crítica y práctica anticapitalista. Justo cuando este acompasamiento se debilita, el pensamiento dialéctico está llamando a coexistir con etapas que dificultan la dialéctica, en las que lo interpretativo pesa mucho más que lo transformativo. Esta es, en definitiva, la dialéctica *dialéctica* que Korsch no considera, llevándole a una refutación un tanto sofista del marxismo.

---

aplica una teoría" (15). Estas tesis deparan un "contextualismo" (96) en el que hay que ejercer la pericia "'[d]el juicio político'" y no "el dominio de un conjunto de principios o teorías" (97). Para Geuss, no hay "teoría que evite la necesidad del juicio" (98) porque, frente a cualquier filosofía política de perfil kantiano, la teoría política tiene que ser "una fuente efectiva de orientación o de guía para la acción" (99). A esta imaginación política postkantiana Geuss la llama "neo-leninismo" (99). El pragmatismo realista de Geuss, su *know-how* de la artesanía política, deja poco espacio para articular mediaciones más complejas y dilatadas entre aspiraciones radicales y su implementación en la realidad. Esto lleva a un conservadurismo que alecciona contra aspiraciones irrealizables e intenciones excesivas, y en consecuencia también contra las discontinuidades imprevisibles y las rupturas dialécticas.

Tampoco quisiéramos concluir este ensayo con un vuelco explicativo que pareciera substituir el pesimismo postmarxista de Korsch por un (disimulado) optimismo neomarxista. Ambos son insatisfactorios para lidiar con las circunstancias que inaugura la Gran Recesión de 2008. La cohabitación de un capitalismo en crisis y de un marxismo *en crisis también*, de un neoliberalismo maltrecho y de un materialismo dialéctico con poco eco práctico, de una firme gestión neoliberal de la crisis y una respuesta marxista (en la praxis y en la teoría) profundamente desnivelada, no es un plato de gusto que sin embargo hay que digerir. Para esto proponemos dos escuetas sugerencias. En primer lugar, si no queremos deslizarnos hacia un utopismo voluntarista que ahora mismo desentonaría fuertemente, toca un marxismo que T. J. Clark tilda de "trágico" (57). No compartimos con este autor muchas de sus conclusiones (en general, neoconservadoras y apologéticas), pero sí su propuesta de un marxismo en una clave sobria. Esta austeridad tonal es compatible con una visión radical, pues la primera solo precave de lo impropio e inapropiado de ciertos registros. Clark los califica de "apodícticos" y "eufóricos": "No más Rimbaud" ni "ventriloquia de la 'juventud'" (59). En este asunto (que en realidad bordea el ámbito estético), nos parece que tiene razón Clark: frente al juvenalismo irredento del capitalismo y la eterna pubertad de su inestabilidad expansiva, el marxismo puede comenzar a sonar como una opción madura, serena, sensata, adulta. En mitad de los desvaríos ideológico-neoliberales del "todo se puede" y "no hay límites", al marxismo se le abre la puerta de una modulación postadolescente. Esta modulación puede, sin quedar identificada con un "prudencialismo" pequeño-burgués del mal menor (máximo criterio axiológico), cumplir una doble función: 1) aportar decoro formal a un marxismo que en lo práctico-político atraviesa horas bajas y 2) conferir a su compromiso un aura de confiabilidad ante los desmanes alborotados de un capitalismo en perpetuo estado de hiperactividad devastadora.

En segundo lugar, la prescripción de un marxismo en tono menor (para una ocasión con posibilidades revolucionarias también menores) se encuadra bien con una reciente propuesta de Enzo Traverso, *Left-Wing Melancholia*. El monográfico de Traverso tiene la ventaja de no absolutizar el duelo y la nostalgia como emociones o transmisores políticos. El autor italiano toma impulso en el célebre ensayo de Walter Benjamin, "Melancolía de izquierda" ("Linke Melancholie"), de 1931. Aunque son pocos los pensadores marxistas que han demostrado tanta simpatía como Benjamin por el poder ideológico del dolor, la tristeza y la pérdida, "Melancolía de izquierda" pone en la picota esa pose radical y culturalista que substituye el desempeño revolucionario por un quietismo intransigentemente negativo, ensimismado en ciertos objetos de culto, "objetos de distracción, de diversión, suministros para el consumo" ("Left-Wing" 424-425). Obviamente, Benjamin dialoga a su vez con el influyente ensayo de Freud "Duelo y melancolía" (1917), en el que se contrapone la añoranza curativa de un objeto concreto al anhelo circular por algo ausente que el consciente nunca logra identificar. Sin mencionar su fuente de forma explícita, Benjamin sugiere que esta segunda rememoración lleva, en el terreno político, a un callejón sin salida, a un narcisismo burgués y autocomplaciente, típico de la "élite intelectual" ("Left-Wing" 524-525).

Traverso sigue esta pista benjaminiana con el fin de capitalizar la energía política de la melancolía justo cuando la izquierda tiene por detrás un sinfín de derrotas y por delante una espesa bruma. Esta melancolía sigue una trayectoria contraintuitiva porque se lanza sobre un pasado que pudo ser y no fue, *pero* solo para proyectarse sobre un futuro que debiera darse.[17] El libro de Traverso bucea en

---

[17] Esta vuelta a fases pretéritas para rastrear valores, formas de vida e instituciones en las que encontrar inspiración para una crítica no-conservadora ni tradicionalista-reconstituyente del capitalismo ha sido ampliamente investigada por Michael Löwy. Quizás, la formulación más potente de esta idea se encuentra en el volumen que escribiese con Robert Sayre, *Rebelión y melan-*

una larga genealogía de libros y films, fotografías y posters, y sería absurdo negar la preponderancia rememorativa y contemplativa en el texto mismo. Ahora bien, esta mirada intencionalmente retrospectiva no abunda en lo que Benjamin desprecia como un estatismo recalcitrantemente crítico pero autocondescendiente. *Left-Wing Melancholia* discrimina entre tesituras históricas dispares, cuando la melancolía puede ser un falso remedio radical para la inacción reaccionaria, pero también cuando esta no suple (el intento de) dicha praxis. En este último contexto, la melancolía es susceptible de orientarnos y reimpulsarnos hermenéuticamente, de obligarnos a contaminar nuestro horizonte actual con otros horizontes pasados en los que hubo prácticas, luchas y aspiraciones revolucionarias (también errores). Las derrotas no son equiparables a simples fracasos, sino un recordatorio del ademán que debemos intentar repetir *mejor*. En este conjunto de ruinas, que permanecen como rescoldos de un fuego casi extinguido, el marxismo se reconoce como una doble tradición de la acción y reflexión político-emancipatorias. Cuando la primera queda interrumpida, la segunda persevera en la búsqueda de esa chispa que prenda, una vez más, como en el pasado (a veces contra el pasado, aprendiendo de él), una llama, un punto de luz en mitad de la catástrofe capitalista. Y a esta empresa, el obcecamiento revolucionario de Korsch tiene aún cosas que aportar.

---

colía. El romanticismo como contracorriente de la modernidad. En la búsqueda de lo "impensado en el pensamiento burgués" y de todo lo que queda "fuera de la visión de liberalismo individualista", el romanticismo revolucionario se opone a "la reificación, la cuantificación, la pérdida valores cualitativos humanos y culturales, la soledad de los individuos, el desenraizamiento, la alienación en la mercancía, la dinámica incontrolada de las máquinas y la tecnología, la temporalidad reducida al instante, la degradación de la naturaleza" (251). El romanticismo revolucionario no persigue "restaurar el pasado pre-moderno sino instituir un nuevo futuro, en el que la humanidad redescubrirá una porción de las cualidades y valores que perdió en la modernidad" (253).

Obras citadas

Abromeit, John. "Left Heideggerianism or Phenomenological Marxism? Reconsidering Herbert Marcuse's Critical Theory of Technology". *Constellations* 17.1 (2010): 87-106.

Adorno, Theodor W. *An Introduction to Dialectics*. Trad. Nicholas Walker. Cambridge: Polity, 2017.

_____. *Hegel: Three Studies*. Trad. Shierry Weber Nicholsen. Cambridge, Massachusetts: MIT Press, 1993.

_____. *The Jargon of Authenticity*. Trads. Knut Tarnowski y Frederic Will. Evanston, Illinois: Northwestern University Press, 1973.

_____. *Negative Dialectics*. Trad. E. B. Ashton. Nueva York: Continuum, 1973.

Anderson, Perry. *Considerations on Western Marxism*. Londres: Verso, 1976.

Bathrick, David. "Marxism Historicized: Korsch's 'The Crisis of Marxism'". *New German Critique* 3 (1974): 3-6.

Benjamin, Walter. "Theses on the Philosophy of History". *Illuminations*. Ed. y trad. Hannah Arendt. Nueva York: Schocken, 2007. 253-64.

_____. "Left-Wing Melancholy". *Selected Writings. Volume 2*. Eds. Michael W. Jennings *et al.* Trad. Rodney Livingstone. Cambridge, Massachusetts: Harvard University Press, 1999. 423-27.

Binkley, Sam. *Happiness as Enterprise. An Essay on Neoliberal Life*. Albany: State University of New York Press, 2014.

Bloch, Ernst. *The Principle of Hope. Volume One*. Trads. Neville Plaice, Stephen Plaice y Paul Knight. Cambridge, Massachusetts: MIT Press, 1986.

Bochenski, Józef Maria. *Soviet Russian Dialectical Materialism [Diamat]*. Dordrecht, Holanda: Reidel, 1963.

Boltanski, Luc y Eve Chiapello. *The New Spirit of Capitalism*. Trad. Gregory Elliot. Londres: Verso, 2007.

Bosteels, Bruno. "Afterword: Thinking, Being, Acting; or On the Uses and Disadvantages of Ontology for Politics". *A Leftist Ontology. Beyond Relativism and Identity Politics*. Ed. Carsten Strathausen. Minneapolis: University of Minnesota Press, 2009. 208-234.

Buck-Morss, Susan. *Dreamworld and Catastrophe. The Passing of Mass Utopia in East and West*. Cambridge, Massachusetts: MIT Press, 2002.

Callinicos, Alex. *Making History. Agency, Structure and Change in Social Theory*. Chicago: Haymarket, 2009.

_____. *Social Theory. A Historical Introduction*. Cambridge: Polity, 2007.

_____. *The Resources of Critique*. Cambridge: Polity, 2006.

Clark, T. J. "For a Left with No Future". *New Left Review* 74 (2012): 53-75.

Coulter, Colin. "Ireland under Austerity". *Ireland under Austerity: Neoliberal Crises, Neoliberal Solutions*. Eds. Colin Coulter y Angela Nagle. Manchester: Manchester University Press, 2015. 1-46.

Crary, Jonathan. *24/7. Late Capitalism and the Ends of Sleep*. Londres: Verso, 2013.

Craven, David. "Meyer Schapiro, Karl Korsch, and the Emergence of Critical Theory". *The Oxford Art Journal* 17.1 (1994): 42-54.

Dilthey, Wilhelm. *The Formation of the Historical World in the the Human Sciences*. Trads. Rudolf Makkreel y John Scanlon. Princeton: Princeton University Press, 2002.

Dugger, William M. "Review of *Revolutionary Theory*". *The Journal of Economic History* 38.3 (1978): 787-788.

Eagleton, Terry. *Literary Theory. An Introduction*. Oxford: Blackwell, 1996.

Feenberg, Andrew. *The Philosophy of Praxis. Marx, Lukács, and the Frankfurt School*. Londres: Verso, 2014.

Fraser, Nancy. *Fortunes of Feminism. From State-Managed Capitalism to Neoliberal Crisis*. Londres: Verso, 2013.

Freud, Sigmund. "Mourning and Melancholia". *On Murder, Mourning and Melancholia*. Trad. Shaun Whiteside. Nueva York: Penguin, 2005. 201-228.
Gadamer, Hans-Georg. *Truth and Method*. Trads. Joel Weinsheimer y Donald Marshall. Nueva York: Continuum, 2003.
Garland, David. *Welfare State. A Very Short Introduction*. Oxford: Oxford University Press, 2016.
Geuss, Raymond. *Philosophy and Real Politics*. Princeton: Princeton University Press, 2008.
Giles-Peters, A. R. "Karl Korsch. A Marxist Fried of Anarchism". *R. A. Forum* 26-4-2015, https://bit.ly/2M2wDcj (consultado: 28-5-2016).
Gómez L-Quiñones, Antonio. "La precariedad de la precariedad y el discreto encanto de la culpa política". *La imaginación hipotecada. Aportaciones al debate sobre la precariedad del presente*. Eds. Palmar Álvarez-Blanco y Antonio Gómez L-Quiñones. Madrid: Libros en Acción, 2016. 133-146.
Harvey, David. *Spaces of Global Capitalism. Towards a Theory of Uneven Global Development*. Londres: Verso, 2006.
Hegel, G. W. F. *Phenomenology of Spirit*. Trad. A.V. Miller. Oxford: Oxford University Press, 1977.
Heidegger, Martin. *The Question Concerning Technology and other Essays*. Trad. William Lovitt. Nueva York: Harper, 1977.
_____. *Being and Time*. Trad. John Macquarrie y Edward Robinson. Nueva York: Harper, 1962.
Henry, Michel. "Incarnation and the Problem of Touch". *Carnal Hermeneutics*. Eds. Richard Kearney y Brian Treanor. Nueva York: Fordham University Press, 2015. 128-144.
Hobsbawm, Eric. *How to Change the World. Reflections on Marx and Marxism*. New Haven, Nueva Jersey: Yale University Press, 2011.
Hoffman, John y Paul Graham. *Introduction to Political Theory*. Nueva York: Routledge, 2006.

Huet, Marie-Hélène. "The Revolutionary Sublime". *Eighteen Century Studies* 28.1 (1994): 51-64.

"Introduction to Korsch". *New Left Review* 76 (1972): 35.

Jay, Martin. *Marxism and Totality. The Adventures of a Concept from Lukács to Habermas*. Berkeley: California University Press, 1984.

Kautsky, Karl. *The Road to Power*. Atlantic Highlands, Nueva Jersey: Humanities Press, 1996.

Kearney, Richard y Brian Treanor. "Introduction: Carnal Hermeutics from Head to Foot". *Carnal Hermeneutics*. Eds. Richard Kearney y Brian Treanor. Nueva York: Fordham University Press, 2015. 1-11.

Kellner, Douglas. "The Crisis of Marxism". *Revolutionary Theory*, de Karl Korsch. Ed. Douglas Kellner. Austin: University of Texas Press, 1977. 73-113.

_____. "Korsch and Communism". *Revolutionary Theory*, de Karl Korsch. Ed. Douglas Kellner. Austin: University of Texas Press, 1977. 30-72.

_____. "Korsch's Road to Marxian Socialism". *Revolutionary Theory*, de Karl Korsch. Ed. Douglas Kellner. Austin: University of Texas Press, 1977. 5-29.

Kiersey, Nicholas. "Neoliberalism and the Biopolitical Imagination". *The Handbook of Neoliberalism*. Eds. Simon Springer *et al*. Nueva York: Routledge, 2016. 164-174.

Kitching, Gavin. *Karl Marx and the Philosophy of Praxis*. Londres: Routledge, 1988.

Kögler, Hans Herbert. *The Power of Dialogue. Critical Hermeneutics after Gadamer and Foucault*. Trad. Paul Hendrickson. Cambridge, Massachusetts: MIT Press, 1999.

Korsch, Hedda. "Memories of Karl Korsch". *New Left Review* 76 (1972): 35-45.

Korsch, Karl. "A Non-Dogmatic Approach to Marxism". Trad. Douglas Kellner. *Revolutionary Theory*. Ed. Douglas Kellner. Austin: University of Texas Press, 1977. 274-277.

―――――. "Economics and Politics in Revolutionary Spain". Trad. Douglas Kellner. *Revolutionary Theory*. Ed. Douglas Kellner. Austin: University of Texas Press, 1977. 224-231.

―――――. "Fundamentals of Socialization". Trad. Douglas Kellner. *Revolutionary Theory*. Ed. Douglas Kellner. Austin: University of Texas Press, 1977. 124-135.

―――――. "Introduction to the *Critique of the Gotha Program*". Trad. Fred Halliday. *Marxism and Philosophy*. Trad. Fred Halliday. Londres: Verso, 2012. 145-170.

―――――. "Leading Principles of Marxism: A Restatement". *Three Essays on Marxism*. Ed. Paul Breines. Nueva York: Monthly Review Press, 1972. 11-38.

―――――. "Letter to Erich Gerlach". Trad. Douglas Kellner. *Revolutionary Theory*. Ed. Douglas Kellner. Austin: University of Texas Press, 1977. 292-294.

―――――. "Letter to Bertolt Brecht". Trad. Douglas Kellner. *Revolutionary Theory*. Ed. Douglas Kellner. Austin: University of Texas Press, 1977. 286-292.

―――――. "Letter to Paul Mattick". Trad. Douglas Kellner. *Revolutionary Theory*. Ed. Douglas Kellner. Austin: University of Texas Press, 1977. 283-286.

―――――. "Marxism and Philosophy". Trad. Fred Halliday. *Marxism and Philosophy*. Trad. Fred Halliday. Londres: Verso, 2012. 29-97.

―――――. "Marxism and the Present Task of the Proletarian Class Struggle". Trad. Douglas Kellner. *Revolutionary Theory*. Ed. Douglas Kellner. Austin: University of Texas Press, 1977. 187-193.

―――――. "On Materialist Dialectic". Trad. Douglas Kellner. *Revolutionary Theory*. Ed. Douglas Kellner. Austin: University of Texas Press, 1977. 140-144.

―――――. "Position on Russia and the Communist Party". Trad. Douglas Kellner. *Revolutionary Theory*. Ed. Douglas Kellner. Austin: University of Texas Press, 1977. 164-166.

_____. "Revolutionary Commune". Trad. Douglas Kellner. *Revolutionary Theory*. Ed. Douglas Kellner. Austin: University of Texas Press, 1977. 199-211.

_____. "State and Revolution". Trad. Douglas Kellner. *Revolutionary Theory*. Ed. Douglas Kellner. Austin: University of Texas Press, 1977. 237-244.

_____. "The Crisis of Marxism". Trad. Douglas Kellner. *Revolutionary Theory*. Ed. Douglas Kellner. Austin: University of Texas Press, 1977. 171-176.

_____. "The Fascist Counterrevolution". Trad. Douglas Kellner. *Revolutionary Theory*. Ed. Douglas Kellner. Austin: University of Texas Press, 1977. 244-253.

_____. "The Marxist Ideology in Russia". Trad. Douglas Kellner. *Revolutionary Theory*. Ed. Douglas Kellner. Austin: University of Texas Press, 1977. 158-164.

_____. "The Present State of the Problem of 'Marxism and Philosophy'". Trad. Fred Halliday. *Marxism and Philosophy*. Trad. Fred Halliday. Londres: Verso, 2012. 98-144.

_____. "The Spanish Revolution". Trad. Douglas Kellner. *Revolutionary Theory*. Ed. Douglas Kellner. Austin: University of Texas Press, 1977. 212-223.

_____. "Theses on Hegel and Revolution". Trad. Douglas Kellner. *Revolutionary Theory*. Ed. Douglas Kellner. Austin: University of Texas Press, 1977. 277-278.

Kristeva, Julia. "A Tragedy and a Dream: Disability Revisited". *Carnal Hermeneutics*. Eds. Richard Kearney y Brian Treanor. Nueva York: Fordham University Press, 2015. 115-127.

Layton, Lynne. "Some Psychic Effect of Neoliberalism: Narcissism, Disavowal, Perversion". *Psychoanalysis, Culture & Society* 19.2 (2014): 161-178.

Lefebvre, Henri. *Dialectical Materialism*. Trad. John Sturrock. Minneapolis: University of Minnesota Press, 2009.

Levitt, Cyril. "Karl Korsch: A Review Essay". *Labour/Le Travail* 10 (1982): 175-182.
LoRusso, James Dennis. *Spirituality, Corporate Culture, and American Business. The Neoliberal Ethic and the Spirit of Global Capitalism.* Londres: Bloomsbury, 2017.
Löwy, Michael. *On Changing the World. Essays in Political Philosophy, from Karl Marx to Walter Benjamin.* Chicago: Haymarket, 2013.
Löwy, Michael y Robert Sayre. *Romanticism Against the Tide of Modernity.* Trad. Catherine Porter. Durham, North Carolina: Duke University Press, 2001.
Luhmann, Niklas. "Differentiation of Society". *Canadian Journal of Society* 2.1 (1977): 29-54.
Lukács, Georg. *Tailism and Class Consciousness. A Defense of History and Class Consciousness.* Trad. John Rees. Londres: Verso, 2000.
_____.*The Ontology of Social Being.* 3. Labour. Trad. David Fernbach. Londres: Merlin Press, 1980.
_____. *History and Class Consciousness.* Trad. Rodney Livingstone. Cambridge, Massachusetts: MIT Press, 1971.
Makkreel, Rudolf A. *Orientation and Judgment in Hermeneutics.* Chicago: The University of Chicago Press, 1992.
Malpas, Jeff y Santiago Zabala. "Introduction: Consequences of Hermeneutics". *Consequences of Hermeneutics. Fifty Years after Gadamer's Truth and Method.* Eds. Jeff Malpas y Santiago Zabala. Evanston, Illinois: Northwestern University Press, 2010. xi-xvii.
Maniatis, Thanasis y Costas Passas. "The Law of Falling Rate of Profit in the Post-War Greek Economy". *Greek Capitalism in Crisis. Marxist Analyses.* Ed. Stavros Mavroudeas. Nueva York: Routledge, 2015. 105-129.
Marion, Jean-Luc. "On the Phenomenon of Suffering". *Carnal Hermeneutics.* Eds. Richard Kearney y Brian Treanor. Nueva York: Fordham University Press, 2015. 145-147.

Martin, Bill. *Ethical Marxism. The Categorical Imperative of Liberation*. Chicago: Open Court, 2008.

Marx, Karl. *The 18th Brumaire of Louis Bonaparte*. Trad. C.P. Dutt. Nueva York: International Publishers, 2008.

_____. "Theses on Feuerbach". *Karl Marx. Selected Writings*. Ed. David McLellan. Oxford: Oxford University Press, 2003. 171-174.

Maton, Karl. "Habitus". *Pierre Bourdieu. Key Concepts*. Ed. Michael Grenfell. Nueva York: Routledge, 2008. 48-64.

Mirowski, Philip. *Never Let a Serious Crisis Go to Waste. How Neoliberalism Survived the Financial Meltdown*. Londres: Verso, 2013.

Nancy, Jean-Luc. "Rethinking Corpus". *Carnal Hermeneutics*. Eds. Richard Kearney y Brian Treanor. Nueva York: Fordham University Press, 2015. 77-91.

Pendakis, Andrew e Imre Szeman. "Introduction: Marxisms Lost and Found". *Contemporary Marxist Theory. A Reader*. Eds. Andrew Pendakis *et al.* Nueva York: Bloomsbury, 2014. 1-18.

Piccone, Paul. "Korsch in Spain". *New Left Review* 6 (1975): 148-163.

Pippin, Robert. *Modernism as a Philosophical Problem*. Oxford: Blackwell, 1999.

Quiñónez, Alberto. "Notas sobre Karl Korsch". *Rebelión* 25-6-2016. https://bit.ly/2M2mLQ2 (consultado: 15-4-2016).

Ramsey, Ramsey Eric. "What Two Looks Can Teach or Hermeneutics Lessons of the Double Feature". *Hermeneutics, Ethics, Education*. Ed. Zurich: Verlag, 2015. 341-352.

Renton, Dave. "Karl Korsch". *What Next Journal* 16 (2000). https://bit.ly/2ClV19u (consultado: 20-5-2016).

Rigby, S. H. *Marxism and History. A Critical Introduction*. Manchester: Manchester University Press, 1998.

Rusconi, Gian Enrico. "Introduction to *What is Socialization?*". *New German Critique* 6 (1975): 48-59.

_____. "Alle origini del marxismo 'occidentale'. Karl Korsch". *Rivista di Filosofia Neo-Scolastica* 58.3 (1966): 299-331.

Serulle, José y Jacqueline Boin. *Fondo Monetario Internacional: Deuda externa y crisis internacional*. Madrid: IEPALA, 1984.

Shields, Stuart. "The European Bank for Reconstruction and Development as Organic Intellectual of Neoliberal Common Sense in Post-Communist Transition". *Global Economic Governance and the Development Practices of the Multilateral Development Banks*. Eds. Susan Parks y Jonathan R. Strand. Nueva York: Routledge, 2016. 167-186.

Sloterdijk, Peter. *Critique of Cynical Reason*. Trad. Michael Eldred. Minneapolis: University of Minnesota Press, 1988.

Staughton, Lynd. *Living Inside our Hope. A Steadfast Radical's Thoughts on Rebuilding the Movement*. Ithaca, Nueva York: Cornell University Press, 1997.

Suleiman, Susan. *Exile and Creativity: Signposts, Travelers, Outsiders, Backward Glances*. Durham, North Carolina: Duke University Press, 1996.

Traverso, Enzo. *Left-Wing Melancholia: Marxism, History, and Memory*. Nueva York: Columbia University Press, 2016.

Vidal, Capi. "Karl Korsch: la renuncia a la ortodoxia marxista". *Portal libertario OACA* 16-10-2015. https://bit.ly/2NTrmWe (consultado: 15-4-2016).

Vilhauer, Monica. *Gadamer's Ethics of Play: Hermeneutics and the Other*. Lanham, Maryland: Rowman & Littlefield, 2010.

Walker, David y Daniel Grey. *The A to Z of Marxism*. Lanham, Maryland: Rowman & Littlefield, 2007.

Watkins, Susan. "Oppositions". *New Left Review* 98 (2016): 5-30.

Žižek, Slavoj. "Introduction. The Spectre or Ideology". *Mapping Ideology*. Ed. Slavoj Žižek. Londres: Verso, 2012. 1-33.

_____. "You May!". *London Review of Books* 21.6 (1999): 3-6.

Cine y experiencia

Walter Benjamin y la interpretación dialéctica y materialista de los medios de masas

José Manuel Romero Cuevas (Universidad de Alcalá)

Introducción

Para afrontar la cuestión de las relaciones (de confrontación, de convergencia, de complementariedad...) entre marxismo y hermenéutica, resultan especialmente fructíferas las aportaciones de los teóricos de esa corriente del marxismo occidental que es la Escuela de Fráncfort, a saber, Max Horkheimer, Herbert Marcuse, Theodor W. Adorno y Walter Benjamin. Si a estos autores añadimos otros que, por trayectoria biográfica e institucional y por las influencias recibidas, pueden ser ubicados en las cercanías del universo de temas y cuestiones tratados en dicha Escuela, como es el caso de Jürgen Habermas, Susan Buck-Morss y Fredric Jameson, entonces se nos abre un ámbito de estudio en el que la relación entre hermenéutica y marxismo puede plantearse productivamente de un modo alejado de fáciles dicotomías e irreflexivos sectarismos.[1]

Es cierto que en la mayoría de estos autores el tono ha sido fundamentalmente de discusión y confrontación con la hermenéutica filosófica, sobre todo con Wilhelm Dilthey,

---

[1] Evidentemente, no hay que olvidar la importancia, para pensar la posibilidad de una hermenéutica marxista del ámbito sociocultural, de la significativa figura de Ernst Bloch. Ver, sobre todo, su monumental obra *El principio esperanza*. De las aportaciones de S. Buck-Morss y F. Jameson me ocuparé someramente al final del presente trabajo.

Martin Heidegger y Hans-Georg Gadamer. Tal fue el caso de Horkheimer respecto a Dilthey, de Adorno frente a Heidegger (en donde la confrontación alcanzó el antagonismo total de posicionamientos) y de Habermas respecto a Gadamer.[2] Pero también cabe explicitar en este grupo de autores un esfuerzo por articular una propuesta propia de interpretación y, en sentido amplio, de hermenéutica (de los fenómenos sociales, de las producciones culturales, de las obras de arte contemporáneo), desde unos parámetros dialéctico-materialistas. Tal fue el caso de Adorno (bajo la inspiración de las ideas de Benjamin, sobre las que nos detendremos luego), en el ámbito filosófico, sociológico y artístico.[3] También fue el caso del primer Habermas, que se apropió de determinados motivos gadamerianos reinterpretándolos en términos dialécticos y llegó a caracterizar a la teoría crítica como una particular forma de interpretación dialéctica.[4] El caso de Marcuse es especial. Pues en su periodo de juventud, de 1928 a 1932, fue asistente de Heidegger en la Universidad de Friburgo. Durante ese periodo intentó articular una síntesis entre la hermenéutica fenomenológica de la existencia propuesta por Heidegger en *Ser y tiempo* y el materialismo histórico. A la síntesis entre ambos la denominó "fenomenología dialéctica", cuyo asunto sería la historicidad, entendida como modo de ser (ontológico) de la existencia, que se plasma de una forma específica en cada caso en un contexto fáctico determinado.

---

[2] Ver la monografía de Fath, *Der frühe Horkheimer und Dilthey. Eine Untersuchung zur Konstitutionsphase der Kritischen Theorie*, y la obra de Adorno: *Dialéctica negativa*. La jerga de la autenticidad y el volumen de ensayos de Habermas, *La lógica de las ciencias sociales*. Sobre las críticas de Adorno a Heidegger ver la obra, ya clásica, de Mörchen: *Adorno und Heidegger*. Sobre la diversidad de posiciones de los autores de la Escuela de Fráncfort respecto a los pensadores de la tradición hermenéutica puede verse mi aportación, *El lugar de la crítica* (78-86).
[3] Sobre esto puede verse mi contribución titulada *Hacia una hermenéutica dialéctica. W. Benjamin, Th.W. Adorno y F. Jameson* (111-218).
[4] Ver las obras de Habermas, *Teoría y praxis* (216-272) y *La lógica de las ciencias sociales* (21-70).

Posiblemente, el esfuerzo del primer Marcuse constituya el intento más importante de articular una síntesis entre hermenéutica y marxismo.[5]

Benjamin ocupa también una posición central en la problemática de la relación entre marxismo y hermenéutica. Pues, a pesar de que discutió el enfoque de Heidegger,[6] sus aportaciones a un posible concepto de interpretación dialéctico-materialista no fueron propiamente teórico-filosóficas. Su aportación fundamental consistió en su propia actividad de interpretación plasmada en sus textos de crítica literaria, en sus tentativas de desciframiento del mundo de sueños que impregna el espacio urbano moderno —paradigmáticamente encarnado para Benjamin por la ciudad de París— y en sus ensayos de interpretación del significado sociopolítico de los nuevos medios de producción cultural, como es el caso de la fotografía, la radio y, sobre todo, el cine.[7] En este último ámbito se va a detener nuestra contribución. Lo significativo aquí es que Benjamin no efectúa tanto una interpretación de obras o productos culturales concretos como una interpretación dialéctica y materialista del medio cinematográfico mismo. Y ello, atendiendo al modo en que tal medio puede ser relevante de cara a una temática que a Benjamin le parece central, a saber, el problema de la desintegración de la experiencia

---

[5] Ver el volumen editado por Romero H., *Marcuse y los orígenes de la Teoría Crítica*. Ver además, de Marcuse, *Entre hermenéutica y teoría crítica. Artículos 1929-1931* y *Sobre Marx y Heidegger. Escritos filosóficos 1932-1933*. Ver también sobre esto el artículo de Romero, "La problemática de la historicidad en el primer H. Marcuse". Como es sabido, a raíz de su incorporación al Institut für Sozialforschung y su salida al exilio en enero de 1933 y, sobre todo, a partir del nombramiento de Heidegger como primer rector universitario explícitamente nacionalsocialista en la primavera de 1933, Marcuse se distanció de tal intento de puesta en diálogo entre hermenéutica de la existencia y materialismo histórico y consideró que la filosofía de Heidegger no tiene nada relevante que aportar a la teoría crítica de la sociedad. Ver sobre esto: *Sobre Marx y Heidegger* (215-230).
[6] Ver de Walter Benjamin su *Libro de los pasajes* (465 y 903).
[7] Ver la inteligente lectura de Benjamin realizada por Buck-Morss en su obra *Dialéctica de la mirada. Walter Benjamin y el proyecto de los Pasajes*.

(sobre todo de la experiencia política) en las sociedades desarrolladas modernas.[8] Lo que me interesa exponer aquí no son tanto los *resultados* de la aproximación de Benjamin al medio cinematográfico, que naturalmente son discutibles, sobre todo a la luz del desarrollo de la industria cinematográfica durante la segunda mitad del siglo XX hasta nuestros días, sino el *modo de proceder* de su trabajo de interpretación, que sí considero que mantiene en nuestros días toda su actualidad.

Un enfoque dialéctico sobre las transformaciones culturales

La aproximación teórica de Benjamin a los medios de producción cultural de masas sigue constituyendo todo un reto para nosotros hoy en día, pues lo característico de esa aproximación fue su pretensión de realizar una interpretación *dialéctica* y *materialista* de tales medios. Benjamin adoptó, como modelo para tal aproximación, el enfoque que K. Marx articuló a partir de una crítica materialista de la dialéctica hegeliana, para afrontar conceptualmente la formación social capitalista. Para Benjamin, Marx realizó una aproximación dialéctica sobre el modo de producción capitalista, consistente en la pretensión de descifrar en las fuerzas productivas desarrolladas por el capitalismo *tendencias y posibilidades* históricas que trascendían, conmovían y, en este sentido, *negaban* las relaciones de producción capitalistas.[9] Es decir, Marx habría pretendido explicitar el contenido progresivo que poseen las fuerzas productivas *ya en el interior* de las relaciones de producción vigentes, lo que

---

[8] Un primer ensayo sobre esta temática lo realicé en mi trabajo "Una crítica cultural materialista".
[9] En este enfoque, encontramos así el elemento que cabe considerar como constitutivo de lo dialéctico: el dinamismo en virtud de la negación (Valls Plana, 7-8).

posibilitaría que sea el desarrollo mismo de las fuerzas productivas (algo exigido necesariamente por la dinámica de competencia intercapitalista que sustenta el proceso de acumulación en el seno de este régimen) lo que acabe poniendo en crisis tales relaciones, sobre todo en la forma de crisis de sobreproducción (Marx 237-285).[10]

De manera análoga a Marx, Benjamin pretendió descifrar en los nuevos medios de producción artístico-culturales, en las nuevas técnicas de reproducción aplicadas en el ámbito de la producción artístico-cultural de masas —sobre todo, en la fotografía y el cine—, tendencias y posibilidades que apuntan ya (en el seno de las relaciones de producción dadas definidas por el capitalismo) en una dirección trascendente respecto a ellas, progresiva en relación a una política socialista. Ello es lo que haría factible que una praxis artístico-cultural progresista se apoye en tales tendencias y posibilidades para generar dentro de las relaciones sociales vigentes aptitudes, hábitos, competencias, que las socavan.

Benjamin interpretó el significado de las nuevas técnicas de producción en el ámbito de la cultura de masas (las cuales son fundamentalmente técnicas reproductivas) en el marco de un diagnóstico sobre el estado presente del arte en las sociedades capitalistas desarrolladas, estado que ilumina *a posteriori* el significado del arte del siglo XIX y, por extensión, del arte tradicional en su totalidad. En una carta a Gretel Adorno, fechada en 1935, sostuvo Benjamin:

> ... en estas últimas semanas he conocido ese carácter estructural oculto en el arte actual —en el lugar actual del arte— que permite aprehender lo que para nosotros es decisivo, teniendo precisamente por vez primera un impacto actual, en el "destino" del arte del siglo diecinueve. He aplicado así en

---

10 Sobre esto, ver además la obra de Engels *Anti-Düring* (349-350), la interpretación de estas ideas por parte de Benjamin, recogida en sus *Discursos interrumpidos I* (17), y la lectura de Renault propuesta en su obra *Marx et l'idée de critique*.

un caso decisivo mi teoría del conocimiento, que cristalizó en torno al concepto [...] del "ahora de la cognoscibilidad". He encontrado ese aspecto del arte del siglo diecinueve que solo "ahora" se puede conocer, sin que nunca antes fuera conocido ni jamás se pueda conocer después (*Libro* 942-943).

La tesis de Benjamin es que las técnicas de reproducción aplicadas en la fotografía y el cine tienen como efecto una destrucción de lo que este autor denomina "aura" de las obras de arte. El aura remite, según Benjamin, al modo de presentarse un objeto que mantiene ante el receptor una lejanía insalvable y que lo cautiva. En el *Libro de los pasajes*, podemos leer la siguiente nota de Benjamin:

Huella y aura. La huella es la aparición de una cercanía, por lejos que pueda estar lo que la dejó atrás. El aura es la aparición de una lejanía, por cerca que pueda estar lo que la provoca. En la huella nos hacemos con la cosa, en el aura es ella la que se apodera de nosotros (450).[11]

En el ámbito artístico, refiere a la manera en que es percibida por el espectador la obra de arte auténtica (producto directo de la mano del artista; por ejemplo, la *Gioconda* de Leonardo da Vinci) que, por definición, es única. El aura definiría el modo de presentarse la obra de arte en el ámbito del arte autónomo moderno y el tipo de recepción asociada a ella: una recepción contemplativa y cultual, en tanto que toma la obra de arte como algo que posee caracteres análogos a un objeto de culto:

> La definición del aura como "la manifestación irrepetible de una lejanía (por cercana que pueda estar)" no representa otra cosa que la formulación del valor cultual de la obra artística en categorías de la percepción espacial-temporal. Lejanía es lo contrario de cercanía. Lo esencialmente lejano es lo inaproximable. Y serlo es de hecho una cualidad capital de la imagen cultual (Benjamin, *Discursos* 26).

---

[11] Sobre el concepto benjaminiano de aura ver el pormenorizado trabajo de Fürnkäs, "Aura".

La siguiente caracterización de la belleza artística como misterio puede dar quizá una idea adicional de lo que Benjamin entendía por arte aurático:

> Respecto a todo lo bello [...] la idea del desvelamiento se convierte en la idea de la indesvelabilidad, que es la idea de la crítica de arte. Así, esta no debe alzar el velo, ya que solo mediante su más preciso conocimiento como velo podrá por fin alzarse a la verdadera contemplación de lo que es bello. Esa contemplación que jamás podría revelarse a la llamada empatía y que solo lo hará imperfectamente a la consideración más pura del ingenuo: a la contemplación de lo bello como misterio. Nunca se ha comprendido todavía una verdadera obra de arte, sino cuando de modo ineluctable se la ha presentado como misterio (*Obras* 209).

De ahí que la destrucción del aura adopte la forma de un violento acercamiento del objeto que imposibilita toda actitud concentrada y puramente contemplativa, lo cual es efectuado de manera paradigmática por la publicidad:

> La mirada hoy por hoy más esencial, la mirada mercantil, que llega al corazón de las cosas, se llama publicidad. Aniquila el margen de libertad reservado a la contemplación y acerca tan peligrosamente las cosas a nuestros ojos como el coche que, desde la pantalla del cine, se agiganta al avanzar, trepidante, hacia nosotros (Benjamin, *Dirección* 77).

Para Benjamin, la fotografía y el cine socavan el aura de sus productos y nos confrontan así, en el preciso momento en que históricamente decae el componente aurático de los productos artísticos, con lo que había constituido su esencia hasta entonces. Es precisamente en el instante de la decadencia del arte autónomo (marcado por la irrupción de la fotografía, el cine y la radio en la producción artístico-cultural) que se nos hace patente lo que lo definía como tal: su componente aurático y cultual. La decadencia del aura en el ámbito del arte va de la mano de la decadencia del aura a nivel social, impulsada por el proceso de modernización y mercantilización capitalista (y correspondería al proceso de desencantamiento moderno analizado por Max Weber).[12] Las técnicas de reproducción colaboran en ese proceso y apoyarían de esta manera "una crítica revolucionaria de las concepciones que hemos heredado sobre el arte" (*Discursos* 39).[13]

Estas técnicas disuelven el aura de sus productos y modifican la actitud del público respecto a los mismos (de la actitud recogida, solitaria y concentrada frente a la obra aurática, que requiere de la mediación del intérprete competente que es el crítico de arte, se pasa a una actitud distraída, fruitiva y, piensa Benjamin, crítica en el marco de una recepción colectiva, como es la del público del cine, que no requiere de intermediarios que guíen su recepción). Es por ello que tales técnicas posibilitan una reformulación de la función del arte: su antigua función cultual entra en decadencia, lo cual hace posible la producción de formas de arte impulsadas por un interés pedagógico-político en la formación crítica de los colectivos sometidos. Para Benjamin, el desarrollo y aplicación de tales técnicas de producción en el ámbito artístico-cultural haría factible una *refuncionalización* de las mismas por parte de una praxis artístico-cultural politizada en una dirección socialista. La posibilidad de esa refuncionalización es para Benjamin muy limitada en el seno de las relaciones de producción vigentes: "Mientras sea el capital quien dé en él [el cine] el tono, no podrá adjudicársele al cine actual otro mérito revolucionario que el de apoyar una crítica revolucionaria de las concepciones que hemos heredado sobre el arte" (*Discursos* 39). Ahora bien, Benjamin considera que en el marco de una sociedad

---

[12] Sobre esto ver la obra de Frisby *Fragmentos de la modernidad. Teorías de la modernidad en la obra de Simmel, Kracauer y Benjamin*.

[13] Sobre la respuesta crítica de Adorno a esta concepción de la relación entre medios técnicos de reproducción mecánica y arte autónomo desde una posición que sigue defendiendo las virtualidades críticas de la autonomía artística, ver Adorno y Benjamin, *Correspondencia* y Lunn, *Marxismo y modernismo. Un estudio histórico de Lukács, Brecht, Benjamin y Adorno* (173-199).

embarcada en un proceso de revolución político-social sí habría lugar para una producción artístico-cultural que colabore efectivamente en la construcción del socialismo.

En todo caso, aun dentro de las relaciones de producción capitalistas, el cine adopta un lugar teórico central: "El cine: despliegue '¿resultado?' de todas las formas perceptivas, pautas y ritmos que se encuentran performados en las máquinas actuales, de modo que todos los problemas del arte actual encuentran su formulación definitiva únicamente en relación con el cine" (*Libro* 399-400). Efectivamente, el cine (como prototipo de medio de producción artístico-cultural que incorpora de manera progresiva los avances en las técnicas más desarrolladas de producción y reproducción), colabora en la descomposición del aura de los productos artísticos y culturales, promueve una actitud distraída, fruitiva y lo que Benjamin denomina táctil (en contraposición a la actitud contemplativa promocionada por el arte aurático, pues, en las condiciones de los medios de masas, el colectivo *usa* el producto cultural para divertirse) y al mismo tiempo crítica (pues ante el cine todo espectador puede realizar su juicio crítico sin la mediación del crítico de arte). En virtud de ello, piensa Benjamin que el cine puede ser refuncionalizado como un medio de ilustración pedagógica-política del colectivo sometido. En este sentido, los nuevos medios técnicos de producción cultural pueden apoyar "una crítica revolucionaria de las condiciones sociales, incluso del orden de la propiedad" (*Libro* 400), como muestra ya en el seno de las relaciones capitalistas vigentes el caso del cine de Chaplin y en el ámbito de la fotografía el caso de John Heartfield.[14] Pero para Benjamin, este no es el efecto más relevante del cine.

---

14 Sobre los fotomontajes de Heartfield, ver el volumen editado por Mülhaupt, *John Heartfield: Zeitausschnitte. Fotomontagen 1918-1938*.

Técnicas artísticas y transformaciones históricas de la experiencia

El cine puede jugar según Benjamin un papel relevante en un plano más esencial, un papel en el ámbito de la *experiencia social*. Esta temática constituye uno de los hilos conductores del texto de Benjamin sobre la obra de arte: según el propio Benjamin es su "centro de gravedad" (*Discursos* 39). Su punto de partida es una tesis de largo alcance:

Dentro de grandes espacios históricos de tiempo se modifican, junto con toda la existencia de las colectividades humanas, el modo y manera de su percepción sensorial. Dichos modo y manera en que esa percepción se organiza, el medio en el que acontecen, están condicionados no solo natural, sino históricamente (*Discursos* 23).

Esto posibilita a Benjamin desarrollar una interpretación dialéctica que descifre, en una forma determinada de técnica artística dominante en una época específica, aspectos de "la organización de la percepción en el tiempo en que tuvo vigencia" (*Discursos* 24). Naturalmente, para alguien que se mueve en el seno de la tradición marxiana, respecto a tales modificaciones históricas de la percepción plasmadas en los cambios artísticos habría que "poner de manifiesto las transformaciones sociales que hallaron expresión en esos cambios de la sensibilidad" (*Discursos* 24). En el caso de las nuevas técnicas de producción artístico-cultural como son la fotografía o el cine, puede descifrarse en ellas el desmoronamiento epocal, histórico-social, del aura que, a consecuencia de los procesos de modernización económica y social, define a la experiencia en nuestra época. Igualmente, en este caso el análisis tendrá que poner de manifiesto "sus condicionamientos sociales" (*Discursos* 24), que para Benjamin tienen que ver sobre todo con el surgimiento de una sociedad capitalista moderna de producción industrial y de consumo de masas. O sea, los modos de percepción promovidos por la técnica artística dominante en un periodo pueden ser concebidos como "síntomas" (*Discursos* 54) de las transformaciones en el plano de la experiencia y percepción sociales que definen tal época, por ello puede sostener Benjamin que "el cine se mostraría así como el objeto actualmente más importante de esa ciencia de la percepción que los griegos denominaron estética" (Benjamin, *Gesammelte* 736).

Aquí la estética no es entendida como en Kant, en tanto análisis *a priori* de la percepción en cuanto tal, sino como investigación de las transformaciones históricas de la percepción en las que se plasman las transformaciones sociohistóricas reales. Naturalmente, no son las técnicas artísticas, como la fotografía y el cine, las que provocan tales transformaciones epocales en la percepción, sus causas son sociohistóricas en sentido amplio (y tienen que ver con la constitución de una sociedad industrial capitalista de consumo de masas). Si ellas permiten a la interpretación dialéctica descifrar las transformaciones históricas de la experiencia, es porque tales técnicas promueven formas de percepción que pueden interpretarse como síntomas de cambios reales en la experiencia social, lo cual es posible porque tales técnicas *corresponden* a las nuevas formas dominantes de percepción y experiencia (*Discursos* 52). Esta cuestión no aparece desarrollada en el texto sobre la obra de arte ni, que yo sepa, en otros lugares de la obra de Benjamin. Vamos a ensayar una interpretación con los medios a nuestro alcance.

El cine como *shock*

Afirma Benjamin que "el cine es la forma artística que corresponde al creciente peligro de muerte al que tienen que enfrentarse los hombres de hoy" (*Discursos* 52). Y continúa:

El cine corresponde a modificaciones de hondo alcance en el aparato perceptivo, modificaciones que hoy vive a escala de existencia privada todo transeúnte en el tráfico de una gran urbe, así como a escala histórica cualquier ciudadano de un Estado contemporáneo (52).

Tanto las condiciones de la vida urbana moderna, con su desaforada aceleración,[15] como la política de masas contemporánea apoyada en los nuevos medios de comunicación de masas, con su tendencia a la promoción del líder autoritario (52), suponen para los individuos, en un caso, y para determinados colectivos, en el otro, un auténtico peligro de muerte. Se puede especular si este peligro de muerte experimentado por el individuo sometido a las condiciones de la vida moderna supone efectivamente un *shock* que desestructura su experiencia, incapacitándolo para alcanzar una comprensión de su situación capaz de orientarlo prácticamente. Podría sostenerse que las condiciones de la vida urbana moderna y de la política apoyada en los medios de comunicación de masas tendrían así sobre los sujetos un efecto de *shock*, pues encarnan de hecho para ellos una amenaza que pone en peligro su existencia. Suponen además la generación de una confusión y complejidad tal, arrojan sobre ellos una cantidad tal de estímulos, que superan por completo su capacidad de asimilación en forma de experiencia coherente y orientadora de la acción. Tal efecto de *shock* arruinaría por tanto, en principio, la posibilidad de constitución de experiencias con sentido, base para la orientación práctica y política en general.[16]

---

[15] Sobre la aceleración como signatura temporal de la modernidad, ver el volumen de ensayos de Koselleck, *Aceleración, prognosis y secularización*; y la obra de Rosa, *Alienación y aceleración. Hacia una teoría crítica de la temporalidad en la modernidad tardía*.

[16] Esta temática ya aparecía en una obra bien conocida por Benjamin, me refiero al libro de F. Nietzsche: *Sobre la utilidad y el perjuicio de la historia para la vida*.

Pero, por otro lado (y aquí encontramos la prueba del carácter dialéctico del enfoque benjaminiano, atento a la dualidad o ambigüedad intrínseca de los fenómenos históricos), el *shock* puede jugar también un papel positivo al *interrumpir* la continuidad de la experiencia cotidiana, con su dejarse llevar por el *continuum* temporal y su dejarse arrastrar por la corriente histórica, y al confrontar a los sujetos con los peligros reales a los que están efectivamente sometidos, aunque no de manera consciente.[17] Pero para ello los sujetos deben aprender a *responder* a tales efectos de *shock*, deben aprender a *sobreponerse* a los mismos. En un momento histórico en el que la experiencia está sometida a efectos de *shock* desestructurantes, constituye una necesidad para los individuos aprender a sobreponerse a tales efectos de *shock*: "La necesidad de exponerse a efectos de *shock* es una adaptación del hombre a los peligros que le amenazan" (*Discursos* 52). Para lograr sobreponerse a sus efectos, los sujetos necesitan exponerse a situaciones de *shock* pero en condiciones, por así decirlo, controladas. Es decir, necesitan ponerse al alcance de efectos de *shock* que no conmuevan hasta los cimientos su existencia, como ocurre en la vida real, sino en unas condiciones que posibiliten al sujeto, a ser posible en coordinación con los demás, confrontar tales efectos y aprender así a sobreponerse con éxito a los *shock*s de la vida real. Como sostiene Benjamin en su posterior texto "Sobre algunos motivos en Baudelaire": "la recepción del *shock* queda aliviada por un entrenamiento en el dominio de los estímulos" (*Poesía* 131).

---

17 Esta consideración productiva del *shock* conecta con la interpretación del uso del montaje en las piezas de teatro de Bertold Brecht. Este tiene como efecto fundamental la "interrupción" de la acción, la cual "opera constantemente en contra de la ilusión en el público". Una vez rota esta ilusión, las situaciones presentadas a partir de la interrupción de la acción son reconocidas como "las situaciones reales" en un estado subjetivo marcado por el "asombro" (Benjamin, *Tentativas* 131).

Ello es proporcionado precisamente por el cine. Por un lado, el público del cine no está a merced sin más de la lluvia de estímulos que se produce en la sala de proyección. Su recepción es colectiva y, como tal, la masa que es el público del cine puede "organizar y controlar su recepción" (*Discursos* 45). O sea, el público del cine no es pasivo, su actitud es crítica y además reacciona de manera colectiva, pudiendo reobrar sobre su propia percepción. El referente histórico para esta idea de Benjamin podría ser la forma activa y crítica de recepción infantil y juvenil de los filmes, sobre todo los filmes cómicos y de acción en las primeras décadas de la historia del cine, en la que los aplausos, abucheos y pataleos se sucedían como respuestas críticas del público ante lo que sucedía en la pantalla.

Por otra parte, el cine ejerce a su modo efectos de *shock*,[18] pues el decurso del filme consiste efectivamente "en un cambio de escenarios y de enfoques que se adentran en el espectador a empujones", a golpes (*Discursos* 51). El plano cinematográfico cambia "apenas lo hemos registrado con los ojos [...]. No es posible fijarlo" (51). De manera que

> ... el curso de las asociaciones en la mente de quien contempla las imágenes queda enseguida interrumpido por el cambio de estas. Y en ello consiste el efecto de *shock* del cine que [...] pretende ser captado gracias a una presencia de espíritu más intensa (51-52).

En las condiciones carentes de peligro para los individuos de la sala cinematográfica, estos son sometidos a efectos de *shock* controlados que les posibilitan, y en cierto modo exigen de ellos, que aprendan a sobreponerse a dichos efectos para la adecuada recepción del filme. Para Benjamin es relevante que este proceso de aprendizaje se lleve a cabo en el seno de la recepción dispersa que caracteriza

---

[18] Sobre esto ver el ensayo de Buck-Morss, "Estética y anestésica: una reconsideración del ensayo sobre la obra de arte", publicado en su libro *Walter Benjamin, escritor revolucionario* (169-221).

al público cinematográfico. Y ello porque es en esta actitud dispersa que los sujetos lograrán habituarse a modos de percepción, incorporándoselos como propios, que luego les serán útiles en su vida real para afrontar los retos a los que está sometida su experiencia en el ámbito sociopolítico: "las tareas que en tiempos de cambio se le imponen al aparato perceptivo del hombre no pueden resolverse por la vía meramente óptica, esto es, por la de la contemplación. Poco a poco son llevadas a cabo por la costumbre" (54).

El cine actúa así como lugar de entrenamiento del colectivo: gracias a la recepción dispersa que caracteriza al público cinematográfico, este podría apropiarse, en forma de nuevos hábitos, de los medios que le permitirían afrontar las tareas que se le imponen a su aparato perceptivo en un contexto histórico que pone en peligro la posibilidad de toda experiencia:

> También el disperso puede acostumbrarse. Más aún: solo cuando resolverlas se le ha vuelto una costumbre, probará poder hacerse en la dispersión con ciertas tareas. Por medio de la dispersión, tal y como el arte la depara, se controlará bajo mano hasta qué punto tienen solución las tareas nuevas de la apercepción. Y como, por lo demás, el individuo está sometido a la tentación de hurtarse a dichas tareas, el arte abordará la más difícil e importante movilizando a las masas. Así lo hace actualmente el cine. La recepción en la dispersión, que se hace notar con insistencia creciente en todos los terrenos del arte y que es el síntoma de modificaciones de hondo alcance en la apercepción, tiene en el cine su genuino instrumento de entrenamiento. Con su efecto de *shock*, el cine sale al encuentro de esa forma de recepción (*Discursos* 54-55).

Como resumen, podemos decir que para Benjamin la interpretación dialéctica de los medios de masas debe poner de manifiesto en ellos, en su constitución actual y en el seno de las relaciones de producción vigentes, posibilidades de un uso de los mismos en una dirección política progresista. Hemos visto que esta posible refuncionalización de tales medios, sobre todo del cine, se juega en dos planos: a) En el plano de los contenidos y representaciones explícitamente políticos. Aquí la refuncionalización consistiría en el uso pedagógico-político del medio cinematográfico capaz de combinar la fruición del público con la pedagogía política crítica. b) En el plano de la experiencia social dominante en la sociedad de masas, determinada por la vida urbana centrada en la producción en masa y el consumo de masas, y por la democracia formal sometida al dictamen de los medios comunicación de masas (en manos capitalistas). En este plano, las nuevas técnicas de producción artístico-culturales deben colaborar en el desarrollo de procesos de aprendizaje social que permita al colectivo estar en condiciones de adquirir una experiencia política crítica de la realidad presente, sobreponiéndose a los efectos de *shock*, al caos de impresiones y a la confusión de la información preponderantes en la forma de vida social moderna.

¿Una hermenéutica dialéctica del postmodernismo?

El proyecto benjaminiano de una hermenéutica dialéctica y materialista de la cultura de la sociedad capitalista no tuvo continuidad en el seno de la denominada Escuela de Fráncfort. Significativamente, Adorno polemizó duramente con el enfoque de Benjamin sobre los medios de masas, rechazando las expectativas que este se hizo acerca de los potenciales políticos del cine como excesivas y falsas, y mantuvo el proyecto de una interpretación dialéctica solo para las obras de arte elevado (Romero *Hacia* 182-197). Quienes de un modo más claro han continuado el proyecto de articular una hermenéutica dialéctica del ámbito de la cultura de masas han sido en cambio autores como Buck-Morss y Jameson. La primera realizó un meritorio ensayo de interpretación contrastada de la cultura de masas de la antigua Unión Soviética y de los Estados Unidos durante el siglo XX, poniendo de relieve sus claras convergencias y el modo en que trataron de apresar el deseo social (de carácter utópico) mediante la imagen fetichizada de naturaleza mercantil (*Mundo*).

Pero ha sido Jameson el que de un modo expreso ha tratado de sustentar teóricamente "una nueva hermenéutica" (*Documentos* 18). En discusión con las concepciones funcionalistas del marxismo que conciben la crítica de la ideología como "desmistificación de la superestructura en los términos de su base o relaciones de producción" (*Documentos* 227), Jameson propone un "nuevo modelo hermenéutico" (*Documentos* 20) de la cultura de la sociedad capitalista, hermenéutica que incluye un momento negativo y otro positivo. Este modelo incluye una "hermenéutica negativa" de los productos culturales, atenta a su carácter ideológico, es decir, a su distorsión de la experiencia social que da lugar a formas de conformismo o de lúdica desorientación, y una "hermenéutica positiva", que se esfuerza por descifrar en dichos productos culturales su dimensión utópica (*Documentos* 231). La hermenéutica propuesta por Jameson incluiría tanto una crítica de la ideología como un desciframiento de lo utópico presente en los productos de la cultura capitalista. En la base de esta propuesta se encuentra una elaborada concepción de la ideología que se sustenta en las mejores aportaciones del marxismo occidental, entre las que cabe incluir las realizadas por Benjamin y Adorno: la idea de que toda ideología contiene un momento utópico, en tanto que tal momento es lo que posibilita que lo ideológico pueda conseguir algún efecto compensatorio sobre los sujetos. En definitiva, Jameson propone un modelo de doble hermenéutica marxista:

> una hermenéutica negativa marxista, una práctica marxista del análisis ideológico propiamente dicho, debe ejercerse, en el trabajo práctico de leer e interpretar, *simultáneamente* con

una hermenéutica positiva marxista, o un desciframiento de los impulsos utópicos de esos mismos textos culturales todavía ideológicos (*Documentos* 239).

En los años ochenta del siglo pasado, Jameson aplicó este modo complejo de hermenéutica en su aproximación a los medios de masas en la era postmoderna. Paradigmáticamente, en su largo artículo "El postmodernismo o la lógica cultural del capitalismo tardío" efectuó un análisis del arte y de la producción cultural postmodernas desde la perspectiva de las transformaciones en la experiencia social dominante de las que constituirían un síntoma.[19] En este contexto, el empeño de Jameson ha sido poner de manifiesto el modo en que las creaciones culturales más reflexivas y consecuentes del postmodernismo en la arquitectura, en las artes visuales, en la literatura, ha pretendido desarrollar en el público nuevas formas de percepción de la realidad social capaces de estar a la altura de la complejidad de la situación actual y la dificultad, compartida por todos nosotros, para representarnos la totalidad social y la economía global en la época postmoderna. Jameson muestra en el trabajo cultural de los artistas postmodernos reflexivos y políticamente comprometidos un esfuerzo por incitar al espectador a que cree mapas cognitivos de su situación en la realidad global, de manera que posibiliten su orientación práctica política en tal marco complejo e irrepresentable con los medios perceptivos habituales (*Teoría* 69-72).[20] En este programa teórico de Jameson, encontramos la continuación más coherente

---

[19] Este importante artículo apareció publicado en el volumen de ensayos de Jameson, *Teoría de la postmodernidad* (23-72).
[20] Ver también el texto de Jameson, incluido en *Teoría de la postmodernidad*, "Equivalentes espaciales en el sistema mundial" (*Teoría* 127-154). Sobre el planteamiento de Jameson en torno al postmodernismo, ver la obra de referencia de Anderson, *Los orígenes de la posmodernidad* (67-185); y la mencionada monografía de Romero, *Hacia una hermenéutica dialéctica* (219-289).

y productiva de las ideas de Benjamin que he intentado exponer aquí y, en virtud de ello, un original modo de articular un enfoque hermenéutico de matriz marxista.

Obras citadas

Adorno, Theodor W. *Dialéctica negativa. La jerga de la autenticidad*. Trad. Alfredo Brotons Muñoz. Madrid: Akal, 2005.

Adorno, Theodor W. y Benjamin, Walter. *Correspondencia (1928-1940)*. Trad. Jacobo Muñoz Veiga y Vicente Gómez Ibáñez. Madrid: Trotta, 1998.

Anderson, Perry. *Los orígenes de la posmodernidad*. Trad. Luis Andrés Bredlow. Barcelona: Anagrama, 2000.

Benjamin, Walter. *Gesammelte Schriften*. Vol. I. Fráncfort del Meno: Suhrkamp, 1974.

_____. *Tentativas sobre Brecht*. Trad. Jesús Aguirre. Madrid: Taurus, 1975.

_____. *Discursos interrumpidos I*. Trad. Jesús Aguirre. Madrid: Taurus, 1987.

_____. *Dirección única*. Trad. Juan J. del Solar y Mercedes Allende Salazar. Madrid: Alfaguara, 1987.

_____. *Poesía y capitalismo*. Trad. Jesús Aguirre. Madrid: Taurus, 1993.

_____. *Libro de los pasajes*. Trad. Luis Fernández Castañeda, Isidro Herrera y Fernando Guerrero. Madrid: Akal, 2005.

_____. *Obras. Libro I. Vol. 1*. Trad. Alfredo Brotons Muñoz. Madrid: Abada, 2006.

Bloch, Ernst. *El principio esperanza*. 3 vols. Trad. Felipe González Vicén. Madrid: Trotta, 2004.

Buck-Morss, Susan. *Dialéctica de la mirada. Walter Benjamin y el proyecto de los Pasajes*. Trad. Nora Rabotnikof. Madrid: Visor, 1995.

_____. *Walter Benjamin, escritor revolucionario*. Trad. Mariano López Seoane. Buenos Aires: Interzona, 2005.

_____. *Mundo soñado y catástrofe. La desaparición de la utopía de masas en el este y el oeste*. Trad. Ramón Ibáñez Ibáñez. Madrid: Visor, 2004.

Engels, Friedrich. *Anti-Düring*. Trad. Grupo de traductores de la Fundación Federico Engels. Madrid: Fundación Federico Engels, 2014.

Fath, Thorsten. *Der frühe Horkheimer und Dilthey. Eine Untersuchung zur Konstitutionsphase der Kritischen Theorie*. Fráncfort del Meno: Peter Lang, 2006.

Frisby, David. *Fragmentos de la modernidad. Teorías de la modernidad en la obra de Simmel, Kracauer y Benjamin*. Trad. Carlos Manzano. Madrid: Visor, 1992.

Fürnkäs, Josef. "Aura". *Conceptos de Walter Benjamin*. Ed. Michael Opitz y Erdmut Wizisla. Trad. María Belforte y Miguel Vedda. Buenos Aires: Las Cuarenta, 2014. 83-158.

Habermas, Jürgen. *Teoría y praxis*. Trad. Salvador Más Torres y Carlos Moyá Espí. Madrid: Tecnos, 1990.

_____. *La lógica de las ciencias sociales*. Trad. Manuel Jiménez Redondo. Madrid: Tecnos, 1990.

Jameson, Fredric. *Documentos de cultura, documentos de barbarie. La narrativa como acto socialmente simbólico*. Trad. Tomás Segovia. Madrid: Visor, 1989.

_____. *Teoría de la postmodernidad*. Trad. Celia Montolío Nicholson y Ramón del Castillo. Madrid: Trotta, 1996.

Koselleck, Reinhart. *Aceleración, prognosis y secularización*. Trad. Faustino Oncina Coves. Valencia: Pretextos, 2003.

Lunn, Eugene. *Marxismo y modernismo. Un estudio histórico de Lukács, Brecht, Benjamin y Adorno*. Trad. Eduardo L. Suárez. México: Fondo de Cultura Económica, 1986.

Marcuse, Herbert. *Entre hermenéutica y teoría crítica. Artículos 1929-1931*. Trad. José Manuel Romero Cuevas. Barcelona: Herder, 2011.

_____. *Sobre Marx y Heidegger. Escritos filosóficos 1932-1933*. Trad. José Manuel Romero Cuevas. Madrid: Biblioteca Nueva, 2016.
Marx, Karl. *La cuestión judía (y otros escritos)*. Trad. José María Ripalda, Wenceslao Roces y Manuel Sacristán. Barcelona: Planeta-De Agostini, 1992.
Mörchen, Hermann. *Adorno und Heidegger. Untersuchung einer philosophischen Kommunikationsverweigerung*. Stuttgart: Klett-Cotta, 1981.
Mülhaupt, Freya. *Zeitausschitte. Fotomontagen 1918-1938*. Ed. John Heartfield. Berlín: Hatje Cantz Verlag, 2009.
Nietzsche, Friedrich. *Sobre la utilidad y el perjuicio de la historia para la vida*. Trad. Germá Cano Cuenca. Madrid: Biblioteca Nueva, 1999.
Renault, Emmanuel. *Marx et l'idée de critique*. París: Presses Universitaires de France, 1995.
Romero, José Manuel. *Hacia una hermenéutica dialéctica. W. Benjamin, Th. W. Adorno y F. Jameson*. Madrid: Síntesis, 2005.
_____. "Una crítica cultural materialista". *Revista Anthropos: Huellas del conocimiento* 225 (2009): 85-99.
_____. "La problemática de la historicidad en el primer H. Marcuse". *Pensamiento. Revista de investigación e información filosófica* 259 (2013): 331-350.
_____. *El lugar de la crítica. Teoría crítica, hermenéutica y el problema de la trascendencia intrahistórica*. Madrid: Biblioteca Nueva, 2016.
_____ (ed.). *H. Marcuse y los orígenes de la Teoría Crítica*. Madrid: Plaza y Valdés, 2010.
Rosa, Hartmut. *Alienación y aceleración. Hacia una teoría crítica de la temporalidad en la modernidad tardía*. Trad. Centro de Investigaciones Interdisciplinarias en Ciencias y Humanidades de la Universidad Nacional Autónoma de México (UNAM). Madrid: Katz Editores, 2016.
Valls Plana, Ramón. *La dialéctica*. Barcelona: Montesinos, 1981.

Actualidad de Althusser

*De Badiou a Negri, o lo que queda
de la hermenéutica marxista en el post-marxismo*

VÍCTOR PUEYO (TEMPLE UNIVERSITY)

Enciendo la televisión y reconozco rápidamente la película: es *Kingdom of Heaven* (*El reino de los cielos*) de Ridley Scott. Aunque la he visto varias veces, esta vez el formato es diferente. Se trata de uno de esos programas que acompañan la emisión de la película con *story notes* o notas que explican sobre la marcha qué sucedía detrás de cada una de las escenas del filme, plegando en cada fotograma el *making of* y la película misma, la esfera de la producción y la esfera del consumo. Lo interesante, sin embargo, no es este vertiginoso pliegue de las dos esferas, al que la vida cotidiana o, digamos, el modo de producción posfordista, ya nos tiene acostumbrados: restaurantes con cocinas abiertas donde uno puede ver en cada momento lo que le están cocinando, peluquerías de paredes acristaladas que funcionan como escaparates del propio proceso productivo, o fábricas y talleres transformados en condominios que mantienen un distinguido toque industrial. Lo fascinante es lo que sucede cuando trasladamos la convivencia de estas dos esferas a la *superficie* de la ficción; es decir, cuando descubrimos que el espectador puede/debe disfrutar de la fantasía medieval sin renunciar a la conciencia de su carácter ficticio. No en vano, el espectador sabe que todo es mentira en esta película de caballeros cruzados. Sabe, porque las notas que aparecen en pantalla así se lo están indicando, que el castillo no es auténtico, sino de cartón piedra; que Jerusalén no es Jerusalén ni Inglaterra es Inglaterra; que los escudos de cristianos y sarracenos son iguales y que los súbditos de Saladino nunca rezarían mirando a la caída del sol, como hacen en la película, sino en dirección a la Meca. Este conocimiento no impide al espectador, empero, participar de la experiencia cinemática, desplazarse a la Europa del siglo XII, identificarse con los personajes: vivir la película como si su mirada fuera ya una mirada inevitable e inocuamente brechtiana.

Llega entonces la publicidad, justo después de que Orlando Bloom, que no es Orlando Bloom, se baja de un caballo. El primer anuncio es un anuncio de Ford Focus que se presenta como "el primer anuncio obviamente subliminal de la historia". Sin faltar a su palabra, alterna imágenes del automóvil con flashes que representan promesas imposibles: un hombre nadando en una piscina de dinero, abdominales perfectos, rocines blancos cabalgando al galope… El anuncio concluye recordándonos que el dinero, los abdominales y la libertad no están incluidos en el producto (algo que no impide que sea un producto exitoso: Ford Focus fue el automóvil más vendido del mundo en 2014)[1]. Como un eco cansino del anterior, un último anuncio cierra el espacio publicitario. El actor Patrick Stewart irrumpe para promocionar la marca de sidra Strongbow y lo hace con palabras que a estas alturas no pueden sino resultar predecibles: "I am not acting when I say I love Strongbow Cherry Blossom. Well. I am acting" ("No estoy actuando cuando digo que me encanta la sidra Strongbow Flor de Cerezo. Bueno, sí: estoy actuando").

¿Qué está sucediendo aquí? A mi parecer, algo no menos obvio que lo que sucedía en *Kingdom of Heaven*. Como nota Slavoj Žižek, la empresa marxiana de desenmascarar una falsa conciencia ("no lo saben, pero lo hacen") se muestra impotente ante un cinismo ("lo saben, pero aun así lo hacen") que no es tal, porque constituye la verdad misma de la formación social que este cinismo engrasa (60-61).

---

[1] Ver LeBeau.

En otras palabras: ante la pregunta "¿considera usted que el capitalismo es un sistema de explotación cruel e injusto?", y mediada una cierta puesta en conocimiento de las razones por las cuales se formula de esta manera, un porcentaje mayoritario de la población en los países desarrollados no contestará de manera directa, sino a través de una fórmula adversativa del tipo "sí, pero…" a completar después con "es lo que hay", "peor están en Cuba" o "no me interesa la política". Y esta respuesta, calculadamente ambigua pero finalmente afirmativa, no es el resultado de las dotes mayéuticas del inquisidor, acaso inexistentes, sino la consecuencia de un hecho mucho más crucial, consistente en que todo el mundo sabe ya lo que es: una película, un automóvil, un actor, el capitalismo tardío. En el *Reino de los cielos*, Ridley Scott imagina a un caballero medieval, Balian de Ibelin, que es capaz de pensar fuera de la ideología, anteponiendo el bien común de los habitantes de Jerusalén a la lógica ideológica del feudalismo cristiano y entregando la ciudad a las huestes de Saladino para salvar sus cuerpos. Inverosímil como esta conducta pueda parecer en un cruzado del siglo XII, hoy sabemos que ese lugar afuera de la ideología no existe, que no hay tal Reino de los Cielos, pues la exterioridad que Ridley Scott reivindica para su héroe (la verdad entre bambalinas) ha sido ya incorporada y absorbida por la narrativa que cuenta su historia. *No hay* alienación.

Esto podría sugerir, en buen lenguaje althusseriano, que tampoco hay un lugar para la ciencia de la historia (y en consecuencia para una radical hermenéutica marxista) fuera de esa ideología que ha devorado todas sus excepciones, lo cual solo es cierto si lo ponemos en los términos correctos. Es obvio que todo discurso científico es ideológico y mantiene, al mismo tiempo, una relativa autonomía con respecto al nivel ideológico del que emerge para poder producir efectos cognoscitivos. Las posiciones que asociamos al relativismo epistemológico, sea en su versión foucaultiana (el discurso científico es una "episteme" o una "formación discursiva") o en su versión postcolonial (el marxismo es un discurso "eurocéntrico" que no tiene jurisdicción en territorio subalterno) son en este sentido, como mínimo, reduccionistas[2]. El problema es otro. No se trata de que tales efectos cognoscitivos no sean verdad ni de que esta verdad no sea, relativamente, exterior a la matriz ideológica que estructura sus enunciados; el problema es que estos enunciados están perfectamente integrados en la ideología del capitalismo tardío bajo la forma de una distancia constitutiva a través de la cual y solo a través de la cual esta ideología funciona.

No hace falta subir al árbol en este punto: las preguntas se caen de maduras. Si la misión salvífica del marxismo ("crear conciencia") resulta obsoleta en este mundo-en-el-que-todo-el-mundo-sabe, ¿en qué debe consistir una auténtica hermenéutica marxista? ¿Podemos seguir llamando ideología al conjunto de mecanismos simbólicos destinados a preservar la distancia constitutiva existente con respecto a las narrativas que solíamos llamar ideológicas? ¿Hay todavía, en una palabra, espacio para el proyecto teórico de Althusser o podemos dar por clausurado su legado? Intentaré dar una respuesta parcial a estas preguntas a partir del examen de dos enclaves de disenso que, en el fondo, prolongan esta problemática, aunque sea de una manera puramente negativa. Estos dos enclaves constituyen una salida trascendente y una salida inmanente al *impasse* teórico del marxismo estructural. Son, por un lado, la polémica en torno a la Idea comunista de Alain Badiou y, por otro, la

---

[2] Ver Foucault (60). La doble admonición de Foucault a Althusser (que la ideología se opone siempre a una verdad y que presupone una racionalidad universal) está ampliamente superada en el propio desarrollo de la teoría althusseriana. Para el (post)marxismo contemporáneo, la ideología es siempre verdad (ver, por ejemplo, Žižek) y no es la ideología de un Sujeto, sino de un *inconsciente ideológico* (para Juan Carlos Rodríguez solo puede hablarse parcialmente de la ideología de un Sujeto cuando hablamos de un cierto tipo de ideología, la ideología burguesa clásica, empirista o racionalista, etcétera.). Ver Rodríguez (*Norma* 33). Sobre la cuestión postcolonial, un buen resumen crítico de estas posiciones puede ser encontrado en el volumen de Hostettler (62-79).

teoría de la posthegemonía que se ha desarrollado siguiendo la línea de fuga trazada por Deleuze, Michael Hardt y Toni Negri en los últimos años. Con este fin, me centraré sobre todo en dos textos ("La idea del comunismo" de Badiou y *Poshegemonía* de Jon Beasley-Murray) que representan de manera clara estas posturas, sus virtudes y sus defectos, sus potencias y sus puntos ciegos.

Solución I: la vía trascendente (Alain Badiou y la Idea comunista)

Recuerdo todavía muy bien cuál era la situación de la academia norteamericana antes del estallido de la crisis neoliberal de 2007-2008. No pocos interlocutores enarcaban sus cejas al escuchar la palabra economía en una conversación sobre teoría, dando paso a un comentario condescendiente y paternal si a la palabra economía se le añadía el sintagma "determinación económica". Predominaban las micropolíticas del sálvese quien pueda y la dieta vegana podía contemplarse como la máxima expresión del compromiso político, donde la política era, en el mejor de los casos, una cuestión de orden moral. Con el *crash* de 2008, cundía también el desconcierto en el mercado de valores de la teoría. Muchos de estos intelectuales radicales se veían obligados a incluir la variable económica en su agenda discursiva o a batirse en retirada y algunos de ellos, claro, no sabían ni por dónde empezar. Pero una cosa estaba clara: se había abierto la veda y ya se podía hablar sin pudor de "lo económico". Esto dio cierto pábulo a un revival marxista[3]. No existe, por supuesto, ninguna correlación entre una coyuntura de crisis y la necesidad de adoptar un modelo de determinación específico. De hecho, no pocas de las demandas

---

[3] Y el revival no ha cesado. Véase por ejemplo el éxito editorial de *El capital en el siglo XXI* de Thomas Piketty (2013) o el capítulo titulado "¿Marx tenía razón?" (85-120) en otro superventas, *Postcapitalismo* de Paul Mason (2015).

circulantes en aquellos días (¡Regulación! ¡Progresividad fiscal! ¡Glass-Steagall Act! ¡Refundación de la FED!), la mayoría de ellas de mero carácter incrementalista, sorprendían por su repentino recurso a un economicismo vulgar, cuya simplicidad habría encontrado difícil acomodo dentro de cualquier modelo marxista más o menos contemporáneo.

De hecho, incluso dentro de un modelo de determinación y sobredeterminación como es el modelo de Althusser, existen, contra lo que se suele pensar, diferentes maneras de evaluar el peso de la instancia económica. Algunos economistas como Mark Silverman o Hyun Woon Park defienden un marco ortodoxo de determinación en última instancia, donde dado un conjunto de condiciones económicas previamente establecidas es posible hacer predicciones sobre su impacto en el resto de las instancias que se conjugan en una formación social. Otros, como Stephen Resnick y Richard Wolff, plantean que, si el juego de la sobredeterminación exige que tales condiciones económicas de inicio estén siempre previamente determinadas por aquellas instancias a las que determinan, entonces es imposible establecer esas condiciones suficientes de inicio y realizar, por tanto, predicciones acerca de su comportamiento. Para estos autores, la clase social o la determinación económica constituyen, en la práctica epistemológica, un mero "punto de acceso" ("*entry point*") a una totalidad estructurada en diferentes niveles, pero no garantizan ningún tipo de jerarquía ontológica ni orden necesario a la hora de organizar el "desastre" sin paliativos en que consiste toda formación social ("Overdetermination" 343). En otras palabras: nada nos asegura que el primado del nivel económico (por ejemplo, un cambio brusco en el modo de producción) fuera a revertir directamente el resto de procesos en marcha (económicos, políticos e ideológicos) a los que a su vez determina. Tenemos evidencia, acaso, de lo contrario, de que la sobredeterminación y el desarrollo impar de esos procesos acaban exigiendo su cuota, ejerciendo resistencias, en cuyo tira y afloja (empujones y tirones de bolso dentro de un vagón siempre en movimiento) estriba el transcurrir de la historia.

Como puede verse, la problemática althusseriana es mucho más flexible de lo que la habitual caricatura de un "determinismo economicista" suele adjudicarle, lo que no impedía que el énfasis en la determinación económica permaneciera invariable. Bien en su versión más kantiana o trascendente (la instancia económica ejerce un efecto matriz sobre la totalidad, de la que al mismo tiempo forma parte), bien en un sentido más spinoziano o inmanente (es la relación impar de las diferentes instancias que la estructuran la que explica la existencia y el devenir de esa totalidad), la economía siempre había estado ahí.

Sin embargo, como decía, su regreso traumático a partir de 2008 sorprendió a muchos intelectuales un domingo por la mañana en la cama, pues hacía tiempo que la práctica teórica dominante, una koiné de dialectos ungidos por la posmodernidad, había proclamado que todo era material excepto la materialidad misma de la economía. Después de culpar al despertador porque no había sonado, muchos tuvieron que familiarizarse a marchas forzadas no solo con Schumpeter o con Piketty (¿quién es Piketty?), sino también con la Tasa Tobin, la prima de riesgo o la deuda soberana; con toda esa obstinada gama de mecanismos y resortes que en algún momento se habían considerado indignos de la alta teoría y que, ahora, de improviso, eran necesarios para poder participar en los debates de las aulas y de las plazas. Desafortunadamente, muchos marxistas no desaprovecharon su oportunidad para ejercer su inalienable, aunque siempre alienante, derecho al "te lo dije". Pero incluso ellos tendrán que reconocer una cosa. Si bien es evidente que un economicismo vulgar se adueñó de las charlas de sobremesa y de las tertulias televisivas, si bien es verdad que la teoría no marxista se vio movida a ejercitarse en la taimada esquizofrenia de un constante *double-talk* (teoría por un lado y práctica por el otro), no es menos cierto que el marxismo se erigió en un metalenguaje de uso común que de repente nos servía para entender lo que estaba pasando. Podemos decir sin demasiado empacho que el marxismo es la teoría que contribuyó a leer aquellos primeros eventos y a analizar sus causas; a localizar, por ejemplo, la crisis en el capitalismo y no en la mala práctica, llamándola "estructural", a calificar el papel del discurso económico dominante como una "ideología" o a considerar que las élites eran "extractivas" y no solo vagamente dominantes. Emergían de las profundidades abisales palabras que habían estado sepultadas en el inconsciente teórico del *establishment* académico y que ahora empezaban a articularse a partir de una especie de sentido común althusseriano. Documentales como *Inside Job* de Charles Ferguson (2010) o *Debtocracy* de Katerina Kitidi (2011) lo llevaban al cine, mientras que la gente se empezaba a comportar en la teoría igual que se comporta en sus propias vidas: admitiendo el papel de la determinación económica y asumiendo en la práctica que la filosofía es, como notaba Althusser, "lucha de clases en el campo de la teoría" (*Filosofía* 49). Esta podría ser una primera respuesta empírica a la pregunta sobre la vigencia del althusserianismo en la actualidad.

Pero la cuestión de fondo seguía irresuelta: ¿cómo *materializar* esta lucha en una respuesta política? Resnick y Wolff nos recuerdan que la undécima Tesis de Feuerbach (cambiar el mundo y no solo explicarlo) es a veces malinterpretada: no se trata de cómo deberíamos pensar para que el mundo fuera el reflejo de nuestro pensamiento, sino cómo la manera en que pensamos forma parte ya de la manera en que las cosas son (*Knowledge* 37). En una totalidad social cuyas prácticas están sobredeterminadas, ya es lo suficientemente difícil elegir el campo idóneo sobre el que articular una propuesta política revolucionaria, ese primado que Resnick y Wolff denominaban "punto de acceso" y que Ernesto Laclau y Chantal Mouffe llamarían, en la problemática de la contingencia, "punto nodal" o "punto de acolchado" (193). ¿Será tal vez la clase, o quizá el género, o tal vez la raza o la religión o el fútbol? La cosa se complica; sin embargo, si consideramos que toda práctica discursiva revolucionaria está perfectamente integrada como una efectividad más dentro de dicha totalidad estructurada: esa práctica acaba contribuyendo a reforzar aquella distancia o incredulidad "cínica" que la matriz ideológica posfordista requiere para seguir funcionando, como mostraban los ejemplos con los que comenzaba este ensayo.

La solución de Alain Badiou a este dilema es un concepto metafísico, el concepto de acontecimiento o evento, prestado del thesaurus de Heidegger y empleado en un sentido preciso. Recordemos: para Badiou la verdad política emana de una práctica concreta, pero esta verdad no es sin más la abstracción o la idealización de esa práctica, de la misma manera que la práctica no es la mera encarnación platónica de una Idea. La relación entre la práctica y la Idea es más compleja, por lo que Badiou la llama procedimiento de verdad. Para empezar, esa práctica o conjunto de prácticas debe encuadrarse en lo que Badiou denomina un evento, es decir, una secuencia de ruptura capaz de establecer su propio marco de lo posible, no muy alejada del acto de Žižek y de la política de Jacques Rancière. Una vez este evento se ha producido (digamos mayo del 68, la primavera árabe o el 15 de mayo español), el individuo debe subjetivizarse, pasar a formar parte de un cuerpo colectivo en el que milita y al que debe fidelidad. El resultado de este procedimiento de verdad es la Idea y, por lo que se refiere a la verdad política, la Idea comunista. Sin esta operación política, que constituye para Badiou lo real, la historia carece de significado, es una especie de recipiente vacío. Esto no significa, naturalmente, que la Idea no se pueda y se suela expresar en una serie de hechos históricos (a los que Badiou llama "estado" o simplemente el "Estado"). La inscripción de la Idea en una "estructura de ficción" es también para Badiou una parte necesaria de ese procedimiento de verdad ("Idea" 21). Significa simplemente que los hechos en sí mismos no expresan la verdad, pues delimitan un marco de lo posible prescriptivo con el que el evento ya ha roto en primer lugar. Tampoco puede decirse, asimismo, que la práctica sea una condición suficiente, pues la Idea parte de la práctica, pero no se puede reducir a ella. La producción de una verdad política implica por el contrario un complejo viaje de ida y vuelta: del evento a la Idea y de la Idea a la ficción ideológica o "cuerpo de verdad" plasmado en la historia ("Idea" 21).

Esta es, a muy grandes rasgos, la posición de Badiou. ¿Qué tipo de ruptura introduce con respecto al modelo de su maestro Althusser? Mi primera observación ha de ser una muy simple y algo banal: la constitución misma del discurso teórico de Alain Badiou, sus fortalezas y debilidades, sus fallas y sus méritos, deben ser examinados al trasluz de la problemática teórica de la que este discurso procede. A veces se olvida que una gran parte de la teoría más *hip* del momento parte de una manera directa de la problemática con que Althusser irrumpe en escena entre mediados y finales de los sesenta. Alain Badiou, Jacques Rancière, Étienne Balibar y el propio Michel Foucault fueron sus pupilos en la École Normale Supérieure de París[4]. La primera ruptura de Badiou con respecto a Althusser es, de hecho, un artículo todavía claramente althusseriano de 1967 con el que Badiou a día de hoy todavía no ha roto, como nos recordaba el propio autor en una conferencia reciente celebrada en Princeton ("On Althusser" 1:22:20).[5] Su obra posterior puede y seguramente debe leerse como el resultado de conciliar este legado con su fidelidad al doble evento de la Revolución Cultural/Mayo del 68. El evento no es, en este sentido, solamente una categoría referencial, sino

---

[4] El caso de Foucault es desde luego un caso aparte. Su virulento antimarxismo (¿Marx un economista ricardiano menor?) se vuelve todavía más sospechoso cuando descubrimos que gran parte de los términos claves de su glosario teórico pueden ser leídos como una traducción kantiana del glosario teórico de Althusser. Así, la ideología es el discurso, las formaciones sociales son las formaciones discursivas, los aparatos son los dispositivos, etcétera.

[5] Meses después de escrito este ensayo, ya en fase de maquetación, apareció el volumen de Nesbitt en el que esta conferencia se ha publicado bajo el título "The Althusserian Concept of Theory" (21-34).

ante todo una categoría que hace referencia a una posible *coupure* con el cuerpo teórico de Althusser. En particular, el eventualismo es la manera de fijar un momento de verdad en esa estructura en movimiento, siempre en permanente contradicción y en permanente centrifugado, en cuyo interior la posibilidad de encontrar un punto de apoyo para la acción política tiende a ser inevitablemente postergada. Hacerlo, sin embargo, imponía a Badiou la necesidad de invertir el paradigma.

Quizá la manera más clara de explicar esta inversión es recurrir como hace el propio Badiou a la metanarrativa de Jacques Lacan, que por una vez esclarece un buen número de posibles malentendidos. En el fondo, si nos fijamos bien, la Idea de Badiou tiene una estructura triple. En "La idea del comunismo" afirma: "Hay que comenzar por las verdades, por lo real político, para identificar la Idea en la triplicidad de su operación: real-político, simbólico-Historia, imaginario-ideología" (23). En otras palabras: donde, para Althusser, la instancia económica se correspondería con lo Real lacaniano (aquello que siendo determinante escapa siempre a la determinación), la instancia ideológica se emparejaría con lo simbólico (el conjunto de símbolos que permiten operar con la energía de lo Real) y la instancia política correspondería a la actualización de estos símbolos (por ejemplo, la producción de actos a partir de ellos), Badiou identifica la verdad (lo Real) con la instancia política y la trascendentaliza. De esta manera, lo simbólico pasa a ser la historia misma (el campo de realización de lo político, en el que lo político se ensucia y se ficcionaliza) y lo imaginario corresponde a la ideología o al conjunto de narrativas que expresan esta ficcionalización. Esta es a grandes rasgos la transcripción de la tríada althusseriana en que se funda la teología política de Badiou, tríada que sobrevive en su estómago teórico, sublimada hasta donde da de sí, hipostasiada en la forma de una Idea.

Así, Badiou critica a Althusser por incumplir su promesa de mantener la práctica apegada a la teoría y la teoría apegada a la práctica. El sintagma "práctica teórica" no consigue disimular un sistema edificado sobre el privilegio de la teoría, en el que el conjunto de prácticas teóricas conforma el conocimiento, cuyo proceso de producción está "enteramente en el pensamiento" (*Leer* 63). Preguntas como "¿cuál es la teoría de la práctica teórica (*id est*, la teoría de la teoría)?", que como se sabe engendra la dicotomía materialismo histórico/materialismo dialéctico, devuelven a Althusser, según Badiou, al terreno de esa oposición teoría/práctica de la que Althusser creía haberse autoexiliado ("On Althusser" 54:30). Ya en un artículo de 1967, Badiou denunciaba que la práctica teórica no existe en el interior de una formación social, sino como una práctica fantasma. El argumento es claro. En una estructura en dominancia formada por varias instancias, cada una de ellas vale lo que vale la combinación de los efectos del resto. Sucede, sin embargo, que si analizamos esas instancias desde el punto de vista de las prácticas que se producen en su interior, descubrimos que las prácticas económicas son prácticas "fantasma"; están representadas, pero solo como efecto de la determinación inicial en última instancia de la instancia económica:

> Pensada como principio de la determinación, la práctica económica *no existe*. La que figura en el todo-articulado-como-dominante [...] es la instancia económica, que no es la representante de la práctica homónima. Ahora bien, esta representante está ella misma tomada en la determinación (según que la instancia económica sea dominante o subordinada, según la extensión, prescripta por la correlación de las instancias, de su eficacia coyuntural, etc.). La causalidad de la práctica económica es causalidad de una ausencia sobre un todo ya estructurado, donde aparece representada por una instancia ("(Re)comienzo" 26).

Althusser intenta en todo momento superar la oposición dialéctica teoría/práctica, divorciar a Marx de Hegel y acercarlo a Spinoza. La adjetivación de la teoría bajo la fórmula "práctica teórica" es, en este sentido, un gesto muy spinoziano. Para Spinoza lo real es la sustancia concebida como totalidad, cuya esencia reside en sus atributos (digamos, en sus adjetivos), el pensamiento y la extensión. Pero en Spinoza, nos alerta Badiou, ambos atributos son atributos del mismo orden, mientras que en Althusser persiste el corte trascendental que organiza la disposición de los consabidos binomios: teoría/práctica, objeto real/objeto de conocimiento, materialismo dialéctico/materialismo histórico y, sobre todo, economía en última instancia/instancia económica. Este escalonamiento trascendental supone, para Badiou, un regreso a Kant desde dentro de Spinoza, regreso que le permite concluir que la teoría de Althusser traiciona su propio compromiso con la inmanencia.

Ahora bien, si la Idea de Badiou es en efecto una versión dislocada de la tríada althusseriana, podría esperarse que su despliegue teórico reprodujera la misma estructura trascendental que le es propia. Creo que este es el caso. Al desplazar el centro ontológico del modo de producción económico al proceso de subjetivación política que se desarrolla a partir del evento, Badiou parecería heredar esa doble relación específica que la instancia primada tiene con respecto al todo que determina. La instancia política adquiere, para corroborarlo, una doble corporalidad: por un lado, pertenece al "cuerpo glorioso" ("Idea" 24) que designa al sujeto colectivo al que el individuo se incorpora y que queda fuera del alcance de cualquier otra determinación, incluida la determinación ideológica; por otro, la verdad política se plasma de nuevo en la historia y adopta una forma individual que Badiou denomina "cuerpo-de-verdad" y que justifica los liderazgos fuertes o el culto a la personalidad. Cuerpo-de-verdad serían Espartaco, Thomas Müntzer, Robespierre o Rosa Luxemburgo ("Idea" 26). Esta doble corporalidad soberana, casi a la Kantorowicz, se reduplica además en el resto de las instancias que sobreviven empotradas en la estructura de la Idea; por ejemplo, en la doble existencia de un "estado" (malo) y "otro Estado" (bueno) que se sustrae a su potencia y cuya esencia es desaparecer ("Idea" 26). Althusser, en definitiva, sigue vivo en Badiou, aunque sea de una manera reactiva: si Althusser ontologiza la instancia económica, dejándola problemáticamente en la base, Badiou hace lo propio con la instancia política, elevándola a los cielos[6].

No creo descubrir la pólvora tampoco si noto que Badiou, escapando de Kant y en busca de un sujeto de la emancipación que pueda pensarse por afuera de la camisa de fuerza de la causalidad estructural (ya desde su *Teoría del sujeto*), abre la puerta a la vieja causalidad expresiva hegeliana. No creo descubrirla porque Badiou mismo nos lo confiesa al describir el estatuto de ese "cuerpo-de-verdad": "Para Hegel, en efecto, la exposición histórica de las políticas no es una subjetivación imaginaria, es lo real en persona" ("Idea" 22)[7]. Sea como fuere, y dejando de lado el soporífero "y tú más" que caracteriza toda típica purga materialista, la Idea de Badiou (y la Idea del comunismo es la Idea en su forma paradigmática) siempre parece sustraerse a

---

[6] El propio Bruno Bosteels, seguramente el comentarista más fiable de Badiou, nota que en su obra la filosofía está "suturada a la condición de la política" y que "el sujeto de la verdad está definido exclusivamente en términos de la política" (*Badiou* 106). Aunque Badiou matizará esta sutura a partir de *El ser y el acontecimiento*, no creo, por las razones expuestas, que la maquinaria del procedimiento logre disfrazar lo que parece una intencionada confusión entre el sujeto de la verdad (política) y el sujeto de verdad (ontológico).

[7] Soy consciente de que Badiou se vacuna contra Hegel al introducir una mediación, la del registro imaginario, entre lo real político y el devenir histórico-conceptual simbólico, pero ya Althusser nos había prevenido a propósito de Sartre sobre lo fácil que resulta filosóficamente hablando insertar mediaciones para "asegurar la unidad en la negación de las diferencias" (*Leer* 148). Claro: la mediación entre lo blanco y lo negro es lo gris, y la mediación entre lo trascendental y lo empírico es ese dominio de lo empírico-trascendental que Badiou asocia a lo imaginario. Significativamente, la unidad de estas tres instancias mediadas recibe el nombre de síntesis ("Idea" 20).

todas sus plasmaciones eventuales, a las que sustituye como síntesis de ese triple procedimiento de verdad. Cualquiera diría, en este sentido, que son intercambiables. Al tratar de reponer el sujeto en ese proceso sin sujeto que para Althusser era la historia, la teoría de la historia de Badiou se convierte en la teoría de su ausencia. Lo hace al precio de liquidar la contradicción, congelando a Hegel en un evento, colocando la síntesis al principio de una dialéctica que renuncia *a posteriori* a todas sus fisuras. Ninguna idea de lo común parece, sin embargo, inmune a las contradicciones que regurgitan en un cuerpo que, antes que glorioso, es desastroso, en el sentido en que Resnick y Wolff hablan del desastre (*"mess"*) inherente a toda formación social. Las sectas milenaristas del siglo XIII practicaban un igualitarismo que deviene comunismo solo en virtud del exacerbamiento de la lógica feudal contra la que se enfrentaban. Los comuneros españoles de 1521 eran una muchedumbre heterogénea y transversal movida por intereses aristocráticos y nacionalistas que resultan impensables sin el desarrollo del primer mercantilismo europeo. La revolución francesa fue una revolución burguesa y los nuevos movimientos sociales se fajan en los métodos del capitalismo tardío. Resulta difícil identificar una experiencia de lo común y un cuerpo-de-verdad "puros", toda vez que la "invariante axiomática" que comporta el comunismo para Badiou (su confrontar *directamente* los privilegios de la propiedad, la jerarquía y la autoridad) solo se cumple en muchos casos bajo premisas jerárquicas, autoritarias y respetuosas con la propiedad individual (*Idéologie* 16).

Lo común, en todos ellos, solo existió como reorganización de las condiciones históricas que explicaban en cada momento su necesidad[8]. Hoy, sin ir más lejos, la posibilidad de lo común requiere ciertamente un cuerpo múltiple,

---

[8] Tal reorganización intrascendente de unas condiciones previas nos emplazaría a la discusión de la estética política de Rancière y su "redistribución de lo sensible" (9-36).

una falange o cuerpo hecho de cuerpos. Pero ese cuerpo múltiple no es una entidad teológica henchida de una gloriosa beatitud, sino la multitud del capitalismo posfordista, confusa, palpitante y contradictoria como la historia misma. Salvar la Idea del comunismo, alguien podría argüir, es lo que la izquierda lleva haciendo desde los años sesenta con pobres resultados. Acaso lo que urge es un comunismo que ni lo parezca, que pase inadvertido, que se confunda con nuestra manera de vivir del mismo modo en que lo hace el capitalismo: sin tener ni idea. Acaso lo común solo puede germinar dentro de las condiciones imaginarias de esa historia que Badiou imagina como una sala de espejos sin amueblar. Pero esto, naturalmente, nos lleva a otra problematización, la de Michael Hardt y Antonio Negri en la trilogía de su *Imperio*.

Solución II: la vía inmanente (Hardt, Negri y el problema de la poshegemonía)

Otra pequeña anécdota personal. El 6 de octubre de 2011, cuando comenzó la ocupación de Dilworth Park que pasaría a conocerse como Occupy Philadelphia, un profesor universitario, mi pareja y yo coincidíamos en la plaza. Los nombres no eran importantes entonces ni lo van a ser ahora, pero quizá sí sea relevante mencionar que esta persona había estado muy implicada en la gestación de Occupy Wall Street en Nueva York y no precisamente de manera anónima. De hecho, su actividad académica se alimenta desde entonces de su experiencia activista y viceversa. Al llegar a la plaza, había gente pintando pancartas; recuerdo algún corrillo reunido en asamblea: mujeres y hombres, personas humildes de raza blanca y negra; estudiantes muy jóvenes, la mayoría, pero también muchas personas que no lo eran y que habrían, o no, pisado la universidad. El profesor miró a un lado y a otro, vaciló y pronunció una frase que no he podido olvidar: "No veo aquí a nadie con quien me apetezca hablar". Mi pareja y yo nos miramos horrorizados. El problema no era que el comentario fuera clasista o racista, que sin duda lo era (¿por qué no los veía?), ni tampoco el hecho de que considerara que a la revolución no se venía a hablar (bien pensado, ¿por qué no?). El problema era que, por extraño que pueda parecer, no habíamos reparado hasta entonces en que incluso la multitud ya empoderada podía ser un *locus* de reproducción social, un espacio en el que los intelectuales "radicales" administraban e incrementaban su capital social, de manera no muy diferente a como otros lo hacen en la ópera, la hípica, la filmoteca o el club de campo. Llevábamos meses hablando de la confluencia, de la horizontalidad o del comportamiento en red y no nos habíamos percatado de que había mucha gente confluyendo, relacionándose horizontalmente (cada uno con los suyos) y haciendo *networking* en las plazas. Habían desaparecido las banderas, los sindicatos, las consignas políticas y hasta los credos revolucionarios, pero cuando por fin despertamos del sueño, la ideología, como el dinosaurio de Monterroso, seguía ahí.

Volvemos a la cuestión de la hermenéutica. ¿Qué tipo de lectura exige este episodio, cómo debe ser interpretado? Notemos primero lo obvio: para que la situación se produjera, esos cuerpos debían estar ahí y debían existir razones teóricas para su encuentro. Los hechos acaecidos desde la primavera de 2011, en este sentido, han dado la razón a corrientes como el autonomismo de Hardt/Negri y el posicionalismo de Latour en múltiples aspectos. La disposición multitudinaria de las distintas respuestas a la crisis de 2008, su carácter global y digital o su comportamiento afectivo son solo algunas de las dinámicas de resistencia pronosticadas por la trilogía *Empire, Multitude* y *Commonwealth*. Si hay algo que está claro acerca de estos nuevos movimientos sociales es su independencia de las formas estandarizadas del discurso político y su rechazo a adoptar una narrativa maestra aglutinante, que en todo caso sus gestores y pretores académicos (los expertos en el movimiento horizontal que no tiene expertos) canonizaron *a posteriori*. La circulación de los vectores políticos entre las multitudes de 2011 fue, por el contrario, eminentemente afectiva. Fue la suma de cuerpos y no la suma de ideas la que generó agregación política en las plazas, la que hizo que un discurso lleno de significantes vacíos cuajara, por así decirlo, en un movimiento. Un buen ejemplo de lo que Spinoza y Negri quieren decir con esa "suma de potencias afectivas" de los cuerpos es el sexo (*Empire* 60). El roce de los cuerpos, incluso el sexo en las tiendas de campaña hizo más por la consolidación de la nebulosa 15M que las gastadas soflamas de los discursos políticos tradicionales. Naturalmente, los medios criminalizaron y estigmatizaron ese intercambio de valencias afectivas con manidos argumentos higienistas. Y, naturalmente, ocurrieron cosas en la plaza absolutamente reprobables, como las que suceden todos los días fuera de ella. Sin embargo, todos conocemos parejas, relaciones, amistades que se forjaron en la multitud y que se mantienen de manera duradera con base en cierta forma de militancia biopolítica, donde la amistad o el amor se confunden con un compromiso colectivo. La problemática de los afectos debe ser, ciertamente, tenida en cuenta[9].

Dicho lo cual, hay por lo menos dos dificultades en este planteamiento y las dos están, me temo, hechizadas por el fantasma de Althusser: a) el problema de la constitución inmanente y natural de una multitud, en cuyo seno los antagonismos quedan absolutamente planchados por el rodillo de la subjetividad política; b) la conflictiva relación de lo afectivo con el lenguaje. El ejemplo con el que iniciaba esta sección es un ejemplo del primer problema. La tendencia casi instintiva a la hora de justificarlo es establecer una división platonizante entre lo que ocurriría dentro de la plaza y lo que ocurría fuera de ella ("la plaza simplemente reproduce las prácticas que se producen en el exterior") que

---

[9] Para una crítica panorámica de *Empire*, véase Lewis.

es falsa: no existe tal división entre el afuera y el adentro de la plaza, porque no hay dos multitudes. De lo que se trata, precisamente, es de problematizar esa noción de multitud como un bloque sin grietas, anticipación o prolepsis de un estado promisorio en que las contradicciones de clase habrían desaparecido. Redescubrir esas grietas implica, quizá de una manera fatal para los autonomistas, volver a un modelo estructural en que las diferentes instancias están constantemente desfasadas. Este modelo nos mostrará, una y otra vez que, por más que la subjetividad política ya no pueda sino consistir en una imagen estrictamente multitudinaria, transversal e interclasista de sí misma, la subjetividad ideológica no coincide con ella (¿quién *se siente* multitud?) y las contradicciones en el nivel económico acabarán ocasionando fracturas, espoleando rechazos, creando y devengando intereses e invisibilizando cuerpos carentes de interés, como en la pequeña y trágica anécdota que contaba arriba. Habitualmente, al confundir determinismo con determinación, se acusa a este análisis de enfriar el flujo afectivo, de someterlo al lenguaje, etcétera; se omite, quizá, que lo que propone la problemática althusseriana no es elegir entre ideología o afecto, sino constatar cómo la elección de ciertos afectos (que después cristalizarán en un discurso) es ya ideológica.

Por ejemplo, habría que pensar qué se esconde tras el privilegio del amor, el mutuo cuidado y la "positividad" cuando se trata de patentar un estilo 15M que nunca estuvo allí de antemano[10]. A veces se olvida que lo que atrajo a la multitud a los mismos lugares, lo que los hizo lugares comunes, no fue el amor, la solidaridad o el optimismo (afectos todos ellos encomiables y necesarios), sino la indignación. No en vano, la prensa bautizó al movimiento

---

10 El privilegio del amor está ya en Negri: "Lo político es un compromiso cotidiano, descubierto por el amor como potencia productiva presente" (391) y de manera mucho más vaga en Spinoza, que define el amor como "la alegría, acompañada por la idea de una causa exterior" (334).

español como el movimiento de "los indignados". Este era un afecto importante porque provenía directamente del descontento con una situación económica que afectaba y gravaba los cuerpos, donde el hacerse multitud mostraba a las claras la indispensable conexión entre la esfera económica y la esfera política.[11] Poco a poco, este afecto fue descartado como un afecto violento, negativo e incluso peligroso para los intereses de un movimiento que nunca había sido particularmente violento ni negativo a pesar de emerger de la indignación. Curiosamente, el afecto que permitía seguir operando la traducción entre los diferentes niveles (traducir las desigualdades sociales a una subjetividad política y la afectividad a un lenguaje) cedía terreno ante los mucho más domesticables afectos de la fraternidad, que en todo caso proyectaban la imagen de una multitud sin fisuras, enamorada de sí misma, arrullada por la fantasía de que todos los cuerpos eran, ya, iguales. Me atrevería a anotar que el movimiento empezó a desinflarse cuando se produjo este *giro afectivo*, una vez se había impuesto el consenso de que la multitud podía dejarse morir de felicidad. Y me atrevería a constatar, aunque esto solo es un dato empírico, que fue este el punto en que el movimiento perdió gran parte de su capacidad de fidelización, especialmente entre quienes no se sentían tan iguales al resto como otros.

La sustitución del sintagma "formación social" por la palabra "multitud" solo parece insistir, pues, en lo que a todas luces es una naturalización de sus funciones. La multitud es acaso una parte de la formación social, pero no es ni puede ser "la sociedad". Entra en juego aquí la conflación o el achatamiento del nivel ideológico y del nivel político, de la estructura simbólica de los discursos y los discursos mismos o, en términos lacanianos, de lo simbólico y lo imaginario. Su resultado es la socorrida noción de que las clases sociales ya no existen porque no se pueden ver a sí mismas

---

[11] ¿Habrá que recordar que la Plataforma de Afectados de Ada Colau era la Plataforma de Afectados *por la Hipoteca*?

como tales, porque carecen de discursos y recursos articulatorios que les permitan actuar como tales[12]. Ciertamente, este postulado, imbuido a veces un halo de complacencia, no tiene sentido ni siquiera desde el punto de vista de "la conciencia" o de cómo "la gente se ve". Si las clases sociales han desaparecido porque ya no existe una conciencia de clase trabajadora, ¿cuál es la realidad que encubre la metáfora antropológica de las "tribus urbanas"? ¿De dónde salen esos góticos o los hípsters, que tienen, además, plena conciencia de serlo? ¿Qué significa la dicotomía que enfrenta a "heavies" y a "pijos" en los medios rurales?

Pero lo importante aquí es notar cómo esta conflación se produciría, para un althusseriano, a lo largo y ancho de dos campos: por lo que se refiere al materialismo dialéctico, asistimos a la conflación ya denunciada por Roy Bhaskar entre el nivel epistemológico y el nivel ontológico de la práctica científica (11-46). El gesto consistente

---

[12] La polémica sobre la supuesta desaparición de las clases sociales tiene su fundamento último en la postulación, por parte de Hardt y Negri, de la atomicidad de esas "irreducible singularities" ("singularidades irreductibles") cuya agregación política constituye la multitud (*Commonwealth* 166). La singularidad, es decir, la individualidad, es la unidad mínima de análisis filosófico para Hardt y Negri, siquiera bajo la mascarada de su forma múltiple. Aunque es necesario admitir el carácter operacional de estas singularidades de cara a construir una política emancipatoria en el marco del capitalismo tardío, su primacía ontológica resulta más que dudosa. Si la individualidad es (hablando en lenguaje fenomenológico) "lo dado", ¿dónde queda esta individualidad en el espectro del corporativismo estamental a finales de la Edad Media? ¿Qué hacemos con ese *corpus mysticum* que hizo las veces de cuerpo individual hasta, por lo menos, finales del siglo XVII? Eso no significa que en lugar de las "singularidades irreductibles" haya que poner "las clases" así, como bloques estancos. Desde un punto de vista marxista, no es así. Lo que está en lugar de esas singularidades irreductibles no son las clases ya constituidas, sino las contradicciones entre ellas, los antagonismos de clase. De los antagonismos entre trabajadores manuales y cognitariado, entre hombres y mujeres, entre canis y emos, salen los individuos y no al revés. La lección de Nicos Poulantzas sigue resultando actual: "Las clases sociales significan para el marxismo, en un único y mismo movimiento, contradicciones y lucha de clases: las clases sociales no existen primero, como tales, para entrar después en la lucha de clases, lo que haría suponer que existen las clases sin la lucha de clases. Las clases sociales cubren prácticas de clase [...] y no se dan sino en su oposición" (13).

en reemplazar la clase por la multitud no nos es extraño a los que hacemos teoría desde el estudio de formaciones históricas premodernas, pues es el mismo argumento que el académico empirista (y después hablaremos del sensualismo empirista) arguye para notar que en la Edad Media no existían las clases sociales, sino los estamentos, confundiendo una categoría epistemológica como es la de clase con una categoría ontológica como es la de estamento. Este argumento se levanta, por cierto, para poder afirmar después que los estamentos no son clases porque las clases, a diferencia de los estamentos, permiten la movilidad social[13]. Por lo que se refiere al materialismo histórico, la conflación que acompañaría al pliegue de los niveles epistemológico y ontológico es la que aplasta las diferentes instancias que conforman toda formación social. La multitud no explica la ausencia de clases sociales, sencillamente porque la existencia de clases sociales se manifiesta no a uno, sino a tres niveles: un nivel económico, un nivel político y un nivel ideológico. En otras palabras, una masa de desposeídos simbólicamente configurada y políticamente articulada como multitud puede dar lugar a nuevos imaginarios de clase que a su vez tendrán efectos políticos muy concretos sobre el todo. De hecho, es lo que ha sucedido en los últimos tiempos: solo desde la forma multitud se podían elaborar, al fin y al cabo, oposiciones como la que enfrenta al 99% con el 1%, o como la que polariza a la amplia *"middle class"* contra la exigua *"billionaire class"* en el discurso electoral del senador Bernie Sanders durante las primarias estadounidenses de 2016.

Mucho más titubeante resulta todavía la tensión que se establece entre afecto y lenguaje dentro de esta problemática. La arquitectura teórica de la poshegemonía (el poder no se ejerce a través del consenso discursivo hegemónico y la representación, sino a través de la mecánica biopolítica de

---

[13] Lenin ya notó esta confusión en su temprano artículo "Perla de la proyectomanía populista" (476).

los afectos) se sustenta sobre una oposición muy poco líquida y seguramente insostenible: la oposición entre afecto corporal y discurso lingüístico. Laclau y Mouffe ya habían aclarado que su noción de discurso no se limitaba a la expresión lingüística, sino que incluía gestualidades, modas, timbres y otros artefactos semióticos no necesariamente representacionales (156-246). A pesar de todo, Jon Beasley-Murray tiene razón en su obra *Poshegemonía* al señalar que la articulación hegemónica de los significantes sigue siendo en Laclau y Mouffe eminentemente lingüística y representacional. Sin embargo, lo que llama la atención en el, por descontado imprescindible, volumen de Beasley-Murray no es esta oposición en sí, sino la manera en que ella misma se articula sobre otra dualidad, la dicotomía hegemonía/poshegemonía o Laclau/Negri, esto es, la selección de Laclau-Mouffe como enemigo, y el consiguiente retorno a Gramsci para proponer una teoría política de la afectividad. Llama la atención, en concreto, que Beasley-Murray, en su discusión del *habitus* de Bourdieu como cristalización del afecto, lo oponga a la "opinión" (*doxa*) en estos términos:

> Al destacar el rol del hábito (más que el de la opinión), apunto a procesos que no ponen en juego ni el consenso ni la coerción. Centrarse en el hábito nos permite aprehender el trabajo del *habitus*: el sentimiento de las reglas del juego social encarnado colectivamente, funcionando y reproduciéndose por debajo de la conciencia (12).

Una incógnita sin despejar se nos evade (tiene razón Beasley-Murray: "siempre hay algo que se fuga") en esta regla de tres. Si el hábito cristaliza el afecto, la opinión debería ser la cristalización de algo que es, o no es, intencional. Pero a Beasley-Murray le interesa pasar por alto con disimulo sobre esta incógnita, porque prefiere hacer del hábito (y del afecto) la única lógica de reproducción social que funciona "colectivamente" y "por debajo de la conciencia" (12). Todo lo demás será producción lingüística definida por el consenso, por la hegemonía. Obviamente, el nombre de esta incógnita es Althusser. El lector, marxista o no, se preguntará en qué momento la ideología dejó de ser un proceso inconsciente en la teoría althusseriana y postalthusseriana, como lo es para Žižek y en parte para Jameson, a quienes Beasley-Murray citará después favorablemente, o como lo es para Juan Carlos Rodríguez en el ámbito hispánico (*Blow Up* 9-10), en el que Beasley-Murray trabaja[14]. El autor podría haber complicado y enriquecido su argumentación en este temprano punto de la obra atendiendo al concepto freudomarxista de ideología como proceso inconsciente, pero decide no hacerlo. Independientemente de cuáles sean las razones, lo que resulta claro es que su elección del elenco consenso-conciencia-opinión como único dominio de la ideología es o bien, estratégicamente inteligente, o bien, oportunamente sintomática. Probablemente, desde un punto de vista estrictamente althusseriano, ambas cosas.

Es cierto que Beasley-Murray parece conceder que la teoría de la hegemonía no agota todas las posibilidades de una problemática ideológica. En su acertada crítica de los estudios culturales y de su incapacidad para superar el marco de las políticas de estado, estudia la genealogía de esta disciplina y la remonta al "giro gramsciano" que en los años setenta finiquitó "diez años de relación con Althusser" (56). Acto seguido, sin embargo, vuelve a hermanarlos, adscribiéndolos a una cierta escuela de la hegemonía y pasando de puntillas sobre sus diferencias: "Podría decirse que la idea de hegemonía estaba en el aire; había sido invocada por Althusser, y por separado, Williams ya la había introducido en los estudios culturales (en su texto "Base and Superestructure in Marxist Theory")" (56). El asunto, claro está, es que el modelo estructuralista de Althusser tiene poco que ver con el modelo culturalista de Raymond Williams y de

---

[14] Remito a este texto, pero el concepto de inconsciente ideológico ya aparecía en obras tempranas de Rodríguez como *La norma literaria* (33).

Antonio Gramsci[15]. A pesar de esa tópica lectura culturalista de Althusser que lo fía todo a los aparatos ideológicos del Estado, para Althusser, el consenso es un efecto discursivo y no la causa de la cohesión; tal cohesión, además, nunca está realizada en una formación social, dado que el desfase sistémico entre las diferentes instancias impide su sutura (*Leer* 73)[16]. Dicho con brevedad: si algo nos ofrecía Althusser era precisamente un modelo capaz de superar la visión hegeliana de una totalidad sin fisuras, a cuenta de la cual la cultura es un reflejo homogéneo de la base económica y las posiciones ideológicas "pueden deducirse simplemente de intereses económicos" (Beasley-Murray 61). Beasley-Murray, en cambio, reduce el marxismo *in toto* a una praxis idealista de la "representación", una teoría del reflejo para la que la ideología es "efecto de *una* causa" (12). La teoría de la sobredeterminación, según la cual la ideología (segregada por las relaciones de producción dominantes, pero no necesariamente reflejo de ellas) es al mismo tiempo causa y efecto, espasmo determinante y temblor determinado, no parece que juegue ni que pueda jugar ningún papel en la noción de ideología que Beasley-Murray necesita para jugar su partida. Su lectura de la problemática ideológica es en sí misma culturalista y, en los propios términos en los que él mismo pretende dirimir el debate, una simplificación populista que solo deja alternativa a su propia solución.

Por lo demás, y para concluir el tratamiento de la poshegemonía, ignoro cómo esas "actividades regulares y repetitivas que estructuran la vida cotidiana" del cuerpo quedan fuera del alcance de la ideología (12). Cuando hablamos de los afectos, convendría no dejarnos llevar por la emoción.

---

15 Uso aquí el término "culturalista" en el sentido que Beasley-Murray le atribuye para definir una problematización ciertamente hegemónica en el campo de los estudios culturales, por la que la oposición que es preciso resolver es la oposición individuo-(cultura de) estado.
16 El ejemplo al que remito es el ejemplo del "efecto de sociedad" en las formaciones sociales capitalistas, pero para examinar más de cerca el conflicto consenso/contradicción recomiendo el capítulo de Resch (33-83).

No es solamente que el lenguaje también tenga una corporalidad y una capacidad afectiva, que la tiene: es que los afectos están estructurados por el lenguaje. Digo "estructurados por" y no "realizados en" porque lo primero implica una noción del lenguaje como estructura simbólica del discurso y lo segundo implica el discurso mismo como construcción de sentido a partir de esa estructura, dos nociones que la teoría de los afectos continuamente pliega con gran celo empirista. Elijo rápidamente ejemplos que sean muy favorables a la tesis de la autonomía de los afectos, es decir, que no se articulen en ninguna secuencia verbal ni exijan la identificación individual o emotiva en base a esa secuencia preexistente. Afectos son los movimientos mecánicos que agitan y desplazan al cuerpo en una fiesta *rave*, pero no funcionan si no están inscritos en una lógica simbólica que los pone en funcionamiento y que se manifiesta en la música. Esta es la lógica neoliberal del *loop*, la misma que nos incita a consumir *remakes* de películas que ya vimos en los ochenta o que nos invita a considerar la novedad como remezcla en un mundo en el que la historia, como dijo Fukuyama, ya ha llegado a su fin. Afectos son también los cánticos de un grupo ultra en un estadio de fútbol local y la gente haciendo la ola en un partido de los mundiales. Veo claramente aquí la reproducción biopolítica o afectiva de la ideología, pero no comprendo en qué medida estos afectos no están ya ideologizados. De hecho, estas dos reacciones suelen ser contempladas como reacciones opuestas por los aficionados al fútbol. La lógica del empujón como contagio, como el roce de los cuerpos en la grada o el grito inarticulado (¡oe-oe-oe-oe!) no representa nada, pero marca posiciones y adhesiones previas. Todos están en la misma grada por una razón. Tales posiciones pueden o no remitirse a un discurso político (ultraderecha, ultraizquierda), pero siempre identifican al grupo como radical frente a aquellos que no lo son y que se dedican simplemente a ver el partido y a comer semillas de girasol (los "piperos"). La práctica de la ola, en cambio, suele vincularse a contextos globales y a un público internacional y desinteresado de turistas en su devenir muchedumbre neoliberal. ¿Es el hábito cristalización del afecto o es el afecto reproducción biopolítica de la ideología? Todo depende de si somos capaces de ver, o no, los antagonismos que están en juego en un partido de fútbol.

Ninguno de estos afectos parece escapar a su densidad sintomática, por más que sea la intensidad del síntoma la que permite operar con ellos. En otras palabras: algunas mercancías (el opio, la cocaína) pueden destilar potencias afectivas y frecuentemente lo hacen, como recuerda Beasley-Murray (129). Pero las potencias afectivas no se destilan a sí mismas, a no ser que estemos fetichizándolas, mercantilizándolas; o a no ser que queramos afirmar, como los médicos de Molière, que el motivo de que el opio provoque ganas de dormir es que posee virtudes dormitivas[17]. La razón de que afecto *afecte* no está siempre-ya en los cuerpos mismos. Es, finalmente, el peligro que nos presenta este autoproclamado "materialismo" al aislar la intensidad afectiva, que hace comunicable el síntoma, del síntoma mismo o incluso de sus causas económicas: el peligro de la fetichización sensualista del cuerpo. La existencia del cuerpo en cuanto tal, separado de sus condiciones básicas de existencia, amenaza la materialidad misma de lo corporal en un mundo en que la imagen del cuerpo desplaza paulatinamente al cuerpo mismo, donde ya solo parecen tener cuerpo los enfermos, los animales y los refugiados.

Un ejemplo de esto, el último de ellos. Lo tomo de Brian Massumi, padre de la problemática de los afectos. Estamos en un hospital estadounidense en los años ochenta, concretamente en el pabellón de trastornos del habla. Allí conviven afásicos globales (personas que no pueden decodificar el lenguaje) y agnósicos totales (que pueden decodificar el lenguaje, pero que no entienden la gestualidad, las inflexiones, la mímica y el aparato paraverbal que conlleva

---

[17] Ver Marx (109 y siguientes).

todo discurso). Todos juntos están viendo un discurso de Ronald Reagan por televisión. Los primeros se ríen a carcajadas de ese conjunto de ruidos, gestos y chasquidos que emite el "Gran Comunicador" y los segundos gritan enfurecidos porque Reagan es inarticulado y no termina ni una frase. El Gran Comunicador fracasa en los dos niveles, dos niveles que podríamos considerar discursivos: el del discurso kinésico y el del discurso verbal. Y, sin embargo, Reagan es reelegido como presidente en su segunda legislatura. ¿Por qué? La respuesta de Massumi es muy aguda. No es que la gente no supiera que Reagan era un mal actor y un mal orador; todo el mundo lo sabía y se mofaba abiertamente de ello. Es que Reagan se estaba ganando al electorado por medios afectivos:

> Reagan era más famoso por sus pólipos que por su desenvoltura, y había una fascinación colectiva por su salud tambaleante y su continuo desprenderse en pedazos y partes de sí mismo. La única conclusión es que Reagan fue un líder efectivo no a pesar de, sino gracias a su doble disfunción. Fue capaz de producir efectos ideológicos a través de medios no ideológicos, un giro global en la dirección política de los Estados Unidos gracias a su desmoronamiento (21).[18]

Resumiendo, Reagan ganó las elecciones porque se estaba cayendo a cachos. El ejemplo es tan divertido como falaz. Se trata de una falacia formalista en la que el lenguaje mismo se ha reducido a su mera corporalidad y se ha vaciado de historia. En este juego de manos con los medios (medios discursivos, medios afectivos), se nos ha escamoteado un pequeño detalle: el mensaje. ¿Seguro que la conclusión de Massumi es la única conclusión que se puede extraer? ¿Seguro que no tuvo nada que ver la capacidad de seducción de las *reaganomics* en un momento de profunda crisis económica? ¿Seguro que la narrativa del *back to basics*,

---

[18] Original en inglés. La traducción es mía.

reproducida en las películas de Stallone, no interpelaron el inconsciente ideológico de un americano de clase trabajadora que se creía solo en el mundo porque sencillamente lo estaba? En el discurso teórico del "empirismo radical", la economía no existe. Los cuerpos de este nuevo materialismo no tienen que comer todos los días. Se alimentan por ósmosis o, mejor, por estímulos cutáneos. Comen afecto[19].

Conclusión

Es obvio que el marxismo estructural es una disciplina necesitada, como el propio Althusser supo admitir, de una teoría de la práctica política. Autores como Badiou, Negri o Rancière, de quien no pude ocuparme por falta de espacio, hacen contribuciones innegables e imprescindibles al desarrollo de esta teoría, pero su aportación es también una ruptura con respecto al proyecto althusseriano y al materialismo histórico mismo. La ruptura asume la forma de un doble desvío: por un lado, una huida hacia adelante por el camino de la trascendencia, común en la teoría de los comunes, de la que la obra de Badiou es el ejemplo más notorio.

---

[19] Para una crítica del giro afectivo, véase Leys. La autora insiste en que Massumi exagera la distancia entre el sistema cognitivo y el sistema afectivo, entre el cerebro y la mano. Un pianista también toca sin pensar, pero eso no significa que sean sus manos las que tocan. Para Leys, lo que hay en Massumi es la ficción cartesiana de una separación total entre la mente y el cuerpo. Yo iría más allá: Leys enfatiza la intención innecesariamente. Si los actos son inconscientes, podemos concurrir con el dictamen de Massumi ("experience is never fully intentional" (25)) y, al mismo tiempo, dudar de que la comunicación afectiva esté completamente separada del cableado del significado, de la lógica o de cada lógica histórica. Lo que Massumi nos sirve no es una *ratio* cartesiana privilegiada, sino más bien lo contrario: una versión contemporánea de la vieja ideología lockeana de la doble experiencia: experiencia que tenemos de las cosas (en el mundo) y experiencia que las cosas tienen de sí mismas (en la mente); experiencia de lo público y la experiencia de lo privado como saberes separados y, sin embargo, complementarios que refuerzan en el campo de la epistemología la vieja noción de sujeto universal, esta vez fetichizada en la silueta de un cuerpo.

He tratado de mostrar que esta huida hacia adelante nunca se desprende completamente de la problemática althusseriana, sino que la invierte ontologizando su nivel político y abrazando un hegelianismo que, nunca mejor dicho, viste un santo para desvestir a otro. Por otro lado, el viaje a la inmanencia emprendido por Hardt, Negri y la teoría de la poshegemonía, consigue delimitar los contornos de un sujeto político revolucionario, la multitud, pero lo hace al precio de planchar en su superficie (*tabula rasa*) el nivel político y el nivel simbólico de la formación social de la que es protagonista. Su agencia, el tráfico de afectos que propone, entraña el riesgo permanente de zambullirse en un empirismo radical que sustituye los siempre escabrosos relieves de la sobredeterminación por un constante chocar de átomos en un territorio libre de determinaciones (chocar y lluvia de átomos: ¿les suena?). Desde el punto de vista althusseriano, las dos vías suponen respectivamente un regreso a la causalidad expresiva y a la causalidad transitiva. Mi diagnóstico es claro: contra lo que suele suponerse, la nueva teoría postmarxista está muy lejos de haber conjurado el fantasma de Althusser después de 1968, y es otro evento, el de 2011, el que nos recuerda su traumática vigencia. Y mi propuesta es simple: de la misma manera que la hermenéutica marxista puede y debe refinarse discutiendo las propuestas de la nueva teoría, estas nuevas propuestas pueden y deben, todavía, ser reproblematizadas en el cuerpo teórico de Althusser. Su legado no ha concluido. Es posible seguir haciendo teoría y es posible seguir haciendo teoría althusseriana, siempre y cuando sepamos vivir a Althusser en el presente, y siempre y cuando nos atrevamos a interpelarlo por el nombre de otro, a intentar matarlo de verdad, a intoxicarlo con pequeñas dosis de su propia teoría, de su propio veneno[20].

---

[20] Bruno Bosteels, y su crítica inmanente ("inmanent critique") de Althusser en "Reading Capital from the Margins", puede ser un buen ejemplo de esta estrategia. Bosteels señala las limitaciones de la epistemología althusseriana para rescatar los conceptos de desarrollo impar y *décalage* (discrepancia) como *loci* de la subjetivización política. Ver también Nesbitt (113-163).

Obras citadas

Althusser, Louis. *Filosofía y marxismo*. Ed. Fernanda Navarro. Trad. María Oscos. Madrid/México: Siglo XXI, 1988.

Althusser, Louis y Étienne Balibar. *Para leer* El capital. Trad. Martha Harnecker. Buenos Aires/México: Siglo XXI, 2006.

Badiou, Alain y François Balmès. *De l'idéologie*. París: Maspero, 1976.

_____. "El (re)comienzo del materialismo dialéctico". *Materialismo histórico y materialismo dialéctico. Louis Althusser, Alain Badiou y Antonio Gramsci*. Ed. y Trads. Nora Rosenfeld, José Aricó y Santiago Funes. México: Ediciones Pasado y Presente, 1979. 9-36.

_____. "La idea comunista". *Sobre la idea del comunismo*. Ed. Analia Hounie. Trad. Alcira Bixio. Buenos Aires: Paidós, 2010. 17-32.

_____. "On Althusser." Princeton University, Princeton. 6 December. 2013. https://bit.ly/2oHdgfL

Beasley-Murray, Jon. *Poshegemonía: Teoría política y América Latina*. Trad. Fermín Rodríguez. Buenos Aires/Barcelona/México: Paidós, 2010.

Bhaskar, Roy. *A Realist Theory of Science*. New York: Verso, 2008.

Bosteels, Bruno. *Badiou o el recomienzo del materialismo dialéctico*. Trads. Irene Fenoglio y Rodrigo Mier. Santiago de Chile: Palinodia, 2007.

_____. "Reading Capital from the Margins: The Logic of Uneven Development." Princeton University, Princeton. 6 December 2013. https://bit.ly/2PCf4lI

Foucault, Michel. *The Foucault Reader*. Ed. Paul Rabinow. New York: Pantheon, 1984.

Fukuyama, Francis. *The End of History and the Last Man*. New York: Free Press, 2006.

Hardt, Michael y Antonio Negri. *Empire*. Cambridge: Harvard University Press, 2000.

_____. *Multitude: War and Democracy in the Age of Empire*. New York: Penguin, 2004.

_____. *Commonwealth*. Cambridge: Harvard University Press, 2009.

Hostettler, Nick. *Eurocentrism: A Marxian Critical Realist Critique*. London: Routledge, 2012.

Kingdom of Heaven. Dir. Ridley Scott. Perf. Orlando Bloom, Eva Green, Liam Neeson. 20th Century Fox, 2005.

Laclau, Ernesto y Chantal Mouffe. *Hegemonía y estrategia socialista. Hacia una radicalización de la democracia*. Madrid: Siglo XXI, 1987.

LeBeau, Phil. "Ford retains world's top selling car with Focus". *CNBC*, Abril 2014. https://cnb.cx/2Cwp7qW

Lenin, Vladimir Ilich. *Obras completas*. Tomo II. Trad. Vladimir V. Majakovskij. Madrid: Akal, 1974.

Leys, Ruth. "The Turn to Affect: A Critique." *Critical Inquiriy* 37.3 (2011): 434-472.

Lewis, Tom. "Empire Strikes Out." *International Socialist Review* 24 (2002). https://bit.ly/2MT9G0E

Marx, Karl. *El capital. Crítica de la economía política*. Libro I. Trad. Pedro Scaron. Madrid: Akal, 2007.

Mason, Paul. *Postcapitalismo. Hacia un nuevo futuro*. Trad. Albino Santos. Barcelona/Buenos Aires/México: Paidós, 2016.

Massumi, Brian. "The Autonomy of Affect." *Cultural Critique* 31.2 (1995): 83-109.

Negri, Antonio. *Fábricas del sujeto/Ontología de la subversión*. Trads. Marta Malo y Raúl Sánchez Cedillo. Madrid: Akal, 2006.

Nesbitt, Nick (ed.). *The Concept in Crisis: Reading Capital Today*. Durham: Duke University Press, 2017.

Park, Hyun Woong. "Overdetermination: Althusser vs. Resnick and Wolff." *Rethinking Marxism* 25.3 (2013): 325-340.

Piketty, Thomas. *Capital in the Twenty-First Century*. Trad. Arthur Goldhammer. Cambridge: Harvard University Press, 2014.

Rancière, Jacques. *El desacuerdo. Política y filosofía*. Trad. Horacio Pons. Buenos Aires: Nueva Visión, 1996.
Resch, Robert Paul. *Althusser and the Renewal of Marxist Social Theory*. Berkeley: University of California Press, 1992.
Resnick, Stephen y Richard D. Wolff. *Knowledge and Class: a Marxian Critique of Political Economy*. Chicago: University of Chicago Press, 1989.
_____. "On Overdetermination and Althusser: Our Response to Silverman and Park." *Rethinking Marxism* 25.3 (2013): 341-349.
Rodríguez, Juan Carlos. *La norma literaria*. Granada: Diputación Provincial de Granada, 1994.
_____. *Althusser: Blow-up (las líneas maestras de un pensamiento distinto)*. Granada: Asociación para la Investigación & Crítica de la Ideología Literaria en España, 2003.
Silverman, Mark. "'Overdetermined' or 'Indeterminate'? Remarks on *Knowledge and Class*". *Rethinking Marxism* 25.3 (2013): 311-324.
Spinoza, Baruch de. *Ética demostrada según el orden geométrico*. Trad. Vidal Peña. Madrid: Orbis, 1980.
Žižek, Slavoj. *El sublime objeto de la ideología*. Trad. Isabel Vericat. México: Siglo XXI, 2001.

Michael Löwy, exégeta de Walter Benjamin[1]

BLANCA FERNÁNDEZ GARCÍA (UNIVERSIDAD DE GRANADA)

Introducción

Antiguamente, la hermenéutica se ocupaba de interpretar textos cuyo significado no era evidente, ya por el hermetismo propio de ciertos pasajes o por la distancia cronológica con sus oyentes o lectores, que entorpecían cultural o lingüísticamente la comprensión. A los textos interpretados se les presuponía un valor social: normalmente, se trataba de textos religiosos o jurídicos que por tradición habían gozado de una significación fundacional o estructural. Dada su relevancia, era necesario salvar las dificultades de comprensión como mediación entre el horizonte —histórico, cultural o lingüístico— de la sociedad del *presente* y el momento original del texto, lo que suponía un esfuerzo de restitución de sentido, o de resignificación, que permitía su continuidad.[2] En este ensayo, quisiéramos acercarnos al trabajo de Michael Löwy sobre Walter Benjamin, *Aviso de incendio. Una lectura de las tesis "Sobre el concepto de historia"* (2001), cuyo

---

[1] Este artículo ha sido realizado en el marco del proyecto de investigación "Actualidad de la hermenéutica. Nuevas tendencias y autores" (FFI2013-41662-P) financiado por el Ministerio de Ciencia y Tecnología y los Fondos Estructurales de la Unión Europea (FEDER) para el periodo 2014-2018.

[2] Tras la expansión del mundo helénico con Alejandro, se produce un cambio en la continuidad cultural y lingüística del mundo cerrado de la *polis*. La actividad hermenéutica comienza a desarrollarse con creciente intensidad en torno a los centros de Alejandría, donde la actividad de tipo filológico va dirigida a la corrección y glosa de textos alterados y lejanos, y de Pérgamo, donde se trata de hacer aceptables, a través de la interpretación alegórica, contenidos literales de textos antiguos. La conciencia de distancia o ruptura

"análisis 'talmúdico' —palabra por palabra, frase por frase" (Löwy, *Walter Benjamin* 37) recuerda algunos aspectos de aquella hermenéutica antigua: de la actualización de las tesis, se espera un bien para la sociedad del presente.

Efectivamente, a través de la interpretación de *Sobre el concepto de historia*, "uno de los textos filosóficos y políticos más importantes del siglo XX" y, en su opinión, el más relevante para el pensamiento revolucionario desde las *Tesis sobre Feuerbach*, Löwy confía en reactivar el grito de socorro lanzado por Benjamin en 1940 (16). Las tesis, redactadas entre enero de 1940 y su muerte en la España franquista cuando huía de la Francia ocupada, alertan sobre una situación de peligro para la humanidad (y más en concreto para el proletariado), sumida en aquel momento en la victoria del fascismo en Europa. Pero son, al mismo tiempo, una llamada de atención sobre los peligros de una determinada concepción de la historia fascinada por la idea de progreso, representada por las distintas formas que había adoptado el positivismo, también dentro de la filosofía marxista.

Los dieciocho fragmentos que componen el texto, algunos muy breves, están plagados de imágenes, alegorías y paradojas a través de las cuales se expresan intuiciones, observaciones y propuestas. A su brevedad y a la enorme condensación de significados y sentidos, se debe el hermetismo de ciertos pasajes. Complejidad que aumenta si tenemos en cuenta el núcleo de las tesis, o al menos el núcleo identificado por Löwy: una propuesta filosófica y práctica que pone en juego una conjugación revolucionaria entre marxismo y teología.

Tras el suicidio de Benjamin, las tesis comenzaron a difundirse dentro del más estrecho círculo de amigos a los que estaban dirigidas. Benjamin no había previsto su publicación a fin de evitar, como le explica en una carta de abril

---

con el pasado tomará forma con el cristianismo, lo que dará lugar, a través de la interpretación textual, a un primer esbozo de filosofía de la historia (Ferraris, *Hermenéutica* 7-9 e *Historia* 15).

de 1940 a Gretel Adorno, el riesgo de que esta abriera "de par en par las puertas a la comprensión entusiasta" (citado en Löwy, *Walter Benjamin* 39). Efectivamente, acertó con su pronóstico; a partir de 1955, cuando fueron publicadas por Adorno, se desencadenó un interés que no ha dejado de crecer entre comentaristas y estudiosos con distintas visiones y lecturas, incluso contradictorias.[3]

En este sentido, la lectura de Löwy se dirige a restituir la tensión del núcleo aparentemente contradictorio de las tesis, frente a interpretaciones que considera parciales, interesadas en un Benjamin marxista —como la de Bertolt Brecht— o en el Benjamin teólogo —como el que destaca Gersom Scholem (41)—. El propósito de Löwy es precisamente entender a Benjamin en su modo particular de expresión, en las dificultades de un pensamiento original e inclasificable. No en vano, la frase que inaugura *Aviso de incendio* reza así: "Benjamin no es un autor como los demás" (11).[4]

---

[3] En 1942, Adorno las publicó por primera vez en EE. UU., en un folleto "a la memoria de Benjamin". A esta primera edición, se siguieron otras, una en francés en 1947 de su amigo Misac; y otra en alemán, de Adorno, en 1950, sin apenas repercusión. La antología decisiva fue publicada de nuevo por Adorno en 1955. Fueron fijadas finalmente en la edición crítica y comentada *Gesammelte Schriften*, compilada por R. Tiedemann y H. Schweppenhäuser en colaboración con Adorno y Scholem, en 1974, y completadas con el descubrimiento de una tesis XVIII —en la numeración de Löwy es la tesis XVIIb— por parte de Giorgio Agamben, en 1991.

[4] La originalidad benjaminiana ha sido subrayada en primer lugar por Hannah Arendt, quien introdujo definitivamente a Benjamin a través de la compilación *Illuminations*, de 1960, en el panorama intelectual anglosajón. La introducción de Arendt, "Walter Benjamin 1892-1940", fue el foco de irradiación decisivo del aura benjaminiana al resto del mundo académico. Sin embargo, Löwy no estaría de acuerdo con la presentación de Benjamin como "hombre de letras" y mucho menos con la idea que Arendt da del marxismo benjaminiano, desprovisto de dialéctica. Como veremos, será una importante característica en la que Löwy apoya su interpretación, también subrayada por importantes estudiosos de Benjamin como Susan Buck-Morss. Löwy marca las distancias con Arendt desde la primera página, donde se reconoce más en las opiniones de Scholem o de Adorno, que sostenían que Benjamin era un filósofo "aun cuando escribiera de arte o filosofía" (Löwy, *Walter Benjamin* 11). Por último, pero no menos importante, cabe

La lectura de Löwy, en la que se contrastan notas preparatorias, variantes, traducciones (que él mismo corrige o modifica cuando considera necesario) y correspondencia epistolar, adopta formalmente la disposición de la exégesis en el sentido más tradicional: a cada tesis corresponde un espacio físico para su explicación; podríamos pensar, como él mismo sugiere, en las páginas del Talmud. Cada explicación tiene en cuenta el texto en sí, leído palabra por palabra, en diálogo con otros textos del autor que ayudan a su comprensión y también con distintas interpretaciones ofrecidas por diversos autores. Así, dando cuenta de la dificultad y sin descartar ningún elemento del texto, es como llega a presentar a un Benjamin romántico, teólogo, pensador marxista, pesimista milenarista, pero también intuitivo precursor de la teología de la liberación o, *in extremis*, del movimiento ecologista, muy cercano a las propias inquietudes políticas y filosóficas que Löwy ha ido madurando a lo largo de su trayectoria.

En este artículo, queremos analizar la interpretación que Löwy hace de las tesis en línea con su propio itinerario, pero también en relación con las discusiones que estas mantienen dentro del marxismo. Para ello, nos detendremos en primer lugar en la peculiar articulación de la interpretación bejaminiana de la historia que consideraremos una suerte de hermenéutica marxista por su doble cariz filosófico y político. Seguidamente, nos centraremos en el punto de vista marxista de Löwy como intérprete de las tesis. Por último, cotejando la interpretación de la historia de Benjamin y la de Löwy de las tesis con la interpretación figural, quisiéramos ver cómo la operación hermenéutica se dirige

---

señalar que para Löwy —de entre todos los intentos de interpretación de la obra de Benjamin— es "particularmente discutible" el acercamiento a Heidegger propuesto por Arendt en el susodicho ensayo de 1960. La "historicidad" heideggeriana es abstracta, mientras que para Benjamin la historia está ligada a la materialidad y a la concreción de los hechos (14-15).

a actualizar su potencia revolucionaria, en su tentativa de ofrecer "algunos caminos de investigación" que puedan clarificar el momento presente (17).

Constelaciones para una filosofía de la historia

Las tesis se abren con una escena ya célebre: la partida de ajedrez que juega un autómata disfrazado de turco ayudado por un enano giboso que, oculto bajo el tablero, dirige el juego mediante un mecanismo de espejos. Gracias al enano, que es la teología, el muñeco, que es el materialismo histórico, podrá vencer, sea quien sea su adversario (Benjamin, *Concepto* 426). Se introduce así la conjunción entre marxismo y teología, a través de una "alegoría irónica", cuyo objetivo, como también el de las *Tesis*, es ganar la partida.[5] En las *Tesis*, ganar significa dos cosas: "a) interpretar correctamente la historia, luchar contra la visión de la historia de los opresores; b) vencer al propio enemigo histórico, las clases dominantes; en 1940, el fascismo" (Löwy, *Walter Benjamin* 48). Al sorprendente consorcio entre marxismo y teología se le confiere un alcance filosófico, pero también político. La profunda radicación del argumento epistemológico en la acción y en la historia abre un terreno muy interesante para pensar una hermenéutica marxista, cuyo debate sobre interpretación y praxis remite en la literatura marxista a la XI *Tesis sobre Feuerbach*.

Sin embargo, este pensamiento filosófico y político no se presenta como un sistema; la reflexión benjaminiana "adopta la forma del ensayo o el fragmento, cuando no de

---

[5] Irónica en tanto que el autómata "vacío de sentido" representa el materialismo histórico de la Segunda y la Tercera Internacional (Löwy, *Walter Benjamin* 48-49). No es menos irónica la figura del enano teólogo, "pequeña y fea" y "que no debe dejarse ver en absoluto" (Benjamin, *Concepto* 426).

la cita pura y simple" (17).[6] Convendría dar un paso atrás y volver a uno de los proyectos de Benjamin anteriores a las tesis para comprender la complejidad de su propuesta de filosofía de la historia y su modo de articularla a través de una escritura única y original. En el proyecto de los *Pasajes*, cuya apuesta filosófica y hermenéutica ha sido definida por Susan Buck-Morss como una "dialéctica de la mirada", la meta de Benjamin era "construir [una] filosofía a partir de la historia" (Buck-Morss 72) "que descansa en el poder interpretativo de las imágenes que plantean concretamente asuntos conceptuales, con referencia al mundo exterior del texto" (22). Benjamin quería dar una visión de la historia que mostrara lo que la tradición del progreso ligada al desarrollo y expansión del capitalismo no mostraba. Para ello pone en práctica una estrategia hermenéutica aplicada a los restos de la cultura comercial del siglo XIX, cuyo fin es el de desvelar la historicidad del capitalismo cristalizada en los restos contemporáneos del París decimonónico. Por una parte, se evidenciaba la "calavera" que hay detrás de los bienes de consumo —su ser fetichizado— y, por otra parte, en virtud de esta operación, se ponía en cuestión la visión positivista de la historia. Esta estrategia, Adorno la vio sintetizada en la escritura de las tesis, "que resumen las consideraciones de teoría del conocimiento cuyo desarrollo ha acompañado el del esbozo de los pasajes" (Adorno 24). El colosal proyecto inacabado de los *Pasajes* funcionaría como una importante experimentación epistemológica cuyos resultados se condensarían en las pocas páginas de las tesis.

---

[6] Esta cuestión es desarrollada por José Manuel Romero Cuevas: "Cine y experiencia. Walter Benjamin y la interpretación dialéctica y materialista de los medios de masas", en este mismo volumen. En Benjamin, no habría tanto una formalización teórico-filosófica de la interpretación, sino que más bien sería la propia actividad la que constituiría una hermenéutica dialéctica de la cultura.

El procedimiento filosófico, interpretativo y revolucionario tomaba forma en las "imágenes dialécticas". Estas presentaban una relación en la que los elementos podían aparecer como contradictorios, no armonizados ni ordenados siguiendo un esquema narrativo. El método privilegiado para ponerlos en relación —imágenes o textos, indiferentemente— era el del montaje, que Benjamin concibe como una forma progresista que "'interrumpe el contexto en el que se inserta' y de ese modo 'actúa contra la ilusión'" (Buck-Morss 84). Las pequeñas piezas montadas producirían un doble efecto. Por un lado, un desvelamiento: el de la construcción positivista de la historia que coincide con la historia de los vencedores con los que "empatiza" el historiador historicista (Benjamin, *Concepto* 432). Pero por otra parte, al mismo tiempo que las técnicas modernas de montaje desvelaban las ilusiones de la representación positivista de la historia, Benjamin se servía de ellas como mecanismos constructivos y las consideraba "la única forma en la que puede erigirse la filosofía moderna" (Buck Mors 94). El sesgo contradictorio, destructivo y constructivo de las "imágenes dialécticas", evidenciaría la posibilidad de intervención en la historia, frente a la pasividad de la socialdemocracia; y su contemplación produciría una suerte de apertura de la misma (Tesis XVIIa).

La potencialidad incisiva de estas imágenes en la historia ha sido también cifrada bajo el concepto benjaminiano de constelación, donde las ideas se agrupan ordenadas de forma contradictoria, en cúmulos paradójicos. La unión de contrarios sería fiel a una presentación dialéctica de la realidad. Por otra parte, la idea de constelación, una conjunción de estrellas que toma forma según el punto de vista, se haría eco de la captación del pasado desde el presente (Dianteil 51). En el proyecto benjaminiano, el punto de vista del presente a partir del cual se forma la constelación es el del materialismo histórico: "El sujeto del saber histórico es la misma clase oprimida que lucha", dice la Tesis XII (Benjamin, *Concepto* 439). Por otra parte, el conocimiento no depende tanto de la voluntad como de la posibilidad u oportunidad de captar el pasado, contenida en el propio pasado. Los acontecimientos pasados no llevan solo el indicativo histórico que marca la pertenencia a una determinada época, sino también su momento de legibilidad (Agamben, 141); principio hermenéutico que se recoge en la Tesis II: "el pasado comporta un índice secreto por el cual se remite a la redención" (Benjamin, *Concepto* 427) y en la Tesis V: "el pasado solo cabe retenerlo como imagen que relampaguea de una vez para siempre en el instante de su cognoscibilidad" (430). Esta no arbitrariedad marca una de las diferencias de la hermenéutica histórica de Benjamin: hay una clase que es el sujeto intérprete, y la interpretación aviene en un momento determinado, contenido de alguna manera en el pasado como objeto de interpretación.

> Cuando el pensamiento es constelación saturada de tensiones, aparece la imagen dialéctica. Es la cesura en el movimiento del pensamiento. Su ubicación no es por supuesto, arbitraria. En una palabra, debe ser buscada en el punto donde es mayor la tensión entre las oposiciones dialécticas (citado en Buck-Morss 245).

Este modo de articular la relación histórica como un "fogonazo" o una "chispa", en el que el presente vislumbra un pasado potencialmente emancipador, responde no solo a una protesta contra el historicismo, sino que supone también una toma de posición dentro del marxismo que, en su percepción de la historia, se había acercado a posturas cientificistas y mecanicistas, confiadas en un ineludible progreso etapista. Las corrientes entonces hegemónicas del marxismo soviético y de la socialdemocracia se apoyaban en la idea de un progreso ilimitado que animaría la historia y que la convertiría en una sucesión imparable de formas de organización económica y social que avanzan hacia el socialismo final. En una carta a Adorno de febrero de 1940, Benjamin explica que el objetivo de las tesis era: "establecer una escisión irremediable entre nuestra manera de ver y las supervivencias del positivismo" (citado en Löwy, *Walter Benjamin* 37).[7] Benjamin opta por una historia discontinua fundamentada en la rememoración en un "instante de peligro" (Benjamin, *Concepto* 430) de un pasado en el que se gestó una alternativa a la historia de los vencedores que, interpretada por el presente, serviría como impulso para la victoria de los siempre vencidos. Sería una suerte de reconstrucción de una trama histórica, cuyos momentos discontinuos apuntan secretamente hacia la victoria en la que se empeña la curiosa pareja del autómata y el enano. Un ejemplo muy esclarecedor de esta solidaridad histórica nos lo daría la Liga Espartaquista que, al final de la Primera Guerra Mundial, se acoge a la rememoración de la lucha de esclavos que en el siglo I a. C. desafiaron al poder imperial romano.

Las *Tesis* mismas, con su núcleo de colaboración entre teología y marxismo, parecen configurarse como una constelación plagada de tensiones en las que se evocan algunos de estos momentos del pasado como los utopistas franceses, el "broncíneo timbre" de Blanqui (385) o el mismo movimiento espartaquista. Al hacerlo, se confirman como un modo de interpretar la historia y una apuesta revolucionaria de irrupción en la misma. Y es precisamente a esta dualidad a la que se enfrenta Michael Löwy en su lectura, explicación y actualización de las tesis. A partir de aquí, nuestro análisis parece adoptar la forma de un juego de matrioskas: el intérprete Löwy interpreta la interpretación marxista de la historia propuesta por Walter Benjamin.

---

[7] Mucho antes de adherirse al marxismo, las primeras inquietudes de Benjamin lo habían ya posicionado en una tradición, la romántica, poco afín al mecanicismo y a la fe en el progreso: en este humus, va cobrando forma el desacuerdo fundamental con una filosofía de la historia evolucionista y determinista a la que progresivamente, bajo influencia de la teología (el otro gran sustrato receptivo del marxismo en Benjamin), irá oponiendo una concepción cualitativa del tiempo mesiánico, aquel que más adelante contribuirá en la lucha de clases a hacer saltar por los aires el *continuum* de la historia de los vencedores.

Marxismo dialéctico y otras afinidades electivas

El descubrimiento de las tesis por parte de Löwy en 1979 en Jerusalén, a partir de los escritos de Scholem, supuso, como él mismo explica, un antes y un después en su propio trabajo:

> Desde que lo leí, hace unos veinte años, ese escrito no dejó de obsesionarme, fascinarme, intrigarme, conmoverme. [...] Pero, sobre todo, la lectura de las "tesis" quebrantó mis certezas, trastocó mis hipótesis, derrumbó (algunos de) mis dogmas; en síntesis, me obligó a reflexionar *de otra manera* sobre una serie de cuestiones fundamentales: el progreso, la religión, la historia, la utopía, la política. Nada salió indemne de ese encuentro crucial (Löwy, *Walter Benjamin* 45).

El diálogo con este texto habría vertebrado y completado el pensamiento de Löwy al insertarse en la tradición dentro del marxismo en la que este se reconoce desde sus primeros trabajos. En este sentido, su interpretación va más allá de la mera glosa y desde su posicionamiento marxista toma el texto como un imperativo y hace suyo el programa de "ganar la partida".[8]

La lectura de Löwy se puede ubicar en una tradición, dentro del marxismo, crítica con la ortodoxia y que defiende desde posiciones románticas la capacidad revolucionaria del mismo.[9] Desde un pensamiento utópico y crítico con el

---

[8] Otros comentarios a *Sobre el concepto de historia* interpretan en modo diverso el materialismo histórico en las tesis. En España, dos importantes esfuerzos de explicitación de las tesis son *Medianoche en la historia* (2006) de Reyes Mate y *Juegos de duelo* (2004) de José Manuel Cuesta Abad. Para Reyes Mate (53), el materialismo dialéctico pone el conocimiento en relación con el interés común, por lo que su papel en la conjunción marxismo y teología se orientaría hacia una noción de justicia. Cuesta Abad asocia materialismo dialéctico a los conceptos más generales de filosofía o política (94).

[9] Una de las aportaciones más originales de Löwy es su trabajo junto a Robert Sayre, *Revuelta y melancolía* (1992), donde se define el romanticismo como una visión del mundo (*Weltanschauung*) crítica con los aspectos insoportables y degradantes de la civilización moderna capitalista en nombre de valo-

progreso, interesado a su vez en la aportación del mesianismo, Löwy ha forjado una línea que ha ido encontrando su espacio en un marxismo afín a la teología de la liberación y, más adelante, en la corriente conocida como ecosocialismo. Se podría echar mano de uno de sus conceptos más queridos, el de "afinidad electiva" para explicar la atracción de su pensamiento hacia el de Benjamin. La crítica al progreso, el interés por el romanticismo o incluso su interés por el mesianismo y el pensamiento utópico son evidentemente aspectos que lo acercan e incluyen dentro de la propuesta benjaminiana.

Esta propuesta encontraría su espacio en una concepción del marxismo dialéctico y revolucionario que Löwy definió en uno de sus primeros trabajos, *Dialéctica y revolución* (1973). En este libro, va a sentar las bases en las que se moverá en el futuro, y propondrá una constelación de autores con los que seguirá en diálogo a través de los años. El hilo argumental que sigue el libro es la recuperación de la dialéctica hegeliana del pensamiento de Marx como metodología que fundamenta la capacidad crítica y revolucionaria del marxismo. En aquel momento, la postura de Löwy está inspirada por el "marxismo humanista e historicista" de su maestro Lucien Goldmann, que se erigía en oposición al marxismo althusseriano "deshumanizado" en boga en Francia.[10] El arrinconamiento de la dialéctica hegeliana sustentaría la interpretación marxiana de Althusser, pero

---

res premodernos (28); esta crítica fundamentaría en algunas ocasiones una esperanza revolucionaria. Por otra parte, el concepto de "visión del mundo", del que Löwy se sirve en su definición del romanticismo, lo toma prestado de Lucien Goldmann, "quien desarrolla y lleva a un nivel superior una larga tradición en el pensamiento alemán, sobre todo en Wilhelm Dilthey" (Löwy-Sayre, 24). Como vemos, el trabajo de Löwy se inscribe también en una tradición epistemológica romántica y antipositivista.

[10] Sobre el marxismo althusseriano, véase el capítulo titulado "Releer el Capital" también en *Dialéctica y revolución*. Löwy explica los "valores humanistas 'clásicos'" (Löwy, *Dialéctica* 60) en nombre de los cuales dirige la crítica a Althusser y plantea, también en conflicto con este, la cuestión sobre el sujeto revolucionario.

también la de la corriente reformista que había encabezado Bernstein a principios del siglo XX y la de algunos marxistas rusos como Plejanov, Bujarin o el mismo Stalin. Frente a estos autores, Löwy apela a otros que la ortodoxia en los años setenta llamaba "izquierdismo teórico", entre ellos Rosa Luxemburgo, Karl Korsch, Georg Lukács o Antonio Gramsci (Löwy, *Dialéctica* 7).

Vale la pena detenerse en el ensayo dedicado a Lenin (poco sospechoso de heterodoxia) donde Löwy ofrece una definición de la dialéctica marxista a partir de la lectura de *La ciencia de la lógica* de Hegel que Lenin realizó entre 1914 y 1915.[11] Löwy subraya su impacto en la elaboración de las "Tesis de abril" y en el itinerario político que marcaron, poniendo en cuestión la esperanza etapista de la mayor parte del partido bolchevique. La dialéctica, tal como la entendió Lenin y la plasmó en sus cuadernos —el método de estudio de la historia según el cual el sujeto, a través del análisis de la situación concreta en su historicidad, comprendería la posibilidad de irrupción en la historia—, tuvo como resultado la aplicación a la realidad de un "pensamiento realista revolucionario frente a una situación nueva" (Löwy, *Dialéctica* 137).

La asunción de la dialéctica por parte de Lenin se materializó en el estudio —que podríamos considerar dialéctico en sí— de los fundamentos del marxismo dentro de la dialéctica hegeliana y de los fundamentos mismos:

---

[11] Durante unos meses entre 1914 y 1915, Lenin se recluyó en la Biblioteca de Berna tras la gran decepción sufrida con el comienzo de la Gran Guerra, profundamente contrariado por el apoyo a la guerra por parte de los socialistas alemanes, y el de Plejanov al gobierno del zar. La lectura de *La ciencia de la lógica* ha sido considerada un punto de inflexión que permitiría hablar de un antes y un después en Lenin (véase Löwy, *Dialéctica* 121). Esta postura ha sido revisada. Savas Michael-Matsas argumenta la continuidad rebatiendo la idea de un Lenin "materialista mecanicista" hasta 1914 y un "Lenin dialéctico" a partir de entonces (Michael-Matsas 112).

> La inversión materialista de Hegel, el ir más allá de su dialéctica desde una postura materialista, es *la propia génesis y el acto fundacional del marxismo*. No es una acción realizada una vez y para siempre por Marx hace siglo y medio, o por Lenin en 1914. Es un proceso abierto, activo y permanente hasta la completa realización de la filosofía en un mundo radicalmente transformado. Los fundamentos, la base, se encuentran siempre en las profundidades del presente (Michael-Matsas 106).

Lo que vendría a sostener que la dialéctica marxista no es un método o una receta a aplicar, sino que supone una revisión constante que parta de la realidad del presente. Algo de esta percepción dialéctica, la encontramos en la visión de la historia que Walter Benjamin propone en las tesis. De manera similar a la reacción de Lenin a la II Internacional y a los marxistas como Plejanov o Sujanov es la reacción de Benjamin a los socialdemócratas alemanes y al desarrollo de la Unión Soviética. Su modo particular de afirmarlo, de dar fuerza a ese presente fáctico que necesita buscar sus fundamentos para avanzar hacia un futuro de emancipación, pasa por la metáfora de configurar el presente en un momento fugaz, a galope, en un instante de peligro: instante privilegiado en el que el sujeto es la clase dominada que se apropia de otro instante del pasado en el que se probó la posibilidad de apertura de la historia.

En 1973, Löwy aún no conocía las tesis, aunque no es difícil imaginar a Benjamin dentro de esa constelación de "izquierdistas teóricos". En cualquier caso, esta base epistemológica y revolucionaria seguramente le facilitó el enfrentarse a los contenidos de las tesis y su interpretación contradictoria, discontinua, en definitiva, dialéctica de la historia. Y también muy probablemente le permitió, desde su origen latinoamericano, incorporar a su lectura su preocupación por los movimientos anticoloniales, su guevarismo y su apuesta por la teología de la liberación. Todos ellos desarrollos *a posteriori*, en los que ve de alguna manera contenidas las propuestas benjaminianas. En este sentido,

Löwy no se presenta como un intérprete neutral, sino que quiere ser fiel a la doble faz interpretativa y activa de las tesis. Su actividad, como profesor universitario, pasa por un momento necesario de estudio e interpretación, pero no es difícil encontrar publicaciones, seminarios y conferencias en distintos medios, en los que expone sus resultados bajo la modalidad del "aviso", como reza el título de este trabajo que nos ocupa, inspirado en el título de uno de los fragmentos del libro de Benjamin, *Dirección única*: "Avisador de incendios".

Dialéctica y hermenéutica en la lectura de las *Tesis*

La lectura que emprende Löwy "palabra por palabra, frase por frase" (Löwy, *Walter Benjamin* 37), como explica Bouretz "en los confines de la exégesis y de la meditación, de la fidelidad a la tradición y del cuidado de penetrar la esencia de las cosas" (citado en Azria 24), revela sin ambages la opción hermenéutica en el abordaje de las tesis. La opción exegética, como la del comentarista de textos sagrados, le permite, por su atención minuciosa al texto, a sus particularidades y a las tradiciones en que se inscribe, adentrarse en la complejidad constructiva del texto y dar cuenta de su sentido dialéctico.

Detengámonos, como ilustración, en una muestra del bisturí hermenéutico aplicado al análisis de la paradójica cita con que se abre la Tesis IV: "*Ocupaos ante todo de alimentaros y vestiros y a continuación el reino de Dios vendrá a vosotros por sí solo* (Hegel, 1807)". Una alusión al Evangelio (Mateo 6, 25-31 y Lucas 12, 21-31), a través de Hegel, anticipa la discusión desarrollada en el cuerpo de la tesis sobre la dialéctica material y espiritual que el marxismo convencional ha cifrado en términos de relación entre estructura y superestructura.[12] Benjamin cita descontextualizando y se apropia "como un salteador de caminos" (Löwy, *Walter Benjamin* 67) de este fragmento en el que el pensador idealista, mediante la inversión del célebre pasaje del Evangelio, se convierte en estandarte del materialismo más crudo. Es una apertura irresuelta y contradictoria en la que Löwy subraya la alusión al Reino de los Cielos, adoptado a su vez por la tradición revolucionaria cristiana, particularmente por Thomas Münzer, al que Engels dedicó *La guerra de los campesinos en Alemania* (1850) (67-68), y que sumaría al sentido evangélico el de la olvidada historia de las luchas campesinas del siglo XVI.

El cuerpo de la tesis desarrolla la discusión entre lo material y lo espiritual en la lucha de clases a través de dos alusiones brechtianas contradictorias (una lucha por "las cosas brutas y materiales", cuyo paradójico botín consiste en las finezas espirituales, también brechtianas, de *confianza, coraje, humor, astucia,* o *inquebrantable firmeza*). Una lucha que en el texto se orienta "por una secreta especie de heliotropismo", en la que Löwy constata una vez más la importancia de la "lucha de clases" en una "historia desde abajo" —que remonta a la lectura de la obra de Lukács *Historia y conciencia de clase* (1923) (Löwy, *Walter Benjamin* 69). Frente a la "sucesión de victorias de los poderosos" que sustenta una historia progresista, y con la que el mismo Marx habría coqueteado (Löwy alude al artículo a propósito de la India, donde contempla con buenos ojos los aspectos progresistas del orden colonial), Benjamin plantea la actualización de una sola lucha, no una progresión. Cada lucha presente llama a las luchas del pasado y cada vez que la lucha socava la

---

12 En Mateo 6, 25, 33-34: "No os angustiéis por vuestra vida, qué vais a comer; ni por vuestro cuerpo, qué vais a vestir [...] Buscad primero el Reino y su justicia, y todo eso se os dará por añadidura". En Lucas 12, 29-31: "No andéis buscando ni qué comeréis, ni qué beberéis ni estéis ansiosos. Porque son los paganos quienes buscan estas cosas con afán. Como vuestro Padre ya sabe que las necesitáis, buscad su reino y se os darán por añadidura".

legitimidad de los vencedores, deslegitima a todos los vencedores de la historia; en términos benjaminianos: "redime" a todos los vencidos de la historia (70-71).[13]

El tipo de análisis le permite exponer e interpretar con toda minucia la construcción dialéctica que Benjamin exhibe en las tesis a través de la manipulación de citas, de contradicciones entre lo material e inmaterial, o de alegorías como la relación heliotrópica entre las luchas del pasado y la promesa solar de redención. En este sentido, respecto a las dos posturas representadas por Brecht marxista y Scholem teólogo, Löwy mantiene una actitud bastante equidistante y no se inclina ni hacia el primero, como podría esperarse debido a su marxismo militante, ni hacia el segundo, a quien debe como sabemos, el descubrimiento de las tesis. La originalidad de Benjamin y su núcleo duro pasaría según Löwy por la presencia de estas dos lecturas en igual grado de importancia.

Sin embargo, en el ejercicio propuesto por Löwy se da un paso más allá de la interpretación en el que podríamos observar una suerte de simultaneidad entre dialéctica y hermenéutica al traspasar este los límites de la glosa y actualizar sus contenidos en la historia reciente, en concreto de América Latina. Este sería el resultado de un doble propósito: por una parte, ilustrar con ejemplos que puedan ayudar al lector a visualizar la propuesta de Benjamin, en concreto la unión entre marxismo y teología, y por otra, recoger el testigo revolucionario de dicha unión. Efectivamente, si Benjamin insta a abrir vías y posibilidades en diálogo con el pasado a través de nuevas constelaciones —nuevas rupturas en el tiempo vacío de la historia de las clases dominantes—, Löwy es particularmente coherente con este propósito. Su

---

[13] El concepto de "redención" (traducción preferida por Löwy para *Erlösung*) había sido ya introducido en la Tesis II. En el comentario, se interpreta como una reparación del "abandono" y "desolación" del pasado según una imagen de felicidad, sea en el ámbito individual o colectivo en la historia (Löwy, *Walter Benjamin* 55).

labor como comentarista, apoyado en su bagaje vital y político, atrapa dialécticamente en su presente la oportunidad fugaz que se le ofrece en las tesis.

En el libro de Bolívar Echevarría, *La mirada del ángel*, Löwy habla de una recensión escrita por Benjamin en 1929 a propósito del libro de Marcel Brion, *Bartholomée de las Casas "père des indiens"* (1928); la única ocasión en que el autor alemán se ocupara de América Latina. Como es de esperar, en su interpretación de la historia desde el punto de vista de los vencidos, denuncia los intereses económicos de los conquistadores escondidos bajo las tareas civilizadoras. El empeño evangelizador de la Iglesia católica justificó la conquista a pesar de las repercusiones para los indios. Sin embargo, Benjamin señala cómo en el seno mismo de la Iglesia, surgieron las voces de los primeros defensores de los indígenas como Bartolomé de las Casas o Bernardino de Sahagún, quien salvó la herencia indígena de la destrucción del catolicismo, un ejercicio de "dialéctica histórica en el campo de la moral" (Löwy, "Punto" 3). ¿Intuición de una futura teología de la liberación?, se pregunta Löwy.

En 1992, se produjo una emocionante revisión de los festejos a propósito del quinto centenario. Un caso particularmente en sintonía con las tesis fue el gesto de algunos jóvenes indios brasileños que dispararon con sus arcos flechas al reloj que servía para contar el tiempo hasta el centenario. Benjamin en la tesis XV alude a la revolución de julio de 1830: "al atardecer del primer día de lucha ocurrió que, en varios sitios de París, independiente y simultáneamente, se disparó a los relojes de las torres" (Benjamin, *Concepto* 388). Seguidamente, Benjamin completa la imagen con una alusión a la teología, los revolucionarios son bautizados como "nuevos Josués" por la rima improvisada de un testigo ocular: *"¡Quién lo creería! Se dice que, irritados contra la hora,/ Nuevos Josués, al pie de cada torre,/ Disparaban contra las esferas para detener el día"* (citado por Löwy, *Walter Benjamin* 143).

La actualización de los contenidos de las tesis a través del comentario se complementa con una actualización histórica en la que interviene el marxismo dialéctico que ha acompañado a Löwy desde los años setenta. Los numerosos ejemplos con los que ilustra el trabajo de actualización textual pertenecen en su mayoría a la historia reciente de Latinoamérica y facilitarían la comprensión de los elementos más paradójicos de las tesis. Pero además, gracias a estas dos operaciones, dialéctica y hermenéutica, es capaz de abordar una interpretación textual y darle una continuidad real a través de la interpretación de la historia. Podríamos hablar de una hermenéutica dialéctica en el sentido de que Löwy trasciende el texto y, siguiendo las claves que este le da, es capaz de reconocer en la historia reciente una relación de afinidad, una especie de cumplimiento en ciertas iniciativas históricas.

Sin embargo, en los ejemplos históricos que propone, como la acción contra el festejo del cincuentenario del descubrimiento de América, se diría que los protagonistas reaccionan a "un momento de peligro" —que podría ser en este caso el ocultamiento por parte de la historia occidental de la existencia de los pueblos amerindios conquistados— y su gesto de oposición a la cronología (a la historia) occidental, supone una puesta en cuestión de la temporalidad moderna regida por los relojes, en secreta solidaridad con los revolucionarios franceses de 1830.[14] Esta acción sería entonces una constelación en la que se podrían adivinar componentes románticos en desacuerdo con el progreso, el apoyo bíblico —"los nuevos Josués"— y la tradición de los pueblos amerindios, lo que produce efectivamente una chispa, o una pequeña fisura en la historia: la de dar visibilidad a los derrotados.

---

14 Enrique Dussel, en *1492. El encubrimiento del Otro. Hacia el origen del "mito de la modernidad"* (1992), sitúa el nacimiento de la modernidad con el descubrimiento o "encubrimiento" de América. En este sentido, los ataques a los relojes de los revolucionarios franceses y los de los indios brasileños se podrían englobar dentro de la misma protesta con la modernidad.

Como vemos, la hermenéutica marxista de las imágenes dialécticas tendría dos capas: por una parte, el trabajo de interpretación del historiador o intérprete textual; y por otra, la de los agentes históricos que en su gesto actuarían como intérpretes de la historia. Al intérprete textual le quedaría la tarea de poner en evidencia "la calavera que hay detrás" como hace Benjamin en el *Libro de los Pasajes* o, como hace Löwy, poner en marcha un mecanismo de hermenéutica orientada por un marxismo dialéctico, capaz de ser lo bastante flexible para reconocer estos raros momentos históricos. Siempre contando con la ventaja, o desventaja, del principio hermenéutico benjaminiano al que aludíamos en el apartado anterior: "La imagen leída, o sea, la imagen en el ahora de la cognoscibilidad, lleva en el más alto grado la marca del momento crítico y peligroso que subyace a toda lectura" (Benjamin, *Pasajes* 465).

Algunos apuntes sobre hermenéutica y mesianismo: la interpretación figural

La rara conjunción entre marxismo y teología, así como la lectura palabra por palabra que Löwy equipara a la exégesis talmúdica, nos llevan a situar la reflexión sobre la interpretación no en una hermenéutica filosófica, sino en una hermenéutica ocupada en la exégesis textual y, en concreto, orientada hacia un tipo de textos que, como a las *Tesis*, se les presupone un importante contenido teológico en forma de proyecto mesiánico.[15]

---

15 El trabajo de Löwy dista mucho de los intentos de encuentro entre marxismo y hermenéutica del último siglo. Mientras algunos de los intelectuales vinculados a la Escuela de Frankfurt (Marcuse, Adorno o Habermas) han mantenido un diálogo considerado fallido con los principales representantes de la hermenéutica filosófica del siglo XX (Heidegger y Gadamer), en el trabajo de Löwy la hermenéutica no es considerada en tanto que sistema filosófico, sino como herramienta filológica y teológica de interpretación. En este sentido, las aportaciones a la interpretación de los fenómenos socia-

Uno de los lectores privilegiados de las tesis, descubridor además de la Tesis XVIIb, Giorgio Agamben, sugiere una provocadora e interesante identificación entre "el teólogo corcovado" —"pequeño y feo y que no puede mostrarse"— y las Epístolas de Pablo. Agamben propone, como cierre a su trabajo sobre el íncipit de la Carta a los Romanos, la identificación de algunos términos empleados por Benjamin como huellas de la lectura e influencia de la traducción de la Biblia de Lutero en la escritura de las Tesis.[16] Por ejemplo, la "débil fuerza mesiánica" de la Tesis II es emparentada con la debilidad que es fuente de potencia en la Segunda Epístola a los Corintios.

---

les y culturales de otros de los componentes de la Escuela de Frankfurt, desde parámetros dialécticomaterialistas, se ubicarían en ese ámbito teóricofilosófico, como el intento de Marcuse de fundamentar una "fenomenología dialéctica" poniendo en diálogo a Heidegger y Marx, o la lectura dialéctica de algunos motivos gadamerianos realizada por Habermass (véase, de Romero Cuevas, *Herbert Marcuse. Entre hermenéutica y teoría crítica*, 2011 y su introducción a *Hacia una hermenéutica dialéctica*, 2005). Recordamos el rechazo de Löwy al acercamiento propuesto por Arendt entre Benjamin y Heidegger, corroborado por el mismo Benjamin que constataba "el choque de nuestras dos maneras, muy diferentes, de considerar la historia" (citado por Löwy, *Walter Benjamin* 15). La historia concreta a la que apela Benjamin poco tiene que ver con la historicidad de la hermenéutica heideggeriana (Véase, sobre este tema, el artículo de Gómez López-Quiñones: "¿Interpretación sin transformación? Karl Korsch y el momento no-dialéctico de la dialéctica", en este mismo volumen).

[16] Es particularmente interesante la estructura de este libro, surgido a partir de varios seminarios impartidos entre 1998 y 1999 en distintas universidades. La interpretación de cada una de las palabras de la primera frase de Pablo ("Paulus Doulos Christou Iesou, Kletos Apostolos Aphorismenos eis Euanggelion Theon" / "Pablo, siervo de Jesús Mesías, llamado apóstol, separado para el evangelio de Dios"), ocupa las jornadas de los seminarios, numeradas del primer al sexto día en una clara alusión a la creación del mundo en la tradición bíblica. Por último, la conclusión es titulada "Umbral o *tornada*" al modo de las estrofas finales de las composiciones provenzales donde se recapitulaban las estrofas anteriores. Esto supone un doble gesto: la recapitulación de Benjamin del mesianismo judío de Pablo y el énfasis en el peso que este ha tenido en la configuración de la cultura occidental. Ambos gestos están en consonancia con el propósito del trabajo: "Este seminario se propone ante todo restituir a las Cartas de Pablo su rango de textos mesiánicos fundamentales de Occidente" (Agamben 13).

Particularmente interesante es la etimología que Agamben propone de la palabra "imagen" que, como "imagen dialéctica", es un concepto clave en la hermenéutica benjaminiana. "Imagen", en alemán *Bild*, es el término con el que Lutero traduce el *typos* o *figura* de las epístolas de Pablo:

> Pero ¿por qué Benjamin habla de *Bild* "imagen" y no de tipo o figura que es el término de la Vulgata? Pues bien, disponemos de una contraprueba textual que nos permite hablar también en este caso de una verdadera y auténtica cita sin comillas: Lutero traduce *Rom 5, 14* (*typos tou mellontos*) "Welcher ist ein Bilde des der zukunfftig war", "el cual es una imagen de lo que será futuro" (Agamben 139).

Los indicios textuales permiten a Agamben parangonar la interpretación tipológica o figural de las Cartas paulinas con el vínculo entre pasado y presente de las constelaciones benjaminianas y establecer un paralelismo entre el tiempo mesiánico o *kairós* paulino con el "tiempo-ahora" (*Jetzt Zeit*) benjaminiano, concluyendo que "la orientación hacia el pasado que caracteriza el mesianismo benjaminiano tiene su canon en Pablo" (140).[17] Su propia interpretación, la identificación del enano escondido bajo el tablero de ajedrez, entraría dentro de los cánones paulo-benjaminianos, puesto que presenta este descubrimiento como la constelación de dos textos mesiánicos, escritos a distancia de dos milenios en situaciones de "crisis radical" y "que experimentan justamente hoy el momento de su legibilidad" (141).

Otra llamada a Benjamin en el contexto de la exégesis cristiana la encontramos en el prólogo de José Manuel Cuesta Abad al libro de Erich Auerbach, *Figura*, donde también es sugerida una similitud entre el tiempo de la

---

17 Uno de los conceptos al que Agamben da mayor importancia en su interés por el mesianismo de Pablo es la idea del *kairós*. Frente al *kronos* como tiempo profano regular, el *kairós* es "el momento presente", el tiempo tras el advenimiento del Mesías, la promesa de redención y el momento de redención misma.

interpretación figural (*kairós*) y el tiempo *ahora* o *Jetzt Zeit* de Benjamin: "Los *kairoi* componen así la trama puntual y discontinua de una historicidad perfecta cuyo desarrollo va siendo enclavado por una misma 'hora de la verdad' repetida y multiforme, algo similar –pero solo eso– al misterioso ¡*ahora!* o *Jetzt-Zeit* de W. Benjamin" (Cuesta Abad 30-31).

Para entender mejor esta huella teológica, es esclarecedor el abordaje de Auerbach del concepto de figura, distintivo de la hermenéutica que surge con el cristianismo en su relación con la tradición judía. En esta se reconoce una concordancia kerigmática con el advenimiento del Mesías, que permitirá incluirla dentro de una trama temporal en la que encuentran sentido acontecimientos puntuales que apuntan a la salvación. A través de la interpretación figural, los primeros cristianos incluyen en su programa de salvación los textos sagrados judíos, que cobran sentido en tanto que, en base a una semejanza, se convierten en preanuncio profético de lo que sucederá, precisamente como recuerdan las palabras de Pablo citadas pocos párrafos atrás: "una *imagen* de lo que será futuro". Como ejemplo de la interpretación cristiana del Génesis, recordamos el sueño de Adán y la costilla a partir de la que Dios crea a Eva, leída como figura de Cristo sacrificado, de cuyo costado herido surgirá la Iglesia.

Pero el aspecto verdaderamente particular de la figura, como bien explica Auerbach, es la facticidad e historicidad de ambos polos de la interpretación: "La figura es ese algo verdadero e histórico que representa y anuncia otro algo igualmente verdadero e histórico" (Auerbach 69). Efectivamente, a diferencia de la alegoría o del símbolo, "la estructura figural preserva el sentido histórico, lo interpreta de un modo revelador y solamente puede interpretarlo en tanto lo preserve" (120). La figura profetiza anticipando en hechos históricos y concretos lo profetizado, que a su vez tendrá dimensión histórica y concreta (70). Para poder ser leído como figura, el sueño de Adán ha de ser considerado tan real e histórico como la muerte de Cristo.

El desarrollo de la teoría figural por parte de Auerbach, nos permite perfilar la relación propuesta por Agamben entre la interpretación tipológica de Pablo y las constelaciones benjaminianas, en el tiempo cualitativo y mesiánico que irrumpe en el *continuum* histórico y en la lectura de esos momentos mónadicos dentro de una trama de salvación. El componente histórico fáctico de la interpretación *figural*, lo que la diferencia de la interpretación alegórica o simbólica, sería un elemento también de primera línea en Benjamin en tanto que no se presenta como un intérprete textual, sino como un filósofo de la historia.

Otra de las importantes contribuciones de Auerbach fueron sus estudios sobre la teoría clásica de los estilos y la subversión del *"sermo humilis"* inaugurado por el cristianismo: "si la infinita grandeza del Verbum se encarnó en la más humilde figura humana, también en verbum humano ha de encarnar humildemente esa magnitud absoluta" (Cuesta Abad, 38). La insistencia de Benjamin en evidenciar y dar consistencia material a la historia de los vencidos da lugar a una hermenéutica de la ruina, de lo obsoleto, del fragmento. Frente a la grandeza y visibilidad de los monumentos que confirman la historia de los vencedores, Benjamin se aferra a lo pequeño, a lo aparentemente inútil para recordar a los excluidos de la historia. Esta operación podría también ser puesta en relación con la valoración positiva que el cristianismo hace de lo humilde, pues la humildad del verbo humano encarna la gran magnitud de lo divino. Así, el fragmento contiene en sí índices de una tradición histórica prácticamente desaparecida y, también, interpretado en el momento justo (de peligro), puede ser uno de los términos de la constelación que irrumpa en la historia lineal de los vencedores.

Huelga decir que Benjamin no es un autor cristiano ni se le puede atribuir anacrónicamente una interpretación figural de la historia. Sin embargo, si queremos cotejar la propuesta marxista de Benjamin, que en sí es ya un ejercicio interpretativo, con la hermenéutica, resulta más fácil acercarla a una hermenéutica textual (como es la hermenéutica que desarrollaron los primeros cristianos) que a una hermenéutica filosófica. Tanto la interpretación marxista y teológica de Benjamin como la hermenéutica figural son interpretaciones que se desarrollan en el ámbito de un programa histórico determinado, por lo cual comparten la necesidad de atenerse a la materialidad textual y a la facticidad de los hechos históricos, lejos del nivel de abstracción de las reflexiones de la hermenéutica filosófica. Frente a la victoria por acumulación de los vencedores, que como se sabe hasta ahora no han dejado de ganar, la lucha de los vencidos se articula gracias a la potencialidad mesiánica del desvelamiento azaroso de una suerte de tradición de los vencidos, una fuerza que comienza a enderezar el pasado hacia "el cielo de la Historia" (Benjamin *Concepto* 375). Esta fuerza es una trama novedosa que permite leer los fragmentos descartados de la historia, cuya unión en constelaciones configura la estela de las luchas hacia una sociedad sin clases.[18]

Junto a esta lectura de las tesis en paralelo a la interpretación figural cristiana, se podría también considerar el propósito de Löwy en *Aviso de incendio*. En la explicación e implementación de su contenido con los ejemplos de la historia reciente de América Latina, está integrando en la historia de los vencidos acontecimientos posteriores a la escritura benjaminiana, para los cuales esta sería una especie de prefiguración. Efectivamente, la conjunción entre marxismo y teología, tan difícil de comprender en los años inmediatos a la escritura de las *Tesis*, como revelan las

---

[18] En la Tesis XVIIa: "Marx secularizó la representación de la era mesiánica en la representación de la sociedad sin clases. Y estaba bien" (citado por Löwy, *Walter Benjamin* 154). Esta relación es problemática, ya que como sugiere Löwy en la interpretación de la tesis IV, Benjamin "no llegaría a secularizar tan integralmente el alcance teórico del concepto" (Löwy 68). La facticidad que Auerbach destaca en la interpretación cristiana seguramente tiene que ver con la secularización del reino de los cielos de teólogos como Thomas Münzer, un paraíso terrestre entre la historia de la redención y una sociedad sin clases (López, "Interpretación" 76).

interpretaciones de Scholem o de Brecht, se puede empezar a considerar una posibilidad real a partir de los años sesenta en ciertos movimientos como la revolución en Nicaragua, la insurgencia en el Salvador o el movimiento popular en Brasil. Movimientos que resultan indescifrables "si no se tiene en consideración la profunda modificación de la cultura resultante de la integración, por importantes sectores de la Iglesia, de algunos temas esenciales del marxismo" (Löwy, "Marxismo" 5).[19]

Haciendo gala de una visión marxista y dialéctica de la historia, Löwy integra, en la historia de la lucha entre vencedores y vencidos de las tesis, acontecimientos posteriores a su escritura que responderían a una determinada direccionalidad histórica. Löwy salva pequeños acontecimientos (es notoria la desproporción entre unas pocas fechas frente a todo un año de celebración del cincuentenario), que son "experiencias históricas concretas" (Löwy, *Walter Benjamin* 43), y los inscribe en una trama o constelación junto acontecimientos símiles. En esta recuperación están vigentes las exigencias de los nuevos tiempos reforzadas por la constelación que lo respalda, la fuerza del sentido que recuperan los acontecimientos del pasado en una relación dialéctica con el presente.

Conclusiones

La primera publicación de *Aviso de incendio* fue en 2001 (París). En aquel momento, en los países del norte (Europa y EE. UU.), la asunción del discurso del fin de la historia aún coincidía con la alargada celebración neoliberal de finales del siglo XX, iniciada con las políticas de Margaret

---

[19] Respecto a una identificación de la propuesta benjaminiana con la teología de la liberación, Löwy puntualiza: "En este caso, el muñeco sin vida era la teología y la introducción del marxismo —no necesariamente oculto— la revitalizó" (Löwy, *Walter Benjamin* 54).

Thatcher y Ronald Reagan, que arrastraba la derrota de la izquierda.[20] En América Latina, tras la recolonización que supuso el plan Cóndor en los setenta con el consiguiente endeudamiento que abrió las recomendaciones del FMI, y la década perdida de los ochenta, se empezó a ensayar un despegue de recuperación con nuevas políticas sociales en Venezuela, Bolivia, Ecuador, Brasil, Argentina y en general en los países del ALBA,[21] que a partir 2014 encontrarán nuevas dificultades (López Segrera 10).

La reedición, también en Francia, de *Aviso de incendio* en 2014 (París, Éditions de l'Éclat), vendría a alertar de nuevo, cuando la crisis sistémica mundial da paso abiertamente a un momento de incertidumbre equiparable al que precedió a la Segunda Guerra Mundial. Las políticas europeas y norteamericanas de abandono del proyecto socialdemócrata (reducción del déficit, pago de la deuda y, en consecuencia, reducción del gasto social) han evidenciado el fracaso de los, así denominados por Nancy Fraser, "progresistas neoliberales". Como estamos viendo cada día, en el contexto de la crisis, los contenidos sociales están siendo asumidos demagógicamente por la extrema derecha.

En esta situación tan poco prometedora para los reclamos políticos y sociales de la izquierda, ¿qué puede aportar la actualización de la filosofía de la historia de Benjamin? En la diatriba marxista entre interpretación y praxis, las tesis resultan paradójicas, pero quizás esta visión dialéctica tiene en su propia estructura contradictoria algunos aspectos en los que la izquierda se podría encontrar hoy.

---

[20] Es significativa, en este sentido, la apropiación de las palabras de Benjamin por parte de Löwy a la hora de desenmascarar las tesis de Fukuyama como encubridoras de una historia que desde la posguerra de la Segunda Guerra Mundial ha continuado siendo "una catástrofe única que se acumula derrota tras derrota" (Löwy, "Comprender" 1).

[21] Precisamente es en Porto Alegre, Brasil, y en Seattle, Estados Unidos, donde germina la contestación en Europa a comienzos de los 2000 ligada al movimiento antiglobalización.

En la lectura de Löwy, la mirada pesimista sirve en principio como vigía que renueva el aviso de la continuación de la catástrofe (económica, humana y ecológica). El panorama de ruinas que las tesis quieren evidenciar, provoca, como en el famoso ángel de la historia, una especie de parálisis, un momento de alucinación, pesimismo y pasividad ante una situación que se antoja inabordable e imparable. Al mismo tiempo, el paisaje evocado desvela, por una parte, la "falsa conciencia" de una historia positivista (fuera y dentro de las filas del marxismo) y, por otra, la existencia de otra historia que no tiene espacio en ella. Esto sugeriría una apertura, al menos en el campo del estudio, de nuevas posibilidades, si no fuera porque el lugar del intérprete en Benjamin no es de tan fácil acceso. Son los hechos del pasado los que se hacen legibles en un momento determinado, que se presentan en un instante, fugaz, a galope, o como un fogonazo, para formar una constelación con el presente. Lo que sitúa al sujeto en una posición complicada, de espera: ¿activa?, ¿inactiva?

Pero, en cualquier caso, la protesta de Benjamin contra el tiempo vacío y homogéneo de las historias positivistas deja claro que el sujeto revolucionario no está inscrito en ningún programa preestablecido. En este sentido, en Benjamin, la filosofía parece ser capaz de irrumpir en la historia a través de técnicas de construcción, como por ejemplo el montaje, que devolvería al sujeto del conocimiento y de la acción histórica su capacidad de acción. Si esto es así, esta acción podría ser entendida, de manera modesta en estos momentos, como una aprehensión del pasado de los vencidos, y de la inscripción del presente y de ese pasado en una misma trama que se va construyendo en oposición a los discursos oficiales.

La cooperación entre marxismo y hermenéutica en una filosofía de la historia orientada por la lucha de clases puede ir configurando un capital cultural revolucionario que siente las bases de una sensibilidad favorecedora de los cambios. El poder de una mirada nostálgica es el de desvelar la contingencia de una historia, la de los vencedores, presentada como la única posible. Por otra parte, el pasado con su índice de lectura en relación dialéctica con el presente crea el itinerario o la trama donde encontrar un espacio de autorrepresentación. Sería algo así como repetirse la pregunta lanzada por Brecht "¿Quién construyó Tebas, la de las siete Puertas?". Quizás en estos tiempos haya lugar para un trabajo que puede parecer menor, pero no por ello deja de tener sus ambiciones.

Obras citadas

Adorno, Theodor. *Sobre Walter Benjamin*. Trad. Carlos Fortea. Madrid: Cátedra, 1995.

Agamben, Giorgio. *El tiempo que resta. Comentario a la carta a los Romanos.* Trad. Antonio Piñero. Madrid: Trotta, 2006.

Arendt, Hannah. "Walter Benjamin 1892-1940", *Walter Benjamin; Bertold Brecht; Hermann Broch; Rosa Luxemburgo.* Trad. Luis Izquierdo y José Cano, Tembleque. Barcelona: Anagrama, 1971.

Auerbach, Eric. *Figura*. Trad. Yolanda García Hernández y Julio A. Pardos. Madrid: Trotta, 1998.

Azria, Régine. "Intellectuel et juif: fidélité/utopie parcours intellectuel/parcorus existentiel". *Cartographie de l'utopie. L'oeuvre indisciplinée de Michael Löwy.* Eds. Vincent Delecroix y Erwan Dianteill. París: Éditions du Sandre, 2013. 19-26.

Benjamin, Walter. *Sobre el concepto de historia. Obras completas*. Libro I, volumen 2. Trad. Alfredo Brotons Muñoz. Madrid: Abada, 2012.

―――. *Libro de los Pasajes*. Ed. Rolf Tiedemann. Trad. Luis Fernández Castañeda, Isidro Herrera y Fernando Guerrero. Madrid: Akal, 2004.

Buck-Morss, Susan. *Dialéctica de la mirada: Walter Benjamin y el proyecto de los Pasajes*. Trad. Nora Rabotnikof. Madrid: Visor, 1995.
Cuesta Abad, José Manuel. "Erich Auerbach: una Poética de la Historia". *Figura*. Madrid: Trotta, 1998. 9-40.
_____. *Juegos de duelo. La historia según Walter Benjamin*. Madrid: Abada, 2004.
Dianteill, Erwan. "Les trois constellations Löwy – contribution à une sociologie benjaminienne de la connaissance". *Cartographie de l'utopie. L'œuvre indisciplinée de Michael Löwy*. Eds. Vincent Delecroix y Erwan Dianteill. París: Éditions du Sandre, 2013. 47-58.
Dussel, Enrique. *1492: el encubrimiento del otro: hacia el origen del mito de la modernidad*. La Paz: Plural editores y UMSA Facultad de Humanidades y Ciencias de la Educación, 1994.
Ferraris, Maurizio. *Historia de la hermenéutica*. Trad. Jesús Mª Nieto Ibáñez y Jorge Pérez de Tudela. Madrid: Akal, 2000.
_____. *La hermenéutica*. Trad. Lázaro Sanz. Madrid: Ediciones Cristiandad, 2004.
Fraser, Nancy. "El final del neoliberalismo progresista". Trad. María Julia Bertomeu. *Sin permiso. República y socialismo también para el siglo XXI*. https://bit.ly/2iqoPra (consultado: 14-7-2017).
López, Damián. "Interpretación figural e historia. Reflexiones en torno a *Figura* de Eric Auerbach". *Prismas* 13 (2009): 65-87.
López Segrera, Francisco. *Crisis del posneoliberalismo y ascenso de la nueva derecha*. Buenos Aires: Clacso, 2016.
Löwy, Michael. *Dialéctica y revolución*. Trad. Aurelio Garzón del Camino México: Siglo XXI, 1975.
_____. "Marxismo e cristianismo na América Latina". *Lua Nova* 19 (1989): 5-22.
_____. *Walter Benjamin: Aviso de incendio. Una lectura de las tesis "Sobre el concepto de historia"*. Trad. Horacio Pons. Buenos Aires: FCE, 2002.

_____. "Reflexiones sobre América Latina a partir de Walter Benjamin". *La mirada del ángel. En torno a las tesis sobre la historia de Walter Benjamin*. Ed. Bolívar Echevarría. México: Facultad de Filosofía de la UNAM y Ediciones Era, 2005. 35-44.

_____. "Löwy-Callinicos: un debate importante", *Revista Herramienta* 6 (1998). https://bit.ly/2oKn9cv (consultado: 14-7-2017).

_____. "El punto de vista de los vencidos en la historia de América Latina". *Rebelión* 12-5-2007. https://bit.ly/2oHwZfg (consultado: 14-7-2017).

_____. "Walter Benjamin critique de la civilisation". *Walter Benjamin. Romantisme et critique de la civilisation*. Ed. Michael Löwy. París: Payot, 2010. 7-24.

_____. "À propos de Lucien Goldmann". *Cartographie de l'utopie. L'oeuvre indisciplinée de Michael Löwy*. Ed. Vincent Delecroix y Erwan Dianteill. París: Éditions du Sandre, 2012. 177-186.

Löwy, Michael y Sayre, Robert. *Rebelión y melancolía. El romanticismo como contracorriente de la modernidad*. Trad. Graciela Montes. Buenos Aires: Nueva visión, 2008.

Mate, Reyes. *Medianoche en la historia. Comentarios a las tesis de Walter Benjamin "Sobre el concepto de historia"*. Madrid: Trotta, 2006.

Michael-Matsas, Savas. "Lenin y el camino de la dialéctica". *Lenin reactivado. Hacia una política de la verdad*. Trad. José María Amoroto. Ed. Sebastian Budgen, Stathis Kouvelakis y Slavoj Žižek. Madrid: Akal, 2010. 101-117.

Romero Cuevas, José Manuel. *Hacia una hermenéutica dialéctica*. Madrid: Síntesis. 2005.

_____ (ed). *Herbert Marcuse. Entre hermenéutica y teoría crítica. Artículos 1929-1931*. Intr. y trad. José Manuel Romero Cuevas. Madrid: Herder, 2011.

Santa Biblia. Madrid: Ediciones Paulinas. 1985.

Problemáticas (post)marxistas y la hermenéutica

Capitalismo, cultura y promesas de felicidad[1]

La industria cultural como clave de la socialización capitalista

JORDI MAISO (UNIVERSIDAD COMPLUTENSE DE MADRID)

El término "industria cultural" se dio a conocer en *Dialéctica de la Ilustración*, desde el título de un capítulo que sonaba lapidario: "Industria cultural: ilustración como engaño de masas". Hoy, el término parece gozar de gran vitalidad: está en boca de todos. Gestores culturales y secretarios de estado hablan de "industrias culturales" con soltura, como si fuera una realidad evidente de suyo. El término cuenta con una presencia notable en las revistas académicas, pero también en los periódicos e incluso en los suplementos de negocios. El gobierno español cuenta con una Subdirección General de Promoción de Industrias Culturales y Mecenazgo, e incluso la UNESCO publicó en 2010 una guía para el desarrollo de las "industrias culturales y creativas". Se diría que la naturalidad y profusión con que se habla de industria cultural remite a una entidad fuertemente anclada en la conciencia colectiva: nadie parece dudar de lo que significa y el término parece haber adquirido validez global. Sin duda, cuando Max Horkheimer y Theodor W. Adorno acuñaron el término en los años cuarenta del pasado siglo desde su exilio californiano, no podían imaginar la fulgurante carrera que tenía por delante. De hecho, hasta finales

---

[1] Una versión previa de este texto se publicó en el número 14 de la revista *Escritura e imagen*.

de los años sesenta, los ejemplares de la primera edición de *Dialéctica de la Ilustración* yacían cogiendo polvo en los sótanos de la editorial Querido de Ámsterdam, ante la indiferencia general.

¿Cómo explicarse entonces la fortuna de este concepto? ¿Acaso son las "industrias culturales" de la UNESCO y el Ministerio de Cultura un mero plural de esa "industria cultural" de la que hablaran los autores de la teoría crítica de la sociedad en uno de sus textos seminales? Con notable ironía, Robert Hullot-Kentor ha señalado que el aparente vínculo entre ambos términos es engañoso: se trataría de un extraño caso de homonimia. Ambos vocablos suenan igual, pero tienen génesis totalmente independientes y hablan de cosas distintas. Las "industrias culturales", hoy tan en boga, provienen de esa inflación nominalista que en las últimas décadas ha generado términos como "industria turística", "industria del medio ambiente" o "industria educativa". De esta serie de apelativos, que pretenden revestir la actividad económica de sectores terciarios como si fuera una actividad productiva industrial, y por tanto supusieran una peculiar fuente de valor, surge el término "industria cultural" (que remite a la "industria musical", o "editorial", o "cinematográfica", etcétera.). Son términos que subrayan los anhelos del capitalismo contemporáneo y que habría que pensar en amalgama con otros extravagantes usos lingüísticos contemporáneos como "cultura corporativa" o "comunidad empresarial".

Sin duda, la evolución reciente de las sociedades capitalistas ha borrado de un plumazo la ironía con la que Adorno y Horkheimer yuxtapusieron dos palabras tan antagónicas como "industria" y "cultura", que por entonces no podían juntarse sin rechinar y hacer saltar un chispazo abrasivo. Las experiencias que habían llevado a un militante del radicalismo estético de las vanguardias musicales como Adorno a unir ambas palabras con vocación provocadora ya no resultan perceptibles en el término. Lo que se ha constituido en el proceso histórico aparece hoy como algo evidente, natural, incontrovertible. Los productores de cultura que han de sobrevivir en las reglas de juego del capitalismo contemporáneo se presentan activamente como parte de esas "industrias culturales" o "creativas", dando al término un giro afirmativo que lo hace irreconocible. De ahí que todo intento de reflexionar hoy críticamente sobre la industria cultural exija romper con la engañosa evidencia con la que este vocablo resuena en nuestros oídos.

Por eso quisiera centrarme ante todo en esclarecer cuáles son las condiciones de surgimiento de este concepto en los planteamientos de Adorno y Horkheimer: a qué se referían con él, qué estaba en juego en su análisis. Pues la industria cultural forma parte del intento de la teoría crítica de pensar en la tradición de pensamiento marxiana, que intentaba comprender la realidad social desde el punto de vista de su transformación emancipatoria, pero haciendo frente a cómo dicha sociedad se iba modificando históricamente, presentando problemas nuevos que invalidaban las viejas seguridades —también del pensamiento emancipatorio— (Maiso, *Elementos*, 150-176). La crítica de la industria cultural se presenta así como una clave de comprensión de cómo se estaban transformando las formas de socialización del capitalismo postliberal. Finalmente, quisiera también delinear algunos análisis que permitan hacer fecundo este análisis para la interpretación hermenéutica de la actualidad en clave de esa teoría crítica: esbozando cómo las transformaciones históricas de la industria cultural permiten comprender las transformaciones de las sociedades capitalistas en las que vivimos, deseamos, conocemos, nos comunicamos, y también producimos y consumimos cultura.

I

El problema a la hora de enfrentarnos hoy a esta problemática no viene únicamente del destino del término y sus homofonías, sino también de la recepción de la teoría crítica de la industria cultural. Esta ha sido muy discutida, pero casi siempre a base de prejuicios y malas costumbres que han intentado declararla obsoleta e inservible. Esto se muestra de modo especialmente paradigmático en la rígida contraposición de Adorno y Benjamin a propósito de sus supuestos debates sobre la llamada "cultura de masas" (cine, jazz, medios, etcétera). En estos debates, las posiciones de ambos autores han acabado por reducir sus figuras a meras caricaturas ejemplares, de acuerdo con un esquema plano y fácilmente digerible: Benjamin sería el intelectual progresista y visionario que fue capaz de captar el potencial emancipatorio de los nuevos medios, mientras que Adorno aparece como prototipo de un conservadurismo cultural cuya crítica no debería ser tomada muy en serio, puesto que está formulada desde el resentimiento elitista ante el surgimiento de una cultura de masas que anunciaba el hundimiento de la vieja cultura burguesa. Esta estilización dicotómica puede ser eficaz, pero sobre todo es falsificadora y estéril.[2] En primer lugar, porque lo que estaba en juego en esta disputa ya no puede trasponerse a la actualidad: por entonces se debatía si las posibilidades que se abrían con la reproductibilidad técnica de lo visual y lo sonoro, que parecían posibilitar nuevos modos de percepción y de expresión, ofrecían potenciales para el radicalismo estético de las vanguardias, que entendía el arte y la cultura como un terreno más en la lucha por la emancipación social. Esta

---

[2] En ella, se obvia el contexto en el que Benjamin reivindica los potenciales de la "recepción dispersa" (Benjamin 466) y se pasa por alto que la crítica de Adorno no está marcada por la nostalgia de la cultura burguesa, sino por el radicalismo estético del primer tercio del siglo XX y por la experiencia de su erradicación social. Todas las traducciones de textos citados en otros idiomas son del autor.

esperanza ya no nos está dada hoy día, cuando la omnipresencia de lo audiovisual ha convertido el *shock* de la imagen en algo cotidiano y casi banal (Türcke) y la esperanza de una transformación emancipatoria de la sociedad se ha desvanecido del horizonte de lo posible.

Pero, además, esta supuesta confrontación ejemplar eterniza una controversia inútil entre partidarios y detractores, entre apocalípticos e integrados, entre "optimismo" y "pesimismo" cultural y pasa por alto lo fundamental. Porque no se trata de nuestro posicionamiento subjetivo ante la industria cultural, de si esta debe ser objeto de condena o de celebración: la industria cultural está ahí, independientemente de lo que uno piense o sienta al respecto. De lo que trata la teoría crítica es de reconocer lo que significa social e históricamente su surgimiento y su expansión, cuyas implicaciones van mucho más allá del arte. Esto es precisamente lo que constituye su relevancia hermenéutica en el intento de continuar pensando críticamente la realidad social, y esa es precisamente la intención del capítulo sobre la industria cultural, que solo puede comprenderse en el contexto fragmentario de la *Dialéctica de la Ilustración*. En realidad, el tono irónico del capítulo sobre la industria cultural no se debe a la distancia del intelectual esnob que desprecia lo popular, sino que revela una enorme familiaridad con el objeto criticado, que conocerían a través de sus investigaciones sobre la radio y por su cercanía al entorno de Hollywood a comienzos de los cuarenta (Claussen 184 ss.). El análisis de Horkheimer y Adorno no rechaza la industria cultural desde un planteamiento reaccionario y nostálgico del gran arte burgués, sino que precisamente toma conciencia del carácter socialmente necesario de la industria cultural en el desarrollo histórico del capitalismo. La industria cultural no remite solo a la cultura de masas, sino que afecta a las propias condiciones de posibilidad de la actividad intelectual, y por tanto del conocimiento —los propios teóricos críticos se sabían implicados en ella. Por tanto no se trata de un concepto normativo, que se desmarca del arte de masas desde el esnobismo elitista, sino de un concepto crítico en el que se elaboran una serie de experiencias vinculadas a la sociedad capitalista en su fase fordista.

II

El concepto de industria cultural se acuña para desmarcarse de la idea de una "cultura de masas": porque designa formas culturales que en modo alguno surgen espontáneamente de las masas —como una especie de figura contemporánea del arte popular. La crítica de la industria cultural no es una crítica de determinados desarrollos técnicos (los medios de comunicación de masas), ni de determinadas formas de cultura "popular" (como el jazz o el *Schlager*) o de "cultura de masas" (como el cine de Hollywood), y tampoco es una mera crítica del "entretenimiento". Al restringirla a estos fenómenos, buena parte de la recepción ha reducido la industria cultural a algunas de sus manifestaciones prototípicas en los años 20, 30 y 40 del pasado siglo. La industria cultural no se refiere a una serie de formas particulares de cultura, sino a la cultura misma y al modo en que se articula socialmente en una determinada fase de la modernidad capitalista. Por ello Adorno y Horkheimer subrayan que la industria cultural constituye un sistema, y que esto se debe a los imperativos de una formación social capitalista que, en su transición a la fase fordista, se imponen sobre la esfera cultural, y amenazan con aniquilar lo que convertía la cultura en cultura —es decir, su capacidad de rebasar el ámbito de la mera utilidad, el reino de la necesidad, y anticipar una idea de libertad que no fuera una mera abstracción.

El concepto burgués de cultura hipostasiaba el reino de "lo bello" y "lo espiritual" —en contraposición a lo útil y lo material— más allá de la lucha por la subsistencia. En él se conservaban, como en una reserva natural, necesidades sociales que la sociedad burguesa profesaba como ideales y cuya praxis social no podía tolerar: una libertad más allá de lo meramente formal, una humanidad y una solidaridad más allá del sujeto atomizado de intereses en un régimen de competencia, una verdad no meramente instrumental. De este modo, la esfera de la cultura se veía separada del proceso social, de la facticidad realmente existente, y se la reviste de una "mayor dignidad" —como un ámbito más puro, más elevado. La falsedad de esta noción de cultura consiste en que presenta el ámbito cultural como un ámbito autónomo, independiente, y la relación con él aparece como un momento solemne, por cuanto separado de la "vida real"; el problema era que la cultura "eleva al individuo sin liberarlo de su denigración real" (Marcuse 71).[3] Sin embargo, que hasta ahora la cultura haya fracasado no es justificación para promover su fracaso.

> Eso es, sin embargo, lo que ocurre con la industria cultural. En palabras de Hullot-Kentor: Si la cultura, cuando es *cultura*, es lo que potencialmente va más allá de la autoconservación; y si la *industria*, que significa mucho más que un dispositivo de fabricación, es lo que reduce ese potencial a la tarea de la supervivencia, entonces la industria cultural —en tanto que producción de cultura por la industria— es la reducción de todo cuanto podría ir más allá de la autoconservación a la cruda lucha por la supervivencia. La *industria cultural* es la fabricación de *cultura* como producción de *barbarie* (Hullot-Kentor 5).

---

[3] En el mismo texto de Marcuse, originalmente publicado en 1937, puede leerse unas páginas más adelante, "Solo en el arte ha tolerado la sociedad burguesa la realización de sus propios ideales, y solo allí se los ha tomado en serio como exigencia universal. Lo que en el mundo real aparece como utopía, como mera ilusión, como algo revolucionario, allí se permite. En el arte la cultura afirmativa ha mostrado las verdades olvidadas sobre las cuales en la vida cotidiana triunfa el principio de realidad. El medio de la belleza quita su mordiente a la verdad y la aleja del presente. Lo que ocurre en el arte no obliga a nada" (Marcuse 82).

Es decir, con la industria cultural, la cultura pierde tendencialmente la posibilidad de trascender el reino de la necesidad, y al hacerlo sacrifica su diferencia específica y su relativa autonomía. La industria cultural remite ante todo a la subsunción total de la cultura a la forma de la mercancía. No se trata solo de una crítica al comercio de arte o cultura. Las obras de arte ya eran *también* mercancías: solo en cuanto mercancía pudo el arte emanciparse del mecenazgo y conquistar una relativa autonomía a través del carácter anónimo del mercado, que permitiría el desarrollo del arte por el arte, si bien como un reducto meramente tolerado por la sociedad burguesa. Lo que ocurre es que con la industria cultural pasan a no ser ya tendencialmente nada más que mercancías: no pueden ir más allá del contexto social y económico en el que surgen para articular un contenido estético específico o ser sujeto soberano —aunque sea meramente tolerado— de su propio desarrollo artístico.

III

Se podrán criticar muchas cosas al planteamiento de Horkheimer y Adorno, pero es de rigor reconocer que fueron los primeros en percatarse de la centralidad de la industria cultural y de sus implicaciones en un cambio estructural de la configuración de las sociedades capitalistas. Por tanto, la crítica de la industria cultural no está planteada como crítica de la cultura, sino fundamentalmente como crítica de la sociedad. Se trata de una reflexión crítica sobre las condiciones sociales de posibilidad de la producción artística y cultural en el capitalismo fordista. Pero lo que está en juego en ella es la expansión de su red funcional de socialización, que ya no solo moviliza a los individuos socializados como trabajadores y productores, sino que intenta hacerse con cada vez más esferas de su vida externa e interna. El capítulo de *Dialéctica de la Ilustración* es un análisis de cómo la red funcional de socialización capitalista aspira a filtrar la vida en su conjunto. No olvidemos que los primeros ejemplos a los que remiten Horkheimer y Adorno no se refieren al arte, sino al urbanismo; es decir: a la materialización de las relaciones sociales en el espacio urbano, que organiza la vida de los ciudadanos y define lo que les corresponde:

> Las monumentales y resplandecientes edificaciones que se elevan por todas partes representan la lógica e indefectible regularidad de los grandes consorcios multinacionales a la que ya tendía la iniciativa empresarial libre de trabas, cuyos monumentos son los sombríos edificios de viviendas y negocios de las desoladas ciudades. Las casas más antiguas alrededor de los centros de hormigón aparecen ya como suburbios, y los nuevos *bungalows* en la periferia proclaman […] la alabanza del progreso técnico, invitando a tirarlos tras un breve uso, como latas de conservas. Pero los proyectos urbanísticos, que se supone que deben perpetuar en pequeñas viviendas higiénicas al individuo como ser más o menos independiente, lo someten tanto más radicalmente a su adversario, al poder total del capital. Conforme sus habitantes son obligados a afluir a los centros para poder acceder al trabajo y la diversión, es decir, como productores y consumidores, las células-vivienda cristalizan en complejos bien organizados. La unidad visible de macrocosmos y microcosmos muestra a los hombres el falso modelo de su cultura: la falsa identidad de universal y particular (Horkheimer y Adorno 141).

Esta dicotomía entre el poder concentrado de organización social y la creciente impotencia de los individuos organizados, a merced de unos imperativos sociales que constituyen el sustrato sobre el que intentan erigir sus vidas, sería profundizada dos décadas más tarde en *La sociedad del espectáculo* de Debord:

> Pero el movimiento general del aislamiento, que es la realidad del urbanismo, debe también contener una reintegración controlada de los trabajadores, conforme a las necesidades de planificación de la producción y del consumo. La integración en el sistema debe recomponer a quienes se aíslan

en cuanto individuos, debe mantenerles *aislados y juntos*: tanto las fábricas como los centros culturales, tanto los lugares de vacaciones como las "grandes superficies" se organizan espacialmente de cara a los fines de esa pseudo-colectividad que acompaña también al individuo aislado en su *célula familiar* (Debord 146).

En este punto, llama la atención la coincidencia entre los análisis de *Dialéctica de la Ilustración* y los de *La sociedad del espectáculo*, que se inscribe en la misma tradición teórica, aunque en un contexto social y político distinto. Por supuesto, hoy ya no vivimos en el mismo mundo que ellos —el ejemplo citado se ajusta mucho mejor al modelo del "mundo administrado", cercano al capitalismo monopolista y a las primeras décadas de la guerra fría que al culto de la libertad desregulada del neoliberalismo—, pero sus análisis permiten comprender cómo los imperativos sistémicos del capitalismo van penetrando en todas las esferas de la vida y moldean los modos de relación con el mundo. Y es que la lógica histórica del capitalismo se ha caracterizado por la "extensión progresiva de la producción mercantil a sectores siempre renovados. Después de haberse apoderado de toda la industria y la agricultura en el siglo XIX, en el siglo XX invadió la reproducción cotidiana, sobre todo bajo la forma de 'servicios'" (Jappe 153). La industria cultural refleja paradigmáticamente este proceso de subordinación de la vida cotidiana a la forma del valor.

La industria cultural se refiere, por tanto, a la expansión de la red funcional de socialización en la transición al capitalismo fordista. Por ello, no se trata de una mera esfera de la vida social ni de la cultura del entretenimiento, sino del análisis de una nueva fase del capitalismo en la que su tendencia expansiva ha llegado a tal punto que los imperativos económicos prácticamente atraviesan la totalidad de la existencia social, incluso en sus manifestaciones más banales y aparentemente inocuas. No se trata de una crítica de los síntomas de las formas de vida en el capitalismo, sino de su constitución misma; no es una crítica de sus "excesos" como algo a corregir, sino de la misma *ratio* que regula la vida social. Esta no permite contraponer el sistema al mundo de la vida más o menos "espontáneo" de la población, sino que entiende este cada vez más como un producto sintético de aquel. Así lo notaba ya Adorno al comienzo de *Minima Moralia*: "Lo que los filósofos una vez llamaran vida se ha convertido en la esfera de lo privado, o incluso del puro consumo, que se arrastra como apéndice del proceso de producción material, sin autonomía y sin sustancia propia" (Adorno, *Minima* 13). O, en palabras de Guy Debord, se trataría del momento en el cual "la mercancía alcanza la *ocupación total* de la vida social. [...] La producción económica moderna amplía su dictadura tanto en extensión como en intensidad" (Debord 55).

IV

En este sentido, es fundamental la consolidación de un nuevo régimen temporal a partir de la dicotomía entre "tiempo de trabajo" y "tiempo libre". De este modo, se impone una estructura bifásica de la vida social que se asemeja a un tiempo cíclico que marcaba la vida en las sociedades tradicionales: sucesión del día y la noche, el trabajo y el descanso semanal, el retorno de los periodos de vacaciones. Sin embargo, ninguna otra formación social había intervenido de modo tan brutal sobre los ritmos de tensión y relajamiento, de concentración y distracción. En una formación social en la que el trabajo asalariado constituye el único medio por el que la mayor parte de la población puede garantizar su subsistencia, el tiempo de trabajo es percibido como un tiempo heterónomo. Se trata de un tiempo de vida del que uno no puede disponer libremente, un tiempo consagrado a actividades "ajenas" ligadas a las obligaciones de la esfera productiva, y del que tienen que hacer entrega a cambio de un salario. Por el contrario, el tiempo libre de trabajo aparece como la "verdadera vida", aquel momento en que los individuos pueden determinar libremente el contenido de su propia existencia. Por tanto, la situación que señalara el joven Marx de que los hombres solo viven cuando no trabajan y trabajan cuando no viven, no hace sino incrementarse con el fordismo. Aquí es donde incide la industria cultural, que enlaza con el hambre de diversión y emociones de los asalariados urbanos. Su propósito es lograr que el tiempo libre pueda conferir una apariencia de sentido a la propia vida: disfrutar de ese margen de tiempo se convierte en un fin en sí mismo, en el propósito de la propia existencia.

Pero el tiempo libre no remite al privilegio de una vida liberada de las estrecheces del reino de la necesidad, sino que está "encadenado a su opuesto" (Adorno, "Freizeit" 645). Se ajusta a las exigencias de la lógica productiva: al igual que los métodos productivos del fordismo organizan el trabajo desde el criterio del incremento de la productividad y la reducción de los costes, también el tiempo libre debe ser racionalizado según criterios de provecho económico.[4] El capitalismo incorpora el tiempo libre a su lógica funcional, y lo hace convirtiéndolo en mero complemento del trabajo. Fundamentalmente, se convierte en tiempo de consumo de mercancías, y funcionaliza al individuo socializado no solo cuando gana dinero, sino también cuando lo gasta. La vida se vuelve un todo integrado en la lógica del capitalismo. En palabras de Adorno y Horkheimer:

---

4   De hecho, la llegada de Adorno a los Estados Unidos estuvo propiciada por su incorporación a un proyecto pionero en la "racionalización de la radio" desde los intereses de sus *sponsors*, el Princeton Radio Research Project. Su objetivo era despertar el interés de la *business community* por el medio, estudiando estrategias para influir sobre los hábitos de consumo de los oyentes a partir del análisis de sus reacciones a la publicidad, el marketing, la programación y la distribución de productos; en su sección se trataba literalmente de medir y clasificar las reacciones a la música entendida como estímulo, al que se reacciona con *likes and dislikes* (Jenemann 1-46).

La diversión es la prolongación del trabajo bajo el capitalismo tardío. Es buscada por quien quiere sustraerse al proceso de trabajo mecanizado para poder estar de nuevo a su altura, en condiciones de afrontarlo. Pero, al mismo tiempo, la mecanización ha adquirido tal poder sobre el hombre que disfruta del tiempo libre y sobre su felicidad, determina tan íntegramente la fabricación de los productos para la diversión, que ese sujeto ya no puede experimentar otra cosa que las copias o reproducciones del mismo proceso de trabajo (Horkheimer y Adorno 181).

Ya no hay posibilidad real de "desconexión". Los individuos están completamente sujetos a la lógica económica del trabajo abstracto, e incluso sus momentos de relajación y evasión son sometidos a procesos de organización, racionalización y profesionalización vinculados a criterios de eficiencia. El entretenimiento se convierte en una esfera perfectamente organizada y planificada. Si a esto le sumamos la rápida difusión de los aparatos como la radio y más tarde la televisión, que se introducen en los hogares y se convierten en centro de la vida doméstica, socializando abruptamente lo que había sido un ámbito relativamente resguardado de injerencias externas, podemos hacernos una idea de lo que significa este proceso de expansión socializadora.

Al subordinar todas las ramas de la producción cultural "al único objetivo de taponar los sentidos de los hombres, desde la salida de la fábrica por la noche hasta la llegada al reloj de control a la mañana siguiente, con el sello del proceso de trabajo que deben mantener a lo largo del día" (Horkheimer y Adorno 153), la industria cultural se convierte en un elemento clave para interiorizar el régimen temporal capitalista en la rígida alternancia de trabajo y tiempo libre: "El tiempo, medio de la vida y de la historia, se convierte en su contrario —en una pura ley natural" (Krahl 79). El "tiempo de trabajo" permanece incuestionado, una persistente heteronomía que se rige por criterios de productividad cada vez más mecanizados y racionalizados, que convierte a los individuos en piezas sustituibles en todo momento del proceso productivo. Por su parte, el tiempo "libre" parece trazar un cordón sanitario en torno a la percepción del trabajo como una realidad gris, pero al precio de renunciar a toda dimensión cualitativa: se trata de un *quantum* homogéneo de tiempo a consumir, un vacío a rellenar mediante "productos diversificados que se imponen en el mercado como usos del tiempo socialmente organizado" (Debord 135).

V

Para Adorno y Horkheimer, la industria cultural es un instrumento clave para que la red funcional de socialización capitalista pueda aprehender y canalizar la conciencia y el inconsciente de los individuos socializados: una escuela que enseña los mores de integración en el capitalismo avanzado. Se trata de un momento crucial en el rito de inclusión social mediante el consumo, que la convierte en el filtro simbólico con el que los individuos intentan dotar de sentido a unas vidas de las que no se sienten dueños. En este contexto ir al cine, como salir de tiendas o ir al museo, se convierte en una actividad intransitiva, un fin en sí mismo, cada vez más independiente del objeto del que se "disfrute" —en eso consiste también la "empatía con el valor de cambio" de la que hablaran Adorno y Benjamin. En este sentido, señala Adorno en *Minima Moralia* (153) que lo que hace la industria cultural no es sino administrar la brecha entre los hombres y su cultura. Así es como los productos "clásicos" de la industria cultural pasan a convertirse en elementos clave para definir la identidad de unos individuos que no se sienten sujetos soberanos de su propia vida: en la época de Adorno y Horkheimer uno tenía que definir su identidad en virtud de sus *hobbies*. Del mismo modo que hoy, en las redes sociales, se pide a los "usuarios" que se definan según la música que escuchan, los libros que leen, las películas que ven y, en la medida de lo posible, se les convierte en plataformas publicitarias de las mismas. Aquello que consumen, su pertenencia a uno u otro nicho de mercado, se convierte en sucedáneo de "individualidad". Esto nos da una medida de lo que significa el proceso de socialización interna: ni siquiera lo que un día se considerara interioridad está ya a salvo de los imperativos sociales. Allí donde siguen sus deseos más íntimos, los individuos se convierten en ejecutores de funciones sociales.

La industria cultural contribuye a ir entretejiendo la red de coacciones, expectativas y deseos que moldean la actitud consciente e inconsciente de los individuos socializados: incide en las formas de hablar, pensar y percibir, en las formas de relacionarse, pero también en las formas de identificación, catarsis o compensación del narcisismo herido. En este sentido, cabría remitir de nuevo a Debord (39) y decir que la industria cultural "es al mismo tiempo el resultado y el proyecto del modo de producción existente"; su sueño se plasma en la constitución material de los sujetos. La industria cultural construye los estándares que se convierten en esquemas por los que discurre toda percepción y toda comunicación —pasa a ser el *a priori* social de la experiencia. La consecuencia es un debilitamiento sin precedentes de los individuos, de sus capacidades subjetivas, que tiene como resultado su enclaustramiento en una condición cada vez más indefensa y pasiva.

La industria cultural es, en el análisis de Adorno y Horkheimer, un instrumento clave para la transformación de la conciencia y el inconsciente de los individuos, una escuela que enseña los mores de la integración social en el capitalismo avanzado. Pero, ¿dónde reside entonces su atractivo para los individuos? ¿Por qué estos ceden a sus estímulos? En todo caso, para Adorno y Horkheimer el problema de la industria cultural no consiste en que los individuos sean embaucados, seducidos, corrompidos, que no se puedan expresar o que no puedan actuar —y por tanto no bastaría que pudieran hacerlo para que la sociedad capitalista se desvanezca como un mal sueño. Los sujetos socializados no son víctimas pasivas e impotentes de los imperativos sociales que se les imponen desde fuera; al contrario: para lograr funcionalizarlos, la industria cultural tiene que movilizar sus necesidades y expectativas. El atractivo de la industria cultural reside precisamente en que

> planifica la necesidad de felicidad y la explota. La industria cultural tiene su momento de verdad en que satisface una necesidad sustancial resultante del avance social de la privación [es decir, de las crecientes renuncias que exige la supervivencia en las sociedades capitalistas, que evidencian la creciente impotencia de los sujetos ante la heteronomía que rige sus vidas]; pero, por su modo de satisfacer esa necesidad, se convierte en lo absolutamente no verdadero (Adorno, *Ästhetische* 461).

Lo característico de la industria cultural sería que moviliza el anhelo de una vida mejor, el persistente aferrarse de los individuos a promesas de felicidad o al menos la necesidad de escapar de una realidad gris y cada vez más insufrible, y lo funcionaliza de acuerdo con las exigencias de la reproducción de lo existente. En este sentido, la industria cultural "especula sobre el estado de conciencia e inconsciente" del público (Adorno, "Resümee" 337): ofrece formas de mitigar el antagonismo entre los individuos cada vez más debilitados y el aparato social del que depende su supervivencia. Por ello, no se trata de simple "manipulación" y, si podemos hablar de engaño, desde luego los propios sujetos quieren ser engañados. La industria cultural cobra fuerza allí donde las demandas de la economía libidinal —que siempre siguen la línea de la menor resistencia— se funden con el conformismo y capitulan ante la avasalladora realidad social externa. En este sentido, sus gratificaciones deberían ser entendidas desde la dualidad clásica de lo ideológico en sentido marxiano: no solo son el opio del pueblo, sino también el suspiro de la criatura oprimida. Sin embargo, llegan a ser lo "absolutamente no verdadero" porque debilitan a los sujetos y refuerzan la dependencia del aparato social. El interés de Adorno y Horkheimer por la industria cultural responde a un momento histórico en que "el peligro de que el dominio se introduzca en los seres humanos mediante la monopolización de sus necesidades [...] representa una tendencia real del capitalismo tardío" (Adorno, "Thesen" 393).

VI

Este es el marco que nos ofrece la teoría crítica de la industria cultural en Horkheimer y Adorno. Fue formulado en el exilio estadounidense en la transición al capitalismo fordista. Con la llamada "edad de oro" de posguerra y el incremento general de los salarios en Europa occidental y Estados Unidos, muchas de las tendencias que en él se señalaban se han visto confirmadas: los posteriores análisis de Debord en los sesenta y Pasolini en los setenta permiten seguir el curso de la expansión de este modelo social, que transformó por completo la vida social, en algunos países europeos. El propio Adorno señalaba a finales de los sesenta que la industria cultural se había convertido en segunda naturaleza de la vida social, y hace tiempo que se ha convertido en *a priori*, no solo de la producción y consumo del arte, sino de toda forma de experiencia. Sin duda las cosas también han cambiado mucho, pero, pese a todo, el análisis de Adorno y Horkheimer parece ofrecer herramientas muy útiles para analizar procesos contemporáneos. Pero este análisis no puede aplicarse sin más al presente. Tanto las formas de producción como de consumo cultural se han transformado notablemente, al igual que las gratificaciones de la industria cultural y los sinsabores cotidianos que deben compensar. Para poder continuar la crítica de la industria cultural, es necesario tener en cuenta esta distancia histórica. A mi parecer, la transformación de mayor calado que se ha producido es la transformación de las condiciones de producción y consumo cultural a través de los medios digitales. En este sentido, Rodrigo Duarte ha hablado de industria cultural 2.0. El objetivo no sería solo mostrar estas transformaciones, sino también intentar entender lo que significan social e históricamente: porque no solo han cambiado el arte y la cultura.

La industria cultural articula su promesa de felicidad mediante la participación en el consumo, a través del cual se consuma el rito de inclusión (y de distinción) social, de participación al menos simbólica en un poder crecientemente concentrado. El surgimiento de una forma de vida de clase media remitía precisamente a una relativa nivelación de las desigualdades sociales, en la que más gente podía participar de los bienes materiales y espirituales de la civilización capitalista moderna —que hasta entonces habían parecido un lujo—. Pero el horizonte de las últimas décadas revela que el estado de relativo bienestar marcado por el pleno empleo y el consumo de masas probablemente no sea una conquista duradera, sino un logro sumamente quebradizo y perfectamente revocable. La contradicción principal de la industria cultural actual es que, en los residuos de la sociedad de consumo actual, gracias a YouTube y similares, cualquiera puede disfrutar —aparentemente gratis— de la "riqueza cultural de la sociedad": en forma de audios, videos, extractos de películas, que en principio pueden ser consumidos, enlazados y compartidos de forma prácticamente ilimitada. En cambio, el acceso a la riqueza material de una sociedad que no conoce otro medio de integración que el trabajo asalariado se revela cada vez más difícil. La tendencia a una integración mediática total de productos y consumidores coincide con una creciente exclusión de amplios extractos de la población de los bienes más esenciales. Parece que estamos ante el comienzo de un proceso de flexibilización, precarización y miedo de quedar excluidos del sistema social de trabajo y consumo. La industria cultural contemporánea y sus compensaciones deben ser analizadas en relación con estas transformaciones. Eso es lo que quisiera intentar a continuación.

VII

Adorno y Horkheimer no podían prever en los cuarenta el cambio que supondría la revolución tecnológica digital —y, sin embargo, sus análisis anticipan algunas de sus tendencias fundamentales. Habían caracterizado a la industria cultural como un sistema en el que los diferentes sectores se engarzan entre sí, sin dejar apenas huecos, y pronosticaron una tendencia hacia la integración mediática, concretamente a través de la televisión, que por entonces comenzaba a extenderse en California, y en la que percibieron una fusión de diversos medios llevada a domicilio que constituía una especie de "realización burlona del sueño wagneriano de la obra de arte total" (Horkheimer y Adorno 344). Hoy, podemos decir que Internet logra esta síntesis de un modo con el que Adorno y Horkheimer no hubieran podido siquiera soñar: las distintas tecnologías de los diferentes medios impresos, el teléfono, las telecomunicaciones, la radio, el cine, la televisión y el tocadiscos se funden en un único complejo, que parece hacer realidad la "identidad apenas velada de todos los productos de la industria cultural" (Horkheimer y Adorno 344).

Lo que posibilita esta identidad es que todos los productos culturales son extraídos de su contexto social y del propio mundo material y quedan reducidos a "datos", a la mera forma de la información, unos y ceros, con independencia de su contenido, que permite almacenar, reproducir y entrelazar sus productos en proporciones antes inimaginables. Pero, cuando discografías y filmografías enteras caben en un bolsillo, cuando se puede acceder a ellas en cualquier momento y lugar y difundirlas con apenas un *click* del ratón, y cuando fragmentos audiovisuales son extraídos de su contexto y se consumen como canapés, el fatigoso trabajo de producción cultural parece haberse vuelto inadecuado a sus formas de consumo. Los contenidos, que constituyen la sustancia de la cultura, parecen hoy algo obsoleto, redundante en comparación con los medios. Esto tiene que ver con la propia lógica de la industria cultural. En rigor, ella no puede producir por sí misma contenidos nuevos, sino que para poner en marcha su maquinaria necesita procesar un material cultural preexistente: por eso parasita todo material cultural que cae en su poder, ya sean materias primas o productos semifacturados. Primero fueron los contenidos de la cultura burguesa tradicional y los residuos de la cultura popular; más tarde las contraculturas y subculturas alternativas supuestamente "no comerciales". Una vez agotadas, tienen que ser recicladas o producidas sintéticamente; al igual que el propio capitalismo, la industria cultural consume todas sus "reservas naturales" y socava así sus propios fundamentos (Kurz 93).

Pero esto se traduce también en la propia relevancia social y económica de los productos culturales. Los tiempos en que Abba era el primer producto de exportación de Suecia, por encima incluso de Saab, son cosa del pasado, como también el que los Beatles fueran nombrados caballeros por la Reina de Inglaterra (Jappe 229 ss.). Los productos culturales tienen hoy un valor socioeconómico más bien residual: son ante todo un pretexto para poner los *netbooks*, iPods y *smartphones* en funcionamiento —son los aparatos los que concentran también todas las inversiones. De acuerdo con ello, la posibilidad de acceder hoy "gratis" a la cultura no significaría la emancipación de sus productos de la forma de la mercancía, sino la devaluación de sus contenidos: su nueva función en el sistema económico persiste pese a que sean gratis, simplemente se ven degradadas a mero soporte publicitario, lo cual precariza ulteriormente su posición. Sigue valiendo la vieja idea de que "cuanto menos cuesta una cosa, tanto menos es regalada" (Horkheimer y Adorno 184).

Esta transformación también implica que cambia el modo en que los objetos culturales son objeto de experiencia: se convierten ante todo en "objetos de uso", y el consumidor pasa a ser su "usuario". Convertir el arte en objeto de uso cotidiano había sido una de las utopías de las vanguardias, que pretendían poner la producción artística avanzada al servicio de la toma de conciencia social, pero hoy esto tiene lugar en condiciones bien distintas. Los usuarios, envueltos en sus quehaceres cotidianos, solo ven en los productos culturales lo que necesitan en cada momento, y así se convierten en meros estímulos, alicientes y creadores de ambiente: un videoclip puede convertirse en expresión de un estado de ánimo en el perfil de Facebook, al igual que una canción punk puede crear la atmósfera que uno necesita para ir al trabajo por la mañana y una comedia ligera puede ayudar a pasar una larga tarde de domingo. Muchos ven en estas transformaciones un "empoderamiento" de los sujetos, una nueva soberanía en su consumo con los productos culturales. Sin duda la industria cultural ya no les reduce al "modo de reacción de los anfibios", pero a la vista de sus posibilidades reales de ser autores de su biografía, esta ilusión de soberanía se revela puramente aparente. Podría decirse que consiste en que se comportan como cobayas de laboratorio que por fin están en condiciones de suministrarse los electrodos que necesitan en cada momento.

VIII

Pero la crítica de la industria cultural no solo analiza las condiciones de consumo cultural, sino también su relevancia para un nuevo modelo de socialización: "Cuanto más sólida es la posición de la industria cultural, tanto más sumariamente puede proceder con las necesidades de los consumidores, producirlas, dirigirlas, disciplinarlas, incluso suspender la diversión: el progreso cultural no tiene límites en este sentido" (Horkheimer y Adorno 166). En este sentido, la industria cultural contemporánea ha expandido su ámbito de influencia: ya no reduce a los consumidores a una posición meramente pasiva, de espectador, sino que fomenta su propia participación como usuario. En ello consisten en buenas medidas sus nuevas formas de "gratificación": en fomentar la participación activa de los sujetos. Muchos han celebrado el paso de una industria cultural que se impone a los individuos —meros receptores pasivos— con su ritmo de acero, a una industria cultural "interactiva". Esto parecería abrir la vía a una hermenéutica mucho más positiva de la industria cultural, que habría perdido su carácter vertical para adquirir un carácter más horizontal y "democrático", abriendo nuevas posibilidades de intervención. Sin embargo, la capacidad de "réplica", de participación, tiene lugar únicamente a nivel de los aparatos, pero no está organizada a nivel social (Kurz 78). De hecho, tampoco las llamadas "redes sociales" han supuesto un obstáculo serio al progreso de la lógica de la atomización y de la competencia: su función se ha limitado a un carácter compensatorio que ha contribuido a la progresiva virtualización del mundo de la vida.

> El mundo entero es conducido a través del filtro de la industria cultural. La vieja experiencia del espectador de cine, que percibe el exterior, la calle, como continuación del espectáculo que acaba de dejar, porque este último quiere precisamente reproducir fielmente el mundo perceptivo de la vida cotidiana, se ha convertido en el hilo conductor de la producción. Cuanto más completa e integralmente las técnicas cinematográficas dupliquen los objetos empíricos, tanto más fácil se logra hoy la ilusión de creer que el mundo exterior es la simple prolongación del que se conoce en el cine (Horkheimer y Adorno 147).

Este análisis de la tendencia a invertir la relación entre la existencia social real y la apariencia producida en la industria cultural se ha revelado casi profético. Solo que la "fábrica de sueños" ha abandonado su lugar acotado en la macropantalla de las salas de cine para devorar la totalidad de la cotidianeidad a través de pequeños aparatos que caben en un bolsillo. La consecuencia es una virtualización del mundo de la vida. Para cada vez más individuos, Internet se va convirtiendo en su verdadero espacio vital, que solo abandonan para visitas ocasionales al mundo real y material (Kurz 74). Redes sociales como Facebook permiten a sus "usuarios" un desdoblamiento de su personalidad en una forma de pseudovida paralela, ya que, en el estado de atomización actual, solo en ella pueden obtener el reconocimiento que ansían.

Pero la virtualización responde también a la estimulación de los deseos infantiles de omnipotencia, de una capacidad de disponer de cualquier objeto sin que estos ofrezcan resistencia. El psicoanálisis "clásico" enseñaba que la oscilación entre sentimiento de impotencia y sueños de omnipotencia era una característica básica del narcisismo herido. Paradigmática en este sentido sería la promesa de felicidad de algunos de los aparatos de la industria cultural 2.0 (*smartphones*, iPods, *tablets*): ofrecen la "ilusión de soberanía" sobre el mundo, la capacidad de tener todo a disposición de forma *easy* y creativa, con un leve gesto preestablecido de uno, dos o tres dedos —precisamente, en un momento en el que la impotencia real de los sujetos, su indefensión ante los imperativos sociales, ha alcanzado un grado sin precedentes. Por otra parte, esta apariencia de *empowerment* queda desmentida por la relación adictiva que se establece con estos aparatos digitales, y la sensación de soberanía se desvanece apenas el teléfono se queda sin batería o su *software* es sustituido por una versión sucesiva. Esto revela lo quebradizo de este aparente fortalecimiento de los sujetos, y pone de manifiesto que su supuesta soberanía sobre los productos culturales descansa sobre presupuestos sociales como que la energía siga saliendo de los enchufes o que la cobertura de Internet permita que sigan emanando películas y canciones. La aparente autonomía y soberanía de los usuarios es una apariencia frágil, revocable en cualquier momento.

Esto revela un cambio de tendencia en la industria cultural, que ya no se alimenta tanto de los contenidos culturales devaluados como, cada vez más directamente, de la menesterosidad de los individuos socializados. Su materia prima parece la necesidad difusa de encontrar espacios —aunque sean virtuales— para hacerse valer, para afirmarse, exteriorizarse y encontrar reconocimiento. Ahora estas necesidades son movilizadas, no solo a nivel contemplativo, sino práctico. Es la vida individual, con sus necesidades y anhelos, lo que se convierte en objeto de la industria cultural, y los individuos hacen generosa entrega de ella. La necesidad es huir de unas relaciones de precariedad, de trabajos ocasionales y salarios que no permiten salir de pobres, y el miedo es quedar excluido del sistema de trabajo y consumo: hundirse en una amenaza difusa de desclasamiento que desemboca en la miseria y la exclusión social (Maiso, "Crisis"). Es con este miedo generalizado, que a su vez implica la expansión de la lógica de la competencia a todas las esferas de la vida, con lo que especula la industria cultural actual.

IX

Porque la industria cultural no solo es "huida de la realidad", sino también *training* para la vida". Esto ha de entenderse en el marco de una tendencia histórica claramente definida: el auge de los nuevos trabajadores "autónomos" o "por cuenta propia", que ya no aspiran a contratos laborales estables, sino a una inserción laboral cada vez más marcada por proyectos o servicios puntuales. Ellos son las primeras víctimas del *outsourcing* y la racionalización con vistas a reducir costes. En este contexto, la planificación estratégica de la propia existencia y el marketing de uno mismo se han convertido en elementos esenciales del mercado de trabajo. Las nuevas formas de autoescenificación que ofrecen las redes sociales se revelan perfectamente ajustadas a estos imperativos, y en ellas cada vez más individuos evidencian una enorme distancia hacia sí mismos y una sumisión total e inmediata a los imperativos sociales (Kurz 67). Si Adorno y Horkheimer habían señalado que las técnicas publicitarias impregnaban el lenguaje y el estilo de la industria cultural, hoy la publicidad y el diseño son el prototipo que rige las formas de comunicación y autopresentación social —también en el modo de ponerse a uno mismo en escena, de mostrarse "empleable". Lo que permiten las formas de autoescenificación mediática es aplicar este lenguaje a la propia vida, convirtiendo a todo individuo en "empresario de uno mismo". Ya no se trata del culto al éxito encarnado en las celebridades y superestrellas, sino en modelarse activamente según los patrones del éxito social. La necesidad subjetiva de reconocimiento converge aquí con las exigencias objetivas del mercado de trabajo: porque los individuos no quieren ser reconocidos en su existencia concreta, con su biografía y sus particularidades, sino según los criterios socialmente reconocidos. El sadismo con el que esto ocurre a menudo puede apreciarse en los *reality castingshows*, desde *Operación Triunfo* a *Masterchef*, en el que el "training para la vida" se convierte en rito de iniciación ejemplar: ninguna ofensa, ninguna violencia va demasiado lejos a la hora de disciplinarse en cuerpo y alma conforme a los patrones del éxito. Pero cada vez más no se trata ya de un rol socialmente reconocido, sino únicamente de presentarse como un recurso valioso y explotable para un sistema que cada vez necesita menos fuerza de trabajo humana.

En este sentido, la industria cultural 2.0 ha contribuido también a la difuminación de las fronteras entre trabajo y tiempo libre. El espíritu del capitalismo en la era de Adorno, que este criticara con razón, era el *work while you work, play while you play*. El nuevo espíritu del capitalismo puede leerse por ejemplo en los letreros que Amazon coloca para sus trabajadores: *work hard, play hard, make history*. El enorme incremento de la productividad en un régimen de competitividad desbocada ya no requiere solo trabajo mecánico, sino que busca poner a su servicio también todas las dimensiones lúdicas y recreativas, todo atisbo de ingenio y fantasía. La afirmación de Adorno de que en el capitalismo tardío la diversión no es sino prolongación del trabajo se revela literalmente cierta. Para el individuo forzado a presentarse como "empleable" toda forma de comunicación e interacción se convierte en un potencial escenario de *networking*, una ocasión para mostrarse, perfilarse, enumerar sus habilidades y destrezas, su experiencia e inagotable motivación, y hacer valer su ingenio y su ocurrencia. Tienen que mostrarse siempre dinámicos, motivados, competentes, y al mismo tiempo flexibles y dispuestos a seguir formándose por el resto de su vida.

Esta permanente coacción a perfilarse, ponerse en escena y mostrarse al mundo adecuándose a las formas socialmente válidas de reconocimiento ha supuesto una brutal privatización de la esfera pública en manos de necesidades narcisistas cada vez más marcadas y ha tenido graves consecuencias para la propia conciencia de los sujetos. Robert Kurz lo ha descrito con precisión:

> El capital, el "sujeto automático" de la valoración, es ahora la forma inmediata, sin filtros y endemoniadamente trastornada de autorreferencia de los sujetos: Cada uno es su propio capitalista, cada uno es su propio trabajador. El individuo humano ya no tiene historia, sino que como mero "uno" abstracto se reduce a un punto de intersección entre las tendencias de los mercados, una máquina de auto-valorización, o, como se dice en el capítulo de la industria cultural: "Cada uno es ya solo aquello en lo que puede sustituir a los otros: fungible, un ejemplar. Él mismo, el individuo, es lo absolutamente sustituible, la pura nada" (79).

Esta situación de impotencia refuerza la dependencia de las compensaciones de la industria cultural, y esto tiene como consecuencia que los individuos se vuelven más susceptibles a las fantasías de éxito, omnipotencia y megalomanía: "Al igual que cada uno es su propio capitalista y su propio trabajador, cada uno es también su propia estrella, su propio héroe y al mismo tiempo su propio y único fan [...]. También podría decirse: cada uno es su propia industria cultural casera" (Kurz 81).

X

Sin embargo, el dominio de la industria cultural no es un hecho consumado, sino un proceso llevado a cabo en y a través de los individuos socializados; en él surgen inevitablemente fricciones y conflictos que permiten articular la crítica. De hecho, Adorno no solo había revelado los mecanismos de la industria cultural para integrar y funcionalizar a los individuos vivientes, sino también cómo los propios individuos, "en tanto que sujetos, representan el límite de la cosificación" (Horkheimer y Adorno 331): la industria cultural necesita apoderarse siempre nuevamente de ellos, y para ello tiene que contar con ellos como sujetos de necesidades, intereses y expectativas, y esto abriría la posibilidad de rebasar el eterno sistema de pseudogratificaciones. El propio Adorno sabía también que "si se suprimiera completamente la apariencia de vida, que la esfera de consumo defiende con tan malas razones, triunfaría la deformidad de la producción absoluta" (*Minima* 14). Hoy este pronóstico parece verificarse, porque el sistema cada vez reproduce a menos sujetos como portadores de roles sociales, y declara "sobrantes" a los que no puede funcionalizar en su sistema productivo. ¿Qué queda por esperar entonces?

El objetivo de la crítica sigue siendo, hoy como ayer, luchar contra una tendencia social que impone a los sujetos "la incapacidad de escuchar con los propios oídos lo que aún no ha sido oído, de tocar con las propias manos lo que aún no ha sido asumido" (Horkheimer y Adorno 54). Pero la "bárbara ausencia de toda relación" (Horkheimer y Adorno 183) ha llegado al extremo cuando el espacio público está lleno de individuos que, a la mínima ocasión, colocan sus ojos en la pantalla, sus dedos en el teclado y embotan sus orejas con auriculares. "As long as the music is loud enough, we won't hear the world falling appart" ("Mientras la música esté suficientemente alta, no oiremos el mundo caer en pedazos"), se decía en el film *Jubilee*, de Derek Jarman, en 1977. Pero hoy ya no sabemos si el volumen va a bastar para eclipsar un horizonte de creciente descomposición social. Si la crítica de la industria cultural no quiere caer en el mal esnobismo, tiene que saber percibir las necesidades insatisfechas de los sujetos. Porque "en las necesidades mismas de los seres humanos atrapados y administrados reacciona un elemento en el que no están totalmente atrapados: el excedente de la participación subjetiva, del que el sistema no pudo adueñarse completamente" (Adorno, *Negative* 99). Por supuesto, esto tampoco garantiza nada. Pero, ante la amenaza real de enmudecimiento y regresión, se trata un recurso que no podemos permitirnos desaprovechar.

Obras citadas

Adorno, Theodor W. *Ästhetische Theorie. Gesammelte Schriften 7*, Frankfurt a. M.: Suhrkamp, 2003.

—————. *Minima Moralia. Gesammelte Schriften 4*, Frankfurt a. M.: Suhrkamp, 2003.

—————. "Freizeit". *Gesammelte Schriften 10.2*, Frankfurt a. M.: Suhrkamp, 2003. 645-655.

_____. "Resüme über Kulturindustrie". *Gesammelte Schriften 10.1*, Frankfurt a. M.: Suhrkamp, 2003. 337-345.
_____. "Thesen über Bedürfnis". *Gesammelte Schriften 8*, Frankfurt a. M.: Suhrkamp, 2003. 392-396.
_____. *Negative Dialektik. Gesammelte Schriften 6*, Frankfurt a. M.: Suhrkamp, 2003.
Benjamin, Walter. "Das Kunstwerk im Zeitalter seiner technischen Reproduzierbarkeit". *Abhandlungen. Gesammelte Schriften I*, Frankfurt a. M.: Suhrkamp, 1991. 431-469.
Claussen, Detlev. *Theodor W. Adorno. Uno de los últimos genios*. Trad. Vicente Gómez Ibáñez. Valencia: Publicaciones Universidad de Valencia, 2006.
Debord, Guy. *La sociedad del espectáculo*. Trad. José Luis Pardo. Valencia: Pre-textos, 2003.
Duarte, Rodrigo. "Industria cultural 2.0". *Constelaciones. Revista de Teoría Crítica*. 3 (2011): 90-117.
Horkheimer, Max y Adorno, Theodor W. *Dialektik der Aufklärung*. Adorno, Theodor W. *Gesammelte Schriften 3*. Frankfurt a. M.: Suhrkamp, 2003.
Hullot-Kentor, Robert. "El sentido exacto en el que ya no existe la industria cultural". Trad. de Sonia Arribas. *Constelaciones. Revista de Teoría Crítica*. 3 (2011): 3-23.
Jappe, Anselm. *Crédito a muerte*. Trad. Diego Luis San Román. Logroño: Pepitas de calabaza, 2012.
Jenemann, David. *Adorno in America*. Minneapolis: University of Minnesota Press, 2007.
Krahl, Hans-Jürgen. *Konstitution und Klassemkampf*. Frankfurt a. M.: Neue Kritik, 2008.
Kurz, Robert. "Kulturindustrie im 21. Jahrhundert". *Exit! Krise und Kritik der Warengesellschaft*. 9 (2012): 59-100.
Maiso, Jordi. *Elementos para la reapropiación de la Teoría Crítica de Theodor W. Adorno*. Salamanca: Ediciones Universidad de Salamanca, 2010. CD-Rom.

_____. "Crisis del capitalismo y precarización de la existencia". *La imaginación hipotecada*. Palmar Álvarez Blanco y Antonio Gómez L-Quiñones (eds.). Madrid: Libros en Acción, 2016. 91-101.

Marcuse, Herbert: "Über den affirmativen Charakter der Kultur". *Kultur und Gesellschaft I*, Frankfurt a. M.: Suhrkamp, 1965. 56-101.

Türcke, Christoph. *Erregte Gesellschaft. Philosophie der Sensation*. Munich: Beck, 2010.

UNESCO. *Políticas para la creatividad. Guía para el desarrollo de las industrias culturales y creativas*, París: UNESCO, 2010. https://bit.ly/2oJFAhu (consultado: 10-11-2016).

¿La muerte de qué autor?[1]

La cuestión de la "autoría" desde la teoría del valor marxiana

RAFAEL CARRIÓN ARIAS (UNIVERSIDAD DE GRANADA)

Autor: Alguien que es la fuente de alguna forma de trabajo intelectual o creativo; especialmente, quien compone un libro, un artículo, un poema, una obra de teatro, u otra obra literaria destinada a la publicación. Normalmente, se hace una distinción entre un autor y otros (como un compilador, un editor o un traductor) que ensamblan, organizan o manipulan materiales literarios. A veces, sin embargo, el título de autor se da a quien compila material (como para la publicación) de tal manera que la compilación terminada puede ser considerada como una obra relativamente original. La palabra proviene, en última instancia, del latín *auctor*, "el que autoriza autorizante, agente responsable, originador o fabricante" ("Author", *Enciclopaedia Britannica*)

Si soy una estrella, la gente me hizo una estrella. No un estudio, no una persona, sino la gente (Marilyn Monroe. Entrevista en *Life Magazine*, 17 de Agosto de 1962).

A lo largo de los últimos cuarenta años, el significado del concepto "autor" ha sido objeto de intenso examen. La senda abierta en 1946 por el ensayo de Wimsatt y Beardsley, *La falacia intencional*, allí donde se afirmaba que "el plan

---

[1] Este artículo ha sido realizado en el marco del proyecto de investigación "Actualidad de la hermenéutica. Nuevas tendencias y autores" (FFI2013-41662-P), financiado por el Ministerio de Ciencia y Tecnología y los Fondos Estructurales de la Unión Europea (FEDER) para el periodo 2014-2018.

[*design*] o la intención [*intention*] del autor no es posible ni deseable como estándar para juzgar el éxito de una obra de arte literario" (468), consumaba de cierta manera una revolución abierta por Friedrich A. Wolf en sus *Prolegomena ad Homerum* de 1795 cuando el filólogo alemán fundaba el criticismo filológico poniendo en cuestión la unidad de los poemas homéricos desde la afirmación de que son creaciones compuestas por distintos *aedos* a lo largo de épocas muy distintas y transmitidas de forma oral, refundidas en una redacción escrita solo a partir del s. VI a. C. cuando Pisístrato decidió establecer un texto único y definido. Esta idea, continuada luego por Nietzsche tanto para la filología como para la filosofía (Carrión Arias), fue en último término explorada por Barthes y Foucault en sus célebres ensayos sobre *la muerte del autor*. Como se sabe, sendos autores rompían de forma definitiva con los principios de la unidad del discurso, inaugurando una nueva era en la crítica literaria basada más en la recepción y la interpretación que en la intencionalidad originaria: para Barthes, el autor se declara muerto desde el momento en que el lector lo asume como suyo y lo emancipa de él; para Foucault, el autor es una especificidad de la categoría de "sujeto" en la modernidad, categoría que solo puede ser examinada desde su naturaleza "fluida" (Nietzsche, *Genealogie* 314-315; Foucault, *Nietzsche*). A día de hoy, la emergencia de nuevos medios de autoría compartida (el diseño gráfico, el cine y la televisión, los *comic-books*, las redes sociales en su interactividad y anonimato, etcétera) y el seísmo todavía por asimilar de la revolución digital (el texto electrónico, el fenómeno de la piratería, etcétera) no han hecho sino confirmar la actualidad de este desafío, poniendo en entredicho la certeza de la autoría mientras las instituciones oficiales se levantan decididas en su defensa. Como ha señalado James E. Porter en su estudio bibliográfico, el creciente interés teórico en esta cuestión podrá demostrar que el autor está muerto, pero el autor como problema, no (71).

Históricamente hablando, el criticismo marxista ha tendido a resolver la cuestión del autor conforme a una fórmula extraída de la teoría marxista clásica de las ideologías. Según esta concepción, la estructura económica de la sociedad (*ökonomische Struktur*) sostiene un entramado eidético supraestructural (*Überbau*) que refleja y legitima las condiciones materiales de producción. La "obra" como producción de la conciencia (*Bewusstsein*) se explica sobre la práctica material. El lugar clásico se localiza en el prólogo de la *Contribución a la crítica de la economía política* de 1859, como complemento a un célebre pasaje de *La ideología alemana* escrito una década antes (1845/46):

> En la producción social de su vida, los hombres contraen relaciones determinadas, necesarias e independientes de su voluntad, relaciones de producción que se corresponden con una etapa determinada del desarrollo de sus fuerzas productivas materiales. El conjunto de estas relaciones de producción forma la estructura económica [*ökonomische Struktur*] de la sociedad, la base real [*reale Basis*] sobre la cual se levanta una Superestructura [*Überbau*] jurídica y política, y con las que se corresponden determinadas formas de conciencia social [*Bewusstseinsformen*]. El modo de producción de la vida material condiciona el proceso de la vida social, política e intelectual [*geistig*] en general. No es la conciencia de los hombres la que determina su ser, sino, al contrario, es su ser social el que determina su conciencia (Marx, *Kritik* 8-9).[2]

---

[2] Dentro del amplio pasaje de *La ideología alemana* se puede leer: "La producción de ideas y representaciones, de la conciencia, está directamente entrelazada con la actividad material y comercio material de los hombres, lenguaje de la vida real. La imaginación, el pensamiento, el comercio intelectual [*geistige Verkehr*] de los hombres aparecen aquí como resultado directo de su comportamiento material. Lo mismo se puede decir de la producción intelectual, tal y como se presenta en el lenguaje de la política, de las leyes, de la moral, de la religión, de la metafísica y demás, de un pueblo" (Marx, *Deutsche* 26).

Este sencillo párrafo, que tal cantidad de dolores ha ocasionado en la historia del marxismo cuando indujo a tantos analistas a pensar base y superestructura no en relación dialéctica (es decir, como proceso) sino como instancias separadas, sería matizado más adelante por el propio Engels, quien acusaría lo sobredimensionado de su redacción a las adversas circunstancias teóricas en las que fue escrito.[3] Entre las muchas consecuencias de su abuso y malinterpretación, destaca esa extendida ortodoxia que entiende la obra literaria (en su forma, estilo y significado) como el *reflejo* determinado de cada realidad socioeconómica particular conforme a una "tendencia" dentro de la lucha de clases.[4] Según dicha concepción, la obra no se explica por sí misma, sino como resultado de unas condiciones concretas de autoría.[5] A través de la idea de la intencionalidad de clase —representada por individuos "significativos" (Williams 263)—, la tradición marxista recupera el concepto de autor y reafirma la idea de que el sentido de la obra ha de remitirse en última instancia a esta figura.

---

[3] En una carta de Engels a Joseph Bloch de 21-22 de septiembre de 1890 se lee: "El hecho de que los recientes intérpretes [*die Jüngere*] hagan a veces más hincapié del debido en el aspecto económico, es cosa de la que, en parte, tenemos la culpa Marx y yo mismo. Frente a los adversarios, teníamos que poner el acento sobre este principio cardinal que se negaba, y no siempre disponíamos de tiempo, espacio y ocasión para dar la debida importancia a los demás elementos [*Momente*] que intervienen en la interacción" (Engels, *Engels* 465).

[4] El más importante representante de esta teoría del reflejo es Georg Lukács, quien la llevó a su culminación en sus *Sobre la particularidad como categoría de la estética* (1957), *La modalidad de lo estético* (1963), y finalmente en *Contribución a la ontología del ser social* (1984). A su manera, el análisis althusseriano de la sobredeterminación y de las regiones y las tendencias ideológicas también desembocaría en una concepción parecida (Althusser 14-15).

[5] "El criticismo marxista no es solamente una 'sociología de la literatura', preocupada por cómo se publican novelas y si mencionan la clase obrera. Su objetivo es explicar la obra literaria más plenamente; y esto significa una atención minuciosa a sus formas, estilos y significados. Pero también significa atrapar esas formas, estilos y significados como el producto de una historia particular" (Eagleton 3).

Existen, sin embargo, elementos fundamentales en la obra del propio Marx que desmienten esta concepción "autorificada" de la obra literaria relacionándose en gran medida con los intentos deconstruccionistas de la muerte del autor. Son elementos que arrancan de la dialéctica de la forma de valor, para integrarse luego en el espacio de comprensión de lo que Marx denomina "la forma histórica específica" de la producción capitalista.[6] Considerando la creación artística en su determinación y no más como categoría general, las ideas del reflejo y la intencionalidad se reajustan de este modo a la verdadera medida del fenómeno ideológico —y descubren, precisamente, la ausencia de *un* autor. Estos componentes vendrán a añadir una nueva dimensión para el estudio de las teorías ulteriores sobre la muerte del autor. En los párrafos que siguen, vamos a intentar rescatar las razones para la redefinición marxiana del concepto de autor desde el reajuste del problema de la determinación ideológica de la superestructura por la base, y esto como principio para una reflexión actualizada sobre la obra literaria dentro de una hermenéutica marxista crítica. Así mismo, al quedar entrelazados en la reflexión crítica sobre la noción de autor, contribuiremos a extender por contigüidad las bases para una reflexión más amplia en torno a otras polémicas más recientes —revolución digital y propiedad intelectual principalmente— dentro de una discusión que hoy ya se está volviendo inaplazable.

---

6 "De cara a considerar la conexión entre la producción intelectual (*geistig*) y la material (*materiell*), [es importante] ante todo entender esta última no como categoría general (*Allgemeine Kategorie*), sino en su forma *histórica determinada*. Así, por ejemplo, corresponde al modo capitalista de producción un tipo de producción intelectual diferente al medieval. Si la producción material como tal no se entiende en su forma *histórica específica*, entonces es imposible comprender lo determinado (*das Bestimmte*) de su producción intelectual correspondiente, y la interacción entre ambas" (Marx, *Theorien* 256-257).

Deconstruyendo al autor: la función-autor en la crítica marxiana a la economía política

En su texto *¿Qué es un autor?*, presentado originariamente como conferencia en 1969, dos años después de la publicación de *La muerte del autor* de Barthes, Foucault responde, critica y en cierto modo complementa la tesis barthiana según la cual el autor (no necesariamente el escritor) ha muerto. En clara referencia a Barthes:

> Es evidente que no basta repetir como afirmación vacía que el autor ha desaparecido. Asimismo, no basta repetir indefinidamente que Dios y el hombre han muerto de muerte conjunta. Lo que habría que hacer es localizar el espacio que de este modo deja vacío la desaparición del autor, no perder de vista la partición de las lagunas y las fallas, y acechar los emplazamientos, las funciones libres que esta desaparición hace aparecer (Foucault, "Auteur" 58).

Para Foucault, como para Barthes, el fenómeno del autor es un fenómeno histórico contranatura, pues sitúa la unidad del texto en su origen y no en cambio —tal y como es históricamente constatable— en su destinatario. Si el criticismo al uso no ha prestado atención más que al autor (se estudian las vidas de los autores, se teme y combate el anonimato, etcétera), es porque ha existido un determinado interés en consolidar su figura por delante de cualquier otra cosa. De ahí la afirmación de Foucault de que el autor surge o emerge en un determinado momento como una función, pasando entonces a denominarlo función "autor": "Un nombre de autor no es solo un elemento del discurso [...]; ejerce un determinado papel con relación al discurso: garantiza una función clasificatoria" ("Auteur" 60).

De acuerdo con Foucault, esta función clasificatoria se realiza conforme a cuatro parámetros:

> Los resumiré así: la función autor está ligada al sistema jurídico e institucional que encierra, determina, articula el universo de los discursos; no se ejerce de manera uniforme ni del mismo modo sobre todos los discursos, en todas las épocas y en todas las formas de civilización, no se define por la atribución espontánea de un discurso a su productor, sino por una serie de operaciones específicas y complejas; no remite pura y simplemente a un individuo real, puede dar lugar a varios ego de manera simultánea, a varias posiciones-sujetos, que pueden ocupar diferentes clases de individuos ("Auteur" 66).

En cierto modo, una parte de los componentes que Foucault utiliza para su lectura genealógica se pueden encontrar ya de manera esencial en la pregunta marxiana acerca de *qué* es una mercancía. En el caso de Marx, el filósofo alemán nunca estudió el problema del "autor" desde una teoría estética explícita, más que nada porque nunca llegó a escribir ninguna.[7] Desde el punto de vista de la economía política, sin embargo, se puede fácilmente observar que la obra literaria, en tanto que mercancía inmaterial, responde a la misma lógica productiva que cualquier otra mercancía (autor/obra = productor/producto) y precisa de sus mismas funciones y requerimientos.[8] Si la noción de autor para Foucault era una figura con una función histórica determinada, clasificatoria decía él, que "constituye el momento fuerte de individuación en la historia de las ideas, de los conocimientos, de las literaturas, también en la historia de la filosofía, y en la de las ciencias" ("Auteur" 54), el materialismo marxiano encuentra ese momento de individuación en la historia de la producción mercantil.

---

[7] Para una profundización en este tema, se puede ver Sánchez Vázquez, Adolfo. *Las ideas estéticas de Marx*. México: Siglo XXI, 2005.

[8] En las *Teorías sobre el plusvalor*, Marx equipara al "'trabajador improductivo' John Milton (quien escribió *Paradise Lost* por cinco libras) con el trabajo productivo del 'proletario de Leipzig, el cual fabrica libros [...] bajo la dirección de su librero'" (*Theorien* 377). En *El manifiesto comunista*, Marx describe cómo la burguesía "transforma al médico, al jurista, al cura, al poeta, al hombre de ciencia, en su trabajador asalariado" (*Manifest* 465).

Para Marx, el concepto de autor se inserta en el entramado de la producción como una operación de *atribución* individualista de la propiedad a un determinado productor, donde los propietarios "deben reconocerse mutuamente como propietarios privados" dado que "las mercancías no pueden ir por sí mismas al mercado e intercambiarse a sí mismas" (*Kapital* 99). En ese sentido, el privilegio de la "autoría", como parte específica de la categoría más amplia de "productor", es una construcción necesaria para la adscripción del trabajo intelectual a un sujeto propietario, *conditio sine qua non* de la transformación del saber en mercancía, es decir, en "valores de cambio".[9] El concepto de autor como modo de atribución forma parte por lo tanto del mecanismo ideológico de legitimación y naturalización de dicho modo de producción. La manera en la que se articula en Marx este mecanismo de atribución tiene que ver con esa lógica denominada por Marx "fetichismo de la mercancía", y que aquí podemos denominar para el caso del autor *fetichismo de la autoría*.

Para una teoría del fetichismo de la autoría: el fetichismo marxiano de la mercancía

La teoría del valor marxiana aparece por primera vez en su forma acabada en el manuscrito *Complementos y modificaciones al primer tomo de El capital* de 1871/1872. Marx había trabajado sobre ella desde su primera recepción de David Ricardo (en los *Manuscritos de economía y filosofía* de 1844) criticándola, pero es solo a partir de 1847, en *La miseria de la filosofía*, donde vuelve a ella y la asume con algunas modificaciones. Su propia teoría del valor y la plusvalía la desarrolla en los *Grundrisse* de 1857/1858, produciéndose

---

[9] "La característica distintiva del autor moderno [...] es la propiedad: el autor se concibe como originador, y por tanto como propietario de un tipo especial de mercancía, el trabajo" (Rose 1).

el gran salto adelante en la recepción de Ricardo y de Bailey que tiene lugar en 1862 dentro de las *Teorías sobre el plusvalor*. En términos generales, la teoría del valor marxiana sostiene que el "valor de cambio" que posibilita el intercambio en el mercado de una mercancía por otra no depende, como afirman las teorías neoclásicas, de los ajustes entre oferta y demanda, sino que es el modo de expresión o modo de manifestación de una realidad material, esta es el *valor*. Dicho valor, como intenta Marx demostrar con todo detalle en el comienzo de la sección primera de *El capital* (1867), no es otra cosa que el denominador común de todas las mercancías una vez hemos prescindido (abstraído) de todo lo particular y accidental de cada mercancía, es decir de los "valores de uso" dados en las diversas formas concretas de esos trabajos. El *valor* es para Marx la forma promedio de un tiempo de trabajo humano solidificado en la mercancía, "reduciéndose en su totalidad a trabajo humano indiferenciado, a trabajo abstractamente humano" (*Kapital* 52). Y en esencia —valores de uso aparte— todas las mercancías son únicamente esa determinada medida de *tiempo de trabajo solidificado* (*Kapital* 54). Ese trabajo humano indiferenciado y acumulado como sustancia común cristalizada es lo que los constituye como valores, y en tanto que "forma social de la riqueza material" (*gesellschaftliche Form des stofflichen Reichtums*) o riqueza socialmente reconocida, es la base real del intercambio mercantil (*Kapital* 54).

Como demuestra Marx en el análisis de las cuatro formas de valor de *El capital* (62-85), por necesidades del intercambio, el recurso a la cuantificación del tiempo-trabajo ha de hacerse necesariamente en torno a un tercer equivalente, *i.e., el dinero*. De ese modo, por ejemplo, se dice que una casa vale X cantidad de dinero, lo que facilita su intercambio en el mercado pues a la hora de adquirirla evita tener que presentar cantidades equivalentes en trabajo de otra mercancía. Sin embargo, y para olvido de su esencia como valor, tendemos a tomar cantidades fijas de ese tercer equivalente como expresión absoluta de la naturaleza abstracta de una mercancía, y así decimos por ejemplo que una casa vale como tal X cantidad de dinero. En otras palabras, pasamos de utilizar el dinero como expresión de un valor a considerarlo el valor en sí mismo. Al hacer esto, obviamos el carácter humano del tiempo-trabajo cristalizado en la mercancía para pasar a considerarlo como una propiedad natural de la mercancía en cuestión.

Este desplazamiento es el fenómeno fetichizante de *quid pro quo* al que Marx consagra en *El capital* el capítulo dedicado al "fetichismo de la mercancía" a partir de la segunda edición de 1872.[10] En esas páginas, y en relación directa con el análisis de las formas de valor, Marx descubre el mecanismo por el cual negamos el carácter humano del trabajo constitutivo de valor a través de *naturalizar* en las cosas cualidades humanas, por ejemplo el trabajo humano, cuyo valor en el mercado sería para el caso dicha cantidad X de dinero. Se llama "fetichista" a este proceso por su capacidad de otorgar cualidades vivas a sustancias inertes y viceversa; es una transposición o dislocación que, lejos de constituir una falsa conciencia,[11] conduce a la negación por parte de la conciencia cotidiana (*Alltagsbewusstsein*) del origen del valor en el trabajo social abstracto y en un momento histórico determinado. La inversión (*Verkehrung*) de la conciencia o abstracción de la naturaleza social e histórica del trabajo producida por la forma mercantil oculta las verdaderas relaciones, ahistorizando, naturalizando y mistificando en consecuencia las categorías económicas.[12] Razones

---

[10] Véase "El carácter fetiche de la mercancía y su secreto" (*Kapital* 85-98). Aparecido primeramente como anexo o *Anhang* a la primera edición del primer tomo de *El capital*.

[11] Ya que, en el fondo, "[s]e trata de formas del pensamiento socialmente válidas, es decir objetivas, para las relaciones de producción que caracterizan ese modo de producción social históricamente determinado: la producción de mercancías" (*Kapital* 90).

[12] "En capital-ganancia [*Kapital-Profit*] o mejor aún, en capital-interés [*Kapital-Zins*], suelo-renta de la tierra, trabajo-salario, en esta trinidad económica como conexión del valor y de la riqueza con sus fuentes, la *mistificación* del modo de producción capitalista, la *cosificación* de la relaciones sociales, la

de cosificación aparte, cualquier posible acercamiento a las fuentes reales materiales del valor de la mercancía queda oscurecido a favor de una teoría del olvido.[13]

En lo que concierne a la obra de arte literaria, las consecuencias de esta lógica fetichista no tardan en aparecer. Pues uno de los presupuestos más graves y poderosos que la modernidad ha creado en torno a dicha obra es la ficción que la vincula con el autor en una relación de individualidad, es decir negando la naturaleza social, colectiva e histórica de su producción. Se trata del problema definitorio de la así llamada "autoría", entendida esta de forma intuitiva como la relación directa entre el productor de un bien inmaterial con su producto/idea; es decir, como supuesta exclusividad del trabajo del autor hacia dicho producto.

De la naturaleza social de todo trabajo concreto. El problema fundamental de la llamada "autoría"

Así pues: ¿qué sucede si se olvida el carácter social originario del valor de la mercancía como trabajo social abstracto? Que se obvia del mismo modo el carácter social comunitario (*gemeinschaftlicher gesellschaftlicher Charakter* [*Kapital* 52]) del trabajo privado concreto. Superando las aportaciones de Adam Smith y David Ricardo, el principal descubrimiento

---

ligazón inmediata de las relaciones materiales de producción a su determinación histórico-social llegan a su punto culminante: el *mundo hechizado, invertido y puesto de cabeza*, en el que Monsieur le Capital y Madame la Terre deambulan como caracteres sociales al mismo tiempo que de modo inmediato como meras cosas" (*Kapital* 838, subrayado añadido).

13 Para el problema de la cosificación, se pueden ver los trabajos de la Escuela de Frankfurt, y sobre todo *Historia y conciencia de clase* de G. Lukács: "La esencia de la estructura mercantil [...] radica en que una relación entre personas recibe el carácter de una coseidad [*Dinghaftigkeit*], y de ahí una objetualidad [*Gegenständlichkeit*] fantasmagórica, la cual, detrás de su propia legislación [*Eigengesetzlichkeit*], rígida, aparentemente acabada del todo y racional, oculta todo rastro de su esencia fundamental, el de ser relación entre hombres" (94).

de Marx radica en comprender que lo que los trabajadores venden no es simplemente su tiempo de trabajo, sino la fuerza de trabajo empleada de forma útil en ese tiempo de trabajo, fuerza de trabajo que está determinada por condiciones históricas y sociales específicas. En los *Grundrisse*, Marx argumenta que, con el paso del trabajo y el intercambio inmediato al trabajo y al intercambio mediato, la fuerza de trabajo se conforma desde la base de la cooperación social general, y el producto deja de ser producto del trabajo inmediato del productor particular para aparecer como combinación de una actividad social (*gesellschaftliche Tätigkeit*) (*Ökonomische* 605). Y se apoya para ello en una cita de Thomas Hodgskin, socialista ricardiano:

> Tan pronto como se desarrolla la división del trabajo, prácticamente cualquier trabajo del individuo particular se vuelve parte de un todo *que por sí solo no tiene valor o utilidad alguna. No hay nada que el trabajador pueda apropiarse y decir: este es el producto de mi trabajo, esto me lo guardo yo para mí* (citado en *Ökonomische* 605).

Suele ser tentación habitual por parte de los economistas neoclásicos evitar el recurso a todo cálculo de valor que no salga del trabajo *privado* y *concreto*. Esto encaja perfectamente con la filosofía individualista del liberalismo burgués, y para Marx no pertenece sino a las robinsonadas propias del siglo XVIII (*Einleitung* 615). Pues como observa Marx en la introducción a esos *Grundrisse*, considerar que en la producción capitalista el valor emana del trabajo individual "es algo tan absurdo como [concebir] el desarrollo de un lenguaje sin que haya personas que viven *juntas* y que hablan juntas" (*Ökonomische* 20). Si prestamos atención, por ejemplo, a un problema usual de la economía política como pueda ser el del cálculo del valor final del producto "hilado":

En la medida en que entra a considerarse el valor del hilado, el tiempo requerido para su producción, es posible considerar como diversas fases sucesivas del mismo proceso laboral a los diversos procesos de trabajo particulares, separados en el tiempo y el espacio, que hubo que recorrer primero para producir el algodón mismo y la masa de husos desgastada, y finalmente el hilado a partir del algodón y los husos. *Todo el trabajo contenido en el hilado es trabajo pretérito* (*Kapital* 202, subrayado añadido).

Y es que, como atestigua una cita de *Sobre los principios de la economía política y los impuestos* del mismo Ricardo: "no solo afecta al valor de las mercancías el trabajo aplicado directamente a las mismas, sino también el empleado en los aparatos, herramientas y edificios que sustentan ese trabajo inmediatamente empleado" (citado en *Kapital* 202, nota 11).

Esta condición del trabajo privado como trabajo social acumulado no solo se refiere a los productos de la gran industria, sino a todo trabajo especializado. También, qué duda cabe, a la producción literaria. Pues como cualquier otro producto social, la producción de una obra no comienza en el momento en el que el autor se dispone a darle forma, sino que presupone un tiempo previo de aprendizaje y dominio del lenguaje, de reflexión y, sobre todo, de documentación.[14] En el ámbito de la producción, este concepto de "documentación" se refiere a un trabajo de consulta en fuentes externas, ajenas y anteriores a la elaboración definitiva del producto, y rompe de lleno con la idea del carácter unívoco e individual del trabajo concreto. Como consecuencia, y lo mismo para toda mercancía material e

---

[14] Podemos referir aquí de nuevo la cita de Marx sobre la imposibilidad de un lenguaje privado (*Ökonomische* 20) dentro del carácter social de la esencia y la *praxis* humana: "El hombre es en sentido literal un ζῶον πολιτικόν, no solo un animal con alma, sino un animal que solo puede individualizarse en sociedad. La producción del individuo aislado fuera de la sociedad —una rareza [*Rarität*] que probablemente solo le pueda suceder por casualidad [...] a uno que ya posee dinámicamente en sí las fuerzas sociales— es algo tan absurdo como el desarrollo de un lenguaje sin que haya personas que vivan *juntas* y que hablen juntas".

inmaterial, no se podrá ya decir que el autor particular crea una obra *ex nihilo* cual inspiración y fuerza divina, pues toda creación presupone una sociedad y una cultura que la sustenta, y todo trabajo privado concreto es en gran medida deudor de un trabajo previo que lo precede, que ayuda a construirlo y constituirlo transportándolo hasta la situación histórico-epistémica en que ese trabajo concreto puede tener lugar.

Nietzsche había hablado del poeta como *vox populi*,[15] Harold Bloom ha discutido la "ansiedad de la influencia",[16] Foucault hablaba de la "transdiscursividad"[17] y Barthes decía que "el escritor solo puede imitar un gesto que es siempre anterior, nunca original" (146). Para el caso de Marx, una mercancía material cualquiera, del mismo modo que una mercancía inmaterial tal que una canción, una fórmula, un poema, una novela o este mismo estudio, no solo se elevan sobre "hombros de gigantes" (Newton) sin cuyos logros, legado e inspiración no habrían visto la luz jamás, sino de modo mucho más general sobre el trabajo social de incontables generaciones de trabajadores pasados y presentes, los cuales componen al trabajador colectivo y al intelecto general y con los que dicha mercancía establece un

---

[15] "Si, en la niebla de la creación, el mismo poeta olvida de dónde le viene su sabiduría —del padre y la madre, de los maestros y los libros de todo tipo, de la calle y también de los sacerdotes; a él le engaña su propio arte y cree de verdad, de forma ingenua, que *un dios* habla a través de él, que él crea en estado de iluminación religiosa... mientras que en el fondo solo dice lo que aprendió, sabiduría popular y tontería popular de la mano. Así pues: en tanto que el poeta es de verdad *vox populi*, pasa por *vox dei*" (Nietzsche, *Menschlich* 455).

[16] "Influencia, tal y como yo la concibo, quiere decir que *no* hay textos, sino solo relaciones *entre* textos. [...] La relación de influencia gobierna el acto de la lectura del mismo modo en como gobierna el de la escritura, y la lectura es por tanto una mal-escritura [*miswriting*] solo en cuanto que la escritura es una mal-lectura [*misreading*]" (Bloom 3-4).

[17] "Lo particular de estos autores es que no son solamente los autores de sus obras, de sus libros. Produjeron algo más: la posibilidad y la regla de formación de otros textos" (Foucault "Auteur" 66).

diálogo común utilizándolo de fundamento.[18] La idea del *self-made creator* o autor que crea por sí mismo de manera independiente es una ilusión. La idea del *genio creador* es un vicio idealista. Pues como recientemente se ha venido a subrayar: "la creación es en su significado siempre una elección entre posibilidades ya existentes; no es una cuestión de origen, sino una continuación" (Schmidt 13). La creación es un proceso de totalidad, y negarlo es proceder sin más de forma fetichizada.

El concepto de "autor" vs. el de "trabajo general"

Si cerramos ahora el círculo en torno al ámbito particular de la creación intelectual, esta apreciación de que toda obra es deudora de algo más allá de sí es lo que Marx ordena conforme a una terminología de cuño hegeliano bajo la categoría de *trabajo general* (*Allgemeine Arbeit* o *konkret-allgemeine Arbeit*).[19] "Trabajo general" es el concepto definitorio de la actividad científica en el ámbito económico descrito por él en los trabajos preliminares a *El capital* y especialmente en los *Grundrisse*, así como en los manuscritos editados a título póstumo del tercer tomo de *El capital* y en las llamadas *Teorías del plusvalor*.[20] "Trabajo general" es, según sus

---

[18] Raymond Williams ha querido denominar esto "dinámicas de formación social" (Williams 264).

[19] De la Universalidad o Generalidad (*Allgemeinheit*) en *La ciencia de la lógica*, Hegel establecía la diferencia entre *universalidad o generalidad abstracta* (*Abstrakt-Allgemeines*), en lo que lo particular está inscrito de forma indiferenciada; y *universalidad o generalidad concreta* (*Konkret-Allgemeines*), en la cual lo particular se da como representante de lo general o universal. En el caso de la primera, lo particular se presenta como algo externo (*äusserlich*), mientras que la universalidad concreta es "la riqueza de lo particular concebido de forma universal" ("*Reichtum des Besonderen in sich fassende Allgemeine*") (*Wissenschaft* 54).

[20] Y que no debe ser confundido con la expresión *abstrakt-allgemeine Arbeit* que utiliza Marx hasta la primera edición del tomo 1 de *El capital* y que a partir de la segunda edición vendrá referida meramente como *abstrakte Arbeit*. Cfr. p. ej. *Kritik* 17.

propias palabras, "todo trabajo científico, todo descubrimiento, toda invención. Está condicionado en parte por la cooperación con los vivos, en parte por el empleo de los trabajos de gente precedente" (MEW 25: 113-114). Es la base científica, entendida como conocimiento e información, que permite la producción concreta en un momento histórico determinado. Tiene el significado de "cooperación mediata" (*mittelbare Kooperation*), en oposición a la "cooperación inmediata" del llamado "trabajo en común" (*gemeinschaftliche Arbeit*), la cual sería más bien el trabajo de los individuos unos con otros, codo con codo, en un solo producto (*Gesamtarbeiter; kombiniertes Arbeitspersonal*) (*Kapital* III 531).

El trabajo general, por tanto, forma también parte constitutiva del trabajo social (*gesellschaftliche Arbeit*). Pero lo hace, hay que añadir, sin constituir valor de forma directa.[21] Pues, como dice Marx, las fuerzas productivas que se derivan de la cooperación en general y de este tipo de cooperación en particular "al capital no le cuestan nada. Son fuerzas naturales (*Naturkräfte*) del trabajo social" (*Kapital* 407).[22] De manera que, igual que el capital se apropia de fuerzas naturales tales como el vapor, el agua, etcétera, sin pagar por ello, así también actúa de cara a la ciencia: "la

---

[21] Es decir, es trabajo que se considera *improductivo*. Sobre la diferencia con el "trabajo productivo": "El fin directo de la producción capitalista no es la producción de mercancías, sino de plusvalor o beneficio (en su forma desarrollada); no es el producto, sino el *plusproducto*. El trabajo como tal, desde esta perspectiva, solo es productivo en tanto que crea beneficio o *plusproducto* para el capital. Mientras que el trabajador no lo consiga, su trabajo será improductivo" (*Theorien* II 548). Se puede decir de ahí que "todo trabajador productivo es un asalariado, pero no todo asalariado es un trabajador productivo". Respecto al trabajo intelectual o inmaterial en general, siempre que sea un trabajo valorizado como mercancía (material como inmaterial) *o* que quede consumido de forma *directa* en la producción de una mercancía cualquiera *es* trabajo productivo. Para este último caso: "En efecto añaden al *capital constant* su trabajo total [*Gesamtarbeit*], elevando el valor del producto en esta magnitud" (*Theorien* II 134).
[22] "Una vez descubierta, la ley sobre el movimiento de la aguja magnética en torno a una corriente eléctrica, o sobre la creación del magnetismo en el hierro [...] no cuesta un chavo" (*Kapital* 407).

ciencia no le cuesta al capitalista nada en absoluto, lo que no le impide en absoluto explotarla. La ciencia 'ajena' se le incorpora al capital igual que el trabajo ajeno" (MEW 23: 407; nota al pie). Pues el objetivo, como escribe Marx en un manuscrito inédito, es hacer el trabajo más productivo "sin elevar el *valor del producto*":

> todo descubrimiento [*Entdeckung*] servirá como base de una invención [*Erfindung*] o de nuevos y mejorados métodos de producción. Primero, la forma de producción capitalista pone a las ciencias naturales [*Naturwissenschaften*] al servicio del proceso inmediato de producción, mientras que, del lado contrario, el desarrollo de la producción ofrece los medios para la sujeción teorética de la naturaleza. A la ciencia se le asigna el oficio de ser medio de producción de la riqueza; medio de enriquecimiento (*Vorarbeiten* 2061).[23]

En la llamada "sociedad del conocimiento/sociedad de la información", el papel del saber se acentúa y asume un lugar predominante, en un nuevo contexto de relaciones de producción capitalistas en las que poco a poco "el predominio del trabajo inmediato queda reemplazado por el predominio del trabajo general" (Brie 65). En el conocido "fragmento sobre las máquinas" del cuaderno VII de los *Grundrisse*, Marx señala la creciente aplicación de la ciencia al proceso productivo, objetivada en el sistema de máquinas, de manera que el conocimiento social general se ha convertido en fuerza productiva inmediata.[24]

---

23 Ver también *Kapital* III 113 y *Kapital* II 356. Sobre la diferenciación entre *Entdeckung* y *Erfindung* en este contexto, véase Ruben 11.
24 "La naturaleza no construye máquina alguna, ni locomotoras, ni ferrocarriles, ni telégrafos eléctricos [...], etc... Son productos de la industria humana; material natural, transformado en órganos de la voluntad humana sobre la naturaleza o sobre su actividad en la naturaleza. Son *órganos del cerebro humano creados por la mano humana*; ciencia objetivada. El desarrollo del *capital fixe* muestra hasta qué punto el saber social general [*allgemeine gesellschaftliche Wissen*], el knowledge [*conocimiento*], se ha vuelto *fuerza productiva inmediata*, y de ahí hasta qué punto se han subsumido las condiciones del proceso vital social bajo el control del *general intellect* [el entendimiento

El problema surge entonces de la colisión entre el "trabajo general" como mecanismo de socialización de la producción, y la figura del autor como función de atribución individualizadora de la producción como propiedad. Las célebres contradicciones lógicas de la estrategia capitalista de las que habla Marx a lo largo de toda su obra se condensan abiertamente en dicha controvertida figura. Pues, como venimos señalando, el concepto de autor es por un lado el soporte fundamental en el relato de la economía política de la producción intelectual para la adscripción/sujeción del trabajo al productor privado, razón por la que surge inmediatamente un entramado legal que lo protege (la llamada "propiedad intelectual"[25]; y los "derechos de autor" como "expresión de la paulatina subsunción de la creación intelectual bajo las condiciones de producción capitalistas" [Nuss 195-196]). Por otro lado, sin embargo, esos modernos cercos de defensa entorpecen las innovaciones, pues "de esa manera las ideas obtienen una menor difusión, y se utilizan con menos asiduidad" (Stiglitz).[26] Esa tendencia a articular sistemas de protección otorga al nuevo creador una posición de monopolio temporal que le permite sin duda pedir por su producto un precio determinado, pero impide al mismo tiempo el despliegue de las nuevas fuerzas

---

general] y han sido transformadas en relación a él. Hasta qué punto las fuerzas productivas sociales quedan producidas, no solo en la forma del saber, sino como órgano inmediato de la praxis social; del proceso vital real" (*Grundrisse* 602).

[25] La cual "no se refiere al hecho material de la propiedad en sí sino más bien al hecho del derecho a la propiedad sobre lo intelectual que esa obra transmite, esto es, a la propiedad sobre la producción de sentido o significado" (Durán 174). La diferenciación entre propiedad material y propiedad intelectual tiene lugar por primera vez a finales del siglo XVIII (Rigamonti 20; Bosse 7).

[26] En el artículo del año 1994 *The Economy of Ideas*, John Perry Barlow había hablado de que "[a] menudo puede ocurrir que la mejor manera de aumentar la demanda de un producto sea regalarlo", pues "se beneficia de la ley de los rendimientos crecientes, que se basa en la familiaridad". El concepto de *Rendimientos Crecientes de Adopción* fue forjado por Brian Arthur con la siguiente tesis: una tecnología no se elige porque es la mejor, sino que se torna la mejor porque es elegida.

productivas en eclosión ya que dificulta el acceso y encarece el resto de la producción, dando lugar al estancamiento. Es contradictorio en todo punto que los autores/productores, una vez manufacturado su producto con los medios más baratos a su disposición (trabajo general), cierren el acceso a los códigos fuente, patenten las fórmulas, o exijan legislar para la limitación de todo uso no remunerado de sus ideas, poemas, ensayos y novelas,[27] transformando inmediatamente la cooperación en una suerte de *enemistad intelectual*. En "un modo de producción que se regula por el trabajo abstracto objetuado en el valor pero que al mismo tiempo lo reduce de forma radical" (Haug 126), la batalla por la protección se revela trágicamente como una carrera autoprivativa de los autores contra sí mismos.

El autor y la hermenéutica marxista. Perspectivas

Pero como ha denunciado Daniel Bensaïd a cuenta de los llamados *common goods* en su postfacio al artículo de Marx, *Debate sobre las leyes contra el robo de leña*, publicado en la *Gaceta Renana* en 1842:

> ¿Es posible privatizar una idea, teniendo en cuenta que en el fondo un programa informático no es más que un elemento de la lógica aplicada, es decir, una parcela de trabajo intelectual muerto acumulado? Según esta lógica de apropiación privatizadora, ¿nos atreveríamos a patentar incluso las matemáticas para someterlas al derecho de propiedad? La socialización del trabajo intelectual comienza desde la práctica de lenguaje, el cual constituye, indiscutiblemente y hasta que se demuestre lo contrario, un bien común de la humanidad no privatizable. Lo cual no impide que los actuales conflictos en torno al derecho de propiedad intelectual tiendan a sacudir al

---

[27] "Los capitalistas preferirían no pagar nada por el acceso a las ideas, descubrimientos e innovaciones, pero queriendo hacer caja por las suyas propias" (Jessop 1295).

derecho liberal clásico y su legitimación de la propiedad por el trabajo. [...] Estos rompecabezas filosófico-jurídicos son fruto de las contradicciones, cada vez más explosivas, entre la socialización del trabajo intelectual y la apropiación privada de ideas, por una parte; entre el trabajo abstracto, cuyo sostén es la medida mercantil, y el trabajo concreto difícilmente cuantificable que desempeña un rol creciente en el proceso de trabajo complejo, por otra parte (Bensaïd 120-121).

Con la revolución digital e Internet, "posiblemente [...] el medio tecnológico más revolucionario de la era de la información" (Castells 59), la economía se encuentra en los preámbulos de una transformación radical, evolucionando a una forma de trabajo general [*allgemeine Arbeit*] que requiere modalidades de autosocialización y restitución del aprovechamiento colectivo del conocimiento general que son incompatibles con un régimen de producción capitalista. La información se ha liberado de su soporte material y muestra su naturaleza social; y los desarrollos técnicos que posibilitan la difusión ilimitada, a coste con tendencia a cero, de contenidos sujetos a propiedad intelectual han vuelto las barreras históricas de la propiedad cada vez más permeables, cuestionando finalmente la estabilidad de sus sustentos ideológicos más tradicionales, el "autor" por delante de todos ellos.[28] El texto del prólogo

---

[28] Leemos en el *Prólogo a la contribución a la crítica de la economía política*: "En cierta etapa de su desarrollo, las fuerzas productivas materiales [*materielle Produktivkräfte*] de la sociedad entran en contradicción con las relaciones de producción [*Produktionsverhältnisse*] existentes, o lo que no es más que su expresión jurídica, con las relaciones de propiedad [*Eigentumsverhältnisse*] dentro de las cuales se han desenvuelto hasta ese momento. De formas de desarrollo de las fuerzas productivas, estas relaciones se convierten en trabas suyas. Se abre así una época de revolución social" (*Kritik* 9). También en *El manifiesto comunista*: "Las fuerzas productivas de que dispone [la burguesía] no sirven ya para fomentar el régimen burgués de la propiedad; más bien, son ya demasiado poderosas para servir a este régimen, que frena su desarrollo. Y tan pronto como logran vencer a este obstáculo siembran el desorden en la sociedad burguesa, amenazan con dar al traste con el régimen burgués de la propiedad. Las condiciones sociales burguesas resultan

a la *Contribución a la crítica de la economía política* profiere unas palabras fundamentales para entender la naturaleza ideológica de estos mecanismos:

> Con la transformación de la base económica, toda la inmensa superestructura [*Überbau*] se da la vuelta más despacio o más rápido. Cuando se estudian esas transposiciones [*Umwälzungen*] hay que distinguir continuamente entre la transposición material constatable al modo de la ciencia natural [*naturwissenschaftlich treu zu konstatieren*] en las condiciones de producción, y las formas jurídicas, políticas, religiosas, artísticas o filosóficas, en una palabra, ideológicas, en que los hombres ganan conciencia de este conflicto y luchan en él (*Kritik* 9).

Esta dimensión histórica ahora *in extremis* revelada es en definitiva una condición que la hermenéutica literaria marxista no puede perder ya de vista cuando se acerque a la obra literaria.[29] Pues lo primero que debe advertir en su análisis es que la vinculación de la obra con su "autor" en una relación de exclusividad es una fetichización en la operación de "sujeción" (tanto económico-política como ontológica) de la forma, creada al albor de la imposición de los modos de producción capitalistas; y que su carácter verdaderamente ideológico no se localiza tanto en la naturaleza de su discurso (dogma derivado de una lectura simplista del arriba mencionado *Prólogo*) como en ese otro discurso mítico creado en torno a la naturaleza independiente de su producción —aquel que insiste, por ejemplo, en su "genialidad". Es en procesos como el recién estudiado donde se percibe

---

ya demasiado estrechas como para abarcar la riqueza por ellas engendradas" (*Manifest* 468). Para una lectura actual de este problema, se puede ver Ladeur.

[29] Para una aproximación, se puede ver la idea del "sujeto colectivo" de Lucien Goldmann (Goldmann 94-120); y específicamente al ya citado Raymond Williams y su descripción del procedimiento biográfico "como un descubrimiento recíproco de lo verdaderamente social en lo individual y de lo verdaderamente individual en lo social" (Williams 262).

cómo la base material (*Bau*) impone y crea las condiciones epistémicas de la superestructura (*Überbau*), de acuerdo con el auténtico carácter del materialismo marxiano.

Como corolario, la deslucida concepción del reflejo se actualiza para atender a la obra literaria desde su origen —ya lo venía haciendo— aunque recuperando ahora la vigencia de la forma "autor" no más desde la intencionalidad sino desde su imbricación en el concepto moderno de sujeto (privado) y su función estructural. Una hermenéutica fielmente crítico-materialista verá por fin en la figura del "autor" un concepto efectivamente político, con un cometido en la reproducción de la estructura misma (*ökonomische Struktur*) y clave categorial asimismo en la conciencia del conflicto por su transformación.

Obras citadas

Althusser, Louis. "Sur la révolution culturelle". *Cahiers Marxistes-Leninistes*, 14 (1966): 5-16.

Arthur, Brian W. "Competing Technologies, Increasing Returns and Lock-In by Historical Events". *Economic Journal*, vol. 99, 3 (1989): 116-131.

"Author", *Enciclopaedia Britannica*. https://bit.ly/2PFvOZb (consultado: 6-8-2018).

Barlow, John Perry. "The Economy of Ideas". *Wired*. https://bit.ly/2NNyXWd (consultado: 6-8-2018).

Barthes, Roland. "The death of the author". *Image-Music-Text*. Londres: Fontana, 1977. 142-148.

Bensaïd, Daniel. "Marx y el robo de leña. Del derecho consuetudinario de los pobres al bien común de la humanidad". *Karl Marx. Los debates de la Dieta Renana*. Trad. Juan Luis Vermal y Antonia García. Madrid: Gedisa, 2007. 95-125.

Bloom, Harold. *A Map of Misreading*. Oxford: Oxford University Press, 1975.

Bosse, Heinrich. *Autorschaft ist Werkherrschaft. Über die Entstehung des Urheberrechts aus dem Geist der Goethezeit*. Paderborn: Schöningh, Uni-Taschenbücher, 1981.
Brie, Michael. *Wer ist Eigentümer im Sozialismus? Rechtsphilosophische Überlegungen*. Berlín: Dietz Verlag, 1990.
Burke, Séan. *The Death and Return of the Author: Criticism and Subjectivity in Barthes, Foucault and Derrida*. Edimburgo: Edinburg University Press, 1998.
Carrión Arias, Rafael. "Nietzsche y el método crítico-genealógico". *Estudios Nietzsche: Revista de la Sociedad Española de Estudios sobre Friedrich Nietzsche*, 13 (2013): 15-26.
Castells, Manuel. *Das Informationszeitalter I, Der Aufstieg der Netzwerkgesellschaft*. Opladen: Leske+Budrich, 2002.
Durán, José María. *Hacia una crítica de la economía política del arte*. Madrid: Plaza y Valdés, 2008.
Eagleton, Terry. *Marxism and Literary Criticism*. Berkeley: University of California Press, 1976.
Engels, Friedrich. "Engels an Joseph Bloch in Königsberg", *Karl Marx/Friedrich Engels – Werke*, vol. 37. Ed. Institut für Marxismus-Leninismus beim ZK der SED. Berlín: Dietz Verlag, 1967: 462-465.
Foucault, Michel. "¿Qué es un autor?". Trad. Corina Yturbe. *Dialéctica. Revista de la Escuela de Filosofía y Letras*, 16 (1984): 51-82.
_____. "Nietzsche, la généalogie, l'histoire". *Hommage à Jean Hyppolite*. Ed. Suzanne Bachelard. París: Presses Universitaires de France, 1971. 145-172.
Goldmann, Lucien. *Marxisme et sciences humaines*. París: Gallimard, 1970.
Haug, Wolfgang Fritz. "Allgemeine Arbeit". *Historisch-kritisches Wörterbuch des Marxismus, Vol. 1*. Eds. Berliner Instituts für kritische Theorie in Kooperation mit der Freien Universität Berlin. Berlín: Argument Verlag, 1994. 126-142.

Hegel, Georg Wilhelm Friedrich. "Wissenschaft der Logik". *Werke in 20 Bänden*, vol. 5. Eds. Eva Moldenhauer y Karl Markus Michel. Fráncfort del Meno: Suhrkamp, 1969-1971.

Jessop, Bob. "Intellektuelle Eigentumsrechte". *Historisch-kritisches Wörterbuch des Marxismus*, Vol. 6.2. Eds. Berliner Instituts für kritische Theorie in Kooperation mit der Freien Universität Berlin. Berlín: Argument Verlag 2004. 1287-1295.

Jungnickel, Jürgen. "Bemerkungen über Wissenschaft und Naturkräfte in einem bisher in Deutsch nicht veröffentlichten Manuskript von Karl Marx". *Wirtschaftswissenschaft* 6 (1975): 801-808.

Ladeur, Karl-Heinz. "Die Dynamik des Internet als Herausforderung der Stabilität des Rechts – 'Virtuelles Eigentum', Copyright, Lauterkeitsrecht und Grundrechtsbindung im Internet als Exempel". *Innovation und rechtliche Regulierung. Schlüsselbegriffe und Anwendungsbeispiele rechtswissenschaftlicher Innovationsforschung.* Eds. Martin Eifert, y Wolfgang Hoffmann-Riem. Baden-Baden: Nomos, 2002.

Lukács, Georg. *Die Eigenart der Ästhetischen*. Neuwied: Luchterhand, 1963.

_____. *Geschichte und Klassenbewusstsein*. Berlin: Malik Verlag, 1923.

_____. *Über die Besonderheit als Kategorie der Ästhetik.* Neuwied: Luchterhand, 1957.

_____. *Zur Ontologie des gesellschaftlichen Seins.* Neuwied: Luchterhand, 1971.

Marx, Karl/Engels, Friedrich. "Das Manifest der kommunistischen Partei". *Marx-Engels-Werke. Vol. 4.* Ed. Institut für Marxismus-Leninismus beim ZK der SED. Berlín: Dietz Verlag, 1959. 459-493.

_____. "Die deutsche Ideologie". *Marx-Engels-Werke. Vol. 3.* Ed. Institut für Marxismus-Leninismus beim ZK der SED. Berlín: Dietz Verlag, 1978. 9-428.

Marx, Karl. "Das Kapital". *Marx-Engels-Werke. Vol. 23-25.* Berlín: Dietz Verlag, 1962.

_____. "Einleitung zur Kritik der politischen Ökonomie". *Marx-Engels-Werke. Vol. 13.* Ed. Institut für Marxismus-Leninismus beim ZK der SED. Berlín: Dietz Verlag, 1961. 615-642.

_____. "Grundrisse". *Marx-Engels-Werke. Vol. 42.* Ed. Institut für Marxismus-Leninismus beim ZK der SED. Berlín: Dietz Verlag, 1983: 47-767.

_____. "Ökonomische Manuskripte". *Marx-Engels-Werke. Vol. 42.* Ed. Institut für Marxismus-Leninismus beim ZK der SED. Berlín: Dietz Verlag, 2014.

_____. "Theorien über den Mehrwert". *Marx-Engels-Werke. Vol. 26* (I-III). Ed. Institut für Marxismus-Leninismus beim ZK der SED. Berlín: Dietz Verlag, 1965-1968.

_____. "Vorarbeiten zu K2 & K3", *Marx und Engels Gesamt Ausgabe* (MEGA²). Berlín: Akademie Verlag, 1982.

_____. "Zur Kritik politischer Ökonomie". *Karl Marx/Friedrich Engels – Werke. Vol. 13.* Ed. Institut für Marxismus-Leninismus beim ZK der SED. Dietz Verlag, Berlín, 1961. 3-160.

Newton, Isaac. "Letter from Sir Isaac Newton to Robert Hooke". 5 de Febrero de 1675. Historical Society of Pennsylvania. https://bit.ly/2PJv9Gl (consultado: 6-8-2018).

Nietzsche, Friedrich. "Menschliches Allzumenschliches". *Sämmtliche Werke. Kritische Studienausgabe*, vol. 2. Eds. Giorgio Colli y Mazzino Montinari. Berlín: Walter de Gruyter, 1980.

_____. "Zur Genealogie der Moral". *Sämmtliche Werke. Kritische Studienausgabe*, vol. 5. Eds. Giorgio Colli y Mazzino Montinari. Berlín: Walter de Gruyter, 1980. 245-412.

Nuss, Sabine. *Copyright & Copyriot. Aneignungskonflikte um geistiges Eigentum im informationellen Kapitalismus.* Münster: Westfälisches Dampfboot Verlag, 2006.

Porter, James E. "Selected bibliography: The concept of 'author' in rhetoric/composition and literary theory". *Rhetoric Society Quarterly* 23 (1) (1993): 71-75.

Rigamonti, Cyrill. P. *Geistiges Eigentum als Begriff und Theorie des Urheberrechst.* Baden-Baden: Nomos, 2001.

Rose, Mark. *Authors and owners: the invention of copyright.* Cambridge: Harvard University Press, 1993.

Ruben, Peter. "Wissenschaft als allgemeine Arbeit. Über Grundfragen der marxistisch-leninistischen Wissenschaftsauffassung". *Sozialistische Politik. Vol. 8.* 36 (1976): 7-40.

Sánchez Vázquez, Adolfo. *Las ideas estéticas de Marx.* México: Siglo XXI, 2005.

Schmidt, Christian. "Die zwei Paradoxen des geistigen Eigentum". *Deutsche Zeitschrift für Philosophie.* Vol. 52. 5 (2004): 755-772.

Stiglitz, Joseph. "Unfaire Verteilung". *Financial Times, Deutschland.* 23-8-2005, https://bit.ly/2wJC1vx (consultado: 1-9-2005).

Williams, Raymond. *Marxismo y literatura.* Trad. Guillermo David. Buenos Aires: Las cuarenta, 2009.

Wimsatt, William K. y Beardsley, Monroe C. "The Intentional Fallacy". *Sewanee Review.* Vol. 54, (Jul-Sept 1946): 468-488.

Wolf, Friedrich A. *Prolegomena ad Homerum, sive, De operum Homericorum prisca et genuina forma variisque mutatuinibus et probabili ratione emendandi.* Vol. 1. Halle, 1795.

Lo libidinal versus el inconsciente ideológico: encuentros cercanos de tipo hermenéutico[1]

MALCOLM READ (STONY BROOK UNIVERSITY)

> La exposición al sicoanálisis puede ser peligrosa para tu salud mental.
> Deriva en la domesticación del marxismo y/o en la incoherencia teórica (Eugene Wolfenstein).

El propósito de este ensayo es considerar la difícil relación entre el marxismo althusseriano y el sicoanálisis lacaniano, prestando especial atención a la oposición entre lo libidinal y el inconsciente ideológico. Comenzaremos considerando una tradición de investigadores que se fijó en la teoría lacaniana para llenar un vacío que supuestamente existía en el marxismo clásico, producido por la falta de una teoría del sujeto. Específicamente, tomaremos como punto de partida el volumen de Coward y Ellis, *Language and Materialism* (1977) y su continuación del marxismo althusseriano en una dirección lacaniana. Esto nos llevará, a su vez, a Julia Kristeva y a su puesta en escena del encuentro, mediado por la noción de Husserl de "lo tético", entre las dimensiones simbólicas (conscientes) y semióticas (inconscientes).

Mapping Ideology (1994), una colección de ensayos editados por Slavoj Žižek, señaló un renacimiento del interés en el tema de la ideología desde un óptica lacaniana, preparatoria para un intento de reactualización del idealismo alemán. Žižek ha sido la más importante fuente de

---

[1] Este ensayo ha sido traducido del inglés al español por Blanca Fernández García y Antonio Gómez L-Quiñones.

inspiración para Samo Tomšič en su *The Capitalist Unconscious* (2015), que sistemáticamente aborda las homologías entre las problemáticas marxistas y lacanianas en detrimento (así lo argüiremos) de las primeras.

Para contrarrestar este énfasis en el inconsciente libidinal, retomaremos otra tradición, inherente al althusserianismo, que teoriza la existencia de un inconsciente ideológico escondido, en primera instancia, por las relaciones de producción a un nivel transindividual. Mientras que el propio Althusser fue el primero en insistir en la dimensión inconsciente de la ideología, hay que otorgar el crédito por la formulación explícita de este distintivo inconsciente ideológico a Juan Carlos Rodríguez. En su obra seminal, *Teoría e historia de la producción ideológica* (1975, 1990), dicha noción fue desarrollada sistemáticamente por primera vez. Rodríguez procede, posteriormente, a desarrollarla en diversas obras a lo largo de varias décadas, otorgándole recientemente un nuevo impulso gracias a libros como *De qué hablamos cuando hablamos de marxismo* (2013) y *Para una teoría de la literatura* (2015). Aunque Rodríguez reconoce la existencia de un inconsciente libidinal, y llega a hablar de un "inconsciente ideológico-libidinal", ha mantenido sin embargo una distancia prudencial con el sicoanálisis, al menos en sus pronunciamientos de carácter teórico. Concluiremos este ensayo con algunas sugerencias sobre cómo combinar de manera productiva ambas nociones del inconsciente.

Hacia un materialismo del sujeto

Los primeros y más perspicaces comentaristas de Althusser entendieron la importancia de romper con un marxismo vulgar para, entre otras cosas, desplazar al sujeto de su posición central que ocupaba dentro de las ideologías burguesas y reubicarlo dentro del marco de los "modos de producción". A estos comentaristas tampoco se les escapó la necesidad correspondiente de reconfigurar la ideología, superando nociones como "nube de ideas" o la "falsa conciencia" que flota sobre las estructuras "reales" de la sociedad. En su lugar, la ideología adopta la forma de una fuerza material, segregada por prácticas sociales prevalentes, cruciales para su misma reproducción (Coward y Ellis 72). Al mismo tiempo, los estudiosos de Althusser se mantuvieron atentos al peligro de un deslizamiento desde la materialidad de la ideología concebida como práctica social hacia la materialidad de instituciones concretas y empíricas (esto es, los Aparatos Ideológicos del Estado, AIE), y desde el materialismo histórico hacia su contraparte mecanicista. La materialidad de la ideología, nos recuerdan, debía ser entendida, siguiendo los propios dilemas de Althusser, como doblemente material, en primer lugar, en relación al proceso imaginario mediante el que el individuo es interpelado en tanto que "sujeto libre" y, en segundo lugar, en la forma en que se concretizaba en ciertas instituciones (73).[2]

Este deslizamiento, de acuerdo con Coward y Ellis, no fue exclusivo del marxismo sino que resultó sintomático, por el contrario, de algunas carencias básicas en la teorización de la subjetividad. Es cierto que el equilibrio que el marxismo logra entre determinación y libertad puede parecer suficientemente convincente: mientras que los individuos concretos están sujetos a múltiples determinaciones (así lo afirma el argumento clásico), su práctica es tan abierta como las propias contradicciones de las fuerzas estructurales que las forman y condicionan. Ahora bien, mediante

---

[2] De hecho, Althusser localiza la ideología en la superestructura solo "en términos generales" (184 n12). Esta misma nota a pie de página elucida que las relaciones ideológicas están inmediatamente presentes en las relaciones de producción, es decir, en la base. De todas formas, no tiene sentido contradecir el eje principal de la crítica de Coward y Ellis: la concesión de Althusser resulta bastante menor en comparación con su insistente énfasis en la "existencia material" de la ideología, que le llevó (queramos o no) a otorgar prioridad a la forma material de los AIE.

este énfasis en la *reproducción* de las relaciones capitalistas, con la aparente exclusión de conflictos ideológicos, Althusser parece cerrar el movimiento de contradicción dentro del mismo sujeto y, por eso mismo, la posibilidad de transformación social.

Las raíces de este doble cierre, y aquí seguimos el argumento de Coward y Ellis, deben ser rastreadas en el término "imaginario", a través del cual se puede describir la relación del sujeto con el mundo. Aunque usualmente se le otorga a dicho término el sentido normal de "aquello que no es lo real", el texto de Althusser emplea el significado lacaniano más específico para referirse a una etapa de desarrollo en la infancia. La intención de este uso consistía en iluminar la inadecuación de los términos disponibles para el marxismo y, de ahí, el fracaso de Althusser para "mostrar al sujeto atravesado y constituido por contradicciones sociales, con un inconsciente concomitante con su consciente" (Coward y Ellis 75). Según estos críticos, lo que falta en este debate es la idea de la materialidad del sujeto humano, para cuya provisión no tenía por ende otra alternativa que asumir el sicoanálisis mucho más plenamente de lo que Althusser había estado dispuesto a hacerlo.

Lacan: el giro hermenéutico

Es sabido entre los comentaristas de Lacan que este último estaba fuertemente influenciado por los métodos de la fenomenología y, en concreto, por el trabajo de Edmund Husserl (1858-1938). Explicado en pocas palabras: Husserl se embarca en un proyecto que supere la cosa-en-sí kantiana en beneficio de un objeto formal, lo eidético, la esencia ideal de la cosa, que debe ser extraída mediante un proceso de despojamiento. Su fin no era otro que acceder a un ámbito de razón pura que fuese operativo más allá de la simple mundanidad de las apariencias. En correspondencia con este objeto formal, estaba el sujeto, ubicado en algún lugar entre sus homólogos empíricos y transcendental, y conectado a su objeto mediante una relación de identidad.

Este establecimiento del sujeto y del objeto se realiza mediante lo tético, el concepto con el que Husserl rompe con el proceso de significación que oponía un elemento a otro. Lo tético se refiere al acto a través del cual una conciencia operativa constituye el objeto real de significado. El circulo sujeto-objeto explica cómo y por qué el objeto comparte las mismas categorías y formas con el sujeto que las estudia. Esto conlleva que solo es posible hablar de un objeto en tanto que algo construido con las categorías del sujeto mismo.

De manera crucial, Lacan toma de Husserl la necesidad de que la sicología reclame su propio objeto, específicamente el fenómeno físico (Benvenuto y Kennedy 68-70). Sobre esta base, Lacan comienza a dar prioridad a la función del lenguaje y a su relevancia para el significado, particularmente en la relación sicoanalítica, con importantes consecuencias además para toda la disciplina. Por ejemplo, los factores fisiológicos del desarrollo humano quedan marginados. Estos no son negados totalmente, pero ocupan un lugar secundario en las relaciones intersubjetivas que operan desde el inicio el historial de un paciente. Así, por ejemplo, no se rechaza la existencia de una etapa anal en la evolución del niño, pero Lacan insiste simplemente en que la actitud del infante hacia sus propias heces está inevitablemente influenciada por la actitud de la madre hacia estas (Dews 63-64).

No hay contradicción, por lo tanto, en la contribución de la tradición fenomenológica al análisis lacaniano y, sin embargo, una vez que se asume esta deuda, es clave enfatizar la distancia que separa al sujeto husserliano de su correspondiente sujeto lacaniano "escindido". Si el primero figura como la fuente y origen de todo sentido, como la conciencia en la que se reunifican todos los contenidos del mundo exterior, el segundo experimenta una suerte de "desvanecimiento" justo en el momento en el que aprehende su sentido intencionado. Esto se debe al hecho de que el sujeto de la declaración (lo que se dice) queda eclipsado por el sujeto del "acto de la declaración" (no lo que se dice, sino el acto de decir). Este proceso de desvanecimiento exige más aclaraciones a la luz de lo que vamos a afirmar más abajo: antes de comenzar a hablar, el sujeto es simplemente una ausencia, una nada, que es confrontado por "lo dado de los significantes" del Otro. Ante la ausencia de alternativas, el sujeto se ve forzado a hacer uso de estos mismos significantes si es que va a emerger, a ser reconocido por otros, a *ser* de alguna manera. Desafortunadamente, dados los imperfectos medios a su disposición, el sujeto falla al representarse a sí mismo. De esta manera, las declaraciones se suceden y cada desvanecimiento se convierte en una nueva oportunidad para el intento de autorepresentación.

Todo esto es bastante interesante, sin duda, pero los marxistas no han tardado en distanciarse del lacanianismo. "El resultado del análisis de Lacan", insiste Dawes, "es que las relaciones sociales y productivas o incluso de clase, raza y género parecen tener poco peso en la formación de uno como sujeto" (Dawes 69). De manera análoga, Dews también plantea sus dudas (107-108). ¿No zanja el "pacto discursivo" todos los conflictos potenciales entre sujetos? ¿Cómo pueden las represiones inconscientes, tal y como estas son teorizadas por Lacan, relacionarse con la naturaleza específica del orden social? Finalmente (y de manera más desconcertante), ¿dónde está la base desde la que ejercer una crítica de la sociedad y la cultura modernas? Aun reconociendo la importancia de estas preguntas, hay que admitir (por una vez) con Kristeva que el marxismo carece de una teoría del sujeto y que, hasta que no tenga una, la afirmación de estar hablando en nombre de un proceso "objetivo" cuenta bastante poco.

Julia Kristeva: de la hermenéutica a la semiótica

Siguiendo a Husserl, Kristeva toma la fase *tética* como su punto de partida. Toda enunciación, explica, tanto de una palabra como de una frase, es tética. "El sujeto debe separarse de (y a través de) su imagen, de (a través de) sus objetos. Esta imagen y estos objetos deben estar situados en un espacio que se vuelve simbólico porque conecta las dos posiciones separadas, registrándolas y redistribuyéndolas en un sistema abierto combinatorio" (Kristeva, *Revolution* 43). En este punto, surge la inflexión lacaniana: lo simbólico necesita ser contrastado con lo "imaginario" o, como Kristeva prefiere denominarlo, lo "semiótico" (*Revolution* 3-4).

A primera vista, este giro hacia lo semiótico parece relativamente menor. La significación continúa produciendo un proceso heterogéneo que demanda la consideración de lo extralingüístico en la forma de impulsos mediante los que el cuerpo se somete a los constreñimientos sociofamiliares (Kristeva, *Revolution* 21-24). Es más, como sucede con su equivalente imaginario, lo semiótico persiste en tanto que lo inconsciente detrás de lo simbólico, cuyas estructuras fijas amenazan con corromper con el juego de metáforas y metonimias (Kristeva, *Revolution* 43-45). En cualquier caso, el concepto de Kristeva tiene sus aspectos idiosincráticos: al reforzar la primacía de la naturaleza biológica y subjetiva del sujeto, lo semiótico da pie al signo, que por lo tanto asume las características antes asociadas con el símbolo. El efecto de esto consiste en liberar la fuerza de proyección como ese punto de inflexión entre el ámbito síquico y el cuerpo. Este último, energizado por la acumulación de expulsiones, subvierte de continuo las relaciones fijas del signo, del predicamento y la negación, desplazando la estabilidad de la posición desde la que el sujeto se articula a sí mismo (Kristeva, *Revolution* 148-164).

La aproximación de Kristeva a lo anal tiene que ser puesta en relación con la noción de lo *tético*. La capacidad de simbolización, que el acto de predicamento presupone, depende de la separación del objeto rechazado que se lleva a cabo mediante su represión en el signo. Cada retorno de lo rechazado y del placer erótico que produce en el esfínter (así continúa el argumento de Kristeva), perturba la capacidad simbólica al insertarse a sí mismo en el sistema significativo del lenguaje (*Revolution* 109-126). En combinación, tanto el rechazo como el placer consecuente derivado tienen el potencial subversivo de retrasar la adquisición del lenguaje o, en el caso del niño esquizoide, incluso de impedirlo del todo. En el adulto, este retorno a lo anal no-simbolizado y no-sublimado rompe la linealidad de la cadena significativa, y la satura con la glosolalia. Ideológicamente, esta perturbación de la cadena significativa tiene la capacidad de liberar el sadismo reprimido (lo anal), que acecha debajo de los aparatos sociales (*Revolution* 152).

El siguiente movimiento de Kristeva pasa por llevar su teoría del "sujeto en proceso" al corazón mismo del marxismo. La acusación sicoanalítica es que Marx presta una atención insuficiente al trabajo que se realiza antes de que se torne en plenamente social y comience a depender del valor de intercambio.

> Ahí, en la escena donde el trabajo todavía no *representa* ningún valor ni *significa* nada, nuestra preocupación es la relación del *cuerpo* con el *gasto*. Marx no tenía el deseo ni los medios para abordar esta noción de un trabajo productivo antes del valor y del sentido (Kristeva, *Kristeva* 82).

La reflexión crítica de Marx sobre el sistema de intercambio (así se plantea el argumento) discurre en paralelo, en el sentido de ser homólogo, a la crítica contemporánea del signo y de la circulación de sentido. Esto implica que, si los fenomenologistas habían incurrido en el olvido de la existencia de un dominio preconsciente, del "pensamiento" que ocurre antes del "acto de pensar", los marxistas por su parte habían ignorado el valor de uso que existe ante de su socialización. La respuesta de Kristeva fue predecible: la oposición entre lo consciente e inconsciente fue convertida en el trampolín entre el valor de cambio y el valor de uso, atendiendo además a la apertura de "las problemáticas del *trabajo como un sistema semiótico particular*, distinto del sistema de intercambio" (*Kristeva* 83).

El argumento es pulcro pero, desafortunadamente, como los críticos marxistas de Kristeva mostraron de inmediato, erróneo en sus detalles. Expresado de manera sucinta, los valores de uso, tal y como Marx los teoriza, son parte integral de los productos-mercancías (*commodities*). Lo más que se puede afirmar es que el capitalismo moderno es impulsado por el valor de intercambio, no por el valor de uso (Dawes 172-173). Además, es difícil mantener el énfasis en las relaciones sociales una vez pone el punto de mira en el placer o *jouissance* experimentados por el cuerpo femenino, que precede y continúa operando fuera de lo simbólico-social (Kristeva, *Kristeva* 146-154). El resultado es un irrealismo ontológico que renuncia a cualquier agarre o conexión con la realidad objetiva. Esto se evidencia en ensayos posteriores de Kristeva como "Lo real verdadero" (*Kristeva* 214-237). Este irrealismo será un rasgo de la escuela marxismo-freudiana asociada con Slavoj Žižek, que retoma el proyecto de repensar a Marx a través del prisma de Lacan, y de otros autores cuyo trabajo ahora pasamos a comentar.

De la realidad a lo real: Slavoj Žižek

El contexto normalmente determina que lo "real", tal y como Žižek lo emplea, debe ser entendido en el sentido lacaniano de el Objeto (maternal) perdido y su capacidad de ejercer una fuerza inconsciente en el significado consciente (incluso si no se deja aprehender en imágenes o palabras). En este sentido, no se debe confundir lo real con lo que experimentamos como realidad. Žižek lo explica así:

> ... la realidad no es la "cosa misma", está *siempre-ya* simbolizada, constituida, estructurada mediante mecanismos simbólicos, y el problema reside en el hecho de que la simbolización siempre yerra, nunca logra "cubrir" del todo lo real, que siempre implica una deuda simbólica irredenta, irresuelta (Žižek, "Spectre" 21).

En una primera lectura, no hay nada demasiado problemático en esta afirmación. Los realistas más sofisticados admitirán de inmediato que la ciencia es (por fuerza) ciencia *sobre* algo, algo que se resiste a ser incorporado en el lenguaje hasta el punto de perdurar más allá de los límites del lenguaje. De esto se deduce lógicamente que la ciencia puede equivocarse sobre su objeto, excepto por la repentina aparición del espectro. *"Lo real (la parte de realidad que permanece sin simbolizar) retorna en la forma de una aparición espectral"* y supuestamente transpirará con el fin de llenar el hueco dejado por su represión. ¿Qué es exactamente espectral en la capacidad de la ciencia para adquirir conocimiento de niveles más profundos de la realidad y a veces a un ritmo impactante? De este progreso no es de lo que trata la obra de Žižek.

Esta cuestión llega a un punto crítico cuando se confronta el tema del conflicto de clases, en el que Žižek aspira a medir los reclamos de lo "real" y de la "realidad", y a localizarlos estratégicamente dentro del mismo escenario:

> Para expresarlo de manera sencilla, la realidad no es nunca directamente "ella misma". Solo se presenta a sí misma vía su simbolización incompleta y defectuosa. Las apariciones espectrales aparecen en esta misma fractura que siempre separa a la realidad de lo real. Debido a esta fractura la realidad tiene el carácter de una ficción (simbólica): el espectro da cuerpo a lo que escapa a la realidad (simbólicamente estructurada) ("Spectre" 21).

Aplicada a la cuestión de la lucha de clases, el argumento sigue del siguiente modo: existe una homología entre la trama de la socialización del infante (donde la *jouissance* aparejada a la Cosa es reprimida por el orden simbólico de la significación social) y el origen de la sociedad misma en un evento traumático (la emergencia de la lucha de clases que es reprimida por la ideología dominante, pero que retorna para subvertir el *status quo*).

A primera vista, esto se adecúa perfectamente con un marxismo para el que, en su forma althusseriana, toda la existencia de la estructura (incluida la estructura de clase) "*consiste en sus efectos*, en resumen, [...] no es nada más que sus propios efectos" (Althusser y Balibar 189). Esto supone afirmar que, en lo que concierne al conflicto de clase, este último solo está presente en y a través de la efectividad recíproca de sus elementos. Además, en un nivel más general, la noción de una "causa ausente", también difundida por Althusser y Balibar, se adecúa muy bien a la perspectiva realista sobre las ciencias que busca distinguir teóricamente entre mecanismos *reales*, los eventos *factuales* que estos mecanismos generan y la *experiencia* de esos eventos. Esto no equivale a decir, por supuesto, que los eventos y la experiencia sean menos reales que los mecanismos (Hartwig 400-401).

Es cierto que este realismo descansa en una paradoja epistemológica pues admite que las ciencias, en tanto que práctica transitiva, tienen que versar sobre algo y nunca pueden coincidir con su objeto intransitivo. Esta paradoja no es, en cualquier caso, traumática ni traumatizadora de manera especial. Esto mismo no puede ser afirmado de la paradoja sicoanalítica que se introduce a través de la mediación de lo "real", cuya esencia es traumática: al sujeto consciente se le niega acceso a lo real y esto explica la aparición inesperada de un espectro. La dinámica de cada paradoja obviamente requiere ser considerada y evaluada en sus propios términos. Los problemas solo aparecen cuando la trayectoria de una de las paradojas se cruza con la de la otra.

Y este cruce se produce justamente en la obra de Žižek. La lucha de clases, se nos informa en un momento dado, no existe en realidad por la sencilla razón de que el mismo antagonismo que implica imposibilita al mismo tiempo una comprensión objetiva de sus mecanismos. A reglón seguido, se asevera que el historial de acumulación primitiva en el proyecto imperialista occidental constituye un atropello. Algunos temerán (y Žižek así lo reconoce) que se está manipulando groseramente las emociones de sus lectores, que se ha extraviado el camino en las "aguas turbias" de la especulación, pero se apacigua este temor:

> Aunque la "lucha de clases" no es una entidad positiva que se presente como dada en ningún lugar, funciona sin embargo, en su misma ausencia, como ese punto de referencia que nos permite ubicar cada fenómeno social. Esta función no consiste en relacionar dicho fenómeno con la lucha de clases en tanto que su significado último ("significado trascendental"), sino en concebirlo como otro intento de ocultar o "parchear" la ruptura del antagonismo de clase, borrar sus rastros ("Spectre" 22).

Sin embargo, inmediatamente después de estas aclaraciones, la posibilidad de un conocimiento no-ideológico es de nuevo negado: "La lucha de clases no es otra cosa que el nombre de un límite insondable que no puede ser objetivizado, localizado dentro de la totalidad social, pues es el límite que impide que consideremos la sociedad con una totalidad cerrada" ("Spectre" 22). En la medida en la que Žižek encuentra un lugar de descanso, es aquí donde este lugar se haya: en la forma de desesperación epistemológica, de la que no puede haber un escape que no sea el consuelo de una "razón cínica" que "conoce" la realidad por lo que es aunque elige no actuar a partir de este conocimiento.

¿Cómo puede Žižek terminar encerrándose en un callejón sin salida? La razón se encuentra en la relación entre epistemología y ontología, y en la manera en la que es concebida en la filosofía posthegeliana. De hecho, Žižek sucumbe a lo que "realistas críticos" llaman la "falacia epistemológica", que consiste en reducir afirmaciones sobre el ser (ontología) a declaraciones sobre el conocimiento (epistemología), o en una variante lingüística, a reducir análisis del ser a nuestros discursos sobre el ser (Hartwig 174). En otras palabras, el foco de atención se desplaza de un referente exterior a la interioridad de un sistema y sus diversos aspectos y usos. Sintomáticamente, el sujeto comienza a prevalecer y dilatarse, aparentemente, en sus usuales galas kantianas, solo que en este caso su agencia autónoma y libre es reconocida para ser al mismo tiempo negada: "únicamente somos libres en tanto que nuestro horizonte es fenomenológico, en tanto que el dominio noumenal resulta inaccesible para nosotros" (Žižek, *Interrogating* 235). Queda marginalizada una aproximación genuinamente materialista al sujeto, una aproximación que se centraría en las especificidades de *este* infante, con *estos* padres, viviendo en *esta* sociedad. Esta es la diferencia, de acuerdo con Resch, "entre un conocimiento de las condiciones de existencia de la libertad y un misticismo sin fondo de la Libertad, una Libertad 'trascendental' que es absoluta pero también absolutamente vacía" (Resch 96).

De todas formas, la objetividad no iba a ser la única víctima de ese idealismo rampante. Dado el enfoque lacaniano en la relación entre sujeto y lenguaje, inevitablemente arrastra al sicoanálisis a un "vacío histórico y político" (Dewes 108). De ahí las dificultades que Žižek encuentra cuando intenta insertar al sujeto en el seno del proceso histórico. Por supuesto, no se puede dudar de que existe un "sentido sicoanalítico" para la historia. Norman Brown ya lo probó hace un tiempo, y Žižek no es menos perspicaz respecto a este tema. Ahora bien, la narrativa que invariablemente despliega este último adopta la forma de una sucesión transhistórica de intentos fallidos de aprehender la "Cosa letal", el "núcleo de lo Real", que se encuentra siempre más allá de toda conceptualización y consecuentemente más allá del análisis científico. Para proseguir con estos asuntos, especialmente desde la óptica de la teorización de un inconsciente distintivo "capitalista", hay que repasar la obra de uno de los alumnos de Žižek, Samo Tomšič.

El inconsciente capitalista

Desde el comienzo, Tomšič deja clara su intención de reescribir el marxismo en términos lacanianos. Con este fin no solo promueve la centralidad del sujeto sino que además se la atribuye al mismo Marx: "La localización de Marx de la fuerza de trabajo en la estructura general del modo capitalista de producción despliega una teoría del sujeto" (Tomšič 5). No le disuade de este argumento la literalidad del texto de Marx, en el que estipula estar lidiando con individuos solo en tanto que personificaciones de categorías económicas: "El análisis de los puntos muertos estructurales del capitalismo, el esfuerzo central de Marx en el *Capital*, viene necesariamente acompañado de un nuevo —desicologizado y deindividualizado— entendimiento del sujeto" (5). Y no cesan aquí los oprobios. De una manera tortuosa, escondido en una nota, Tomšič enlista a Althusser para un proyecto que el filósofo francés nunca dejó de criticar: "Lacan continuó esta línea althusseriana introduciendo el sujeto inconsciente, proponiendo así una versión sicoanalítica del 'antihumanismo teórico'", incluso admitiendo que Althusser "rechazó la noción de sujeto" (5 n9). Evidentemente, el lector crítico necesita reaccionar con presteza ante el propósito de Tomšič de delinear los paralelismos entre las tradiciones del marxismo y el sicoanálisis.

La continuidad con Kristeva es llamativa desde el arranque, especialmente en la importancia que se le concede a la "satisfacción producida por el otro" derivada de la autonomía del significante. Esto se hace a expensas de la función comunicativa del lenguaje y encuentra su destilación más pura en la *jouissance* (41). Igualmente llamativas son las diferencias pues, mientras que Kristeva asocia esta *jouissance* con el valor de uso, Tomšič, siguiendo a Lacan, deriva el valor de cambio del valor de la *jouissance*: "La concreción del objeto, cuyas cualidades deben supuestamente causar placer, se desvanecen y lo que cuenta es solo el objeto 'abstracto'" (120). La homología es, desde la perspectiva de Tomšič, perfecta: de la misma manera que Freud abandona su formulación inicial del principio del placer, basado en una tendencia autorregulada hacia la homeostasis, en aras de un modelo del aparato síquico que enfatiza la búsqueda sin fin del deseo, Marx también teoriza el desarrollo que va del intercambio de mercancías hasta un sistema capitalista en el que la libre y continuada creación de valor a base de otros valores se convierte en la norma de la producción.

Dados los usos divergentes que se hacen de la herramienta conceptual de la "homología", esta exige claramente algún escrutinio. Su fuente inmediata, en lo que concierne a Tomšič, está en el Lacan tardío, quien en un seminario de 1968-1969, comienza a hablar de "homología" entre "plusvalía" y "*jouissance*". Este concepto extiende sin embargo sus tentáculos mucho más allá, tal y como una lectura concienzuda de Lucien Goldmann, Levi-Strauss y Roland Barthes confirmará. Este concepto contribuye además decisivamente al desarrollo de una sociología del simbolismo que degrada las relaciones entre lo real y el símbolo en beneficio de un sistema de signos estructurado como una relación interna entre significado y significante. La asunción fundamental fue que el sistema lingüístico podía ser útilmente extendido a otros sistemas que no son propiamente lingüísticos y que el orden de la realidad evidenciado en la naturaleza era de hecho conceptualmente impuesto a través del lenguaje. De esta manera, las ciencias de la sociología, economía, antropología y la crítica literaria podían efectivamente ser concebidas como *metalenguajes.*

A la luz de este legado, el intento de Tomšič de trabajar con la homología entre valores semánticos y económicos lo llevan a priorizar el *discurso* sobre la realidad material. Y esto lo hace en detrimento del mundo exterior, que consecuentemente queda reducido al estatus de lo "inerte práctico" en la estirpe sartriana. Los peligros planteados al marxismo son por lo tanto bastante reales. Para comenzar, se relega la "formación social" al estatus de un "lazo social", pero de un tipo de lazo convenientemente mal definido. Por esto, la "explotación" resulta desplazada por el "fetichismo de la mercancía", la "alienación" y el "consumismo". Por la misma razón, la lucha de clases asume la forma de una mera "grieta" en la realidad social, que "puede ser hallada forzando la consistencia discursiva hasta sus límites" (73). Con esto se sugiere que la lucha de clases tiene algo de inefable e incognoscible. Tomšič pasa inmediatamente a contrarrestar las objeciones a su argumento que acertadamente prevé: "Sería [...] un error ver en el inconsciente una retirada de lo social hacia una esfera de lo estrictamente privado y sin conexión alguna con la realidad social" (79).

Esta clarificación tiene un efecto muy reducido: como en algunos cuentos de Borges, la realidad se rinde en más de un lugar. Más peligrosa que la amenaza a las ciencias sociales es la que se lanza a las ciencias históricas. La "historia", se nos invita a considerar, "está estructurada como un lenguaje, y como sucede con cualquier otro lenguaje, no existe aunque tenga consecuencias materiales en el sujeto" (25). Esta concesión difícilmente conforta en lo más mínimo: la "causalidad retrospectiva" de Freud, se nos explica de inmediato, no solo tiene la capacidad de modificar el sentido de los eventos históricos, sino también de "constituir" nuestra historia y recuerdos del pasado (25). Una vez que el poder del lenguaje es liberado, no hay límite para lo que puede lograr: incluso la llegada a la Luna, posibilitada por el poder de las matemáticas, se transforma en un "evento generado discursivamente". No son únicamente las matemáticas las que expanden sus fronteras a expensas del mundo material, también ocurre lo mismo con el sicoanálisis. Este abarca la totalidad de la modernidad científica mediante la familiar estrategia de colapsar la "realidad" en lo "real":

> ... La diferencia entre estos dos órdenes consiste en el hecho de que la realidad designa meramente la forma en que lo real se manifiesta al observador humano —la realidad en tanto que una "una mueca de lo real"— mientras que lo real representa paradójicamente la manera en la que lo real "aparece" a la autonomía del discurso, *i.e.*, al lenguaje matemático (71).

Tomšič se detiene durante un instante para recordar el principio althusseriano de la historia como "proceso sin un sujeto". "Aquí", admite Tomšič con un grado de culpa, "surge una diferencia mínima con las lecturas lacanianas de Marx" (110 n34). Esta diferencia es suficientemente mínima como para intentar pulirla subrepticiamente:

> Lacan también rechaza la existencia de un sujeto transcendental e inamovible, pero para él *hay* de todas formas un sujeto de la historia. En consecuencia, la Historia no existe, no al menos como la historia abstracta de lo Uno, sino como una historia descentralizada de la negatividad (110).

Y así llegamos al callejón sin salida de un programa de investigación construido sobre las arenas movedizas de un irrealismo ontológico y de un ahistoricismo supraabarcador. Se necesita un cambio de terreno que, para neutralizar el irrealismo, adopte como punto de partida una formación social estructurada sobre un modo de producción y, para neutralizar el ahistoricismo, priorice la historicidad radical de los productos culturales. Para llevar a cabo estas dos tareas, la obra del althusseriano Juan Carlos Rodríguez parece hecha a medida.

Cambio de terreno

En su reciente volumen *De qué hablamos cuando hablamos de marxismo*, Rodríguez rememora la aparición en la prensa popular y en los medios digitales de la fotografía de una joven, de rodillas, portando un letrero que decía: "Todos somos iguales. Hemos nacido libres y moriremos libres" (Rodríguez, *Hablamos* 69). El contexto no era otro que el de una manifestación popular en la Plaza Neptuno de Madrid el 15 de septiembre de 2013. Esta demostración era parte de un conjunto más amplio de protestas contra el capitalismo neoliberal. Rodríguez nos invita a considerar la ironía: el acto mismo de rebelión busca legitimarse apelando a "nuestra" libertad humana inalienable, que es la misma libertad (para explotar y ser explotado) que el capitalismo invoca con el objetivo de enmascarar sus prácticas depredadoras. Rodríguez también nos invita a considerar las continuidades entre los disturbios presentes y los de 1968. Estas continuidades justifican, así lo sugiere Rodríguez, la reedición en su último libro de la introducción a una de sus publicaciones seminales, *Teoría e historia de la producción ideológica* (1975). Podemos concluir que la presente crisis global del capitalismo es, en consecuencia, una ocasión conveniente para revisitar ese texto anterior y su teorización del inconsciente ideológico.

¡Sí, el inconsciente ideológico! Aquí descansa el reto que el marxismo althusseriano de Rodríguez, fraguado mediante una "ruptura" conscientemente negociada, lanza a la crítica literaria tradicional y a sus conceptos clave. Entre estos estarían los de la "obra" de "un autor" en tanto que "expresión" de una "verdad interior", la "intimidad" de un "sujeto", que el "lector" recibe y el "crítico" examina. En el marco burgués, todo esto existe además en oposición a un "contexto histórico" que se sitúa en un "más allá" de la propia pieza literaria. Análogamente, hay también que poner entre comillas los conceptos clásicos fenomenológicos de "Edad Media", "Renacimiento", "Ilustración", etcétera. También hay que cuestionar y eliminar la oposición, compartida por ideologías empiristas, kantianas y hegelianas, entre sujeto y objeto.

En su lugar, aparecen los conceptos clásicos del althusserianismo, es decir, una formación social articulada sobre un modo de producción, compuesto por sus instancias económicas, políticas e ideológicas relativamente autónomas. El enfoque de las preocupaciones de Rodríguez se sitúa en las instancias ideológicas, de las que logra extraer una sostenida crítica del concepto central burgués, el del sujeto libre: "*tal lógica del sujeto no es otra cosa que una derivación —una 'invención' de una matriz ideológica determinada*" (*Teoría* 74). Su tarea pasará por rastrear su origen histórico desde el feudalismo, entendido como un modo de producción, al mercantilismo y el capitalismo en sus primeras etapas. Con este fin en mente, Rodríguez formula la noción de inconsciente ideológico: "La noción de sujeto (y toda la problemática ahí inscrita) es radicalmente histórica, decíamos, porque se segrega directamente (y exclusivamente) desde la matriz misma del inconsciente ideológico burgués: el 'siervo' no puede ser jamás 'sujeto'" (*Teoría* 76).

Las nociones de "sujeto", "siervo" y "señor", así lo explica Rodríguez, no son "realidades en sí", ni siquiera realidades "espirituales" o "eidéticas", sino "categorías privilegiadas" o "nociones" a través de la cuales se manifiesta el "funcionamiento interno" de una "matriz ideológica". Hay que oponer estas nociones al "funcionamiento interno" de una formación social, que sí *es* real. La maniobra ideológica clave es la siguiente:

> cada matriz ideológica se enuncia a través de unas "nociones-eje", a las que otorga el carácter de elementos esenciales e inalterables de la realidad, para inmediatamente borrarse a sí misma en tanto que tal (*id est*: en tanto que "ideología"), amparándose y escondiéndose detrás de esas nociones a las que ya ha conseguido establecer como la verdad misma de la vida (*Teoría* 78).

La naturaleza del proyecto de Rodríguez debería estar clara ahora: en contraste con Coward y Ellis, quienes (como hemos visto) desean devolver al sujeto burgués su vieja gloria, Rodríguez abraza la noción althusseriana de estructura dominante. Así evita, entre otras cosas, el deslizamiento (por el que Coward y Ellis había criticado con razón a

Althusser) hacia una suerte de materialismo mecanicista, que se centra sobre todo en los Aparatos Ideológicos del Estado: "... si la 'escuela' es un Aparato Estatal no es ella la que 'crea' la ideología, sino, en todo caso, y únicamente, la que la materializa y reproduce" (*Teoría* 87). De esta manera, Rodríguez se aleja del "sociologismo" residual al que, supuestamente, colegas althusserianos como Balibar sucumbieron en el esfuerzo (loable, por otra parte) de explicar el funcionamiento de la escuela y la distinción administrativa entre el proceso lingüístico y el proceso literario.

Ideologías de la transición: de la hermenéutica feudal a la burguesa

La fuerza del análisis de Rodríguez reside en su profundo entendimiento de las ideologías premodernas del substancialismo y organicismo (definidas como las ideologías dominantes del feudalismo), y del animismo (entendida como la forma primitiva de la ideología burguesa). Para el substancialismo, todo se organizaba en torno a la oposición entre el mundo celestial y terrenal, la relación entre Dios y Sus criaturas, y más específicamente en la necesidad de encontrar un punto de encuentro. Aunque el animismo se trataba fundamentalmente de un discurso transicional, este centró su enfoque en la belleza de *este* mundo. Esta maniobra solo será completada a través de la ideología clásica burguesa del siglo XVIII. Vamos a elaborar esta idea.

El agustinismo medieval difundido por voces como la de San Buenaventura (1121-1274) enfatizó la separación cósmica entre ambas esferas. La esfera sublunar fue valorizada, desde esta perspectiva, por los trazos en los que se mostraba la obra de Dios, es decir, no por sí misma o por sus cualidades sensibles, sino por los residuos divinos, que debían ser interpretados por el comentarista. La belleza, la armonía y el orden de este mundo redundaban en la gloria de Dios cuando eran observadas con los ojos de la fe. Ahora bien, en lo que concernía a la verdad y al propio conocimiento de Dios, se incitaba a buscarlos en otro lugar, en los principios inmateriales y en las Ideas residentes en el alma.

En contraste, el aristotelismo presupone una unión total o un reflejo directo entre ambas esferas. De esta forma, mientras que los pensadores cristianos anteriores a Santo Tomás de Aquino (1126-1274) habían intentado explicar el efecto mediante la causa, este último comienza sin embargo con el efecto. En vez de intentar explicar a Dios en sus propios términos trascendentes, comienza con lo que se puede saber a partir de Sus criaturas y Su creación. De ahí la importancia de *"salvar las apariencias"* pues estas son los únicos medios para acceder a un mundo velado. De ahí también la centralidad de la hermenéutica medieval, basada en el principio analógico de que este mundo no es sino un libro abierto, cuyos *signos* y símbolos tienen que ser constantemente glosados hasta extraer de ellos su sentido escondido. Detrás de las apariencias yace el mundo oculto de lo sagrado, que solo se puede develar si uno encuentra la llave correcta. Esto explica por qué un texto como *El Conde Lucanor* (1335) puede ser tomado como una forma dual "ejemplar", que incluye 1) un primer cuento literal de eventos mundanos, narrados no por un sujeto sino por un sirviente en beneficio de su señor, y en 2) una afirmación final que muestra la impronta moral, la moraleja del cuento.

El principio del hilomorfismo sostiene toda la estructura tomista. Expuesto de manera muy breve, este principio plantea que el Ser está compuesto de forma y materia combinadas, cada una con su propio rol: mientras que la forma lleva la materia "al acto", la materia es lo que recibe la forma. De aquí surge la noción de *forma substancial*, sobre la que descansa (según Rodríguez) la ideología dominante de substancialismo:

> ... no supone la mentira sin más de las cosas (la *carne* o el *cuerpo* según los ideólogos neoplatónicos), sino que supone la existencia del cuerpo como necesidad irremediable, como mera contingencia, pero a la vez como imprescindible, algo que hay que asumir aun a sabiendas de su imperfección (Rodríguez, *Teoría* 63-64).

Carcomido por el pecado y necesitado urgentemente de una limpieza ritual mediante el bautismo, el cuerpo es de todas formas un ente expresivo de la perfección de la Causa, que lo activa y asume como tal.

A pesar de la prevalencia del tomismo, sería un error exagerar la homogeneidad de la ideología feudal. La transición del feudalismo al capitalismo no es más nítida que el tránsito entre el modo esclavista y el feudal. Ya en el feudalismo hay una transición en marcha: de la oposición entre este mundo y el otro hacia la oposición entre sujeto y objeto. A este respecto, resulta significativa la figura de Peter Abelard (1079-1142), el primer pensador medieval que atribuye una dimensión sicológica al conflicto sobre los universales. En cualquier caso, es Guillermo de Ockham (1300-1349) quien, en la agitada coyuntura social del siglo XIV, lleva la tradición feudal a un punto de quiebre. Por primera vez, se vuelven visibles los rasgos de un individuo caracterizado por su libre albedrío, autónomo y crecientemente autoconsciente, un individuo que confronta un futuro abierto en el que las reglas de las contingencia dominan, aunque dentro de unos límites.

Repitámoslo: dentro de unos límites. Este condicionamiento es importante porque el trabajo que estamos discutiendo es el realizado por teólogos, no por filósofos. Esto es crucial porque la sacralización del mundo y la relación siervo/señor continúan en pie: "Y no menos curiosamente Ockham va a 'salvar' así la Teología: el 'Credo' vale más que cualquier razón terrestre, en el sentido de 'enganche' del cuerpo con el alma y de la tierra con el cielo —sin necesidad de intermediarios" (Rodríguez, "Utrum").

El surgimiento del animismo

La "ruptura" entre el substancialismo feudal y las ideologías burguesas tempranas queda mediada por una forma distintivamente secular de neoplatonismo, a la que Rodríguez se refiere como "animismo". Tradicionalmente, el neoplatonismo de estirpe agustiniana percibió este mundo como la sombra de un sueño y, como tal, rechazable. Su brote secular se posó y permaneció, por contraste, en la belleza de toda la creación. Cristóbal de Villalón se anticipa a las objeciones posibles lanzadas desde la tradición, usando a uno de sus dialoguistas en *El scholastico* (c. 1550), Francisco de Bobadilla:

> Preguntar me ha alguno como la cosa que no tiene anima se puede dezir tener esta hermosura que dezis que es inclinaçion de hacer bien? Esto façil mente se puede entender por exemplo: los arboles que no dan mas flores, como alelies, açuçenas, lilios y jazmines con que graçiosa mente complazemos al sentido de olor, quien me negara que por aquella obra buena que nos hazen, con ser poco no los amemos y deseemos? (Villalón, *Scholastico* 1966, 204).

El diálogo en cuestión se produce entre un conjunto de visitantes de algunas propiedades del Duque de Alba. Este diálogo comienza, de manera muy reveladora, con una discusión del estatus del "alma bella", en oposición al "esclavo/vasallo" feudal, (el "siervo"). Durante la discusión, se enfatiza (sobre la base del precedente clásico) los efectos radicalizadores del amor: "Y afirmava [Alcibiades] que a ningun hombre tocava este dios con su deidad, que no hiziesse el una metamorphosis: porque le secava de si y le transformava en la cosa en que el mas ponia su amor" (Villalón 22). El contraste no podría ser mayor entre esta alma socialmente móvil y las "formas substanciales" en las que su contraparte medieval se hallaba encerrada. Bonifacio, el encargado de la propiedad, utiliza el momento para alertar a los visitantes sobre la naturaleza paradójica de su propia posición: abrumado por la responsabilidad de su estatus oficial de encargado y al mismo tiempo "siervo" de palacio. Los visitantes simpatizan con él de inmediato: hay una clara contradicción entre el hombre libre y el hombre esclavo o siervo, que necesariamente existe en una relación de dependencia con un superior. El hombre libre, tal y como ellos lo definirían, es el individuo que está en posesión de su ser interior, incluida la conciencia: "… porque por qualquier ierro nos remuerde interiormente nuestra conciencia como reconozca ser contra nuestro buen natural" (Villalón 29). Por supuesto, aún estamos lejos del individuo aislado de la ideología clásica burguesa. Los dialoguistas de Villalón, se nos recuerda, se reúnen en un lugar privado que pertenece a un señor feudal. Esto supone una clara indicación de que el alma bella todavía necesita un protector poderoso.

La importancia de la figura de Villalón es que nos permite mostrar, a través de referencias a sus diversas obras, las complejas ramificaciones de esta nueva ideología. Consideremos, por ejemplo, su *Provechoso tratado de cambios y contrataciones de mercaderes y reprobación de la usura* (1546), un documento mercantilista que exhibe algunas de las contradicciones de la dolorosa transición entre la economía feudal, relativamente "cerrada", al modelo basado en la producción de productos y mercancías. Villalón muestra en qué medida la valía de una moneda continúa siendo dictada no por el valor teórico escrito sobre ella, sino por el valor intrínseco del metal precioso del que está hecha. Esta lógica, no hace falta decirlo, es la de la ideología feudal, por la que el valor es adjudicado a las monedas de la misma manera substancial en la que el sentido se adhiere a una palabra y el alma a un cuerpo.

Las formaciones ideológicas del "Barroco"

La discusión en *De qué hablamos* sobre las teorías modernas del barroco nos devuelve una vez más al momento central de la fenomenología de Husserl. El grito de "vuelta a las cosas mismas", Rodríguez insiste, intentó resolver el dilema planteado por la noción kantiana de la cosa-en-sí, que comenzaba a resultar demasiado imprecisa y obtusa para los propósitos prácticos. La respuesta positivista consistió en reemplazar dicha noción con la de "el en sí de la cosa", que resulta beneficiosa para las ciencias duras, pero muy problemática en la estética. ¿Dónde encontrar la libertad, tan esencial para la estética, entre las leyes y causas fijas? La solución, explica Rodríguez, se halla en la Tercera Crítica de Kant, cuyas "formas" plásticas parecen cumplir con todos los requisitos necesarios:

> En las ciencias de la cultura (y en el pensar fenomenológico) las cuestiones del juego de billar se establecieron pues así: si en las ciencias de la naturaleza actuaban las leyes y las causas fijas (actuaba, pues, el determinismo), por el contrario en las ciencias de la cultura actuarían las formas libres y la intención libre del autor, del artista, del poeta, etc. (Rodríguez, *Hablamos* 96-97).

Las consecuencias de esto para el barroco fueron desarrolladas por Wölflin, Worringer, Hauser, Weisbach, Riegl, D'Vorack y otros.

Lo expuesto anteriormente sirve como preludio para un acercamiento alternativo a lo "barroco", definido de acuerdo los primeros textos de Rodríguez y en términos de una lucha por el control entre una burguesía emergente y una aristocracia dominante. Esta lucha se produce en tres niveles o instancias constitutivas de una formación social en transición: el libre mercado (economía), el Estado, con su hacienda, burocracia y ejército profesionalizado (política), y la temática del animismo (ideología). Con respecto a la última, una burguesía embriónica logra reconstituir la jerarquía social en términos de sus propios valores, especialmente aquellos cercanos a las cualidades sensibles del alma bella. Estos valores se extienden, en el ámbito estilístico, al discurso usual celebrado por sus ideólogos. De manera más amplia, al impacto de las relaciones burguesas queda registrado en la distinción, nueva en el momento, entre las esferas públicas y privadas. Estos desarrollos fueron amortiguados y eventualmente invertidos por una resurgente aristocracia que no solo fue exitosa al imponer su agenda en la esfera pública (linaje, honor, sangre, formas substanciales), sino también al aislar dicha agenda tras un muro impenetrable de secretismo. Este es el marco en el que Rodríguez entiende el barroco:

> Pienso que a lo que se le suele llamar Barroco es en efecto la lucha extrema entre los dos inconscientes ideológicos esbozados: la lucha ideológica entre la aceptación y la no aceptación de la relación expresiva entre el alma y el cuerpo (Rodríguez, *Hablamos* 104-105).

Para explicar esto, Rodríguez retoma la obra de dos grandes poetas barrocos, Luis de Góngora y Francisco de Quevedo.

De acuerdo con la posición desarrollada en *Teoría e historia*, aunque ninguno los dos poetas atienden a las presiones de un substancialismo dominante que se impone sobre un emergente animismo, sus respectivos énfasis son diferentes. Más específicamente, las *Soledades* y el *Polifemo* de Góngora no se pliegan al impacto del organicismo sobre la infraestructura platónica, mientras que en Quevedo un imaginario platónico se impone sobre una base organicista (Rodríguez, *Teoría* 106). En el ensayo más reciente de Rodríguez, esta oposición es dilucidada mediante un paralelismo con Leibniz y Spinoza. Spinoza, así se afirma, lanza un reto mayor al feudalismo a través de su búsqueda de un lenguaje unívoco que enlace lo uno ante la presencia lo diverso: "…

porque lo que se venía encima era nada menos que el inmanentismo o el panteísmo frente a cualquier teoría sobre el creacionismo divino o la sacralización escolástica" (Rodríguez, *Hablamos* 105). Leibniz acepta, por el contrario, la posición tradicional tomista sobre la relación cuerpo/alma, rescatada mediante la evidencia de la armonía y analogía que impregna la creación. Góngora, de acuerdo al argumento, responde a la misma coyuntura ideológica que Spinoza, mientras que Quevedo lo hace a la de Leibniz.

Rodríguez procede a ilustrar en detalle esta perspectiva general. Las *Soledades*, afirma, narra el viaje de un alma bella, expuesta a los caprichos de la contingencia en *este* mundo y cuya predisposición visual para el detalle es la de un protosujeto que *ve la cosa*: la blancura del delantal del pastor de cabras, la suave curvatura de la cuchara, la leche impenetrable en su espesor, etcétera.

> Los signos o las figuras gongorinas son siempre intercambiables y dúctiles. Son la expresión de la inmanencia vital de los pasos o los pies, del peregrinar sin más finalidad que ser una inmanencia de sí misma, un cambio sin teología ni dirección (*Teoría* 107).

El alma es capaz de expresarse a sí misma mediante un cuerpo que es considerado tan libre como bello. En contraste, Quevedo espiritualiza el cuerpo en tanto que está corrompido en su esencia y degradado por el pecado. En resumen, la especie humana es culpable solo por el simple hecho de haber nacido.

El rechazo del sicoanálisis

El reverso del éxito de Rodríguez en su historización de la producción ideológica equivale a la distancia mantenida entre su propia formulación y la tradición sicoanalítica. En este punto, el contraste con la tradición que culmina en la obra de Tomšič es total. De ahí la insistencia en que las políticas del Conde Duque de Olivares sean investigadas *objetivamente*, con independencia de la "personalidad" del Conde Duque, su "patriotismo" o su "sicología". Los intentos del historiador Gentil Da Silva de adentrase en la personalidad de Olivares, así reza el argumento, lleva a un sicologismo histórico disfuncional que simplemente reproduce al héroe fuerte y duro tan querido por el economicismo emprendedor y agresivo:

> Pues el significado histórico real de los hechos no conduciría a la 'persona' del Conde-Duque sino más bien, al contrario, al funcionamiento objetivo de la labor en él representada, es decir, a la necesidad de entender con precisión el valor estricto de su labor política objetiva (Rodríguez, *Teoría* 359-360).

Una cierta cautela hacia el sicoanálisis era, en la década de 1970, perfectamente comprensible: las formas dominantes de un egosicologismo y sicoterapia permanecían dentro del marco ideológico del capitalismo, hasta el punto de promover abiertamente al "sujeto libre" del liberalismo económico. El gran peligro, desde la perspectiva de Rodríguez, era el deslizamiento de una noción de historia *sin* un sujeto a la noción del sujeto *de* la historia. Esto retrotraía a un individualismo metodológico que establecía al sujeto como el origen de la historia.

Una vez dicho esto, hay que reconocer en algunos pasajes de *Teoría e historia*, particularmente esos dedicados a la poesía de Herrera (292-318), ciertas limitaciones teóricas. Hay que preguntarse, por ejemplo, en dónde reside la justificación teórica para las repetidas referencias a la "obsesión" del amante ¿No necesita una crítica sicoanalítica la imagen de la mutilación femenina, de la transparencia de serpiente de la piel de la Mujer, de la vagina como representación literal de la oscuridad del infierno, etcétera? Esta misma crítica sería más receptiva a las dinámicas de género. Después de todo, es la mirada sexual del amante masculino la que se detiene en algunas zonas del cuerpo de la amada (los brazos, el pelo, la piel, los pies) como si fuesen suplementos de la totalidad del propio observador. Una vez que esta perspectiva crítica es asumida, otros aspectos de ciertos prejuicios claramente masculinistas se vuelve más claros: "tocar al otro", por ejemplo, tiene resonancias incestuosas y es evaluado negativamente.

Consecuentemente, no puede sorprendernos cuando, en *De qué hablamos*, el inconsciente libidinal comienza a figurar junto a su equivalente ideológico hasta fundirse con él para formar "el inconsciente ideológico/pulsional". Aparentemente, el autor althusseriano ha superado su escepticismo anterior hacia el sicoanálisis: "He ahí, pues, el yo libidinal, el yo aprisionado entre sus propias pulsiones. Pulsiones básicas como el dolor físico o psíquico o el deseo físico o pulsional" (Rodríguez, *Hablamos* 100). Este cambio registra indudablemente el impacto del sicoanálisis lacaniano en los estudios literarios. De todas formas, las apariencias pueden resultar engañosas: los impulsos, una vez que han sido reconocidos a regañadientes, son rápidamente arrinconados por lo ideológico: "Ahora bien: ¿cómo se configuran, cómo cobran forma y vida esas pulsiones de dolor o deseo en cualquier sentido?" (*Hablamos* 100). Más específicamente, son desplazadas por un "yo soy histórico", que está en las antípodas del sujeto considerado en abstracto. La distinción es crucial: la afirmación del Cid, "yo soy Rui Díaz", define su estatus señorial en el sistema feudal y se encuentra a mundos de distancia (mejor dicho, siglos aparte) del sujeto cartesiano de origen burgués. En suma, los impulsos no tienen forma hasta quedar configurados por el inconsciente ideológico de cada formación social.

Un reciente artículo de Rodríguez (Rodríguez "Notas") confirma nuestras sospechas: la aparente actitud conciliatoria hacia el inconsciente libidinal no tiene demasiado peso. Cada sujeto (el autor althusseriano permanece firme) es el efecto imaginario de una ideología y la posible aplicación del sicoanálisis a la literatura es en el fondo muy precaria:

"[L]a literatura (o la escritura en general)", se nos avisa, "no se puede psicoanalizar en sentido estricto porque ahí no existe la transferencia" ("Notas"). En otras palabras, no puede existir una dinámica como la del paciente y el terapeuta. Es por esto que la aspiración de Freud de someter a análisis los "sueños" de la protagonista de *Gradiva*, de Jensen, como si estos fuesen reales, se trata de una imposibilidad.

Al mismo tiempo que uno puede aceptar la radical historicidad de los textos y el impacto profundo sobre ellos de las ideologías históricas (tal y como insiste Rodríguez), también puede admitir que el análisis althusseriano se queda corto en relación a dos poetas para quienes la materialidad del cuerpo resulta tan esencial. ¿Es posible tomar esta historicidad como punto de partida hacia una aproximación a fondo al inconsciente libidinal? Pensamos que lo es y, a manera de conclusión, vamos a exponer brevemente un esbozo de la esta modalidad de análisis. Nuestra primera labor será recuperar algunas intuiciones de la fenomenología y, desde ahí, retomar un texto usualmente olvidado de Cristóbal de Villalón, *Gramática castellana* (1558).

El cuerpo del texto

Entre los elementos de interés que encontramos en este tratado destaca la distinción que traza entre el sujeto ("la persona que haze esta obra") y el objeto ("la persona que la padece"), pues ambos se hayan entrelazados en la forma (por usar los términos de Husserl) de la estructura *tética* del "Yo amo a Dios" (Villalón, *Gramática* 85). El sujeto gramatical funciona como una presencia coercitiva en relación a varias frases, "las cuales todas juntas expresan y manifiestan cumplidamente el conçibimiento del hombre en el proposito que tiene tomado para hablar" (85). Nos gustaría sugerir que esta es la forma gramatical que adopta el "alma bella", cuya función ideológica radica en engrasar el mecanismo del intercambio, tanto dialógico como mercantil.

El hallazgo fue adoptado por Gonzalo Correas, quien enfatiza (al igual que Villalón) la posicionalidad del sujeto, que culmina en el seno de la cadena de significantes: "La orden I contestura natural de las palavras es, que el nombre este primero, i luego el verbo, i tras este el acusativo" (Correas 110). Este es, recordemos, el orden de lo *tético*, el medio sintáctico mediante el que la conciencia unificada percibe el mundo. Una sintaxis ordenada es la precondición de una mente ordenada: "Y quanto la orazion fuere guardando la dicha orden natural, ira mas clara, propia, dulze, i grave" (Correas 111). De esta forma se puede dar una comunicación efectiva entre el sujeto y su otro: "La lengua, para que es, sino darse a entender i declararse sin pesadumbre" (Correas 111). De esto se deduce que, en términos comunicativos, el lenguaje es algo a través de lo cual moverse rápidamente, como si de un medio transparente se tratase, "no para divertirse o detenerse en ella largo camino" (no pág.). Tal es la regla del Padre.

También podemos recordar, sin embargo, que lo simbólico es vulnerable a la subversión por parte de fuerzas preedípicas. El retorno de estas, en la guisa de lo semiótico, tiene la capacidad no solo de corromper lo simbólico sino también de bloquear la adquisición del lenguaje e incluso amenazar con la sicosis al sujeto. La raíz del problema está en la *jouissance* que se experimenta en el simple juego del discurso: "[N]os desbiamos del simple i llano uso de hablar, para aliviar el fastidio de lo cotidiano" (Correas 118). Y tomado como una licencia poética, no podría haber objeción a este escapismo. De hecho, el gobernante que reconocía (dentro de los límites de la razón) la necesidad de aliviar la tensión era sabio… pero siempre dentro de la razón. La "discordante concordia" de la gramática conectaba directamente con el orden social y natural, por lo que la posibilidad del desorden permanecía siempre como una amenaza. De ahí surge la necesidad del constreñimiento o, en las palabras de Correas, la necesidad de "no dejar del todo la rienda suelta al vulgo ciego y rudo" (113). Desafortunadamente, una nueva hornada de poetas había llegado, los gongoristas, para quienes el constreñimiento no se daba con facilidad: "... enrredan de manera su lenguaje i conceptos, que hablan xerigonza" (Correas 111).

Correas no estaba solo en esta posición. Juan de Jáuregui (1624) se encuentra igualmente enervado por los exponentes más subversivos de las nuevas formas, "confundiendo los casos, los tiempos, las personas; hollando la gramática; multiplicando violentas metáforas; escondiendo unos tropos en otros; y finalmente, dislocando las palabras y transportando el orden del hablar" (Jáuregui 139). Un exceso de metáforas no solo implica un reto a la legalidad lingüística sino también (y por implicación) a la social: "Todo lo desbaratan, pervierten y destruyen..., aniquilando toda gramática, derogando toda ley del idioma" (78-79). Una vez establecidos estos argumentos, podemos volver a los textos de Góngora y Quevedo que, en su *objetividad auténtica*, deben alertarnos de la relevancia de varias categorías sicoanalíticas para su comprensión.

Dramas edípicos

¿Cómo debemos entender el escenario planteado por Góngora en el *Polifemo* si no es como un escenario edípico, presidido por la gigante figura del padre ("Un monte era de miembros eminente") amenazado por un hijo rebelde? Hay que aclarar de inmediato que hablamos de una coyuntura histórica particular en la que la Ley del Padre, tal y como es ejercitada por el Estado, en la gramática, estaba seriamente amenazada. Sicoanalíticamente hablando, se podría decir que la dominación masculina era experimentada como una formación secundaria. Por eso son evidentes las resonancias maternales que evoca "la caverna profunda" y el "caliginoso lecho", que son por otra parte la tumba y sepulcro del gigante, su morada. Por consiguiente, el impulso anal desgarra el flujo sintáctico, lo cual ha confundido a los editores modernos del poema. Ya hemos sugerido que un feudalismo resurgente conlleva que el signo se encontrase solo parcialmente desconectado del símbolo substancialista:

> *Negro el cabello, imitador undoso*
> *de las obscuras aguas del Leteo,*
> *al viento que lo peina proceloso,*
> *vuela sin orden, pende sin aseo;*
> *un torrente es su barba impetüoso,*
> *que (adusto hijo de este Pirineo)*
> *su pecho inunda, o tarde, o mal, o en vano*
> *surcada aun de los dedos de su mano.*

(Góngora, Fábula líneas 57-64)

Para este gigante, la figura filial de Acis, el "garzon" que sintomáticamente carece de barba fálica ("lores su bozo es"), no es rival y su juego erótico con Galatea será abruptamente abortado:

> *Con vïolencia desgajó infinita,*
> *la mayor punta de la excelsa roca,*
> *Que al joven, sobre quien la precipita,*
> *urna es mucha, pirámide no poca.*

(Fábula líneas 489-492)

Mientras que la castración simbólica puede ser utilizada en pos de las necesidades de una aristocracia socialmente amenazada, los excesos de la *jouissance* literaria también registra el impacto de relaciones capitalistas embriónicas, ahora en el proceso de extraer una plusvalía en oposición al superávit social característico de la economía mercantilista. Lingüistas de este periodo, se nos recuerda, ciertamente hablaron de la *moneda* de las palabras, incluso al establecer paralelismos entre el intercambio lingüístico y el nuevo fenómeno de la "moda" (Read, *Transitions* 86) dentro un mercado creciente de mercancías. Es pertinente recordar a este respecto que el terreno explorado por el peregrino de las *Soledades* es el espacio del arte, en el que los meandros del rio imitan el fluir diario de la frase, "con torcido discurso, si prolijo" y las islas funcionan como "parentesis frondosos" (Góngora, *Fábula* 84n197-211). La exhibición de florituras casi alcanza proporciones sublimes en un exceso de riqueza verbal, que también presagia el intento fatal de Faetón de arrebatar el poder a los Dioses:

> *Los fuegos (cuyas lenguas, ciento a ciento,*
> *desmintieron la noche algunas horas,*
> *cuyas luces, del Sol competidoras,*
> *fingieron día en la tiniebla oscura)*
> *murieron, y en sí mismos sepultados,*
> *piedras son de su misma sepultura.*

(Fábula líneas 680-686)

Las mismas resonancias edípicas rodean a la figura de Ícaro, quien desafía las advertencias de su padre y sufre las consecuencias: "Audaz mi pensamiento / el Cenit escaló, plumas vestido" (II, 137-8). Las alas del deseo son las del escritor que aspira a sobrepasar a su predecesor, de ahí el juego homonímico con la palabra "plumas".

Ángel el fango

Si el alma bella no acierta a acatar los avisos más sutiles de Góngora, la aristocracia dispone de ideologías más abrasivas, como la de Francisco de Quevedo. El protagonista de *El Buscón* se descubre a sí mismo periódicamente inundado con materia fecal.

Estaba el servicio a mi cabecera; y, a la media noche, no hacían sino venir presos y soltar presos. Yo que oí el ruido, al principio, pensando que eran truenos, empecé a santiguarme y llamar a Santa Bárbara. Mas, viendo que olían mal, eché de ver que no eran truenos de buena casta. Olían tanto, que por fuerza detenían las narices en la cama. Unos traían cámaras y otros aposentos. Al fin, yo me vi forzado a decirles que mudasen a otra parte el vedriado. Y sobre si le viene muy ancho o no, tuvimos palabras. Usé el oficio de adelantado, que es mejor serlo de un cachete que de Castilla, y metíle a uno media pretina en la cara. El, por levantarse aprisa, derramóle, y al ruido despertó el concurso. Asábamonos a pretinazos a escuras, y era tanto el mal olor, que hubieron de levantarse todos (240).

Bajo el feudalismo, el substancialismo presupone, como se ha sugerido antes, la interconexión inextricable del cuerpo y el alma. Consecuentemente, la plusvalía social (tanto en la forma de dinero o de palabras) preserva sus lazos con la materialidad del valor de uso. El neofeudalismo que surge a comienzos del XVII exhibe las mismas características, pero lo hace de manera más extrema. Esto no debe sorprendernos dada la violencia generada por el choque entre dos modos de producción en competencia. Al ser confrontado por el animismo, una ideología que espiritualiza el cuerpo, el ideólogo substancialista responde rematerializándolo. Esto lo hace apropiándose de uno de los géneros inventados por el animismo, la novela picaresca, y tornándola en un vehículo de ideología substancialista. Más específicamente, desata toda la fuerza de sus impulsos sádicos mediante los que abruma al protagonista socialmente ambicioso de la novela, arrastrándolo a la inmundicia, de la que se propone inicialmente salir.

Otra de las invenciones del animismo fue la poesía lírica y aquí Quevedo sobresale en el arte de la parodia. La amada, le recuerda al amante animista, tiene un cuerpo como cualquier otro cuerpo, un rostro como cualquier otro rostro (que registra y acusa inevitablemente el paso del tiempo), y sobre todo tiene un ano: "Mira en la envidia de tus cabellos (que por espléndido que sea, no puede disculparse de excremento)". Nuestras diosas convenientemente se embadurnan ellas mismas con la suciedad cosmética, al modo del "cielo estercolado". Este es el sacrilegio supremo: la mujer presume no solo de ser del cielo, sino también de ser la favorita del cielo, cuando en realidad se trata de una masa de hedor y decadencia. Quevedo no tiene empacho además en reconocer su incontinencia verbal: "Yo, que nunca sé callar, / y solo tengo por mengua / no vaciarme por la lengua". Tan intenso es el placer de la separación y proyección que el escritor parece casi inmovilizado en el cuerpo, y por ende incapaz de establecer un objeto real, con poder significador.

Aún así, Quevedo no se queda aquí. No era la Mujer sino el Dinero lo que más excita sus pasiones y lo que confronta como la principal amenaza al orden señorial: "Poderoso caballero es don Dinero". Bajo presión del animismo, un amplio conjunto de ideologemas feudales, como el "linaje", la "sangre", el "honor", etcétera, se encuentran amenazados y en proceso de ser desplazados por el valor monetario. Al menos así lo imagina Quevedo: "¿Quién hace de piedras pan,/sin ser el Dios verdadero?". Bajo el nuevo régimen burgués, el dinero se ha convertido en la medida de todas las cosas, incluido el tiempo: "¿Tú, por ventura, sabes lo que vale un día? ¿Entiendes de cuánto precio es una hora?". El tiempo es dinero, es excremento: "para quien sabe examinarte, eres /lo solamente vil, el asco, el lodo". Y el excremento es la encarnación de una culpa que se acumula aparentemente a una tasa compuesta de crecimiento: "mientras en oro y vanidad abundes, tu tesoro y poder son tu pecado".

Para entender por qué crece a una tasa de crecimiento compuesta, necesitamos tomar nota de la radical historicidad de la literatura. Las circunstancias de Quevedo no fueron las de su precursor feudal. El siervo feudal rendía su elemento superfluo-sagrado a su señor/Señor, algunas veces sin desearlo (es cierto), pero generalmente con el espíritu de autosacrificio. Lo hacía aunque solo fuese por el hecho de que, en las economías arcaicas, lo que el dador quiere perder es, en el fondo, el peso de la culpa (Brown 230-239). La nueva economía descansa sin embargo en principios diferentes: emancipada del control divino, se impone el peso de una culpa impagable. No hay límite a la autorevaloración del capital y de ahí que no haya límite tampoco a la acumulación de culpa. Incluso si se resiste, Quevedo registra cualitativamente el giro del autosacrificio (masoquista) a la crueldad (sádica).

Claramente, no tenemos aquí que el espacio para desarrollar plenamente estas cuestiones. Las planteamos de manera sucinta para sugerir maneras en las que la noción del inconsciente ideológico puede ser puesto en contacto con su contraparte libidinal. Un marxismo que no sea capaz de afrontar la interconexión ideológica entre "deuda" y "deber", esta es nuestra opinión, resultará siempre muy insuficiente.

Conclusión

Hemos visto cómo diversos intentos de proveer al marxismo con una teoría materialista del sujeto, a través de la mediación de la fenomenología de Husserl y del sicoanálisis de Lacan, resitúa al marxismo en el terreno de la ideología burguesa, en concreto, en el clásico binarismo sujeto/objeto. En este proceso, el énfasis althusseriano en el inconsciente ideológico (mediado por la matriz de una formación social) fue aparcado y eventualmente reprimido en con el fin de enfocarse en el inconsciente libidinal.

El efecto fue priorizar la fetichización de las mercancías, junto con la problemática de la alienación, que tendió (aunque lo hiciese de manera muy sofisticada) a figurar como fuente y raíz, y no como producto del capitalismo. A veces incluso llegó a desplazar subrepticiamente la determinación y explotación económica. Contra el efecto combinado de esta rama del marxismo postmoderno, hemos puesto sobre el tapete el espectro del inconsciente ideológico, tal y como lo teoriza el althusseriano español, Juan Carlos Rodríguez, y la "radical historicidad de la literatura". Aunque esta reconstrucción radical del inconsciente se ha demostrado muy hábil e inteligente, tuvo un precio: la problemática idealista fue simplemente invertida con el efecto de marginar el inconsciente libidinal, supuestamente explicable en los términos de unas cuantas pulsiones básicas. Concluimos nuestra revisión de la obra de Rodríguez con algunas sugerencias sobre las posibilidades de rearticulación de algunas tesis sicoanalíticas desde la perspectiva de la "radical historicidad".

Obras citadas

Althusser, Louis. *For Marx*. Trad. Ben Brewster. London y New York: Verso, 1990.

_____. *Lenin and Philosophy and Other Essays*. Trad. Ben Brewster. New York: Monthly Review Press, 1971.

_____. *On the Reproduction of Capitalism*. Trad. G. M. Goshgarian. London y New York: Verso, 2014.

Althusser, Louis y Étienne Balibar. *Reading Capital*. Trad. Ben Brewster. London: New Left, 1970.

Benvenuto, Rice y Roger Kennedy. *The Works of Lacan: An Introduction*. New York: St Martin's Press, 1986.

Bloch, Marc. *Feudal Society*. 2 vols. Trad. L. A. Manyon. London: Routledge & Kegan Paul, 1965.

Brown, Norman. *Life against Death: The Psychoanalytic Meaning of History*. London: Sphere Books, 1968.

Correas, Gonzalo. *Trilingüe de tres artes de las tres lenguas castellana, latina y griega, todas en romance*. Salamanca: A. Ramirez, 1627.

Coward, Rosalind y John Ellis. *Language and Materialism: Developments in Semiology and the Theory of the Subject.* Boston, London y Henley: Routledge & Kegan Paul, 1977.

Dawes, Greg. "A Marxist Critique of Post-Structural Theories of the Subject". *Post-ality: Marxism and Postmodernism.* Ed. Mas'ud Zavarzadeh, Teresa L. Ebert y Donald Morton, 1995. 150-188.

Dews, Peter. *Logics of Disintegration: Post-Structuralist Thought and the Claims of Critical Theory.* London y New York: Verso, 1987.

Góngora, Luis de. *Soledades.* Ed. John Beverley. Madrid: Cátedra, 1982.

_____. *Fábula de Polifemo y Galatea.* Ed. Alexander Parker. Madrid: Cátedra, 1984.

Hartwig, Mervyn. Ed. *Dictionary of Critical Realism.* London y New York: Routledge, 2007.

Husserl, Edmund. *The Idea of Phenomenology.* The Hague: Martinus Hijhoff, 1964.

Jáuregui, Juan de. *Discurso poético.* Ed. Melchor Romanos. Madrid: Nacional, 1978.

Kristeva, Julia. *Revolution in Poetic Language.* Trad. Margaret Waller. New York: Columbia University Press, 1984.

_____. *The Kristeva Reader.* Ed. Toril Moi. Oxford: Basil Blackwell, 1986.

Leff, Gordon. *Medieval Thought: St Augustine to Ockham.* Harmondsworth: Penguin Books, 1958.

Le Goff, Jacques. *Medieval Civilization.* Trans. Julia Barrow. Oxford: Blackwell, 1988.

Quevedo, Francisco de. *El buscón.* Ed. Domingo Ynduráin. Madrid: Cátedra, 2012.

Read, Malcolm K. *Visions in Exile: The Body in Spanish Literature and Linguistics: 1500-1800.* Ámsterdam y Philadelphia: John Benjamins, 1990.

_____.*Transitional Discourses: Culture and Society in Early Modern Spain.* Ottawa: Dovehouse, 1998.

_____. "Cristóbal de Villalón: Language, Education, and the Absolutist State". *Culture and the State in Spain: 1550-1850*. Eds. Tom Lewis y Francisco J. Sánchez. New York y London: Garland, 1999. 1-33.

Resch, Robert Paul. "Running on Empty: Žižek's Concept of the Subject". *Journal for the Psychoanalysis of Culture and Society* 4.1 (1999): 92-98.

Rodríguez, Juan Carlos. *Teoría e historia de la producción ideológica*. Madrid: Akal, 1990.

_____. *De qué hablamos cuando hablamos de marxismo*. Madrid: Akal, 2013.

_____. "Sobre el *Utrum*, el enganche y la Mirada alegórica en el pensamiento medieval". *Alabé* 9 (2014). https://bit.ly/2Nrb8a9 (consultado 9-10-2017).

_____. *Para una teoría de la literatura (40 años de historia)*. Madrid: Marcial Pons, 2015.

_____. "Algunas notas de lectura para Freud después de la Primera Guerra Mundial". *Alabé* 12 (2015). https://bit.ly/2oHbR8O (consultado 9-10-2017).

Tomšič, Samo. *The Capitalist Unconscious: Marx and Lacan*. London y New York: Verso, 2015.

Villalón, Cristóbal de. *Provechoso tratado de cambios y contrataciones de mercaderes y reprobación de la usura*. Valladolid: Francisco Fernández de Córdoba, 1546.

_____. *El scholastico*. Ed. Richard Kerr. Madrid: Consejo Superior de Investigaciones Científicas, 1966.

_____. *Gramática castellana*. Ed. Constantino García. Madrid: Consejo Superior de Investigaciones Científicas, 1971.

Wolfenstein, Eugene. *Psychoanalytic-Marxism: Groundwork*. New York: The Guilford Press, 1993.

Žižek, Slavoj. "The Spectre of Ideology". *Mapping Ideology*. Ed. Slavoj Žižek. London y New York: Verso, 1994. 1-33.

_____. "Courtly Love, or Woman as the Thing". *The Žižek Reader*. Ed. Elizabeth Wright y Edmond Wright, 1999. 148-173.

_____. *Interrogating the Real*. Ed. Rex Butler y Scott Stephens. London y New York: Continuum, 2005.

La cuestión del mal en la hermenéutica y el marxismo: algunas reflexiones sobre el arte de vivir

MARTÍN KOVAL (CONICET)

La Primera Guerra Mundial fue la auténtica marca de separación entre nuestra época y el optimismo de la Ilustración, el cual llega —muy debilitado y ya deformado, es cierto—, justamente hasta ese "abismo" implicado por la guerra en términos histórico-culturales. El corolario de esto es considerar que vivimos aún en una época cuyo rasgo definitorio es, más allá de toda ilusión postmoderna, el de ser posterior al tratado de Versalles.

La guerra de 1914-1918 expuso a los ojos del mundo, de manera brutal, la obsolescencia humana: la posibilidad real de que la vida individual y la historia de la especie no tengan sentido alguno, y de que la conciencia moral no sea más que una ilusión, una mentira.[1] En esto no hay diferencia entre nuestra época y los años veinte: o, mejor dicho, solo hay una diferencia de grado. Hacia finales del siglo XX, se puede agregar, el fetiche nihilista y narcisista del hiperconsumo es lo que vino a reemplazar de manera ilusoria el vacío existencial colectivo generado de manera rudimentaria hoy hace ya cien años. De esto se sigue que el sinsentido es hoy, como hace un siglo, la clave que da cuenta del clima epocal preponderante.

---

[1] En *El malestar en la cultura*, Freud entiende la conciencia moral como una función del superyó que consiste en "vigilar y enjuiciar las acciones y los propósitos del yo" (132).

La falta de sentido es uno de los atributos típicos del mal. El propósito de este trabajo es, justamente, reflexionar sobre la cuestión del mal y ensayar modos de concebir su actualidad en un contexto global neoliberal y postmoderno. La excusa —e incitación— para hacerlo es contraponer las posturas *a priori* mutuamente excluyentes de Paul Ricoeur (hermenéutica) y Terry Eagleton (marxismo). El término "ensayar" alude aquí, por lo demás, a que no pretendemos llegar a algo así como una síntesis sistemática del pensamiento de los dos autores, ni a determinar en qué medida uno sería mejor o peor que el otro; más bien, buscamos usar sus consideraciones de manera heurísticamente productiva. Hemos privilegiado, al fin, un soporte literario para apoyar muchas de nuestras ideas: el subgénero novelístico llamado *Bildungsroman* —novela de formación o aprendizaje— y, en particular, su último eslabón paródico: *La montaña mágica* (1924), de Thomas Mann.

La teodicea como proyecto disparatado

A primera vista, el más evidente punto de contacto entre Ricoeur y Eagleton es su rechazo tajante de la teodicea en tanto justificación razonada de Dios. Es a este respecto incluso que, a lo largo de todo *Sobre el mal* (2010), el segundo cita al primero. No obstante, detrás de la aparente coincidencia entre ambos, es dable pensar (como veremos) que en el planteo de Eagleton se esconde una crítica a la propuesta alternativa —relativa a una imbricación del pensar, hacer y sentir, etcétera— que lleva a cabo Ricoeur en *El mal. Un desafío a la filosofía y a la teología* (publicado en 1986). Esto no quiere decir necesariamente, a nuestro juicio, que lo que dice Eagleton sea más útil, ya que este tampoco parece tener mucho para proponer en cuanto a posibles caminos de salida.

El pensamiento conceptual de la teodicea fracasa, piensa Ricoeur, por su afán de unir violentamente lo que es, en realidad, diferente. Así, la dialéctica de Hegel "hace coincidir lo trágico y lo lógico en todas las cosas: algo tiene que morir para que nazca otra cosa más grande", piensa Ricoeur, y ve como un grave inconveniente que la reconciliación siempre prevalezca sobre el "rompimiento" (*Mal* 47). Ricoeur considera que Hegel reedita "un optimismo que es fruto de la misma audacia [de Leibniz] pero de una *hybris* racional aún mayor" (49). La reconciliación, por lo demás, está disociada de "cualquier consuelo dirigido al hombre como víctima" (50); de lo que se deduce que ni la felicidad ni la desdicha (individuales) entran en consideración en el sistema. Ricoeur concluye este pasaje aduciendo que "después de las catástrofes y los sufrimientos sin nombre ocurridos en el siglo XX, la disociación entre consuelo y reconciliación" está cerca de resultar escandalosa (51). Para Ricoeur, lo determinante en las teodiceas es, pues, la invisibilización de las víctimas: "La lamentación, la queja del justo sufriente, quebranta [...] la idea de una compensación del mal por el bien", dice, y considera que "[s]e necesita [...] un vigoroso optimismo humano para afirmar que el balance es, en total, positivo" (43).

Es necesario remarcar que la reconciliación está ligada de manera irremediable a las teodiceas. No es este el lugar para hablar de la dictadura cívico-militar en Argentina (que se prolongó entre 1976 y 1983) y los distintos modos en que se la concibió a partir del retorno a la democracia, pero cabe recordar que una de las tendencias típicas de la élite —aunque también de vastos sectores de la clase media— y de la mentalidad liberal fue, y es, la de que es necesario reconciliarse con el pasado para mirar hacia adelante como sociedad. Esta propensión coincide *vis-à-vis* con la tesis de los "dos demonios" defendida por Ernesto Sábato y otros en la década de 1980, que intentó zanjar la tragedia de la dictadura arguyendo una responsabilidad compartida entre el Gobierno de facto y los grupos guerrilleros.² En función de esta hipótesis, se estableció la idea —reflotada en estos días por el partido gobernante de Mauricio Macri— de que simplemente había que dejar atrás el pasado de confrontación, para renacer como país.³

Los lugartenientes del llamado a la reconciliación enarbolan la bandera de Nelson Mandela y parecen estar siempre dispuestos a admitir, de manera inconsciente, que el sacrificio de los desaparecidos —figura macabra para pensar aquello que, según Eagleton, persigue el mal: la nada, la eliminación radical de lo creado— y el sufrimiento de sus familiares, y todos los males existentes, fueron un "mal necesario" en el progreso histórico hacia lo mejor, hacia la reconciliación. La teodicea, que busca la reconciliación entre Dios y la realidad, nunca podrá hacerle justicia a las víctimas: es por eso que en sus *Tesis sobre el concepto de historia* (de 1940) Benjamin señaló que el ángel de la historia tiene la cara vuelta hacia el pasado y no hacia el futuro (187). El Holocausto y, antes aún, la Primera Guerra Mundial nos han enseñado ya que las concepciones —falaz e ingenuamente optimistas de la historia— cargadas de falsa conciencia, silencian, quizás sin quererlo siempre conscientemente, la barbarie.

Eagleton, por su parte, explica que la teodicea siempre constituyó una parte constitutiva fundamental del pensamiento teológico, pues la existencia del mal es *a priori* un argumento contundente en contra de la existencia de Dios. Dice, en esta línea, que "la teodicea trata de explicar la existencia del mal eximiendo a Dios de toda responsabilidad" (129). El ejemplo que da es *El paraíso perdido*, de Milton, para argüir, de manera muy cercana a Ricoeur, que "los intentos

---

[2] Ver para este asunto el prólogo a *Nunca más. Informe final de la Comisión Nacional sobre la Desaparición de Personas*. El libro le fue entregado en septiembre de 1984 al entonces presidente Raúl Alfonsín.

[3] Este es un argumento esgrimido una y otra vez por uno de los diarios más representativos del pensamiento liberal en Argentina, *La Nación*. Véase como ejemplo el editorial del 21 de agosto de 2015.

modernos de explicar el mal surgen [...] del optimismo cósmico ilustrado. El mal es la sombra tenebrosa que la luz de la Razón no ha podido desterrar" (130).

La teodicea sería, para Eagleton, la creencia en una Caída afortunada: la idea es que ha sido una lástima salir del Paraíso, pero que en definitiva es bueno que el hombre cayera en la historia, desprendiéndose de la naturaleza, ya que tiene la posibilidad de "alcanzar una dicha aún más resplandeciente" (132). La postura contraria sería la de un Schopenhauer, para quien la historia humana es un error y para quien es dable pensar que "tal vez todos estaríamos mejor si fuéramos simples amebas" (132). El optimismo inherente a la teodicea, piensa Eagleton, llevando las cosas un poco más allá de lo que lo había hecho Ricoeur, es compartido por "ciertos" marxistas: los males del capitalismo (el capitalismo equivaldría al mundo caído) serían en el fondo algo bueno porque conducirán finalmente al socialismo (133). Además, en el hecho de considerar que las tradiciones del liberalismo y la Ilustración, que confluyeron en el capitalismo, son legados clave para un socialismo viable, cierto marxismo constituiría "un ejemplo claro de teodicea" (134).

Eagleton concluye su discusión de las teodiceas de forma terminante: de manera similar a Ricoeur, sostiene que no se puede responder a la pregunta de por qué Dios permitió que se matara seis millones de judíos. Aquí remite a Richard Bernstein, quien, según indica, había dicho que después de Auschwitz era obsceno continuar hablando del mal y del sufrimiento como si fueran algo justificable por (o reconciliable con) un plan cosmológico benevolente (139). Es en este punto que Eagleton cita expresamente a Ricoeur —por primera y única vez en todo el libro. "La teodicea, según las palabras del filósofo Paul Ricoeur", leemos, "es un 'proyecto disparatado'" (Egleton 140). Eagleton rechaza la teodicea, en parte, porque su hipótesis es que el mal, sencillamente, no se puede entender y, por lo tanto, no puede ser justificado.

La cuestión es, ahora: dado el fracaso histórico de las teodiceas, ¿cómo se puede solucionar o, simplemente, pensar el problema del mal? Ricoeur y Eagleton, como acabamos de ver, comparten el punto de partida, que supone tener en cuenta y recordar a las víctimas —de la historia, de la vida, etcétera—. Después de las tragedias acaecidas en el siglo XX, es sencillamente insano seguir teniendo fe en las teodiceas del tipo que sean. Los dos autores, empero, no pueden estar más alejados, *a priori*, en sus propuestas de un tipo de pensamiento acerca del mal que no silencie a los que sufrieron o sufren. Ricoeur, creemos, no puede escapar de un cierto voluntarismo e individualismo, mientras que el materialismo salva a Eagleton de una caída en un desespero *à la* Kierkeegard o *à la* Schopenhauer. La apelación final del primero al budismo tiene, en esta línea, el aspecto de una claudicación, al menos en lo que concierne al plano de la esfera pública. El materialismo al que recurre Eagleton, con todo, como veremos, no deja de tener cierta coloración utópica; es decir, ideal y no realista, en tanto que le sirve al autor para remitir a un tipo de sociedad futura más o menos nebulosa.

Ricoeur toma como modelo a Karl Barth y su *Carta a los romanos* (1918), donde se postula la idea de una teología y una dialéctica "fracturadas", que han "renunciado a la totalización sistemática", y "que le reconocen al mal una realidad inconciliable con la bondad de Dios y con la bondad de la creación" (Ricoeur, *Mal* 53). La cristología de Barth sirve, así, de impulso para "pensar más" que las teodiceas y "de otra manera" (54). Ricoeur retoma la tesis de Barth de que "en Cristo, Dios ha vencido el mal"; de que el triunfo sobre el mal ya tuvo lugar y "solo falta aún la manifestación plena de su eliminación" (54 y 55). Además: el mal está incluido en el reinado de Dios. La pregunta que surge aquí es si no recae Barth así en la teodicea, en la totalización, en la lógica conciliatoria. Para Ricoeur, no. La figura que sirve para pensar lo que dice Barth es, en su opinión, la de la *paradoja*, que es una forma de no conciliación. El pensar sobre el mal debe tener necesariamente un carácter aporético, lo cual está en las antípodas de la *Schwärmerei* [entusiasmo] del pensamiento de las teodiceas (58).

A la aporía necesaria en el pensar acerca del mal (necesaria para evitar la violencia totalizante), dice Ricoeur, en un gesto que da cuenta de su metodología hermenéutica, no hay que darle una solución, sino una respuesta cuyo fin es "volverla productiva". Esto quiere decir: la respuesta tiene que servir para "proseguir el trabajo del pensamiento en el registro del actuar y del sentir" (*Mal* 60). El pensamiento especulativo se pregunta: "¿De dónde viene el mal?". La respuesta —no la solución— que da la acción es: "¿Qué hacer contra el mal?". Si la pregunta es por el origen, la respuesta es una tarea de cara al futuro. La lucha práctica contra el mal es ética y política. Se trata de disminuir la violencia infligida por unos hombres sobre otros, para disminuir el sufrimiento.[4] Esta respuesta repercute, a su vez, en el plano del pensamiento: "antes de acusar a Dios o de especular sobre un origen demoníaco del mal —se lee—, actuemos ética y políticamente contra el mal" (61).

La respuesta práctica, con todo, no es suficiente. Es necesaria, además, una respuesta emocional: el duelo. En el trabajo del duelo (Ricoeur sigue aquí a Freud) se debe incluir lo que se ha ganado en el plano del pensamiento especulativo. Por ejemplo, el pensamiento ha demostrado el fracaso de la teoría de la retribución, según la cual, si sufro, es por algo. La víctima, arguye Ricoeur, debe salir del circuito que la lleva a sentirse culpable (por ejemplo, de la muerte del objeto amado) y, en cambio, ha de pensar: "Dios no quiso esto" (*Mal* 63). Hay que "dejar al desnudo el sufrimiento en tanto que inmerecido" y decir: "no sé por

---

[4] La violencia es aquello que, de manera incesante, recompone la unidad de mal moral y sufrimiento, ya que "hacer el mal es hacer sufrir a alguien" (*Mal* 60).

qué, las cosas son así, hay azar en el mundo" (64).[5] Esto constituye "el grado cero de la espiritualización de la queja, devuelta sencillamente a sí misma" (64).

Luego vendría la necesidad o conveniencia de "descubrir que las razones para creer en Dios no tienen nada en común con la necesidad de explicar el origen del sufrimiento" (*Mal* 65). Se puede creer en Dios "*a pesar de...*". Dice Ricoeur: "Esta es una manera más de integrar la aporía en el trabajo de duelo" (65). Y refiere al final del Libro de Job, donde se dice que Job "llegó a amar a Dios *por nada*". Este gesto, que en la Biblia hace perder a Satanás su apuesta inicial, implica "abandonar completamente el ciclo de la retribución del que la lamentación permanece [...] cautiva mientras la víctima se queja de su injusta suerte" (67). Ricoeur halla en esta "sabiduría" un punto de contacto entre el Occidente judeocristiano y el budismo. Más allá de esto, las experiencias solitarias de sabiduría deben idealmente, por lo demás, unirse a la lucha ética y política.

Vimos que Eagleton citaba a Ricoeur en el contexto de su crítica a las teodiceas. Ahora bien: creemos que no debería dejar de leerse una ironía en el gesto del ensayista inglés. El último capítulo de su libro lleva el título de "Los consuelos de Job" y en él se plantea, justamente, la cuestión de que el consuelo que encuentra Job (amar a Dios "a cambio de nada") implica amar a Dios "sin consideración alguna de sus méritos o deméritos, de sus recompensas o retribuciones, con un amor tan gratuito como los azotes que ha padecido" (Eagleton 139). Resulta difícil no ver en esto —sobre todo a partir de lo que acabamos de decir acerca del sentir como tercera respuesta al mal— una crítica a Ricoeur, quien se hallaría entre los "teólogos de la actualidad que adoptan frente al problema del mal la misma línea (más o menos) que Dios en el Libro de Job" (Eagleton 138).

---

5 Ricoeur remite en este contexto a *When bad things happen to good people* (1981), del rabino Harold S. Kushner.

Eagleton encuentra, por su parte, una esperanza no en una postura individual cercana al budismo sino en el materialismo. El materialismo es "la creencia según la cual la mayor parte de la violencia y de la injusticia es el resultado de fuerzas materiales, y no de las predisposiciones viciosas de los individuos" (Eagleton 146). Supone una concepción contraria al moralismo, que es "la creencia según la cual los actos buenos y los actos malos son absolutamente independientes de sus contextos materiales, y que esto forma parte de lo que los hacen lo que son" (146 y 147). Para el materialista Eagleton, no se puede disociar la moral del poder. Transformar los entornos no significa que todos los humanos pasarán a ser santos. Gran parte de la maldad humana sobrevivirá "incluso al más profundo de los cambios políticos", ya que, entre otras cosas —y estas serían las razones "freudianas"—, "necesitamos emanciparnos de nosotros mismos" (145). No obstante, se concluye, "resulta factible mejorar mucho la vida para un gran número de personas" (147).

La condición humana es, en última instancia, un enigma: en esto coinciden Ricoeur y Eagleton. He aquí, empero, que es en vista de este desconocimiento que aparece la posibilidad de concebir aún una esperanza relativa a la humanidad de cara al futuro. Es de notar que ambos autores coinciden fuertemente a este respecto, con lo cual quedan atrapados en una relativa resignación: tal vez debamos pensar, en efecto, que no se puede resolver el problema del mal más que dejándolo irresuelto para las generaciones futuras.

En el tono voluntarista que adopta al final de *El mal*, Ricoeur dice que las experiencias "de sabiduría", así como las formas de resistencia no violenta "de todos los hombres de buena voluntad" son anticipatorias "de una condición humana en la cual, una vez suprimida la violencia, quedaría al descubierto el enigma del verdadero sufrimiento, del sufrimiento irreductible" (*Mal* 67). Eagleton, por su parte, considera que no estamos en condiciones de dictar un juicio moral sobre la especie humana "porque jamás hemos sido capaces de observarla más que en condiciones desesperadamente deformadas" (Eagleton 149). La prehistoria de la humanidad, en la que aún vivimos, según el marxista Eagleton, "no ha sido más que una sucesión de variantes del deprimente persistente tema de la explotación" (150). Es por ello que "solo rompiendo con esa dinámica y avanzando hacia la historia bien entendida tendremos la oportunidad de descubrir nuestra composición moral" (150). Al parecer, así pues, los que hoy vivimos sobre la Tierra moriremos sin conocerla.

Reconciliación o sinsentido

En las reflexiones tanto de Eagleton como de Ricoeur acerca del mal, hay proposiciones que parecen ser contradictorias entre sí. Nos parece que el problema se zanja al distinguir entre un nivel individual-vital concreto y otro sociohistórico de largo alcance —distinción que, con todo, pondremos en entredicho más adelante—. En el plano de la vida individual, creemos, resulta necesario recuperar la categoría de reconciliación que, como vimos, es inherente a la teodicea. En la vida finita de todo ser humano, la reconciliación —que, aplicada a lo público, a la historia, etcétera, da lugar a concepciones que justifican lo aborrecible— se opone al sinsentido. Esto, de hecho, está sugerido de manera implícita tanto en Ricoeur como en Eagleton, quienes no parecen estar demasiado preocupados por distinguir entre las esferas privada y pública.

En su camino de destrucción del concepto de pecado original agustiniano, que retomaremos en el próximo apartado, Ricoeur remite a la consideración neoplatónica de Agustín según la cual el mal es "la inclinación de aquello que tiene más ser hacia aquello que tiene menos ser" (Ricoeur, "Pecado" 250). Eagleton también alude a esto de forma muy similar en su exploración de las características atribuibles al mal. De la lectura que hace Ricoeur puede deducirse que la conversión sería el opuesto, en términos de dirección existencial, de la nada. Hay una oposición, así, entre ser y no-ser, conversión y nada, sentido y sinsentido. Eagleton, de forma análoga aunque *aggiornada*, interpreta la tendencia al no-ser a partir del impulso de muerte freudiano y piensa que el mal es "el sinsentido supremo" (Eagleton 86).[6]

Es dable plantear aquí algunos interrogantes, referidos al plano de la vida concreta: ¿Cuál es el vínculo que tenemos a cada momento con los instantes del pasado en los que fuimos "culpables" o en los que fuimos "víctimas"? ¿No se puede pensar que, desde la perspectiva de la maduración que toda persona busca en su vida (entendiendo la maduración como la cada vez mayor maestría en el "arte de vivir") es productivo considerar, retrospectivamente, las caídas y recaídas en el "mal" como accidentes coyunturales, en tanto son inmodificables desde el presente, en pos de algo mayor y mejor? ¿No es necesario apostar siempre por "lo que tiene más ser", por el sentido?

Forzar un sentido en la historia lleva al olvido y al silencio, pero ¿no es acaso necesario hacer lo posible por hallar —inventar— un sentido en la propia vida? Lo que quizás habría que rescatar de las teodiceas a este respecto,

---

[6] Al comienzo del capítulo "Placer obsceno", el autor de *Sobre el mal* interpreta el rol de las brujas en *Macbeth* y postula que el mal no persigue fines prácticos y que, por ello, adquiere un componente no humano. Es decir: el mal no desea, no busca conseguir algo y, por ende, no piensa en medios para alcanzar fines. El mal, pues, no tiene propósito, y si tenemos en cuenta que, en cierto modo, el sentido tiene que ver con el vínculo que existe justamente entre un fin y un medio ideado mentalmente para alcanzarlo, se puede concluir que el mal es "el sinsentido supremo" (Eagleton 86). Todo el ensayo de Eagleton trata de concientizar respecto del inconveniente que genera carecer de una definición del mal. La idea es que se pierden así oportunidades para soluciones pacíficas de conflictos (por ejemplo: para el terrorismo islámico). Eagleton se posiciona en contra de la idea liberal (y también de muchos marxistas) de que el mal no existe y, también, en contra de la noción conservadora según la cual el mal es algo "común". La razón de esto último, piensa el autor, es que no se distingue entre *perversidad* (*wickedness*) y *mal* (*evil*). La diferencia estribaría en que el primero puede ser entendido, y el segundo, en cambio, no tiene sentido alguno.

para "usarlo" en la comprensión de la vida, es la *visión de conjunto*. Lo contrario de esto es la fragmentación: la reducción de la vida a meros momentos inconexos. La vida entendida como simple yuxtaposición arbitraria de instantes vividos y sensaciones. Además, ¿volverse adulto no es en gran medida una lucha por recuperar con múltiples mediaciones, en el mundo caído, el sentido intuitivamente autoevidente que se ha perdido, justamente, al ingresar al mundo adulto?

En esta línea, la reivindicación de la reconciliación del individuo con el mundo resulta necesaria para que alguna forma de felicidad individual siga siendo concebible; más aún: para que la cultura lo sea, por medio de esta "conversión" o "sanación" individual, es decir, por la vía de la "reinvención" o "forzamiento" de un (nuevo) sentido.[7] Es posible que podamos obtener algo de orientación si echamos una mirada a ese gran estudio de la vida individual que constituye, desde una perspectiva burguesa, la novela de formación. Esta decisión no es arbitraria, pues las novelas de formación son teodiceas del sujeto privado, puestas en crisis en el contexto de la Primera Guerra Mundial.[8] El *Bildungsroman* es *el* hijo pródigo del pensamiento ilustrado alemán, cuyo punto final, paródico y trágico, lo constituye *La montaña mágica*, de Thomas Mann, escrita y ambientada de manera no casual en el contexto de la Primera Guerra.

---

[7] Freud habla de la necesidad de "reconciliarse con la presión de la cultura" (41).

[8] El *Bildungsroman* es un subgénero novelístico moderno que se sustenta en "una fe" (típicamente moderna) "en [la posibilidad de existencia de] una gran narrativa", según la cual, a su vez, es posible extraer conclusiones de la experiencia individual pasada. Existe una continuidad de sentido entre el pasado y el presente, la historia personal tiene la forma de una progresiva toma de conciencia de sí y, por ello, está dada en la historia la posibilidad de un mejoramiento (Danto 27). El vínculo con la fenomenología hegeliana resulta en este punto evidente. Dice Danto que esta última "tiene forma de *Bildungsroman*, en el sentido de que su héroe, el *Geist*, atraviesa una serie de etapas con el fin de alcanzar el conocimiento, no solamente sobre lo que es el conocimiento mismo, sino también de tomar conciencia de que su conocimiento podría ser vacío sin esa historia de contratiempos y entusiasmos inapropiados" (27).

Es aquí donde habría que llevar a cabo, entonces, una reivindicación de la noción de reconciliación en tanto contendiente razonable del sinsentido, tal como nos lo enseña el *Bildungsroman*. La decisión de Wilhelm Meister de dejar el teatro, para el que carece de talento verdadero, para integrarse al grupo de nobles al final de *Años de aprendizaje* (1796) constituye el correlato positivo de la imposibilidad de un Anton Reiser de abandonar su proyecto teatral, que termina por conducirlo a la ruina económica y existencial.[9] En su *Teoría de la novela*, György Lukács concluye, en esta línea, que el tema de la novela de formación es "la [problemática] *reconciliación* del individuo problemático, guiado por el vivido ideal, con la concreta realidad social" (*Teoría* 399). La reconciliación (*Versöhnung*) implica, así, un modo de agregación satisfactorio, en el que el héroe entrevé que hay un "sentido vivo" (*lebendiger Sinn*) en la estructura social a la que ingresa (405).

El reverso de la reconciliación lo constituye, en el desarrollo ulterior del subgénero, *La montaña mágica*, novela por la que Ricoeur y Eagleton comparten un interés. Es cierto, con todo, que esta novela es tenida en cuenta por Ricoeur en un contexto diferente al que venimos desarrollando: la aborda en su libro sobre la narración. En concreto, en el segundo volumen de *Tiempo y narración* (1984). Eagleton, en cambio, remite a ella en *Sobre el mal* a modo de ilustración de uno de los modos de representar el mal.

Ricoeur alude a *La montaña mágica* como "*novela del tiempo, de la enfermedad y de la cultura*" y sostiene que las tres dimensiones se integran en la experiencia singular del héroe, Hans Castorp (*Tiempo* 559). "El tema de la novela es la instrucción, la formación, la educación de un joven 'sencillo', pero 'curioso' y 'emprendedor'", lo cual la volvería una novela educativa en la zaga del *Wilhelm Meister* de Goethe (Ricoeur, *Tiempo* 559). Las reflexiones sobre el tiempo,

---

[9] Este es el nombre del héroe de la novela homónima de Karl Philipp Moritz, de 1785-90.

la enfermedad y el destino de la cultura europea, muestra Ricoeur, son "miniaturizad[as] [...] en una 'novela educativa' centrada en Hans Castorp" (*Tiempo* 560). Así, Ricoeur llega a sostener que, en realidad, lo medular en *La montaña mágica* es "la búsqueda espiritual del héroe" (*Tiempo* 560) en el marco de su progresiva inserción en el mundo de la enfermedad y la "eternidad *siempre idéntica* de la montaña mágica" (*Tiempo* 569). La "eternidad", la disolución de la linealidad temporal ascendente propia del llano,[10] constituiría en la novela "lo negativo", cuyo promotor es el nietzscheano-comunista Naphta, que desempeña el papel de la "tentación diabólica" y para quien "ser hombre es estar enfermo" (*Tiempo* 576).

Ricoeur entiende el "aprendizaje espiritual" del joven Castorp como liberación "de las contingencias materiales", entre las que se incluye, en primer lugar, el tiempo (*Tiempo* 573). Halla, además, en la "resistencia" de Hans, en su obstinación en permanecer en el sanatorio —en su hacer oídos sordos de las advertencias de un Settembrini y en su rechazo de la visita de su tío bisabuelo Tienappel, "llegado de Hamburgo para fijar la fecha del retorno del fugitivo" (*Tiempo* 575)—, el signo de su heroicidad: cabría la posibilidad de concebirlo como "héroe de una gnosis de la eternidad y del tiempo" (*Tiempo* 575).[11] La educación de Hans Castorp resulta fallida, en cierto modo, porque "le ha faltado la prueba de la acción, criterio supremo de la *novela educativa*" (*Tiempo* 580). Es recién "la irrupción del *tiempo histórico*, dice Ricoeur, la que rompe desde fuera la prisión embrujada" (*Tiempo* 579).[12] No en última instancia,

---

[10] La novela de Mann se estructura en torno a una oposición entre el llano —el mundo de la acción, de la vida burguesa— y el sanatorio en lo alto de la montaña, cerca de Davos-Platz.

[11] Settembrini, que se autodefine como humanista con "aficiones pedagógicas" (Mann 69), busca una y otra vez hacer consciente al héroe de la necesidad de regresar abajo, al mundo de la vida.

[12] Como se sabe, lo que saca a Hans Castorp del sanatorio es la "fiesta mundial de la muerte" (Mann 702), es decir, la guerra de 1914-18.

la "prisión embrujada" es la mente —el sanatorio, entendido como mente—, regida por el tiempo de la duración, que resulta discordante respecto del tiempo de los relojes.

El mal, afirma Eagleton, "no puede existir realmente en el tiempo, pues el tiempo tiene que ver con la diferencia, mientras que el mal es tediosa y perpetuamente el mismo" (86). Eagleton acota, al respecto: "Es en ese sentido que se dice que el infierno es para toda la eternidad" (86). Pensar acerca del mal obliga a reflexionar sobre el tiempo. Es como si el mal se relacionara de una forma *sui generis* con el tiempo. La acción humana en el tiempo, en la historia, es creación de lo nuevo. Y el rechazo de lo creado, recuerda Eagleton, "ha sido tradicionalmente asociado con el mal" (83). No debe suponerse que el autor devenga aquí un apologista del progreso. Es solo que, con él, podemos creer que el progreso se puede pensar *a priori* como una apuesta por el sentido, como un combate contra el mal; como una tentativa siempre renovada —y condenada al fracaso, por cierto— de erradicar del mundo al menos este tipo específico de manifestación del mal como productor de sinsentido.

Eagleton se refiere a la monotonía del mal, y explica que los anglosajones lo asocian con el término inglés *slime*, que se traduce como "limo", "cieno" o "baba". Pero en sentido figurado también significa "vileza" (moral). Es en vista de esto que Eagleton dice que "el mal tiene la uniformidad de la mierda o la de los cuerpos en un campo de concentración" (84). Agrega, por lo demás, que "es como [el] engrudo espeso [que preparan las brujas y] al que [estas] añaden de todo: desde una lengua de perro hasta el dedo de un bebé muerto al nacer" (84). Esto se vincula al tiempo cíclico, que se verifica en el hecho de que para las brujas el futuro ya pasó: es por ello que pueden verlo. "El tiempo lineal" —el tiempo de los relojes del que habla Ricoeur para referirse al mundo de la llanura en *La montaña mágica*—, en cambio, "es el medio en el que se mueven la aspiración y el éxito" (Eagleton 84). "Los seres humanos", a diferencia de las brujas, "viven dentro del tiempo" (85).

La vida en el sanatorio en el que está internado Hans Castorp es infinitamente monótona y aburrida; y el mal, dice Eagleton, "es aburrido porque carece de vida. Su encanto seductor es puramente superficial" (121). Luego, agrega: "Tal vez apreciemos un rubor de frenesí en su semblante, pero, como sucede con los personajes de *La montaña mágica* de Mann, no es más que el resplandor engañoso de los enfermos. No es vitalidad: es fiebre" (121). El mal es un estado difuso entre la vida y la muerte (por eso se lo asocia con vampiros, fantasmas o *zombis*). "Es aburrido porque no deja de hacer nunca la misma y monótona cosa de siempre, atrapado como está entre la vida y la muerte"; es, en fin, una "parodia de la vida auténtica" (121).

El mal es ajeno a la lógica humana, o, mejor dicho: tiende a sustraerse de la lógica humana, que está determinada causalmente. Ahora bien: si decimos causalmente, también tenemos que decir: temporalmente. La acción humana es productora de diferencias: decir "sentido" es, para Eagleton, como decir "diferencia". La repetición como producción de la no diferencia, por lo tanto, no es, estrictamente, humana. Fácilmente, podemos asociar el polo del sentido (la tendencia hacia Dios) a la madurez y la formación, y el polo del sinsentido (la inclinación hacia la nada), al infantilismo y la deformación. Desde esta óptica es que *La montaña mágica* ha de ser leída como novela de malformación.[13] El regodeo de Hans Castorp con la enfermedad y la muerte, que está ligado a su ¿decisión? de quedarse en el mundo de "arriba", supone una inclinación por el mal y su involuntario devenir malvado. Como dice Eagleton: "Los malvados [...] son personas deficientes en el arte de vivir" (125). Hay una "ley" en la vida —tal como esta es entendida por el subgénero novelístico— que actúa coercitivamente sobre el sujeto en pos de un cambio radical que ha de tener lugar: dejar atrás la infancia o adolescencia y hacerse adulto.

---

13 Hans Mayer aplicó este término (*Missbildungsroman*), en realidad, a *El tambor de hojalata* (1959), de Günter Grass (Mayer 153).

El encierro mental de Hans Castorp es una formal del mal, y es, en la lógica subgenérica del *Bildungsroman*, un modo de inmadurez: de infantilismo patológico. En *El porvenir de una ilusión*, Freud considera que la Caída tiene que ver con el ingreso a la vida adulta y la consiguiente separación del hombre respecto de la naturaleza. Aquí nos vemos tentados a pensar también lo contrario: el mal, en los términos de la existencia finita de cada ser humano, es la permanencia animal, parasitaria en el Paraíso. "Aprender a vivir" es volverse adulto de un modo satisfactorio. Así, nos inclinamos a entender el mal, también, como una infancia que se ha extendido más allá de lo que se podría denominar "lo normal".

Es evidente que focalizando en el individuo solo se zanja una parte de la cuestión. Lukács lo dice con claridad: en las novelas de formación lo crucial es ver qué individuo es preparado *para qué sociedad* (*Teoría* 229). ¿A qué grupo humano se integra el individuo que se ha reconciliado con sus errores del pasado? La sociedad postmoderna, que ha reemplazado en gran parte del mundo occidental el vacío de sentido vivenciado en las trincheras por el de una incitación casi ubicua al consumo, nos deja casi igual de desesperanzados que aquella sociabilidad que emergió en el contexto de la Primera Guerra. En efecto, hoy como a comienzos del siglo XX, prevalece un cierto nihilismo en lo que respecta a las posibilidades de un mutuo entendimiento del individuo con la sociedad, en gran medida porque esta no puede ser concebida ya, o aún, como hogar.

Aprender a vivir

La excesiva autoinculpación implica un conflicto para la vida adulta sana. En el *Wilhelm Meister*, antes de dirigirse a la residencia de Lothario a llevarle la carta de su amiga Aurelia, recientemente difunta, el héroe, Wilhelm, le entrega a

Mignon el collar de perlas de Mariane, su ex novia, desgraciada en buena medida a causa de él mismo. El collar es el último recuerdo que tiene de ella (Goethe 726). De este modo, refiere Goethe a la necesidad de que el héroe positivo olvide, se des-inculpe: tal es la condición para una satisfactoria integración social, para la reconciliación. En *Enrique el verde* (1854/55 y 1879/80), de Gottfried Keller, esto ya no es posible. Heinrich Lee no puede desembarazarse tan fácilmente de su culpa (sobre todo a causa de haber contribuido, en cierto modo, a la ruina de Römer y a la muerte de su madre). Es por ello que la felicidad (*Glück*) de Wilhelm Meister (689) se torna en falta de pretensiones (*Anspruchslosigkeit*) en Heinrich Lee (Keller 844). El encierro (mental) de Hans Castorp constituye un punto terminal negativo de este desarrollo y, por ende, una negación del sentido de la vida, una inclinación a la nada. La necesidad de des-inculpar al sujeto para que la reconciliación con la sociedad pueda llevarse a cabo de modo satisfactorio es una de las enseñanzas del *Bildungsroman* para la posteridad.

Las reflexiones de Ricoeur y Eagleton tienen, en lo que hace a la cuestión del pecado y la libertad, un interlocutor en común: San Agustín. Es de notar aquí que en los modos diversos en que los dos filósofos interpretan, discuten y procuran superar a Agustín puede leerse la disparidad que suponen los abordajes hermenéutico y materialista del mismo objeto, pero también, de manera paradójica, lo que tienen en común los dos autores. Es que no puede pasarse por alto que tanto Ricoeur como Eagleton tienen como meta quitarle al individuo el peso desesperante de la culpa. En esto, de manera llamativa, no hacen sino repetir un argumento constitutivo del ilustrado y optimista *Bildungsroman*.

En "El pecado original: estudio de su significación", uno de los capítulos que componen "La simbólica del mal interpretada", que a su vez fue incluida como cuarta parte del libro *El conflicto de las interpretaciones* (de 1969), Ricoeur busca, según él mismo explica, "deshacer el concepto" agustiniano de pecado original —por tratarse de un "falso saber"— y recuperar "[su] sentido recto, [su] sentido eclesiástico" ("Pecado" 246). ¿Para qué? En buena, medida, podemos pensar, para liberar a la humanidad de una carga innecesaria. Esto queda más claro, con todo, como veremos, cuando se trae a colación lo que el filósofo francés dice sobre la lamentación y la queja en *El mal*.

El interés que tiene Eagleton en la teoría agustiniana del pecado original reside, en cambio, en que la misma le sirve para justificar que lo verdaderamente "malvado" tiene lugar rara vez en la historia y en la realidad, no porque no exista o porque posea una entidad metafísica, sino porque la autonomía humana nunca es completa: hay un punto en que el hombre que actúa de manera perversa o maliciosa no es del todo responsable. Eagleton, como se mostrará, entiende el pecado original desde una perspectiva psicoanalítica y materialista. En esto se muestra como intérprete que da cuenta de la actualidad o utilidad de la concepción agustiniana del pecado original. Nada más opuesto a lo que procura hacer Ricoeur.

Ricoeur recorre el camino por el cual San Agustín elaboró conceptualmente la doctrina del pecado original como inculpación biológica, hereditaria de la humanidad *in toto*. En primer término, remite al combate de Agustín contra la gnosis, que concedía al mal una entidad metafísica existente *a priori* en el mundo material: Agustín asocia (en *Contra Felicem*), en cambio, el mal con la libertad y le otorga un considerable peso a la responsabilidad individual. En segundo término, empero, Ricoeur da cuenta de cómo San Agustín luchó también contra los pelagianos (por ejemplo, al final del libro VIII de las *Confesiones*) y su concepción del mal como contingente y producto de la voluntad humana (Ricoeur, "Pecado" 250 y 251). La disputa contra Pelagio y sus seguidores supuso, en particular, la inclusión, por parte de Agustín, del "esquema de la herencia" en el "mito dogmático" del pecado original (Ricoeur, "Pecado" 251). La herencia supone que "contrariamente a un origen individual del mal, se trata de una continuación, de una perpetuación, comparable con una tara hereditaria transmitida a todo el género humano por un primer hombre, ancestro de todos los hombres" (Ricoeur, "Pecado" 251).[14]

El mito racional del pecado original tal como nos fue legado por Agustín remite al concepto de culpabilidad heredada. Ricoeur explicita a qué se refiere con esto: es necesaria la voluntad, la libertad, para que exista el pecado, *pero* se trata, por así decir, de una "voluntad natural" que hace que los niños se vuelvan culpables al nacer. El mal, empero, no implica una imitación voluntaria de Adán (como quería Pelagio), sino un contagio en sentido vertical, de los padres a los hijos ("Pecado" 255). De modo que el pecado original reúne en sí una categoría jurídica (es decir, el crimen voluntario punible) y una categoría biológica (la unidad de la especie humana por vía de los vínculos genéticos entre las generaciones).

Ricoeur cree reconocer aquí el germen del tipo de pensamiento típico de las teodiceas, es decir, los intentos de justificación racional de Dios. Agustín se convierte en abogado de Dios, ya que la culpabilidad heredada viene a justificar la perdición por derecho, que implica que todos los seres humanos están *a priori* condenados. El hecho de que Dios elija a algunos para salvarlos es obra de su Gracia —es decir, depende de una elección divina arbitraria—. Pero es "justo", desde esta óptica, que los demás sean reprobados, pues todos están manchados, malditos. Ricoeur dice que San Agustín reproduce así los argumentos de los amigos de Job, que le explican a este —el justo sufriente—, que es "justo" que sufra. Para Ricoeur, esto constituye un "fracaso del saber" ("Pecado" 256).

Eagleton también toma en consideración la doble naturaleza del pecado original agustiniano: de manera contradictoria, dice el ensayista inglés, "atañ[e] [...] a un acto de libertad (comerse una manzana), pero [es] al mismo tiempo

---

[14] Eagleton dirá, en cambio, que esta herencia remite solo a los padres y abuelos biológicos, pero no se remonta hasta los padres "originarios" (40).

una condición que nosotros no elegimos y que no es culpa de nadie" (40). Es un "pecado", explica, "porque implica un sentimiento de culpa y daño, pero no es un 'pecado' entendido como un mal voluntariamente infligido" (40). Eagleton parece reeditar así, sin notarlo, la discusión de San Agustín contra la gnosis. La gnosis, podemos pensar, fue revivida por George W. Bush en ocasión del atentado a las Torres Gemelas: su concepción de la existencia de un Eje del Mal remitía de hecho bastante directamente a lo que San Agustín criticaba en la gnosis. Tal vez se deba a esto la deuda tan grande que el planteo de Eagleton tiene con el autor de las *Confesiones*.

Lo novedoso, más allá de esto, es que Eagleton realiza en este punto una analogía entre el pecado y el deseo (que entiende en términos freudianos), con lo cual moderniza el debate: "Al igual que el deseo para Freud, no se trata [en lo que se refiere al pecado] tanto de un acto consciente como de un medio comunitario en el que nacemos" (40), afirma al respecto. No tenemos la culpa de desear: deseamos porque somos humanos. No tenemos la culpa de ser "pecadores" (por más que el pecado original nos deje a todos, a modo de herencia que se repite con cada nacimiento de un niño humano, un sentimiento de culpa): está en nuestra propia naturaleza humana el ser "pecadores". Por eso, piensa Eagleton, es un absurdo, entre otras cosas, la doctrina católica de la Inmaculada Concepción: no puede haber un ser humano que nazca sin la "mancha genética" del pecado original. Dice Eagleton: "el pecado original [...] no tiene que ver con nacer santo o maligno [sino] con el hecho mismo de nacer" (41).

El nacimiento es el acto por el cual todos los seres humanos que vivimos sobre la Tierra nos hemos vuelto "pecadores", en el sentido de que al nacer, "sin que nadie haya tenido la decencia de consultarnos al respecto, nos introducimos en una red preexistente de necesidades, intereses y deseos [...] que moldeará nuestra identidad hasta la médula" (Eagleton 41). La tesis es aquí que los seres humanos no nacemos libres: "Nacemos centrados en nosotros mismos por efecto de nuestra biología. El egoísmo es una condición natural, pero la bondad implica un conjunto de habilidades prácticas que tenemos que aprender" (Eagleton 42). Además, se critica la filosofía pequeñoburguesa *à la* Rousseau, que "atribuye un valor excesivo a la autonomía humana" (Eagleton 42). El pecado original implica, en tanto mancha que se transmite de generación en generación, que este tipo de autonomía total debe ser considerado un mito. El pecado original, en cambio, no es una ficción: es de una realidad psicosocial; es un hecho que rebate "la doctrina individualista que nos declara dueños en exclusiva de nuestras propias acciones" (Eagleton 43). La autonomía de cada individuo humano es relativa. Nuestra condición de "pecadores" no es nuestra culpa (aunque nos genera una culpa de la que no podemos deshacernos hasta el momento de la muerte). Eagleton piensa —remitiendo a Adorno— que somos "inocentes culpables" (41). Pero todo esto es justamente lo que hace que el mal sea un fenómeno raro, que se da esporádicamente en la historia del hombre, pues el mal —así parece suponer el autor— aparece cuando tiene lugar una acción perversa independiente de todo condicionamiento social. El único ejemplo cabal de maldad que hallamos en su libro es el Holocausto.

Los perversos, en realidad, lo son por el sistema (en nuestro caso, neoliberal y capitalista) que los determina a ser como son. No todos somos perversos, pero los que lo son no tienen la culpa de serlo. Y no es el mal el que guía la conducta del perverso o el que modela su modo de pensar. Así, en Argentina, los funcionarios de la primera plana del PRO no son personas malvadas;[15] es dable pensar que serían distintas si las instituciones y la sociedad fueran otras. Esto mismo no podría decirse de Hitler, según el modo de razonar de Eagleton. Entre Hitler y Macri hay una diferencia categorial. En un mundo liberado de las instituciones

---

[15] El PRO lidera el frente Cambiemos, que es el partido gobernante en Argentina desde diciembre de 2015. Tiene una marcada orientación neoliberal.

alienantes y creadoras de falsa conciencia, Macri podría no ser perverso. Hitler, en cambio, seguiría siendo malvado, porque lo que guió su conducta y pensamiento fue el deseo llano de destrucción y aniquilación gratuitas, originado en un sentimiento de terror ante la nada proyectado sobre el Otro amenazante (los judíos).

La perversidad de Macri se debe a su falsa conciencia. Él cree que, de algún modo, está haciendo las cosas "bien": reduce el presupuesto para educación y echa millares de empleados públicos con el fin práctico de reducir el gasto. O, en todo caso, cree que el hecho de tener empresas *offshore* forma parte de "las reglas del juego",[16] que imponen sacar el máximo de rédito al menor costo posible. En el caso de Macri, es el sistema el que lo impulsa a obrar inmoralmente; y sus actos perversos tienen un fin práctico que para él es "bueno". Habría que agregar que esto, con todo, no lo exime completamente de responsabilidad, ya que, según piensa Eagleton, no somos meras marionetas que actuamos mecánicamente a partir de los impulsos que recibimos de nuestro entorno: también somos relativamente autónomos en la medida en que *interpretamos* lo que nos rodea. En realidad, lo que nos determina a ser de una manera o de otra es justamente esta interpretación.

La indagación en el concepto agustiniano de pecado original tiene como meta, en Ricoeur, liberar al pensamiento humano del fatalismo de una concepción como la de la culpabilidad hereditaria. Es medular, respecto de esto, el modo en que se concibe a Adán. La idea de que todos los hombres se contagiaron, cuando Adán entró al mundo, "por el barro" (Ricoeur, "Pecado" 254), sería, para Ricoeur, una particular interpretación de, sobre todo, *Romanos* 5, 12 y 19 por parte de Agustín. Para San Pablo, se indica, Adán era solo un antitipo: "la figura de aquel que debía venir", es decir, Cristo ("Pecado" 251).

---

[16] Los *Panama Papers* revelaron que el presidente de Argentina posee sociedades *offshore* no declaradas.

Es importante retener esta operación por la cual Ricoeur va más allá del mito del pecado original según lo conceptualizara Agustín. Es en vista de esto —del hecho de que Adán no es sino el antitipo de Cristo— que, más tarde, el autor de *La simbólica del mal* afirma que "nunca tenemos derecho a especular sobre el mal que comenzamos ni sobre el mal que encontramos, fuera de toda referencia a la historia de salvación" ("Pecado" 260). Lo que procura hacer Ricoeur es quitarle tragicidad a la historia humana: no hay una fatalidad del pecado o, en todo caso, esta es aparente. Ricoeur cita de *Romanos* 5, 20: "Donde el pecado abundó, sobreabundó la gracia" (cit. en "Pecado" 260), para indicar que el pecado remite en realidad a su contracara. No hay que pensarlo en relación con el Juicio, sino con la Misericordia, con el perdón de Dios. La idea de que el pecado o el mal son una fatalidad de la que el hombre no puede salir se revela, así, en Ricoeur, como falso saber.

Lo que importa en el caso de Eagleton, en cambio, es su propuesta de una interpretación psicoanalítica y, sobre todo, materialista de la doctrina del pecado original: como vimos, no somos del todo culpables de ser pecadores; los que hacen actos malvados, en general, no son del todo culpables de los mismos, en vista de su condición de estar parcialmente determinados por las instituciones y por las características del sistema social del que se trate (Eagleton 148). Esto da lugar, según el autor, a una cierta esperanza respecto del futuro de la humanidad, ya que, en todo caso, "no podemos decir cómo podrían haber sido los hombres y las mujeres si las condiciones hubieran sido distintas" (Eagleton 149).

A modo de conclusión

El sinsentido es la más adecuada clave para dar cuenta de la época "postmoderna" en que vivimos. En tanto clima de época, eclosiona en el contexto de la Primera Guerra Mundial, que puso en jaque, justamente, los valores nacidos de la Ilustración, y dio cuenta cabal del progreso como mero mito moderno. Un modo de abordar el tema del sinsentido es pensarlo, justamente, en relación con la cuestión del mal. Esto es lo que nos llevó a buscar una contraposición entre Ricoeur y Eagleton, en tanto autores que pensaron el mal desde puntos de vista *a priori* disímiles: la hermenéutica y el marxismo.

Nos topamos, con todo, con una serie de coincidencias en puntos importantes. Aquí solo mencionamos tres. En primer término, el rechazo de la teodicea (sobre todo después de Auschwitz) en tanto mecanismo de la razón que tiende a invisibilizar a las víctimas de la historia. En segundo lugar, la idea de que el mal es una tendencia al no-ser, al sinsentido. Por último: la necesidad de des-inculpar al sujeto —ello está en juego tanto como la posibilidad de la felicidad humana—, que Ricoeur y Eagleton proponen mediante una crítica de lo implicado por la noción agustiniana de pecado original.

En lo que respecta a la teodicea, sobresale la crítica de Ricoeur y Eagleton al concepto de reconciliación. Nosotros sugerimos en este punto la necesidad de distinguir entre vida individual e historia, a fin de recuperar una manifestación válida de la reconciliación como mecanismo que apuesta por el sentido, en tanto propone un entendimiento entre el individuo y la comunidad. La lucha por el sentido y la coherencia es parte necesaria del ingreso y permanencia en el mundo caído de la vida adulta: en lo que antecede tratamos de mostrar que *esto también* está presente en los planteos de Ricoeur y Eagleton, más allá de su rechazo compartido de la reconciliación referida a los procesos sociohistóricos. El soporte del subgénero de las novelas de formación nos sirvió para mostrar todo esto en la distancia existente entre el *Wilhelm Meister* —influida por el optimismo ilustrado— y *La montaña mágica*, una novela que representa de manera paradigmática el sinsentido que caracteriza nuestra época.

Es dable pensar, al fin, como nos lo enseña la tradición marxista, que tal vez no sea pertinente distinguir de manera tan tajante vida individual e historia. Si se hacen las mediaciones pertinentes, ¿no hay una relación de continuidad analógica entre abandonar un proyecto vital para vivir-morir en un sanatorio (como ocurre en *La montaña mágica*), el nazismo, el capitalismo posmoderno del hiperconsumo y, por poner un ejemplo reciente, los *Panama Papers*? En todos los casos, lo que está puesto en duda es la idea de que exista en la historia algo así como una conciencia moral —o de que esta tenga una razón de ser—. La tarea del humanismo hoy es —como lo ha sido siempre, cabe decir— recuperar, en un contexto de degradación y explotación del hombre por el hombre, un sentido tanto para la vida individual (esto es, reconciliar al hombre con la comunidad) como para la existencia del colectivo humano. Ambas cosas exigen, empero, como decía el propio Marx con relación a la tarea de la filosofía, la transformación radical de la sociedad.

Obras citadas

Benjamin, Walter. "Tesis de la filosofía de la historia". *Discursos Interrumpidos I*. Trad. Jesús Aguirre. Madrid: Taurus, 1973. 177-191.

Danto, Arthur C. "Introducción: moderno, posmoderno y contemporáneo". *Después del fin del arte. El arte contemporáneo y el linde de la historia*. Barcelona: Paidós, 1999. 25-41.

Eagleton, Terry. *Sobre el mal*. Trad. Albino Santos Mosquera. Barcelona: Península, 2010.

Editorial. "Reconciliación, indultos y amnistías". *La Nación*, 21-8-2015. https://bit.ly/2wOXyU9

Freud, Sigmund. *Obras completas. Vol. 21*. Trad. José Luis Etcheverry. Buenos Aires: Amorrortu, 1998.

Goethe, J. W. Wilhelm. "Meisters theatralische Sendung. Wilhelm Meisters Lehrjahre. Unterhaltungen deutscher Ausgewanderten". *Sämtliche Werke. Briefe, Tagebücher und Gespräche*. Vol. 9. Ed. Wilhelm Voßkamp y Herbert Jaumann. Fráncfort del Meno: Deutscher Klassiker, 1992.

Keller, Gottfried. *Sämtliche Werke. Vol. 2*. Fráncfort del Meno: Deutscher Klassiker, 1985.

Kushner, Harold S. *When bad things happen to good people*. Nueva York: Random House, 1981.

Lukács, György. "Gottfied Keller". *Realistas alemanes del siglo XIX*. Trad. Jacobo Muñoz. Barcelona: Grijalbo, 1970. 159-253.

_____. *Teoría de la novela*. Trad. Manuel Sacristán. Barcelona: Grijalbo, 1975.

Mann, Thomas. *La montaña mágica*. Trad. Mario Verdaguer. Barcelona: Plaza & Janés, 1986.

Mayer, Hans. *La literatura alemana desde Thomas Mann*. Trad. María Pilar Lorenzo. Madrid: Alianza, 1970.

Nunca más: Informe de la Comisión Nacional sobre la Desaparición de Personas. Buenos Aires: Eudeba, 2009.

Ricoeur, Paul, *Tiempo y narración. Vol. 2*. Trad. Agustín Neira. Buenos Aires: Siglo XXI, 1995.

_____. *El mal. Un desafío a la filosofía y a la teología*. Trad. Irene Agoff. Buenos Aires: Amorrortu, 2007.

_____. "El 'pecado original': estudio de su significación". *El conflicto de las interpretaciones. Ensayos de hermenéutica*. Buenos Aires: Fondo de Cultura Económica, 2008. 245-260.

Cultura popular, lógica populista y horizonte comunitario popular: notas sobre una estrategia teórica en construcción

LUIS MARTÍN-CABRERA (UNIVERSITY OF CALIFORNIA EN SAN DIEGO)

¿Somos marxistas? ¿Existen marxistas? Tú sola, estupidez, eres eterna [...] La vana cháchara y el bizantinismo son herencia inmarcesible de los hombres. Marx no ha escrito un credillo, no es un mesías que hubiera dejado una ristra de parábolas cargadas de imperativos categóricos, de normas indiscutibles, absolutas, fuera de las categorías del tiempo y del espacio (Antonio Gramsci. "Nuestro Marx", 1918).

Una *estrategia teórica* para entender movimientos y rebeliones sociales recientes en sus alcances históricos [...], a diferencia del significado clásico de la palabra teoría, no tiene la pretensión de encubrir, a nombre de la noción de objetividad, al sujeto que teoriza. Más bien, busca presentar los sucesos, los hechos, como producción práctica y reflexiva de personas situadas socialmente que asumen determinadas intencionalidades políticas sean estas explícitamente señaladas o implícitamente asumidas (Raquel Gutiérrez Aguilar. *Los ritmos del Pachakuti*).

Este ensayo es producto de una crisis hermenéutica que se venía gestando a partir de mi participación en los movimientos sociales del sur de California y de mi diálogo con los trabajos de mis colegas Denis Childs y Fatima El Tayeb.[1]

---

[1] El libro de Dennis Childs, *Slaves of the State. Black Incarceration from the Chain Gang to the Penitentiary*, explora la conexión entre la esclavitud y su reproducción en el encarcelamiento masivo de afroamericanos y otras minorías raciales que ha producido el complejo industrial de prisiones. El libro de

Al calor de nuestras luchas contra las políticas austericidas en la Universidad de California y contra el racismo estructural, mi posición marxista clásica se fue "contaminando" —en el mejor sentido de la palabra— de un pensamiento y una praxis mucho más "interseccional", fui comprendiendo que la interpretación de la realidad que enfrentábamos requería de un análisis de la raza y el racismo como fenómenos estructurales insertos en el modo de producción capitalista (no como epifenómenos que vienen después a separar a la clase obrera), o que la intersección de múltiples formas de opresión en función de diversos condicionamientos de género, sexualidad, raza, etcétera no podía ser discretamente contenida en el concepto marxista de lucha de clases.

El resultado de aquellas experiencias y discusiones quedó recogido en un libro —*Insurgencias invisibles: resistencias y militancias en Estados Unidos*— firmado por mí, pero de autoría colectiva, pues contenía también entrevistas con activistas y militantes de la frontera San Diego/Tijuana. Sin embargo, aunque *Insurgencias invisibles* complica mucho los preceptos de un marxismo vulgar, todavía se mantenía en los límites de un discreto diálogo entre el marxismo más o menos ortodoxo de mi formación europea y las críticas que se emitían desde distintas posiciones subalternas con respecto a la *doxa* marxista eurocentrada (*i.e.,*, el movimiento chicano, la teoría *queer* de color, el latinoamericanismo). Desde la publicación de *Insurgencias invisibles*, dos nuevos proyectos de investigación en los que estoy inmerso han profundizado esta crisis hermenéutica en ciernes hasta hacer estallar muchas de mis certezas de antaño: ya no puedo seguir pensando simplemente como lo venía haciendo. Mi trabajo con la subjetividad popular de los pobres

---

Fatima El-Tayeb, *European Others. Queering Ethnicity in Postnational Europe*, es una de las críticas más potentes que se le han hecho, desde la teoría *queer* de color, al universalismo blanco y eurocentrista que permea buena parte del pensamiento y la praxis política de la Ilustración y sus herederos en Europa. Quisiera agradecer también a David Becerra, a Carol Arcos y a los editores del volumen por sus generosas lecturas del texto.

organizados en lucha por una vivienda digna en Santiago de Chile, por ejemplo, me ha mostrado que la formación de la subjetividad popular va mucho más allá de la contradicción capital/trabajo, para incardinarse en toda una serie de prácticas que van desde la autogestión del territorio o la producción de una cultura de la solidaridad situada en la población (el barrio) y anclada en la tierra hasta la vivienda como condición de posibilidad de la autonomía del sujeto.[2] Por otro lado, el *Proyecto Transandino del Litio*, un plataforma digital de historia oral sobre el impacto de la extracción de litio en las comunidades indígenas de Argentina, Bolivia y Chile, me ha hecho ver hasta qué punto los pueblos indígenas del altiplano tienen en su cultura milenaria todo un abanico de prácticas políticas y comunitarias inconmensurables con el occidentalismo, prácticas que van desde su concepción de la naturaleza como un ser vivo hasta su modo de concebir el tiempo de manera cíclica o el antagonismo de manera no confrontacional.[3] La "forma comunidad" de los pueblos kolla de Argentina o la organización político-cultural de los ayllus atacameños en Chile no se puede y no se debe explicar ya con ninguna categoría eurocentrada de marxismo. Mi opción ahora, después de tantos siglos de colonialismo epistemológico, es decididamente por una inversión de la mirada, no para apropiarme de estas culturas, sino para sentarme a escuchar atentamente cómo piensan, ven y sienten el mundo sin los anteojos del eurocentrismo.[4]

---

[2] Un avance de lo que será mi trabajo en marcha puede leerse en este artículo: Martín-Cabrera, "Escribo rap con R de revolución: Hip-hop y subjetividades populares en el Chile Actual (2006-2013)".

[3] Para más información se puede ver mi reportaje "La fiebre del litio amenaza los desiertos de sal andinos".

[4] Por supuesto, nada de esto es demasiado nuevo, ya en el pionero trabajo del antropólogo británico Tristan Platt, *Estado Boliviano y Ayllu Andino. Tierra y tributo en el norte de Potosí*, publicado originalmente en 1982, se podía leer la imposibilidad de entender los modos de reciprocidad de la economía andina de los ayllus con las categorías del liberalismo o el marxismo europeos. El pensamiento descolonial en América Latina desde Anibal Quijano en Perú hasta Silvia Ribera Cusicanqui en Bolivia, pasando por Pablo González Casanova en México, ha insistido en esta misma imposibilidad. El problema

Si relato los pormenores de esta aventura intelectual, no es por la vanidad de hablar de mi mismo, sino porque estoy convencido, con Raquel Gutiérrez, de que en cualquier "estrategia teórica" lo que suele estar "afuera" —la subjetividad inscrita sigilosamente en el ensayo— es una parte constitutiva de ese ensayo, que las pretensiones de objetividad de la Teoría, con mayúsculas, tienden a borrar (Gutiérrez 19). A contracorriente de esta tendencia, aquí la crisis hermenéutica está inscrita en una trayectoria intelectual y situada en una interpretación cultural de los conceptos de populismo y cultura popular. En este sentido, populismo, pueblo y cultura popular son conceptos ligados, pero no equivalentes, que siempre han habitado en una frontera hermenéutica difícil de calzar con el análisis de las contradicciones entre capital y trabajo o la dialéctica de la lucha de clases. Por ende, el objeto de este trabajo es producir una crítica subjetiva y situada históricamente del populismo, el pueblo y la cultura popular que pueda ofrecer nuevas herramientas de interpretación cultural y política que transciendan la inercia hermenéutica de ciertos marxismos eurocentrados.

Pero ¿a quién va dirigida esta crítica? En primer lugar, hay que señalar que se trata de una autocrítica, pues no pretendo ponerme por encima de nadie, sino al lado para dialogar de las herramientas con las que pensamos la relación entre política y cultura en general, y el populismo y lo popular en particular. Se trata, para decirlo más claramente, de un mensaje en una botella dirigido a la izquierda europea en general y la izquierda española en particular, a las y los interlocutores e interlocutoras del otro lado del Atlántico, que persisten en utilizar ciertos conceptos que

---

es que la lección descolonial sigue sin ser asimilada, incluso en América Latina, donde el pensamiento criollo sigue siendo dominante en las universidades, a pesar de las incongruencias que arroja una realidad que no se acomoda a las herramientas europeas con las que se trata de interpretar. Por eso hay que insistir en la perplejidad que le produce a cualquiera la persistencia de otros modos no occidentales de pensar y sentir el mundo.

bien, se han vuelto obsoletos, o bien, reproducen inconscientemente otras formas de opresión, otras jerarquías de poder. Vaya por delante que la izquierda europea y española son, por supuesto, harto heterogéneas y que, por supuesto, en este intento de renovación del lenguaje y las categorías con las que interpretamos la realidad, la cultura y sus transformaciones no estoy solo.[5] Me refiero, más concretamente, a esa izquierda que sigue pensando con las categorías de la Ilustración como si no existieran el pensamiento descolonial, los feminismos críticos, los estudios críticos de raza o la ecología social; me refiero, por ejemplo, al trabajo de Habermas en Alemania o a la insistencia de Carlos Fernández Liria en España por hacer de los valores de la Ilustración el único horizonte posible de la emancipación y más recientemente del populismo. Es esta una izquierda que proclama haber salido de ciertos esquematismos interpretativos pero que de formas, más o menos abiertas, sigue reproduciendo los conceptos de antaño.

Por ejemplo, en principio existe un nuevo marxismo o una nueva teoría social más sensibilizada digamos con la problemática feminista o con el racismo antiinmigrante, pero tan pronto como algún acontecimiento, como la elección de Trump en Estados Unidos, triza el presente, esa izquierda muestra "la hilacha" y vuelve a insistir en las viejas categorías. Un ejemplo palmario de esta tendencia es un reciente artículo del politólogo catalán Vincent Navarro titulado enfáticamente, "Los costes de enfatizar género y raza sin considerar clase social: el caso de EE. UU.". En el artículo, Navarro arguye que la victoria de Trump se explica por el énfasis excesivo del Partido Demócrata en las políticas de raza y género en desmedro de las políticas de clase que son las que realmente importan, sin mencionar ni una sola vez las conexiones de Donald Trump con el

---

[5] Los trabajos de ecología social de Joan Martínez Alier, el ecofeminismo de Yayo Herreo o el feminismo crítico de "Barbijaputa" en el diario.es son algunos ejemplos, entre otros, de esta renovación de pensamiento.

nacionalismo y la supremacía blancas. No es este, obviamente, el lugar de discutir en profundidad los argumentos de Navarro, lo que me interesa aquí es señalar lo que tiene de síntoma de esa izquierda que, en cuanto ve que la realidad desordena sus esquemas de pensamiento, "reacciona" postulando la necesaria subordinación de toda otra forma de opresión a las políticas de clase.[6]

Por eso, en la primera parte del ensayo examino el concepto de lucha de clases tal y como ha sido desarrollado por el marxismo más canónico a fin de mostrar sus límites a la luz de las múltiples críticas que se le han hecho desde distintos ángulos y posiciones teóricas. En la segunda parte, propongo que los conceptos de pueblo y su lógica política asociada, el populismo, han sido los lugares privilegiados en España y, sobre todo, en América Latina para repensar justamente las insuficiencias del concepto de lucha de clases. El pueblo, particularmente lo popular-comunitario, propongo, puede ser el lugar donde repensar de manera históricamente situada la dominación en torno a distintos ideologemas (raza, género, sexualidad, etcétera), y en problemas tradicionalmente opacados por la crítica marxista como los límites ecológicos del planeta o la interrelación entre heteropatriarcado, colonialismo y capitalismo.

Para desarrollar esta parte del argumento, abordo críticamente las teorías marxistas estructurales del populismo y los desarrollos más recientes del politólogo argentino Ernesto Laclau y del filósofo español Carlos Fernández Liria. A partir de los aportes indudables de estas aproximaciones teóricas, propongo que el eterno retorno de lo popular y de la lógica populista está ligado a las crisis sistémicas del capitalismo neoliberal. Desde un ángulo complementario, el ensayo articula una crítica del concepto gramsciano

---

[6] Para una crítica sistemática de la posición de Navarro y otros intelectuales que tratan de leer fenómenos como el *Brexit* o la victoria de Trump desde un prisma exclusivamente de clase se puede ver mi artículo: "¡El problema es la supremacía blanca, estúpidos!"

de hegemonía que desmonta la estadolatría de algunos teóricos del populismo (en particular, el líder de *Podemos*, Íñigo Errejón, como representante de una de sus actualizaciones más exitosas) abogando, en su lugar, por la creación de un vínculo entre Estado y autonomía, un horizonte comunitario popular, irreductible a la universalización de cualquier particularidad.

Por último, en la tercera parte, me centro en los aportes que puede hacer la hermenéutica de los estudios culturales al concepto de populismo para dotarlo de una densidad histórica y una potencia política de la que parece carecer en sus teorizaciones más recientes. Pienso la cultura aquí no como lubricante de la política, al modo utilitario, sino como el terreno justamente donde se construye y se deconstruye la hegemonía dentro y más allá del Estado.

En los límites hermenéuticos de la "lucha de clases"

Es imposible resumir en este artículo todo lo que se ha escrito desde o contra el marxismo sobre la noción de clase en general y sobre la lucha de clases en particular. Existen evidentemente versiones revisadas de este concepto desde por lo menos las teorizaciones de Antonio Gramsci de "hegemonía", "subalteridad" y "bloque histórico", que complican el esquematismo original de la noción de lucha de clases tal y como aparecía en el *Manifiesto comunista* y le atribuyen un papel esencial a la cultura como carburante fundamental tanto de la dominación como de la lucha por la emancipación. Existe, por supuesto, la manera renovada en que los teóricos de la Escuela de Birmingham como Stuart Hall o Raymond Williams tomaron las categorías antes mencionadas de Gramsci para repensar el análisis de la cultura popular en sociedades postcoloniales como las del Reino Unido. Hay teóricos marxistas como Daniel Bensaïd, en su imprescindible *Marx intempestivo*, que han pensado inteligentemente la noción de clase, no como un constructo cuantitativo u ontológico, sino como una categoría relacional inscrita en la inmanencia de la historia y sus antagonismos.

Y, sin embargo, a pesar de lo loables y necesarios que han sido estos y otros muchos intentos de repensar las categorías de lucha de clases y el ideologema de clase, tengo la sensación de que las críticas que se le han hecho en los últimos tiempos han sumido a estos conceptos en una crisis hermenéutica de la que probablemente ya no puedan ser rescatados: ¿Se puede seguir leyendo el mundo solo con estas herramientas?

Para responder a esta pregunta, y por razones de tiempo y espacio, voy a partir de la discusión de estos conceptos que hace Marta Harnecker en *Los conceptos elementales del marxismo*, uno de los manuales marxistas más leídos y reeditados en el universo hispanohablante.[7] De acuerdo con Harnecker, la noción de clase fue acuñada por economistas liberales clásicos como Ricardo o Adam Smith y por historiadores como Guizot o Thierry, tal y como aparece explícitamente en una carta de Marx a J. Weydemeyer en la que el filósofo alemán explica:

> En lo que a mí respecta, no ostento el título de descubridor de la existencia de las clases en la sociedad moderna, ni tampoco de la lucha entre ellas. Mucho antes que yo, los historiadores burgueses habían descrito el desarrollo histórico de esta lucha de clases, y los economistas burgueses, la anatomía económica de estas (cit. en Harnecker 170).

Lo que Marx aporta a la teoría general de la "lucha de clases" es que se trata de una noción relacional ligada directamente al modo de producción y a las relaciones sociales que en cada momento histórico emanan de este y,

---

[7] Elegimos este manual (Harnecker, Marta. *Los conceptos elementales del marxismo*. Madrid: Siglo XXI, 2009) por su amplia difusión en el mundo hispano. El libro fue publicado en México, España y Argentina.

más específicamente, que esa relación depende del conflicto irresoluble entre capital y trabajo. De este modo lo evidencia Marta Harnecker en su ya citado manual de marxismo:

> Las CLASES SOCIALES [en mayúscula en el original] son grupos sociales antagónicos, en que uno se apropia del trabajo de otro a causa del lugar diferente que ocupan en la estructura económica de un modo de producción determinado, lugar que está determinado fundamentalmente por la forma específica en que se relaciona con los medios de producción (171).

Esto implica que la noción de clases no se puede reducir ni a una sociología cuantitativa ni a un discreto arreglo ontológico. En otras palabras, la noción de clase es irreductible tanto a una división exhaustiva de clases en función, por ejemplo, del salario, como a una esencia inmutable que pudiera aplicarse *mutatis mutandis* a distintos momentos históricos. La clase no es una identidad al uso, no existen las clases en abstracto, existen situadas históricamente y en relación al modo de producción. En este sentido, lo fundamental para Marx son las *relaciones antagónicas de clase*, no hay política en un sentido fuerte sin antagonismos: lo que define a las clases es, por ende, el acceso o no a los medios de producción. Este es el parteaguas que sitúa a unos, los capitalistas, como propietarios de los "medios de producción" y los otros, los proletarios, como únicamente portadores de su cuerpo y su fuerza de trabajo, mercancías que están obligados a vender al mejor postor en un mercado de relaciones intersubjetivas profundamente asimétricas.

Por desgracia, sin embargo, siguen siendo muchas las aplicaciones vulgares o sociológicas que ponen en el centro de sus operaciones hermenéuticas nociones de clase cuantitativas, identitarias o esencializantes.[8] Pero incluso

---

[8] Un ejemplo reciente de enfoque predominantemente cuantitativo de análisis de clase es *Los chilenos bajo el neoliberalismo. Clases y conflicto social en Chile*. El libro analiza la reciente ola de protestas estudiantiles (2006-2011) como

si tomamos *prima facie* el concepto marxista de clase en su acepción relacional y antagónica, mi hipótesis es que la noción de clase aparece hoy ante nuestros ojos fisurada, agujereada. Esto, para ser absolutamente claros, no implica en modo alguno que las clases sociales hayan desaparecido, no se trata de otro final "en falso" de la historia *á la* Fukuyama, sino más bien de que la noción de clase, siendo imprescindible, no es suficiente para aprehender la complejidad de los antagonismos sociales ni sincrónica ni diacrónicamente. Esto está, de cierta forma, vinculado con la hegemonía del capital financiero y con la transformación del trabajo industrial en trabajo inmaterial, como señalan Negri y Hardt, pero en realidad el problema es de larga data. Tiene que ver, en mi opinión, con ciertos límites de los marxismos para teorizar las múltiples y complejas formas que adquiere la dominación, específicamente bajo el modo de producción capitalista, pero también en sociedades donde la esclavitud y el colonialismo se combinan con estructuras heteropatriarcales para garantizar la extracción de trabajo y su reproducción como elementos fundantes de la acumulación de capital, elementos que, como veremos más adelante, son constitutivos del sistema mundo o de lo que Aníbal Quijano llama "modernidad colonial".

Estas insuficiencias de la teoría marxista de clase pueden observarse tanto en las sociedades sobredesarrolladas del Norte como en las del Sur global, pero quizá en estas últimas se vean con mayor intensidad sus límites. En Chile, por ejemplo, el historiador social Mario Garcés explica.

---

resultado de las frustradas expectativas de movilidad social de una nueva clase media emergente que "compró" el credo neoliberal del emprendimiento y la movilidad social. El estudio se extiende milimétricamente en el análisis de la nueva estructura del trabajo en Chile (tercerización y precarización laboral) para construir su argumento. Aunque sin duda los datos duros son importantes y aún necesarios, hay un excesivo mecanicismo en este tipo de interpretaciones que termina por ofuscar la teorización de los antagonismos sociales.

No se puede negar que la "clase obrera" fue siempre una fracción de la clase popular y que un alto grupo de hombres y mujeres del pueblo nunca alcanzaron la condición obrera, debiendo permanecer en una categoría, digamos a falta de un concepto mejor, de "subproletariado". Miles de mujeres de pueblo permanecieron durante gran parte del siglo como lavanderas de ropa ajena y del planchado o como sirvientas domésticas, nunca alcanzaron la condición obrera en sentido estricto, sin embargo esas mismas mujeres fueron protagonistas fundamentales del movimiento de pobladores, en los años sesenta. Algo parecido ocurrió con esa gran diversidad de "trabajadores por cuenta propia", maestros de diversos oficios o trabajadores temporales en tareas de sobrevivencia legales e ilegales, que difícilmente se pueden asimilar a la noción de "ejército industrial de reserva" (Garcés 5).

La exasperación de Garcés no es un solo un problema analítico o sociológico circunscrito al mundo de los pobladores y las pobladoras en Chile, sino que se trata de un síntoma que apunta hacia la complejidad estructural de las relaciones capital/trabajo desde el surgimiento mismo del sistema-mundo capitalista. En este sentido, me parece esencial el trabajo de Aníbal Quijano porque, a diferencia de otros decolonialistas ilustres como Walter Mignolo, sus reflexiones sobre la "colonialidad del poder" aparecen indisociablemente unidas al problema de la explotación laboral y de la acumulación capitalista; la necesidad de descolonizar los saberes emerge ligada a las propias condiciones materiales de producción de ese saber.[9] Para Quijano, las relaciones

---

[9] En *La idea de América Latina. La herida colonial y la opción decolonial*, Walter Mignolo señala que "La lógica de la colonialidad opera en cuatro dominios de la experiencia humana: (1) económico: apropiación de la tierra, explotación de la mano de obra y control de las finanzas; (2) político: control de la autoridad; (3) social: control del género y de la sexualidad, y (4) epistémico y subjetivo/personal: control del conocimiento y la subjetividad" (36). Hasta ahí es difícil no estar de acuerdo con Mignolo —y de hecho hay sin duda que reconocer su contribución a la crítica de la modernidad eurocéntrica—; el problema viene con el énfasis excesivo, en mi opinión, que el pensador argentino le otorga a los aspectos epistemológicos de la colonialidad del poder. De hecho, la subjetividad y la epistemología aparecen como las piezas

capital/trabajo son impensables sin las formas de trabajo no asalariadas y sin la noción de raza, auténtico lubricante estructural de la explotación capitalista y no simplemente epifenómeno de esta. En sus propias palabras:

> El control del trabajo en el nuevo patrón de poder mundial se constituyó, así, articulando todas las formas históricas de control del trabajo en torno de la relación capital-trabajo asalariado, y de ese modo, bajo el dominio de esta. Pero dicha articulación fue constitutivamente colonial, pues se fundó, primero, en la adscripción de todas las formas de trabajo no pagadas a las razas colonizadas, originalmente *indios, negros* y de modo más complejo, los *mestizos*, en América y más tarde a las demás razas colonizadas en el resto del mundo, *olivaceos y amarillos*. Y, segundo, en la adscripción del trabajo pagado, asalariado, a la raza colonizadora, los *blancos* (208).

La esclavitud y el colonialismo son pues consustanciales a la emergencia de este nuevo patrón mundial —la "colonialidad del poder"— que, para Quijano, surge con la conquista de América y extiende la lógica de la dominación racial a todos los extremos del mundo. Marx ciertamente no

---

maestras que sostienen todo el edificio de la colonialidad: "la teoría que se postula en los proyectos de decolonización del conocimiento y el ser es la que permitirá pensar la economía y la política *de una manera otra*" (25, énfasis en el original). En otras palabras, si cambiamos los modos de conocimiento y las formas de subjetividad, los antagonismos políticos y las formas de extracción y explotación material cambiarán automáticamente. Este tipo de afirmaciones constituyen una especie de materialismo invertido o de culturalismo ingenuo que llevan a Mignolo a escribir cosas como esta: "A principios de la segunda década del siglo XXI las cosas han cambiado, no solo en América Latina, sino en el (des)orden global. Estamos presenciando hoy en la región un giro hacia la desoccidentalización. La desoccidentalización es una orientación política más que geográfica. El discurso promoviendo la desoccidentalización político-económica se inició en Asia del Este. Hoy sus huellas se encuentran en Medio Oriente, en África y en América Latina y el Caribe" ("Hacia la desoccidentalización", *Página/12* 6-12-2016). Estas afirmaciones le llevan a ensalzar en este mismo artículo gobiernos más que cuestionables como los de Brasil, Turquía o China simplemente por no ser occidentales, a pesar, como el mismo reconoce, de ser más capitalistas que los gobiernos capitalistas occidentales.

fue completamente ajeno al papel que cumplieron la esclavitud o el colonialismo en la emergencia del sistema-mundo capitalista, pero los confinó, junto con el cercamiento de los comunes (*i.e.,*, las tierras de tenencia ancestral colectiva) al concepto de "acumulación originaria". Para el pensador alemán las formas de trabajo esclavo o de servidumbre formaban parte del piso sangriento sobre el que se levantó el modo de producción capitalista y la formación de un proletariado industrial (el ejército de reserva del empresariado) completamente separado de sus medios de producción y, por tanto, enfrentado antagónicamente con la burguesía. El problema es que Marx adolecía de una ceguera muy propia de su condición histórica europea.

Sin embargo, visto desde la perspectiva descolonial de Quijano, el colonialismo, la esclavitud y las formas de trabajo no asalariado no son el "grado cero" del capitalismo moderno, no son su "prehistoria" ni su "pecado original", como los llama Marx —sino que son su condición de posibilidad misma perpetuada en el tiempo.[10] No es una anomalía que las lavanderas chilenas, el trabajo a cuenta propia o las múltiples formas de servidumbre que existían y existen en sociedades neocoloniales como la chilena no se puedan leer bajo el prisma de la teoría marxista de clase; su existencia

---

[10] En "The New Imperialism: Accumulation by Dispossesion", David Harvey señala: "La desventaja de estas asunciones es que relegan la acumulación basada en la depredación, el fraude y la violencia a un 'estadio original' que ya no se considera relevante o, como pasaba con [Rosa de] Luxemburgo, de alguna manera, como si estuviera 'fuera de' el sistema capitalista. Se necesita, por lo tanto, como han observado varios comentaristas recientemente, una reconsideración general del papel continuo y de la persistencia de las prácticas depredadoras de la acumulación 'original' o 'primitiva' dentro de la larga geografía histórica de la acumulación de capital. Como parece peculiar llamar a un proceso continuo 'primitivo' u 'original', en adelante, lo llamaré 'acumulación por desposesión'" (74, mi traducción). De acuerdo con Harvey, pero en su análisis, la esclavitud y todas las formas de trabajo y extracción no asalariadas provenientes del colonialismo quedan invisibilizadas bajo el término "acumulación por desposesión" y obvian las importantes contribuciones de historiadores económicos como Eric Williams y su *Capitalism and Slavery*.

es, entre otras cosas, el reflejo de las jerarquías raciales impuestas durante la colonia y perpetuadas e invisibilizadas durante la independencia criolla, modos de naturalizar la extracción de trabajo no remunerado o remunerado miserablemente y, muchas veces, formas de autorizar la extinción de sus vidas, un "necropoder" (como lo llama Achile Mbembe) que condena a muerte o transforma en "muertos vivientes" a los sujetos no-blancos que habitan la plantación o los territorios (neo)coloniales.

Por otro lado, tanto la crítica decolonial de Quijano con su énfasis en la cuestión racial como la teoría de la lucha de clases de la tradición marxista son productivistas, es decir, se centran mayoritariamente en la producción de mercancías para el mercado capitalista. Este énfasis exclusivo en la producción obvia, consciente o inconscientemente, la importancia que tiene el trabajo de la reproducción en la acumulación de capital. Esta es fundamentalmente la crítica que le han hecho a la teoría marxista feministas como Julieta Paredes, Amaia Pérez Orozco o Silvia Federici. Según esta última,

> Si Marx hubiese reconocido que el capitalismo debe apoyarse tanto en una ingente cantidad de trabajo doméstico no remunerado, efectuado en la reproducción de la fuerza de trabajo, como en la devaluación que estas actividades deben sufrir para rebajar el coste de mano de obra, puede que se hubiese sentido menos inclinado a considerar el desarrollo del capitalismo como inevitable y progresista (Federici 154).

En este sentido, ni los avances tecnológicos en el terreno de la producción (*i.e.*,, la revolución digital, el Internet, etcétera) ni la incorporación de la mujer al mundo del trabajo asalariado han conseguido eliminar la división sexual del trabajo que condena a una mayoría de las mujeres a realizar tareas domésticas —lavar, planchar, cocinar, etcétera— o trabajos de cuidado de niños y ancianos sin remuneración salarial alguna, y en función supuestamente de sus inclinaciones maternales y/o femeninas. De hecho, esta división sexual del trabajo se ha exacerbado y, hoy en día, se monta preeminentemente sobre los cuerpos de las mujeres de color del sur global, que son las que desarrollan mayoritariamente este tipo de trabajo no remunerado e invisible (Mohanty). El neoliberalismo, como fase más avanzada del capitalismo mundial, ha sido capaz de mantener y aumentar la tasa de ganancia —la plusvalía—, entre otras cosas, intensificando tanto las dinámicas de explotación neocolonial (*i.e.*, trabajo semiesclavo, trabajo informal no remunerado) como la explotación silenciosa e invisible de las mujeres que han tenido que hacerse cargo de muchas de las tareas que antes eran gestionadas directa o indirectamente bajo el auspicio del Estado de bienestar en el norte y bajo la férula de estructuras comunitarias, ahora desmanteladas, en el sur.

Por otro lado, como señalan Yayo Herrero y Marta Pascual, hay una estrecha conexión entre la intensificación de la explotación del trabajo de reproducción femenino y la crisis ecológica:

> Todos los ecofeminismos comparten la visión de que la subordinación de las mujeres a los hombres y la explotación de la Naturaleza son dos caras de una misma moneda y responden a una lógica común: la lógica de la dominación patriarcal y la supeditación de la vida a la prioridad de la obtención de beneficios. El capitalismo patriarcal ha desarrollado todo tipo de estrategias para someter a ambas y relegarlas al terreno de lo invisible.

El uso y explotación del trabajo de las mujeres y la explotación indiscriminada y suicida de los recursos naturales son el haz y el envés de la lógica de acumulación de capital, hasta tal punto que la ecología social llega a preguntarse, sin despreciar la importancia de la contradicción capital/trabajo, si la contradicción fundamental de nuestro tiempo no será la que se da entre capital y naturaleza.[11]

En resumen, la teoría anticolonial y descolonial, la ecología social, el ecofeminismo o el feminismo comunitario presentan hoy en día las críticas más serias y potentes al concepto de "lucha de clases". Todas estas críticas son de naturaleza política —ponen al descubierto la exclusión de formas de opresión consustanciales al desarrollo del capitalismo o problemas cruciales como el de la ecología—, pero también ponen en tela de juicio la capacidad explicativa de los marxismos, es decir su potencia hermenéutica, su capacidad como herramientas para leer el mundo. La teoría marxista clásica, simplemente, no es suficiente para explicar cómo funcionan la dominación y la explotación en el sistema-mundo capitalista: ¿Se puede seguir hoy pensando que el proletariado es una clase destinada a revolucionar las relaciones de producción y finiquitar el modo de producción capitalista? ¿Podemos continuar pensando que la clase es el ideologema fundamental para explicar la dominación y la explotación? ¿Es deseable seguir insistiendo en que el antagonismo de antagonismos es la relación capital/trabajo? ¿Es legítimo seguir demandando que mujeres, personas de color o minorías sexuales pospongan sus sueños hasta que triunfe una revolución socialista? Desde cierta crítica marxista, se seguirá tildando de "postmodernos" a todos

---

[11] A este respecto, Joan Martínez Alier apunta: "El enfoque eco-socialista no destaca ya la contradicción entre la tendencia al crecimiento de la formación de capital y la explotación de la clase obrera, sino que resalta las dificultades que la escasez de recursos y la contaminación crean a la acumulación de capital. Hasta ahora, el marxismo ha sido más economicista que materialista-energetista. Es decir, la crisis del capital por el menoscabo de sus condiciones de producción solo se haría sentir a través de valores de cambio, por la elevación de los precios [...] Eso no nos dice nada de interés sobre la articulación entre la ecología y la economía capitalista, ya que precisamente la problemática ecológica no se manifiesta necesariamente en los precios, pues los precios no incorporan costos ecológicos ni aseguran la reproducción de la naturaleza ni incluyen tampoco los trabajos gratuitos necesarios para la reproducción social".

los que osemos responder negativamente a las preguntas enunciadas arriba, pero cada día son más las voces que se unen a la crítica de la ortodoxia marxista, voces tan poco sospechosas de relativismo postmoderno como la de Raquel Gutiérrez que, en *Los ritmos del pachakuti*, afirma: "dentro de ese término dual —lucha y clases— el mayor énfasis lo coloco en el registro, conocimiento y comprensión de la lucha" (28). En esta relectura de Raquel Gutiérrez, el concepto de lucha de clases europeo se transforma al "contaminarse" y mezclarse con el concepto aymará de "pachakuti" —el mundo al revés, la inversión y eliminación de todas las formas de dominación impuestas a sangre y fuego por el mundo colonial y su substitución por las formas de reciprocidad internas a las comunidades ayllus— como guía de lectura de los antagonismos sociales.

Esa creo que es una de las claves de esta renovación hermenéutica impostergable: huir de la ontologización de los ideologemas (clase, raza, sexualidad, valía/minusvalía, etcétera) y poner, en su lugar, el énfasis en una noción relacional e históricamente situada de los antagonismos (en plural), como punto de partida de lo político. En este sentido, las bizantinas disputas sobre los ideologemas —los llamados a privilegiar la lucha de clases sobre las luchas antipatriarcales o al revés—, aparte de ser políticamente infructuosas y divisivas, tienen un problema hermenéutico añadido pues tienden a confundir los síntomas con las causas; son, por ello, malas guías de lectura para la emancipación.

¿Interseccionalidad, horizonte comunitario-popular o populismo?

Una de las más tempranas respuestas a este *impasse* en la teoría de la dominación puede encontrarse en el feminismo afroamericano. Tras las luminosas y trágicas décadas de los sesenta y setenta en Estados Unidos —marcadas, entre otras cosas, por los asesinatos de Martin Luther King, Jr., Malcolm X y el encarcelamiento masivo y asesinato de cientos de militantes del Partido de las Panteras Negras—, las feministas afroamericanas hicieron balance crítico de lo que fue su posición en estos movimientos de liberación y hallaron que muchas de sus preocupaciones habían sido relegadas o ignoradas. De ahí surgió la conciencia de que no eran simplemente oprimidas por el color de su piel, sino también por ser mujeres o por su disidencia sexual. Audré Lorde, poeta y militante *queer*, lo expresó con particular elocuencia: "No hay tal cosa como una lucha de problemas singulares porque no vivimos vidas hechas de problemas singulares" (34). Con ello, Lorde quería enfatizar que la posibilidad de emancipación está cruzada por una multiplicidad de formas de opresión; que alguien como ella no podía optar simplemente por liberarse solo como mujer, o solo como afroamericana o solo como madre soltera *queer*, sino que su sujeción y, por ende, la formación de su subjetividad dependían justamente del cruce de todas estas formas de dominación.

En estos primeros textos de Lorde, se encontraba ya de forma larvada el germen de lo que después Kimberlé Crenshaw denominaría, a principios de los noventa, "teoría de la interseccionalidad". Crenshaw, abogada y profesora de leyes, se dio cuenta de que era imposible estudiar la situación de las mujeres de color abusadas o violadas en Los Ángeles utilizando solo el paradigma de los estudios de género o solo el de los estudios críticos de raza. Crenshaw afirmaba que:

> Estas experiencias no están representadas ni en los discursos feministas ni en los discursos antirracistas. A causa de su identidad interseccional como mujeres *y* de color en discursos que están moldeados para responder a uno *u* otro discurso, las mujeres de color quedan marginalizadas de ambos (1224).

Para poder aprehender y combatir la realidad de las mujeres asaltadas y violadas de color era necesario entender que eran mujeres de color y en la mayoría de los casos pobres y/o subempleadas, vale decir, entender su predicamento vital en la intersección de las categorías de clase, raza y género.

A partir del estudio de Crenshaw, la interseccionalidad deviene una teoría, si no hegemónica, al menos sí bastante extendida; y los estudios con un enfoque interseccional se multiplican como una nueva manera de entender la formación de identidades subyugadas dentro y fuera de la academia norteamericana.[12] Recientemente, Angela Davis ha redefinido el término para pensar no solo la conformación de identidades y las condiciones de posibilidad de la emancipación, sino también la interdependencia y la interconexión de distintos tipos de luchas. En sus propias palabras:

> Confrontamos el mismo desafío de entender los complejos modos en que se entrelazan raza, clase, género, sexualidad, nación y (minus)valía —pero también el desafío de entender cómo trascender estas categorías para comprender la interrelación de ideas y procesos que parecen estar separados e inconexos. Insistir en las conexiones entre las luchas y el racismo en Estados Unidos y las luchas contra la represión israelí de los palestinos es, en este sentido, una lucha feminista (Davis 4).

En este sentido, no cabe duda de que hay mucho que aprender de los debates de las feministas afroamericanas en general y de la noción de interseccionalidad en particular,

---

[12] El colectivo Feminists Fight Back hace un buen resumen de las críticas que ha recibido el concepto de interseccionalidad y articula una defensa inteligente de la potencia teórica que todavía tiene este constructo teórico. ("Is Intersectionality just Another Form of Identity Politics?" https://bit.ly/2niWDoM). Es lamentable, por no decir patético, que las críticas de cierta izquierda todavía se centren en la supuesta capacidad de distracción que tiene el concepto de interseccionalidad como forma de opacar la "lucha de clases".

pero hay que hacerlo en pie de igualdad, buscando las conexiones, como sugiere Angela Davis y respetando las trayectorias históricas propias, no simplemente importando una teoría para "aplicarla" sin ninguna otra consideración a culturas y situaciones históricas diferentes. En este sentido, me gustaría proponer como hipótesis de trabajo que el significante "pueblo" es el lugar donde (re)emerge históricamente —con todas sus contradicciones, desafíos e impurezas— una política liberatoria que aborda las insuficiencias de la lucha de clases descrita arriba, a la vez que alumbra la posibilidad de entender los antagonismos y las contradicciones sociales de manera más inclusiva y relacional. Dicho de otro modo, bajo el significante "pueblo" transitan los caminos propios de la interseccionalidad sobre todo en América Latina pero también, en menor medida, en España y el sur de Europa.[13] Dicho de otro modo, interseccionalidad en español se dice pueblo, lógica comunitaria popular, tal vez, populismo.

Pero hablar en nombre del pueblo ya genera toda una serie de paradojas y de distinciones que es necesario abordar antes de explorar la posibilidad que acabamos de describir. En este sentido, Enrique Dussel insiste en que es necesario distinguir entre lo popular y el populismo. De acuerdo con el filósofo argentino,

> Lo "popular" es lo propio del "pueblo" como plebe, como actor colectivo (no como "substancia" que recorre metafísicamente la historia como "sujeto histórico", demiurgo omnipotente e infalible, de ciertas ortodoxias anarquistas cuasi infalibles). Mientras que lo "populista", en el sentido válido del populismo histórico de las décadas posteriores a 1930,

---

[13] Enrique Dussel explica que "entre los aztecas el altepetl, y entre mayas el Amaq' son las palabras que significan 'comunidad', el 'pueblo' con una intensidad incluyente del 'nosotros' desconocida por las experiencias modernas y occidentales. Por ello, en América Latina, por influencia indígena en todo el continente, la palabra 'pueblo' significa algo más profundo que en las lenguas romances" (*Política*, 113). Quizá este substrato cultural indígena explique la persistencia del populismo y de lo popular en América Latina.

es la *confusión* entre lo propio del pueblo tal como lo hemos comenzado a definir ("bloque social de los oprimidos"), con la mera "comunidad política" como un todo (*Filosofías*, 235).

En primer lugar, es necesario enfatizar con Dussel que no hay ontología de lo popular, ni esencialismo del pueblo localizado en un origen supuestamente puro de la nación como creen algunos de los detractores del populismo. Se trata de una definición inmanente, de un bloque histórico de poder que parte de una escisión o un desgarro en el cuerpo de la nación, que deja al descubierto un abismo entre pueblo y élite o entre plebe y pueblo. Para quienes duden de la existencia sociológica de esta distinción particularmente útil en el caso de sociedades coloniales o neocoloniales, donde la clase obrera no es necesariamente mayoritaria como señalaba anteriormente Garcés para el caso de Chile, vale la pena recordar la definición de pueblo que hizo Fidel Castro en *La historia me absolverá*:

> Nosotros llamamos pueblo si de lucha se trata, a los seiscientos mil cubanos que están sin trabajo deseando ganarse el pan honradamente sin tener que emigrar de su patria en busca de sustento; a los quinientos mil obreros del campo que habitan en los bohíos miserables, que trabajan cuatro meses al año y pasan hambre el resto compartiendo con sus hijos la miseria, que no tienen una pulgada de tierra para sembrar y cuya existencia debiera mover más a compasión si no hubiera tantos corazones de piedra; a los cuatrocientos mil obreros industriales y braceros cuyos retiros, todos, están desfalcados, cuyas conquistas les están arrebatando, cuyas viviendas son las infernales habitaciones de las cuarterías, cuyos salarios pasan de las manos del patrón a las del garrotero, cuyo futuro es la rebaja y el despido, cuya vida es el trabajo perenne y cuyo descanso es la tumba; a los cien mil agricultores pequeños, que viven y mueren trabajando una tierra que no es suya, contemplándola siempre tristemente como Moisés a la tierra prometida, para morirse sin llegar a poseerla, que tienen que pagar por sus parcelas como siervos feudales una parte de sus productos, que no pueden amarla, ni mejorarla, ni

embellecerla, plantar un cedro o un naranjo porque ignoran el día que vendrá un alguacil con la guardia rural a decirles que tienen que irse; a los treinta mil maestros y profesores tan abnegados, sacrificados y necesarios al destino mejor de las futuras generaciones y que tan mal se les trata y se les paga; a los veinte mil pequeños comerciantes abrumados de deudas, arruinados por la crisis y rematados por una plaga de funcionarios filibusteros y venales; a los diez mil profesionales jóvenes: médicos, ingenieros, abogados, veterinarios, pedagogos, dentistas, farmacéuticos, periodistas, pintores, escultores, etcétera, que salen de las aulas con sus títulos deseosos de lucha y llenos de esperanza para encontrarse en un callejón sin salida, cerradas todas las puertas, sordas al clamor y a la súplica (33).

La larga cita vale la pena porque aparece nítidamente claro que "pueblo" es un término relacional, no una ontología: son pueblo quienes han sido históricamente excluidos de la representación política y del reparto de la riqueza en oposición a la oligarquía y la elite dirigente. No nos interesa entrar aquí a juzgar el destino histórico de la Revolución Cubana, sino señalar una lógica política de evidente precisión analítica e histórica para definir los antagonismos sociales tanto en sociedades (neo)coloniales (como las latinoamericanas) como en modernidades periféricas como la española o la griega.

Ahora bien, la existencia de esta cesura, de este desgarro, no necesariamente implica la existencia de una lógica populista. Dussel explica esta paradoja acudiendo a la distinción marxista entre "clase para sí" y "clase en sí" (*Filosofías* 232). Del mismo modo, existe un bloque de los oprimidos que puede constituir un "pueblo en sí", un bloque inmanente o histórico de excluidos de la representación y del reparto de la riqueza, pero que no necesariamente sea un "pueblo para sí", es decir, un pueblo más que consciente de su exclusión, con el deseo y la capacidad organizativa para disputarle el poder al bloque dominante. El "populismo", que es lo primero que vamos a analizar aquí, se encarga de pensar el pasaje entre el "pueblo en sí" y el "pueblo para sí", de la formación de un sujeto popular o, si queremos utilizar la terminología postestructuralista, de las condiciones de posibilidad para construir un pueblo como producto de una acumulación de poder popular.

Resulta, no obstante, de todo punto imposible hacer un balance aquí de todo lo que se ha escrito sobre el populismo, tanto en sus encarnaciones históricas como en sus diferentes aproximaciones teóricas.[14] Por ello, en este ensayo nos centraremos primordialmente en las aportaciones del filósofo español Carlos Fernández Liria y en las teorías del politólogo argentino Ernesto Laclau y de Chantal Mouffe. Elegimos a Laclau y Mouffe por el impacto transnacional que han tenido sus estudios para explicar la más reciente ola de populismos en América Latina y el trabajo de Carlos Fernández Liria por la influencia que tienen sus reflexiones filosóficas sobre el conjunto de los dirigentes de Podemos y el modo en el que están pensando el populismo en España.[15]

Como en otros trabajos anteriores, Fernández Liria tiende a someter cualquiera de los fenómenos que analiza a la *doxa* de la Ilustración y a una defensa del Estado de Derecho y del republicanismo, herramientas todas que pueden depurarse de sus conexiones con el capitalismo y el Estado burgués, y que la izquierda, según él, ha tendido a regalarle a sus enemigos. Por ello, no sorprende que arranque su reflexión sobre el populismo con esta confesión: "Desde los tiempos de Platón, el mundo de la política ha sido el mundo de las decepciones. Y no hay mayor decepción que acabar defendiendo la inevitabilidad de cosas que uno nunca hubiera querido defender. El populismo es una de ellas"

---

[14] Para un recorrido actualizado y pormenorizado de los populismos históricos y las teorías populistas recomiendo Svampa (270-313).
[15] El libro de Carlos Fernández Liria, *En defensa del populismo*, fue presentado por el propio Pablo Iglesias y por Luis Alegre Zahonero, discípulo y colaborador de Fernández Liria y, a la sazón, miembro fundador de Podemos. El video completo de la presentación puede verse aquí: https://bit.ly/1SnZJiY.

(27). Fiel a esta visión platónica, Fernández Liria sitúa "lo popular", el "pueblo en sí" al que nos referíamos antes en la caverna, es decir, en la minoría de edad que define aquellos que no tienen acceso o solo tienen un acceso oblicuo a la razón. Por eso, de partida su argumento genera una tópica jerárquica en la que lo popular aparece sepultado en la caverna y los defensores de la Ilustración afuera de ella. Por eso, el gran desafío del populismo es tratar de hacer entrar en razón a ese sujeto popular, "cómo explicar con la luz lo que es la luz en el lenguaje de las sombras" (30).

Para Fernández Liria, entonces, la razón en su universalidad transhistórica está por encima de cualquier condicionamiento particular, cuestión que indefectiblemente le lleva a negar la diferencia o la interseccionalidad de los distintos ideologemas que se cruzan en las múltiples formas de sujeción y formación de identidades. En sus propias palabras:

> La razón es independiente de la raza, el color, el sexo, y "cualquier índole de cosas más". Pero, sin todas esas cosas de por medio, no tiene ninguna posibilidad de hacerse oír. Y lo malo es que todas esas cosas también tienen sus razones. Y no siempre coinciden con las razones de la razón (30).

Es difícil saber a ciencia cierta cuáles son las condiciones de posibilidad de esta razón para Fernández Liria, pues su defensa es prácticamente tautológica, debe ser aceptada como un artículo de fe: la razón ilustrada es la única posibilidad de emancipación porque la emancipación solo puede alcanzarse mediante la razón ilustrada. De hecho, en el capítulo sobre razón y cristianismo, llega afirmar sin sonrojo que Jesucristo, al resumir todos los mandamientos en uno, "amarás al prójimo como a ti mismo", habría construido una versión mitológica de la razón, una verdad revelada (142). Así, la razón para Fernández Liria es la capacidad de experimentar como cualquier otro el Bien, la Belleza y la Verdad. Es un poco paradójico, por no decir fruto de la pereza intelectual, leer esta defensa universal y transhistórica de estos conceptos después, por ejemplo, de la obra de Pierre Bordieu y Michel Foucault, autores a los que Fernández Liria despacha en unas cuantas líneas para insistir en la verdad universal contenida en otros conceptos de la Ilustración como el progreso, la civilización, la ciudadanía y la ley.

Alguna de estas defensas le llevan a hacer afirmaciones realmente embarazosas por su desconocimiento, voluntario o involuntario, del pensamiento anticolonial de Aimée Césaire a Frank Fanon, pasando por toda la teoría postcolonial y decolonial. De este modo llega a escribir que el pueblo debe ser sometido a la razón y añade:

> ... a esta posibilidad de que un pueblo tome distancia respecto a sí mismo se le ha llamado con todo sentido, 'civilización'. Por mucho que esta palabra haya servido de coartada a tantos y tantos genocidios coloniales, lo que es absurdo es regalar el concepto al enemigo y darle así consecuentemente la razón, de modo que no pueda pensarse en otra obra de la civilización que la que ellos quieran considerar como tal (116).

A pesar de estos exabruptos, Fernández Liria tiene razón al señalar que no tiene sentido hablar de Estado de Derecho, ciudadanía, civilización o progreso cuando los parlamentos están secuestrados por el capitalismo y las decisiones se toman en nombre de los intereses de la banca y no del pueblo (de la voluntad general, diría él). Pero a partir de esta contradicción concluye que es posible depurar la Ilustración, el progreso, el estado moderno, la civilización y la razón de sus contaminaciones con el capitalismo. En su argumento, insiste enfáticamente en que el capitalismo no ha dejado de triunfar mientras la Ilustración no ha cesado de ser derrotada. Por lo tanto, el derecho, la ley, la razón, el progreso, etcétera son las únicas escaleras con que cuenta el ser humano para liberarse de la servidumbre voluntaria. El argumento tiene sentido, pero para funcionar es preciso hacer a ese pueblo en sí renunciar a su autonomía política en nombre del espacio vacío que ocupan la razón y la ley, en eso consistiría hacerlo entrar en razón, ponerlo en estado de derecho o "civilizarlo". En sus propias palabras:

> La confianza en la Ilustración es haber dado con un entramado institucional que no se limita a contraponer unos conglomerados de poder con otros, sino que, más bien, logra (por imperfectamente que sea) anular unos poderes con otros, con la esperanza de que, de soslayo, se pueda otorgar a la razón alguna suerte de poder. Para ello es necesario generar un espacio vacío para la libertad (117).

El problema es que históricamente la aplicación de los valores de la Ilustración no ha hecho que unos poderes se anulen a otros en los Estados de Derecho realmente existentes, sino que, con sus pretensiones de universalidad, ha borrado las relaciones de poder y dominación, y ha naturalizado lo que el intelectual colombiano Santiago Castro Gómez denomina la *hybris* del punto cero: la capacidad de hablar, como lo hace Fernández Liria, con pretensión de objetividad, como si se hablara desde ningún lugar y se pudiera nombrar todo, situado en una especie de *aleph* epistemológico que Castro Gómez define así:

> Comenzar todo de nuevo significa tener el poder de nombrar por primera vez el mundo, de trazar fronteras para establecer cuáles conocimientos son legítimos y cuáles son ilegítimos, definiendo además cuáles son normales y cuáles son patológicos. [...] Ubicarse en el punto cero equivale a tener el poder de instituir, de representar, de construir una versión sobre el mundo social y natural reconocida por el Estado. Se trata de una representación en la que los "varones ilustrados" se definen a sí mismos como observadores neutrales de la realidad (25).

En efecto, por más que pueda resultar anacrónico, Fernández Liria se coloca como uno de estos "varones ilustrados" que observa neutralmente al pueblo y se propone como *Deus ex machina* su transformación en ciudadanos y ciudadanas de la Ilustración.[16] En consecuencia, el pasaje entre lo popular y el populismo se explica aquí como una fatalidad por la cual el pueblo debe renunciar a su autonomía política y someterse a unos valores universales que, por definición, están en un espacio normativo pretendidamente vacío; solo renunciando a estos valores, según él, la razón tiene alguna posibilidad de triunfar.

En suma, el dialogo entre populismo y republicanismo consistiría en que el pueblo se someta al imperio de la razón. Por eso, Fernández Liria ha resumido también este problemático pasaje en el que el pueblo desaparece con el eslogan: "Más Kant y menos Laclau" (*En defensa*, 127) porque, como veremos a continuación, el espacio vacío que define la lógica populista, según Ernesto Laclau, está vacío, mientras que para Fernández Liria está lleno de los valores normativos y universales de la razón ilustrada que, contra toda evidencia histórica, el pueblo debe aceptar para salvarse, ver la luz y salir de la caverna.

En contraste con la obra de Fernández Liria, *La razón populista* (2005) de Ernesto Laclau se construye con las herramientas de la teoría postestructuralista y del postmarxismo a partir de una sofisticada lectura crítica del legado de la Ilustración. Por eso, en primer lugar, el razonamiento de Laclau parte de la inexistencia del pueblo como esencia u ontología preexistente a la política, "nuestro intento" —escribe Laclau— "no ha sido encontrar el verdadero referente del populismo, sino hacer lo opuesto, mostrar que el populismo no tiene ninguna unidad referencial [...]. El populismo es simplemente una manera de construir lo político" (11). Desde la perspectiva del politólogo argentino, la supuesta vaguedad del populismo y su dependencia de la

---

[16] Es muy sintomático el desprecio o la falta de interés que muestra Fernández Liria con respecto a la ingente bibliografía que existe sobre populismo en América Latina y otras partes del mundo, ni una sola vez menciona el peronismo. Es una confirmación más de este punto cero, como lugar de enunciación desde donde nombrar, elegir qué conocimientos merecen la pena y cuáles no.

retórica no serían expresiones de una irracionalidad política atribuible a sociedades subdesarrolladas, sino su lógica política más profunda, su fuerza epistémica.

El razonamiento de Laclau se apoya en sus trabajos anteriores junto a Chantal Mouffe —*Hegemonía y estrategia socialista* (1987)—, concretamente en su relectura del concepto de hegemonía gramsciano a partir de los supuestos de la teoría postestructural en general y del psicoanálisis en particular. Desde esta perspectiva, la hegemonía aparece como una totalidad imposible y a la vez necesaria. Esto es así porque toda hegemonía —toda forma de dominación por consentimiento— presupone una exterioridad constitutiva e irreductible a su totalidad que la dota de sentido. Vale decir que no existe la hegemonía perfecta porque siempre hay una heterogeneidad salvaje y externa a su constitución que no puede ser asimilada a esta. En este sentido, la hegemonía se precipita cuando una particularidad adquiere significación universal, "y dado que esa totalidad o universalidad encarnada es [...] un objeto imposible, la identidad hegemónica pasa a ser algo del orden del significante vacío, transformando a su propia particularidad en el cuerpo que encarna la totalidad inalcanzable" (Laclau 95). Esta particularidad universalizada nunca adquiere plenitud ontológica, sino que encubre una fractura, la fractura entre plebe y *populus*.

La plebe, en este sentido, sería la parte excluida del pueblo a la que se refiere Fidel Castro en la larga cita de arriba, la intersección de las múltiples luchas no atendidas a las que se refiere Angela Davis o "lo popular" tal y como lo define Dussel. La diferencia en el caso de Laclau es que la inclusión de la plebe y sus múltiples demandas insatisfechas en el *populus* no daría lugar nunca a una plenitud total y cerrada, porque lo que está en el centro de la hegemonía es un significante vacío. Este significante vacío no es el espacio de la ley y de la razón de Fernández Liria, sino el espacio que se llena con diferentes demandas particulares que adquieren una significación universal cuando la hegemonía es, por así decirlo, funcional, cuando hay un porcentaje mayoritario de consentimiento en la dominación y el disenso es reducido a la marginalidad. Dicho de un modo más prosaico, no hay apoteosis hegemónica, porque la hegemonía está siempre ya fisurada.

¿Cuál es la relación entonces entre populismo y hegemonía, según Laclau? Las rupturas populistas aparecen cuando las diferentes demandas democráticas entran en una cadena de equivalencias y una de ellas pasa a encarnar la particularidad universalizada bajo el nombre del pueblo o cualquier otro significante o cadena de significación que las dote de sentido. En una situación de "hegemonía funcional" o "exitosa", las demandas democráticas, por ejemplo, de vivienda digna, fin de la discriminación racial, paridad salarial entre hombres y mujeres, respeto por la vida del planeta, sanidad pública... son atendidas por el Estado de manera más o menos satisfactoria y sobre todo funcionan dentro de una lógica diferencial, es decir, las diferentes formas de exclusión no mantienen ningún principio de equivalencia entre ellas (*i.e.*, la discriminación racial no tiene nada que ver con la disparidad salarial entre hombres y mujeres). Sería, para decirlo de otro modo, una situación de interseccionalidad negada. En cambio, cuando estas demandas entran dentro de una lógica de equivalencias, es decir, cuando la falta de vivienda digna, el racismo, la destrucción ecológica, el desempleo, la falta de salarios justos aparecen como síntomas de la misma situación de exclusión, estamos *ad portas*, según Laclau, de una situación de ruptura populista. En este sentido, el pueblo —como plebe— no antecede como identidad a esta lógica ni responde a ningún tipo de verdad universal transhistórica, sino que emerge cuando aparece un vínculo equivalencial: "Lo que era simplemente una mediación entre demandas adquiere ahora una consistencia propia. Aunque el lazo estaba originalmente subordinado a las demandas, ahora reacciona sobre ellas y, mediante una inversión de la relación, comienza a comportarse como su fundamento" (113).

El pueblo es la formación de este vínculo equivalencial, es el intento de darle un nombre a esa plenitud ausente que constituye la hegemonía. Para que este vínculo equivalencial funcione es necesario que haya nominación, es decir, que se produzca una "investidura radical" en un nombre que pase a ser la particularidad universalizada de esa cadena de demandas equivalentes. Por ejemplo, en el caso de la cita de Fidel Castro antes mencionada, las demandas de todos los actores nombrados en el discurso —campesinos, cesantes, pequeños comerciantes, estudiantes, etcétera— debió de invertirse en un significante "Revolución" que en su particularidad agrupara la equivalencia de todas las demandas y que se identificara con un nombre "Fidel Castro" como promesa de esa plenitud ausente o particularidad universalizada. Finalmente, este proceso de "performatividad discursiva" está traspasado de afecto: el afecto es como la levadura del populismo, la identificación con el líder que encarna el vínculo afectivo es lo que le da la fuerza al motor de la movilización populista.[17]

Ahora bien, aunque Laclau evidentemente no cae en los groseros intentos de universalización pretendidamente objetivos que encontrábamos en la teoría populista de Fernández Liria, es interesante notar ciertas huellas de ontologización en la caracterización de la política (¿será porque son politólogos?) que hacen los defensores de su teoría postestructural como Íñigo Errejón en España. Compartimos plenamente su defensa de la exterioridad constituyente de la hegemonía, epistemológicamente y como garantía necesaria para el mantenimiento de una "democracia radical" o permanentemente abierta a las múltiples demandas de la interseccionalidad actual y por venir, pero llama la

---

[17] Queda completamente fuera de nuestro estudio, por razones de espacio, la relación entre populismo y liderazgo carismático, las complejas redes de identificación y afecto entre el líder y las masas, estudiadas por Freud en su "Psicología de las masas". Apuntaremos solamente que estas dinámicas son mucho más complejas que la simple manipulación interesada que un líder hace sobre una masa amorfa, sin cultura ni historia.

atención que la "política" aparezca como significante para clausurar justamente esa misma apertura. En un artículo sobre el MAS en Bolivia, Íñigo Errejón, por ejemplo, afirma:

> Los alineamientos políticos de una sociedad —las razones que unen y enfrentan a la gente— no pueden darse por determinados en ninguna esfera externa a la política. Esto no equivale en modo alguno a defender que sean arbitrarios, que cualquier criterio pueda convertirse en una fractura que ordene el campo político, pero sí a postular que ninguna condición material produce por sí misma posiciones y subjetividades políticas (83).

La política es el *Deus ex machina* incuestionable e incuestionado, y además es la política como disputa del poder del Estado. El destino del "vínculo equivalencial" entre distintas luchas es la conquista del Estado, la universalización de la cadena discursiva de demandas individuales *solo* puede suceder dentro del Estado y a expensas de la negación de lo social, lo autónomo y en general todo lo que no pueda ser reducido a la disputa electoral como único *telos* de la política. De quienes defienden los espacios de autonomía política o la potencia de los movimientos sociales, Errejón afirma que "tienen una especie de enamoramiento romántico [...] un poco liberal, en esa división entre lo social y lo político", y concluye "para ellos hay un terreno de lo social no contaminado ni por el mercado ni por el Estado que yo no sé donde está, no lo he visto" (Errejón y Mouffe 43). A lo sumo Errejón acepta, con la aquiescencia de Chantal Mouffe, que la autonomía existe en América Latina pero no en el "primer mundo" (sic) donde la política no puede ser autónoma ni jacobina, sino única y exclusivamente disputa electoral del poder del Estado (*Construir* 44).

Creo que, frente a estas posiciones maximalistas (¿o minimalistas?), a Errejón, Mouffe y a los defensores de la teoría postestructuralista del populismo hay que aplicarles la lógica interna de su misma teoría: si es imposible suturar la hegemonía, si la plenitud de la plebe siempre esconde el ser una particularidad universalizada, es condición *sine qua non* de cualquier política emancipatoria que exista un afuera irrducTible de la política; un campo social que no puede ser asimilado a la disputa del poder del Estado o a la política *tout court*. Negar este afuera de la política institucional, es un gesto autoritario; pretender una universalización perfecta de la subjetividad popular puede resultar en la marginalización de demandas y actores subsumidos —como ha sucedido en Bolivia o Ecuador— al poder de un Estado que ya dice representar las demandas universales del pueblo y contener todos los antagonismos sociales.[18]

A pesar de las notables diferencias que existen entre las teorizaciones de Fernández Liria, Errejón, Laclau y Mouffe, todas tienen en común que producen un cadáver en su paso de lo popular al populismo. Este cadáver es el que distingue al pueblo del populismo como afirmaba Dussel, el que permite que el pueblo sea algo más que un significante vacío, una lógica electoral o el lugar con el que justificar los valores universales de la Ilustración. La autonomía popular, su trayectoria histórica y cultural, quedan sepultadas bajo la densidad de unas teorías que rechazan toda transformación de esa plebe que no tenga por objeto la conquista del poder del Estado. Para probar esto no es necesario presuponer una esencia preexistente del pueblo, basta con introducir una distinción entre el populismo y lo popular o, para utilizar la expresión de Raquel Gutiérrez, entre el horizonte comunitario popular y lo nacional popular. Este horizonte "comunitario popular",

> postula como legítimas y válidas maneras de producir convivencia colectiva y de organizar la autorregulación política; exhibe prácticamente su habilidad para detonar procesos cooperativos de gran alcance sin ceñirse a formatos

---

[18] Véanse, por ejemplo, las amargas disputas de Rafael Correa en Ecuador con los sectores feministas partidarios del aborto, o la larga y complicada disputa entre el gobierno del MAS en Bolivia y los sectores del movimiento indígena opuestos a la construcción de una carretera en el TIPNIS.

instituidos y, además, se atreve a ensayar maneras de apropiación de la riqueza común y de disfrute del excedente social en, y también más allá, del Estado, de sus normativas e instituciones (302).

Lo interesante aquí es que Gutiérrez piensa que este horizonte comunitario popular no es ni por asomo antagónico con la lógica de la toma del Estado de lo nacional popular, tal y como aparece en los populismos históricos. Ambos momentos se dan de manera mezclada en función de los ritmos de las movilizaciones sociales y de las correlaciones de poder: hay momentos de autonomía expansiva que tienen por objeto la conquista del Estado y momentos de desarrollo endógeno de lo comunitario popular que no pueden ser subsumidos en la lógica de las transformaciones estadocéntricas.

Si pensamos esta teoría en el contexto de la historia más reciente de España, las movilizaciones del 15-M corresponderían a ese momento de irrupción del horizonte comunitario popular de manera autocentrada, mientras que la configuración de Podemos como partido político nacido para disputar el poder del Estado, correspondería al momento expansivo de esa configuración histórica de lo comunitario popular. Lo esencial, a diferencia de lo que sucede con Laclau, Fernández Liria y Errejón, es impedir la sublación de este horizonte comunitario popular en la lógica del populismo. Desde este horizonte comunitario popular, se pueden pensar las relaciones de poder al interior de lo popular mismo, pues el objetivo no es solo someter la lógica equivalencial a un proceso de universalización, sino que también se puede pensar lo que es posible ahora dada la correlación de fuerzas sin renunciar a lo que parece imposible, pero no se deja de desear en el horizonte. Y sobre todo, lo comunitario popular participa de la lucha por la conquista del Estado, pero siempre produce un resto que no se puede subsumir en ninguna política estadocéntrica.

En conclusión, la noción de pueblo debe permanecer necesariamente fisurada, rota, incompleta, abierta siempre a nuevos horizontes de emancipación. El verdadero desafío consiste, pues, en articular nexos entre Estado y autonomía, entre lo político y lo social, entre lo nacional popular y el horizonte comunitario popular, siempre prestando atención a las dinámicas de exclusión e inclusión de identidades abyectas (como defiende la teoría interseccional) y de demandas insatisfechas (como quiere la teoría postestructural del populismo). Se trata de pensar, en definitiva, el Estado siempre sobre el horizonte de su despatriarcalización y su disolución en estructuras comunitarias más horizontales y democráticas. Para ello, es imprescindible, como veremos en la última sección de este ensayo, dotar a la teoría del populismo de densidad cultural e histórica.

La conspicua desaparición de la cultura popular

Como buenos lectores de Antonio Gramsci, Laclau, Errejón y Mouffe saben que el terreno de disputa de la hegemonía es la cultura, por eso insisten una y otra vez en que la construcción de un pueblo se hace en y desde la cultura. Íñigo Errejón, por ejemplo, escribe: "me despierta un gran interés la cuestión de este arsenal cultural y simbólico que hace de indispensable pegamento intelectual, moral y afectivo de un pueblo nuevo" (Errejón y Mouffe 98). Sin embargo, la cultura aparece poco o nada, tanto en los debates electorales en los que participa Podemos —algo que ciertamente no es solo atribuible a la formación morada— como en las reflexiones de politólogos como Ernesto Laclau y Chantal Mouffe o filósofos como Carlos Fernández Liria. Y cuando aparece, lo hace de manera puramente funcional, como pegamento de la subjetividad popular, como elemento al "servicio de", pero sin lógica propia. Más recientemente, sin embargo, en una entrevista concedida al diario *El País*,

Íñigo Errejón ha ahondado un poco más en su visión de la cultura y su vinculación con la construcción de un "pueblo nuevo". En su opinión, el desafío para la construcción de un "pueblo nuevo" pasa por la creación de una fuerza culturalmente dirigente.

> ¿Cómo se es una fuerza culturalmente dirigente? Cuando se representa lo que España ya es, en su extrema diversidad, y por otra parte lo que podemos llegar a ser, es decir, cuál es esa nueva cultura que puede acompañar una ola de cambio político. Y esa nueva cultura nunca le dice a un país lo que ha sido en el pasado, nunca es una cultura melancólica de las derrotas pasadas. Tampoco es una cultura *naif* del elogio de la vida individual y de la particularidad de cada uno. No es ni una cosa ni otra. [...] Lo que hay que hacer es fundar una épica y una cultura en el hoy de lo que puede ser nuestro pueblo mañana. ¿Cómo se genera esa cultura? Nosotros podemos tener discusiones, pero las canciones no se decretan, o las películas, las novelas, o los documentales no se decretan, no se deciden en las salas de dirección de los partidos políticos, y cuando ha sido así han sido horrorosas[19] (Manetto).

Tranquiliza saber que, de ganar las elecciones, *Podemos* no piensa caer en la censura cultural y en el dirigismo intelectual, pero inquieta, sin embargo, comprobar que en su noción de cultura se ha hecho conciencia, por lo menos en alguno de sus dirigentes, la *doxa* neoliberal del olvido.

Es muy difícil imaginar el futuro sin incardinarse en algún tipo de construcción del pasado; sin memoria simplemente no puede haber subjetividad, un pueblo sin pasado no puede tener futuro. Esta visión de la cultura además coincide siniestramente y, probablemente de manera inconsciente, con el cacareado final de la historia decretado por Francis Fukuyama a finales de los años noventa. La historicidad de un presente desligado del pasado y solo mirando al futuro corresponde al tiempo acelerado del mercado,

---

[19] https://bit.ly/29T0R3e.

a la temporalidad del consumo, al infinito intercambio de mercancías y a la instantaneidad compulsiva de los medios y redes sociales que canibalizan el pasado, la memoria y la historia en nombre, muchas veces, de un narcisismo primario y asimbólico.

No es justo, sin embargo, afirmar que todo Podemos en grupo subscriba esta postura de olvido histórico, creo más bien que se trata de uno de los espacios de tensión por los que atraviesa la formación morada en su deseo de ser lo más trasversal posible, sin traicionar del todo los orígenes políticos de sus fundadores. En sus actos electorales hay ambivalencias, se alternan canciones como "L'staca" de Lluís Llac con canciones de Coldplay; su relación con la bandera de la república es ambigua, aparece en el programa La Tuerka de Pablo Iglesias, pero no en los actos electorales. Más recientemente, el propio Pablo Iglesias generó una polémica al mandar una foto de Angela Davis con el puño levantado en un *tweet* en el que podía leerse, "Todos los símbolos tienen memoria y, como el futuro, su corazón es antiguo. Solo los mediocres piensan que la historia nació con ellos" (Agencias). El *tweet* generó una reacción en el sector de Errejón que se sintió aludido por la mención de Iglesias.

En fin, hay ambivalencia con respecto al lugar que debe ocupar la memoria popular en el ideario de la formación. Por eso, vale la pena desmontar las concepciones simplistas de la melancolía que aparecen mezcladas con otros intentos más directos de lidiar con el traumático pasado español de la dictadura franquista. Como hemos defendido en otro lado, la melancolía en sociedades postdictatoriales fue el modo de resistencia de quiénes no tenían otra opción que tragarse la memoria de sus seres queridos o de sus culturas de militancia para evitar que el pasado pasara, que el vendaval de la globalización se llevara por delante un tiempo y una memoria que eran las únicas garantías para evitar que el tiempo mismo y la historicidad desaparecieran bajo la sociedad del espectáculo.[20] Esto —debe quedar claro— no tiene nada que ver con la nostalgia de las banderas con la hoz y el martillo, las fotos en blanco y negro y los himnos militantes, sino con la posibilidad de anclar una subjetividad en un pasado diferente, no para repetirlo tal como fue, cosa de todas maneras imposible, sino como garantía de futuros alternativos más allá de violenta repetición de un presente dominado por la doble hidra patriarcal del neoliberalismo y del neocolonialismo. Dicho de manera más simple, un pueblo no puede saber a donde va, si no sabe de dónde viene.

Pero además del vaciamiento histórico de la cultura, hay algo incluso más preocupante en esta visión instrumental de la cultura. Errejón asume que la cultura del cambio está por-venir y, por eso, hace un llamado implícito para que los creadores empiecen a forjar esa nueva cultura popular que cimente el surgimiento de un "pueblo nuevo". El problema con este llamado es que asume tácitamente que los pueblos —en este caso, el pueblo español— no tienen históricamente cultura, que no existe ese horizonte comunitario popular del que hablábamos antes, que se trata de un pueblo literalmente "inculto" y al que no vale la pena amargar mucho con un pasado generalmente desagradable e inútil. Esta concepción presentista de la cultura ignora las estrategias muchas veces milenarias de resistencia cultural y política frente a la dominación de los pueblos del Estado español; reproduce, en el mejor de los casos, la lógica del despotismo ilustrado —"todo para el pueblo, pero sin el pueblo"—; y en el peor, transforma de manera paternalista la subjetividad popular en una conciencia pueril —solo los niños y los pueblos subdesarrollados carecen de historia y cultura propias—.[21]

---

20 Ver Luis Martín-Cabrera, *Radical Justice: Spain and the Southern Cone Beyond Market and State*, y Cristian Gundermann, *Actos melancólicos*.
21 Exactamente eso propone el ilustrado Fernández Liria, "El progreso y la historia no van, en absoluto, de la mano, si hay progreso, será contra la historia, no gracias a ella" (104).

Frente a toda evidencia, sin embargo, los pueblos por más periféricos que sean y más subyugados que estén tienen historia y cultura, lo cual no equivale a afirmar que su cultura sea moralmente superior o solo una suma de aciertos. Afirmar que todo lo popular es bueno por el hecho de serlo, tal idealización, sería solo la otra cara del mismo paternalismo. De lo que se trata aquí, es de recurrir a la hermenéutica de los estudios culturales, particularmente a la obra de Stuart Hall y de los pioneros de la Escuela de Birmingham para interpretar la cultura popular en sus contradicciones, en su relación dialéctica con la alta cultura, como terreno fértil para la comprensión y transformación, lenta pero segura, de la realidad existente. En sus "Notas sobre la deconstrucción de lo popular", Stuart Hall insiste, primero, en distinguir analíticamente la cultura popular, de la cultura de masas y las industrias culturales. Esta separación sirve no para defender espacios "puros" de cultura popular, sino para entender las complejas y antagónicas relaciones que se dan entre opresores y oprimidos, dominadores y dominados, hegemonía y contrahegemonía en el seno mismo de la cultura *lato sensu*. De acuerdo con Stuart Hall,

> Hay una lucha continua, necesariamente irregular y desigual, por parte de la cultura dominante, cuyo propósito es desorganizar y reorganizar constantemente la cultura popular; encerrar y confinar sus definiciones y formas dentro de una gama más completa de formas dominantes. Hay puntos de resistencia; hay también momentos de inhibición. Esta es la dialéctica de la lucha cultural. [...] Un campo de batalla donde no se obtienen victorias definitivas, pero donde siempre hay posiciones estratégicas que se conquistan y se pierden (447).

Entonces, desde esta perspectiva la cultura popular y la alta cultura no aparecen como terrenos nítidamente separados e incontaminados, sino como espacios en perpetua transformación, tensión y disputa por el sentido común de una época, su "estructura de sentimiento" como la denomino Raymond Williams. Veamos cómo funciona esta hermenéutica agonista de la cultura popular con un ejemplo. En el año 2015, editamos junto a Joaquín Florido Berrocal, Roberto Robles Martín y Eduardo Matos Martín un volumen de ensayos titulado *Fuera de la ley: Asedios al fenómeno quinqui en la transición*. Aunque los ensayos recogidos en el volumen son heterogéneos en su interpretación del fenómeno quinqui (el quinqui como emblema de la delincuencia juvenil y la transgresión), todos parten de una misma premisa: que la cultura y la subjetividad quinqui son una especie de cara B de la visión celebratoria de la transición a la democracia en España. De este modo lo explicábamos en la introducción al libro:

> Que ahora nos hayamos decidido a editar este volumen no es un acto de nostalgia regresiva de académicos exiliados, sino más bien un ejercicio de melancolía radical y resistente frente al olvido. Durante mucho tiempo, de hecho, tuvimos a los quinquis en la memoria: sus cuerpos y sus trayectorias vitales, el brillo fugaz de su éxito mediático; sin querer protegíamos sus cadáveres del olvido y la desmemoria impuestas durante la transición a la democracia, precisamente porque éramos conscientes de que la miseria y la marginación no habían desaparecido, simplemente habían sido barridas debajo de la alfombra de la modernidad y el desarrollo insostenible que trajeron la reconversión industrial primero y el boom del ladrillo más tarde (xv).

El objetivo de las miradas múltiples que componen el volumen era rescatar una subjetividad popular olvidada, una versión de la transición hecha desde los sectores más marginales de los pueblos del Estado español, desde las demandas de aquellos a los que no les quedó más remedio que incurrir en la transgresión de la ley para participar, aunque fuera precariamente, del *boom* económico del desarrollismo español. ¿Significa esto que la exhumación del archivo quinqui pase por mitificar a estos jóvenes delincuentes? Claramente no. Ni demonizar ni idealizar, sino más bien historizar a partir de la hermenéutica de la crítica cultural, "exhumar sus cadáveres como se exhuma una fosa, darles una dimensión simbólica para poderlos pensar en público y en común" (xv). Esto implica, por ejemplo, poner en juego analíticamente la diferencia entre cultura de masas y cultura popular, leer en los pliegues de la cultura popular un sentido común inclusivo y democrático donde la cultura dominante puso castigo, criminalización y patologías médicas abyectas. El cine quinqui de José Antonio de la Loma, por ejemplo, es claramente un fenómeno de cultura de masas, como tal hay en él una espectacularización, de ribetes misóginos, del quinqui como construcción de masculinidad, pero entre los pliegues de esos valores de dominación se filtra la "estructura de sentimiento", el sentido de época de los jóvenes de los extraradios de las grandes urbes españolas, los pisos de cuarenta metros cuadrados de protección oficial, la falta de horizontes y también alguna de las estrategias de resistencia de los sectores subalternos: la criminalidad como redistribución violenta y hacia abajo de la riqueza. Pero estos aspectos no están ahí mágicamente, hay que interpretarlos, historizarlos, dotarlos de sentido en ese campo de fuerzas que es la cultura popular, uno "de los escenarios de esa lucha a favor y en contra de una cultura de los poderosos: es también lo que puede ganarse o perderse en esa lucha. Es el ruedo del consentimiento y la resistencia. Es en parte el sitio donde la hegemonía surge y se afianza" (Hall 453).

Con todo esto, no trato de poner la cultura en el lugar donde las teorías estructurales situaban la economía y las postestructurales la política. Estoy lejos de creer en piedras filosofales, pero tampoco pienso que la cultura deba ser solo un *after thought* o un suplemento de la economía o la política, la clave es la interrelación de todos estos enfoques, su coagulación alrededor de un concepto de pueblo. A los críticos y críticas culturales nos corresponde contribuir con nuestra capacidad interpretativa e histórica a la (re)construcción de una cultura popular diversa y heterogénea que haga el concepto pueblo todo lo inclusivo e igualitario que pueda ser; participar no delante ni detrás, sino al lado de los pueblos en busca de la acumulación de fuerzas que permita imaginar futuros más justos. Sí, los pueblos se construyen, pero anclados en la historia y en la cultura, en marcha y en diálogo horizontal. El tiempo de esta tarea me temo que está muchas veces disociado de las urgencias electorales del presente, pero las dislocaciones temporales son también los lugares donde florece la imaginación crítica y las asociaciones libres como potencias transformadoras.

Obras citadas

Agencias. "Pablo Iglesias trata de cerrar la polémica interna de los símbolos con una imagen de Felipe González", *La Vanguardia* 17-10-2016. https://bit.ly/2PEiZOM (consultado: 11-6-2018).

Bensaïd, Daniel. *Marx intempestivo. Grandezas y miserias de una aventura crítica*. Trad. Agustín del Moral Tejada. Buenos Aires: Ediciones Herramienta, 1995.

Boccardo, Giorgio y Carlos Ruiz. *Los chilenos bajo el neoliberalismo. Clases y conflicto social*. Santiago de Chile: Fundación Nodo XXI y Ediciones del Desconcierto, 2014.

Castro Gómez, Santiago. *La hybris del punto cero. Ciencia, raza e Ilustración en la Nueva Granada (1750-1816)*. Bogotá: Pontificia Universidad Javeriana, 2005.

Castro Ruz, Fidel. *La historia me absolverá*. La Habana: Editorial de Ciencias Sociales, 2007.

Childs, Dennis. *Slaves of the State. Black Incarceration from the Chain Gang to the Penitentiary*. Minneapolis: University of Minnesota Press, 2015.

Crenshaw, Kimberle. "Mapping the Margins: Intersectionality, Identity Politics, and Violence against Women of Color". *Stanford Law Review* 46.6 (1991): 1241-1299.

Davis, Angela Y. *Freedom is a Constant Struggle: Ferguson, Palestine, and the Foundations of a Movement*. Chicago: Haymarket Books, 2016.
Dussel, Enrique. *Para una política de la liberación*. Buenos Aires: Las Cuarenta/Gorla, 2013.
_____. *Filosofías del Sur. Descolonización y transmodernidad*. Madrid: Akal, 2015.
El-Tayeb, Fatima. *European Others. Queering Ethnicity in Postnational Europe*. Minneapolis: University of Minnesota Press, 2011.
Errejón, Íñigo. "Evo Pueblo, la hegemonía del MAS en Bolivia". *Bolivia en movimiento. Movimientos sociales, subalternidades, hegemonías*. Eds. Pablo Iglesias Turrión, Jesús Espasandín López e Íñigo Errejón Galván. La Paz: Vicepresidencia del Estado-Presidencia de la Asamblea Legislativa Plurinacional, 2014. 79-107.
Errejón, Íñigo y Mouffe, Chantal. *Construir pueblo: hegemonía y radicalización de la democracia*. Barcelona: Icaria, 2015.
Federici, Silvia. *Revolución en punto cero. Trabajo doméstico, reproducción y luchas feministas*. Madrid: Traficantes de Sueños, 2013.
Feminists Fight Back. "Is Intersectionality just Another Formm of Identity Politics?". *Feminist Fight Back* 11/1/2015. https://bit.ly/2niWDoM (consultado: 22-8-2016).
Fernández Liria, Carlos. *En defensa del populismo*. Madrid: Libros de la Catarata, 2016.
Florido Berrocal, Joaquín; Martin-Cabrera, Luis; Matos-Martín, Eduardo y Robles Valencia, Roberto. "Introducción". *Fuera de la ley: asedios al fenómeno quinqui en la Transición española*. Granada: Comares, 2015. i-xv.
Garcés, Mario. *Tomando su sitio. El movimiento de pobladores en Santiago (1957-1970)*. Santiago: LOM, 2002.
Gramsci, Antonio. "Nuestro Marx". *Antonio Gramsci. Antología*. Ed. de Manuel Sacristán. México: Siglo XXI, 2013. 37-41.
Gunderman, Christian. *Actos melancólicos: formas de resistencia en la posdictadura argentina*. Buenos Aires: Beatriz Viterbo Editora, 2007.

Gutiérrez, Raquel. *Los ritmos del Pachakuti. Movilización y levantamiento indígena popular en Bolivia (2000-2005)*. La Paz: Textos Rebeldes, 2008.
Herrero, Yayo y Pascual, Marta. "Ecofeminismo, una propuesta para repensar el presente y construir futuro" *Rebelión* 2-4-2010. https://bit.ly/2MOuLco (consultado: 22-8-2016).
Hall, Stuart. "Notes on Deconstructing the Popular". *Cultural theory and popular culture*. John Storey (ed). Essex: Pierson/Prentice Hall, 1998. 442-453.
Hardt, Michael y Negri, Antonio. *Commonwealth*. Cambridge: Harvard UP, 2009.
Harnecker, Marta. *Los conceptos elementales del marxismo*. Madrid: Siglo XXI, 2009.
Harvey, David. "The New Imperialism: Accumulation by Dispossesion". *The Socialist Register* 40 (2004): 63-87.
Laclau, Ernesto. *La razón populista*. Trad. Soledad Laclau. Buenos Aires: FCE, 2005.
Lorde, Audrey. "Learning from the Sixties" *Sister Outsider: Essays & Speeches by Audre Lorde*. Berkeley: Crossing Press, 2007. 134-144.
Manetto, Francesco. "Para poder gobernar, Podemos tiene que cambiar, tiene que mutar", Entrevista a Íñigo Errejón. *El País* 24-07-2016. https://bit.ly/29T0R3e (consultado: 24-8-2016.)
Martínez Alier, Joan. "El ecologismo de los pobres. Veinte años después" *Rebelión* 4-8-2010 https://bit.ly/2NQYLRA (consultado: 23/8/2016.)
Martín-Cabrera, Luis. *Radical Justice: Spain and the Southern Cone beyond Market and State*. Lewinsburg: Bucknell UP, 2011.
_____. *Insurgencias invisibles: militancias y resistencias en Estados Unidos*. Madrid: La Oveja Roja, 2015.
_____. "Escribo rap con R de revolución: Hip-hop y subjetividades populares en el Chile Actual (2006-2013)". *A contracorriente* (2016): 5-36.

_____. "¡El problema es la supremacía blanca, estúpidos!" *Rebelión* 20-1-2017. https://bit.ly/2PAMGAc (consultado: 2-2-2017).

_____. "La fiebre del litio amenaza los desiertos de sal andinos". *Contexto y acción*, 14-3-2018. https://bit.ly/2NiGYWd (consultado: 10-7-2018).

Marx, Karl y Engels, Friedrich. *Manifiesto del Partido Comunista* (1848). *Marxist Internet Archive*, https://bit.ly/1jZVGsp (consultado: 20-8-2016).

Mbembe, Achille. "Necropolitics". Trad. Libby Meintjes. *Public Culture* (2003): 11-40.

Mignolo, Walter. "Hacia la desoccidentalización." *Página 12*, 6-12-2011. https://bit.ly/29FsbQS (consultado: 20-8-2016).

_____. *La idea de América Latina. La herida colonial y la opción decolonial*. Trad. Silvia Jawerbaum y Julieta Barba. Barcelona: Gedisa, 2007.

Monhanty, Chandra. *Feminism Without Borders. Decolonizing Theory, Practicing Solidarity*. Durham: Duke UP, 2003.

Navarro, Vincent. "Los costes de enfatizar género y raza sin considerar clase social: el caso de EE. UU.". *Diario Público*, 26-1-2017. https://bit.ly/2oJgnDT (consultado: 3-2-2017).

Platt, Tristán. *Estado boliviano y ayllu andino. Tierra y tributo en el Norte de Potosí*. La Paz: Biblioteca Bicentenario, 2016.

Quijano, Aníbal. "Colonialidad del poder, eurocentrismo y América Latina". *La colonialidad del saber: eurocentrismo y ciencias sociales. Perspectivas Latinoamericanas*. Edgardo Lander (ed.). Buenos Aires: CLACSO. 208-246.

Svampa, Maristella. *Debates latinoamericanos. Indianismo, desarrollo, dependencia y populismo*. Buenos Aires: Edhasa, 2016.

Williams, Raymond. *Marxismo y literatura*. Trad. Guillermo David. Buenos Aires: Las cuarenta, 2009.

Este libro se terminó de imprimir en enero de 2019 en Imprenta Dorrego (Dorrego 1102, CABA).

www.ingramcontent.com/pod-product-compliance
Lightning Source LLC
Chambersburg PA
CBHW031703230426
43668CB00006B/87